기독교문서선교회(Christian Literature Center: 약칭 CLC)는 1941년 영국 콜체스터에서 켄 아담스에 의해 시작되었으며 국제 본부는 미국 필라델피아에 있습니다.
국제 CLC는 59개 나라에서 180개의 본부를 두고, 약 650여 명의 선교사들이 이동 도서차량 40대를 이용하여 문서 보급에 힘쓰고 있으며 이메일 주문을 통해 130여 국으로 책을 공급하고 있습니다. 한국 CLC는 청교도적 복음주의 신학과 신앙 서적을 출판하는 문서선교기관으로서, 한 영혼이라도 구원되길 소망하면서 주님이 오시는 그날까지 최선을 다할 것입니다.

이 희 학 박사
한국구약학회 회장, 목원대학교 구약학 교수

구약성서와 이스라엘 역사를 공부하는데 있어서 기원전 6세기는 매우 중요한 시기이다. 왜냐하면 기원전 6세기는 고대 근동을 지배했던 세계적인 대제국 신바벨론(The Neo-Babylonia, 626-539 기원전)과 페르시아(Persia, 539-332 기원전)와 밀접히 관련될 뿐만 아니라, 두 왕국의 등장과 함께 이스라엘은 직접적으로 '포로와 회복'을 경험하게 되었기 때문이다. 피터 아크로이드의 『이스라엘의 포로와 회복: 기원전 6세기 히브리 사상 연구』 (*Exile and Restoration: A Study of Hebrew Thought of the Sixth Century BC*)는 이스라엘의 포로기와 포로 후기를 취급하고 있다는 점에서 큰 주목을 받아 왔고, 영어권에서는 이 분야의 고전(古典)이 되었다고 평가할 수 있다. 더구나 이 책은 이스라엘의 포로기와 포로 후기의 역사를 다루고 있지 않고, 당시의 사상에 집중한다는 점에서 신선하다.

학자들은 신학대학의 강의실에서 바벨론과 페르시아 시대와 관련된 수많은 내용을 가르치고 있는데, 상당한 부분이 사실은 피터 아크로이드의 주장에 기대고 있음에도 불구하고, 대부분의 학자들이 이를 인지하지 못하고 있다는 점에서 이제야 그의 책을 우리말로 번역하는 것은 너무 늦은 감이 있다고 말할 수 있다. 이 책은 기원전 6세기에 속한 질문과 문제에 집중하고 있는데, 특히 반유대주의, 포로 후기 유대교에 대한 편견, 기독교에 뿌리를 둔 전통적 연구에 맞서는 혁신적인 연구였다는 점에 주목할 필요가 있다.

이 책이 제시하고 있는 신학적 중요성은 포로기와 포로 후기에 등장한 예언자들이 단지 기원전 8세기 예언자들의 후손이 아니라, 히브리 사상사 전체의 후손이라는 점을 강조하고 있다는 점이다. 이런 차원에서 저자는 포로기와 포로 후기 예언자들에게 나타나는 제의, 율법, 성전 등의 중심 사상의 흐름을 추적하고자 한다. 아크로이드는 역사와 역사기록 사이에는 긴장이 있음을 꿰뚫어 보았다. 그래서 그는 역사기록이 사상에서 나온다고 보고, 당대의 사상을 찾기 위해서 예언서에 집중하였던 것이다.

아크로이드 저작의 중요성과 후학에게 미친 영향력은 2006년 11월 11일에 SBL학회에서 열린 'Exile and Restoration': 21st Century Perspectives in Memory of P. R. Ackroyd를 통해 알 수 있는데, 이 학회에서 발표된 논문은 『다시보기, 이스라엘의 포로와 회복』(*Exile and Restoration Revisited: Essays on the Babylonian and Persian Periods in Memory of Peter R. Ackroyd*, CLC, 2019)으로 출간되었다. 이 책에 포함된 논문들은 우리 모두가 피터 아크로이드에게, 특히 그의 제2성전시대 연구에 빚을 지고 있음을 매우 분명하게 드러내고 있다.

한국의 신학생들을 위해 본서를 번역해 주신 이윤경 박사의 노고에 진심으로 감사드리며, 모든 독자들이 신학적 영감을 선물로 받게 되길 간절히 바란다.

김희권 박사
숭실대학교 기독교학부 교수

1990년대 중반까지 미국성서학회나 국제적인 구약학술대회들은 압도적일 정도로 모세오경이나 예언서에 집중했다. 그런데 1990년대 중반 이후부터는 구약학의 국제적 연구 추세가 포로기와 포로기 이후 시기에 초점을 맞추기 시작했다. 아울러 포로기나 포로기 이후 시대의 구약 본문들도 비상한 주목을 끌기 시작했다. 이런 국제적 구약성서의 연구 주제 이동에 큰 영향을 끼친 학자 중 한 사람이 단연 피터 아크로이드였으며 그의 저작인 『이스라엘의 포로와 회복: 기원전 6세기 히브리 사상 연구』(*Exile and Restoration: A Study of Hebrew Thought of the Sixth Century BC*)는 포로기와 포로기 이후 시기를 구약신학과 사상의 창조적 형성기로 설정하는 데 크게 이바지했다.

이 책은 기원전 6세기의 바벨론 포로가 유다의 포로들에게 불러일으킨 신학적 반성들과 응답들을 자세하게 추적한다.

이 책은 기원전 6세기 바벨론 포로기가 구약성서의 신학 형성에 끼친 영향을 다채롭고 다층적으로 천착한다. 아크로이드가 밝히듯이 학개서의 본문과 주석적 쟁점들을 자세히 연구하다가 착상된 이 책은 기원전 8세기의 위대한 예언자들에 비해 항상 홀대를 받아온 이 작은 예언서가 상당히 어려운 주석적 쟁점들을 제공할 뿐만 아니라 초기 포로기 이후 시대를 연구하는 데 몇 가지 실마리들을 던져주고 있다는 사실을 자세히 논증한다.

이 책은 학개서 연구에서 시작되어 학개서와 주제적으로 연대기적으로 가장 근접한 스가랴서 1-8장 연구로 한층 더 확장되었다. 그리고 바벨론 포로 직전 상황의 예레미야서를 앞부분에 배치했고, 바벨론 포로가 촉발시킨 신학적 반성과 성찰들을 담고 있는, 예레미야서, 신명기서, 제2이사야서, 에스겔서를 천착한다. 그리고 포로기 후기 중 초기 시대 상황을 증언하는 학개와 스가랴 1-8장 연구를 통해 바벨론 포로기와 그 이후 시기가 얼마나 창조적이며 신학적으로 풍요로운 시기인가를 자세히 논증한다.

아크로이드는 이 책에서 약 세 가지 통속적 편견을 염두에 두고 연구를 진행하고 있다.

첫째, 구약 전체를 신약의 배경사로 이해하려는 구약 폄하적인 연구 풍토를 극복한다. 그리스도 안에 나타난 하나님의 계시를 최종적이며 결정적인 것으로 받아들인다고 해서 자동적으로 하나님의 속성과 목적을 전반적으로 그리고 조리정연하게 이해할 수 있다고 생각해서는 안 된다. 구약성서는 예언과 성취의 측면에서 그리스도 중심적 구속사 이해를 취하는 것이 합당하지만 구약성서는 그 자체로 하나님의 경륜, 성품, 속성 등을 풍요롭게 계시하며 따라서 신약 수렴적인 연구가 아니라 구약 본문 그 자체로 연구되어야 한다는 것이다.

둘째, 구약의 모든 중요한 일들은 포로기 이전에 일어났으며 이스라엘 역사의 초기의 예언 운동은 오리지널하며 창의적이지만 포로기 이후의 예언은 모방적이거나 아류적이라는 편견을 극복한다. 포로기 이전의 예언자들은 위대하지만 포로기 이후의 소예언서들의 저자들인 예언자들은 작고 미미하다는 생각을 논박한다.

셋째, 제의와 율법은 예언과 경건보다 저급한 수준의 종교적 사상이라는 편견을 불식시킨다. 포로기 이후의 후대 예언은 '공평과 정의' 혹은 고결한 윤리나 도덕을 두고 지배층을 규탄하는 열정을 보여 주지 못하고 그것들에 대하여 질문을 하는 수준에 그치기 때문에 초기 즉 포로기 이전 예언보다는 저급한 것으로 간주해서는 안 된다는 것이다. 특히 성전 재건과 정결한 예배 재조직과 같은 제의적 문제에 대한 예언은 성전 없는 종교, 제의 없는 예배라는 이상(理想)을 추구한 것으로 간주한 기원전 8세기 예언자들의 예언보다 열등하다는 생각은 잘못되었다는 것이다.

전체적으로 이 책은 포로 후기 종교의 풍요로움을 이 시기의 위대한 창조적 인물들(학개, 스가랴, 그리고 그들의 동료들[에스라, 느헤미야, 욥기의 저자])을 통해 찾고자 한다. 실로 이 책은 바벨론 포로 직전 시대부터 기원전 6세기 말까지를 다루는 구약성서 문헌에 대한 체계적인 연구서이며 이 시기를 다루는 방대한 자료들을 섭렵하고 있다.

포로기와 그 이후 시기를 다루는 모든 연구들은 피터 아크로이드를 모른 체할 수 없다. 역자의 꼼꼼한 직역 중심의 번역은 원문의 미묘한 함의와 아크로이드의 의도를 섬세하게 살리고 있어 좋다. 독자들은 이 책에서 단지 기원전 6세기 상황에 대해서만 배울 뿐만 아니라 영국 최고 수준 학자의 학문적 숙고와 자료 평가에서의 균형감각, 그리고 자신의 논적들의 의견마저도 공평하게 다루는 학자적 인격도 배울 수 있다.

김정훈 박사
부산장신대학교 구약학 교수

제2성전 시대 역사의 전문가인 피터 아크로이드는 『이스라엘의 포로와 회복: 기원전 6세기 히브리 사상 연구』(Exile and Restoration: A Study of Hebrew Thought of the Sixth Century BC)에서 이스라엘 역사 가운데 가장 격동기였다 할 수 있는 기원전 6세기에 집중한다. 이때 홀로 남아 있던 남왕국 유다는 바벨론의 느부갓네살에게 멸망하고 말았다. 그리고 유다의 수많은 백성들이 바벨로니아로 포로가 되어 끌려가서는, 끝도 알 수 없는 포로살이를 하였다.

유다가 멸망해 가던 때, 포로지, 그리고 포로기의 막바지에 제각각 예레미야, 에스겔, 제2이사야가 혼란 가운데, 실의에 빠져 있는 동족을 향해 신탁을 전했다. 또한 이른바 신명기계 역사서와 제사장계 문헌도 이때를 배경으로 저작된 것으로 알려져 있다. 아크로이드는 먼저 이 시기의 상세한 배경과 더불어 성경의 기록들을 낱낱이 살펴 풀어 준다. 이로써 독자들은 구약성서의 거시적 문헌층의 생성과 편집 배경을 역사적 흐름의 관점에서 자연스레 파악할 수 있게 된다.

페르시아의 위대한 왕 고레스와 더불어 유다 백성들도 새로운 판세에 맞닥뜨리게 되었다. 아케메니드 왕조의 정책에 따라 포로지에서 귀환한 것이다. 이들은 이런 새로운 변화 앞에서 정체성 확립의 과제를 떠안게 되었는데, 이 책의 중반 이후부터 아크로이드는 특히 이 시기의 예언자인 학개와 스가랴 1-8장에 집중한다. 사실 이 책에서 아크로이드가 새롭게 드러내고자 하는 부분이 여기에 있다고 할 수 있다. 아크로이드는 학개와 스가랴 1-8장의 가치를 새롭게 평가하고자 하였다. 그래서 이 두 책을 찬찬히 역사적 관점에서 풀어 준다.

역사적 배경과 본문을 상세하게 이어 풀어주는 이 책은 기원전 6세기 유다를 둘러싼 여러 역사적인 배경은 물론 정신사적인 바탕과 구약성서에 깃들어 있는 그 신학적 반향을 파악하는 데 중요한 식견을 주기에 충분하다. 아크로이도도 털어 놓듯, 전통적으로 비교적 관심이 덜한 이 시대의 예언자들과 그들이 치열하게 살아 냈던 역사에 관심을 둔 독자들에게 이 책은 훌륭한 길잡이가 되어 줄 것이다.

이스라엘의 포로와 회복

기원전 6세기 히브리 사상 연구

Exile and Restoration: A Study of Hebrew Thought of the Sixth Century BC
Written by Peter R. Ackroyd
Translated by Yoonkyung Lee

© Peter R. Ackroyd 1968
Originally published in English under the title
Exile and Restoration
by SCM Press Ltd.
This translation is published by arrangement with Hymns Ancient and Modern LTD,
13a Hellesdon Park Road, Norwich, Norfolk NR6 5DR U.K.
All rights reserved.
Korean Edition Copyright © 2019 by Christian Literature Center, Seoul, Republic of Korea.

이스라엘의 포로와 회복: 기원전 6세기 히브리 사상 연구

2019년 4월 30일 초판 발행

지은이	|	피터 R. 아크로이드
옮긴이	|	이윤경
편집	|	변길용
디자인	|	박인미
펴낸곳	|	(사)기독교문서선교회
등록	|	제16-25호(1980.1.18)
주소	|	서울특별시 서초구 방배로 68
전화	|	02-586-8761~3(본사) 031-942-8761(영업부)
팩스	|	02-523-0131(본사) 031-942-8763(영업부)
이메일	|	clckor@gmail.com
홈페이지	|	www.clcbook.com

ISBN 978-89-341-1942-5(93230)

이 도서의 국립중앙도서관 출판시 도서목록(CIP)은
서지정보유통지원시스템 홈페이지(http://seoji.nl.go.kr)와 국가자료공동목록시스템
(http://www.nl.go.kr/kolisnet)에서 이용하실 수 있습니다. (CIP제어번호: CIP2019005340)
이 한국어판 저작권은 Hymns Ancient and Modern LTD와 독점 계약한 (사)기독교문서선교회가 소유합니다. 신저작권법에 의하여 한국 내에서 보호를 받는 저작물이므로 무단 전재와 무단 복제를 금합니다.

Exile and Restoration:
A Study of Hebrew Thought of the Sixth Century BC

이스라엘의 포로와 회복

피터 R. 아크로이드 지음
이윤경 옮김

기원전 6세기 히브리 사상 연구

CLC

<<< 성서 인용

인용된 성서 구절은 히브리어에서 직접 번역했다. 그러나 RSV의 어법이 따를 수 있는 곳에서는 따르도록 하였다. 장과 절 구분은 히브리어 텍스트를 따른다. 시편(시편은 편차가 한 절 차이뿐이다)을 제외하고, 절 수 차이는 RSV에 나온다.

목차

추천사1   이희학 박사   1
추천사2   김회권 박사   2
추천사3   김정훈 박사   4
홀스 강연(The Hulsean Lectures, 1960-1962)   12
저자 서문   14
역자 서문   17
약어표(ABBREVIATIONS)   20

제1장   포로기   24
제2장   포로기의 역사적 상황   43
제3장   사건에 대한 반응   68
제4장   사건에 대한 반응(계속)   81
제5장   포로기 역사가와 신학자   96
제6장   포로기 역사가와 신학자(계속)   120
제7장   포로기의 예언과 회복에 대한 이상   142
제8장   포로기의 예언과 회복에 대한 이상(계속)   161
제9장   회복과 해석   185
제10장   회복과 그 해석(계속)   202
제11장   회복과 그 해석(계속)   224
제12장   포로와 회복: 시대 사상의 다른 측면   285
제13장   포로와 회복의 의의   301

참고 문헌   331
색인   333

감사의 글

필자는 친구들과 동료들의 도움을 많이 받았다.
그들에게 조언도 받았고,
책이나 논문을 빌리기도 했다.

영미의 여러 도서관 직원들에게도 감사를 드린다.

1967년 봄, 열띤 논의를 펼쳤던
시카고 루터신학교 대학원세미나
참석자들에게도 감사드린다.

일부 본서의 초기 형태를 이룬
강의 청중에게도 감사드린다.

특히, 원고의 타자를 쳐주신 분들 외에
특별히 교정을 보고, 색인을 만드는 것을 도와 준
칼리(K. W. Carley) 씨에게 감사드린다.

훌스 강연(The Hulsean Lectures, 1960-1962)

피터 R. 아크로이드
전, 구약학회(SOTS) 대표, 런던대학교 구약학 교수 역임

영광스럽게도 케임브리지대학교의 훌스 강연 위원들에게서 "회복기 시대"(The Age of Restoration: a study of theological developments in the sixth century BC and of their significance in the understanding of post-exilic Judaism and of the New Testament)라는 주제의 강연을 해 달라는 초빙을 받았다. 이 강연은 1962년 사순절 기간에 이루어졌고, 초고 사본은 대학교 도서관에 보관되었다. 본서는 강연 원고를 완전히 새로 쓰고 수정하였으며, 그래서 제목 역시 다소 수정하였다.

훌스 강연은 '일부 기독교 신학 분야'에 대한 것이다. 구약은 일반적인 신학 교육 과정에 속하지만, 위원들이 구약을 이런 일반적 정의에 속한다고 보는지 의심스러울 때가 있다. 필자가 아는 한, 분명히 20세기에 행해진 훌스 강연 중에 순수한 의미에서 분명하게 구약을 주제로 다룬 경우가 없다.

하지만 존 훌스(John Hulse)의 원래 의도는 구약 분야도 포함하려 했던 것이 분명하다. 훌스가 유언에서 제시하였고, 본 강의 체계가 어느 정도 뿌리를 둔 설교 과정은 "일반적으로 유용하거나 설명할 필요가 있는 것처럼 보이는 보다 몇몇 난해한 텍스트나 성서의 모호한 단락과 전능자의 심오한 비밀이나 경외심을 불러일으키는 신비를 지나치게 파고들지 않으면서

논평이나 설명을 최대한 허용하는" 것도 포함한다.¹

그러므로 구약이 기독교 신학 안에서 갖는 권리가 이런 강연을 통해 인정을 받아왔다고 보는 것이 적절하다. 그리고 기독교 교회 안에서 구약이 차지하는 자리에 대한 불확실성이 자주 언급될 때, 본 연구는 구약의 '더 어려운 텍스트나 모호한 부분'만이 아니라 할지라도, 보다 엄밀한 검토를 할 사상적 측면에 집중하는 것은 부적절하지 않다고 본다. 또한, 이는 신약과 기독교 신앙에 대한 충분한 이해를 제시할 수 있을 것이다. 필자가 어떤 지점에서 '지나치게 파고드는지' 여부는 의심의 여지없이 독자의 판단이나 사실 더 높은 권위를 지닌 자의 판단으로 남아 있을 것이다.

런던, 1967

---

[1] *Endowments of the University of Cambridge*, ed. J. W. Clark (Cambridge, 1904), 120.

저자 서문

피터 R. 아크로이드
전, 구약학회(SOTS) 대표, 런던대학교 구약학 교수 역임

본 연구는 수년 간의 구약 강의와 연구 중에 특별히 기원전 6세기에 대한 질문과 문제에 집중한 결과물이다. 다시 생각하게 된 우선적인 계기는 우연히 특정 학생 집단의 지정 교재가 된 학개 본문과 주석 문제를 세밀하게 연구할 필요성이 대두되었기 때문이다. 이 작은 예언서가 예언서 연구에서도 거의 주목을 받지 못했음을 깨닫게 되었다. 주로 살피는 대상이 8세기와 7세기 대예언자인데다, 학개에는 주석상 대단히 난해한 문제가 많을 뿐만 아니라, 포로 후기 초기 사상에 대해 확실한 실마리를 제시하기 때문이다.

이는 학개의 동반자인 스가랴 1-8장을 다시 생각해보는 것으로 자연스럽게 연결된다. 이 두 예언 모음집은 간혹 성전 재건에 주의를 기울인 역사적 정황의 이해를 돕는다는 중요성 때문에 검토되었지만, 사실 아직도 많은 점에서 모호한 상태인 한 세대의 신학 사상을 볼 수 있는 매우 가치 있는 지침이 될 수 있다.[1]

이로부터 생겨나고, 본 연구에는 여담으로만 간주될 수도 있는 한 가지

---

[1] 비교. P. R. Ackroyd, "Studies in the Book of Haggai," *JSS* 2 (1951), pp. 163-76; 3 (1952), pp. 1-13; "The Book of Haggai and Zechariah 1-8," *JSS* 3 (1952), pp. 151-6; "Some Interpretative Glosses in the Book of Haggai," *JSS* 7 (1956), pp. 163-7; "Haggai," "Zechariah," in *The New Peake's Commentary on the Bible*. ed. M. Black and H. H. Rowley (Edinburgh, 1962), pp. 643-51; "Haggai," *HDB*, rev. ed. (1963), pp. 358-9; 'Zechariah, Book of,' *HDB*, rev. ed., pp. 1053-4. 뒤의 제10장과 제11장을 참조하라.

사고방식은 완전한 이해를 위해서는 전체적으로 보아야만 한다는 단순한 전제 위에서 구약의 예언을 재평가하는 것이다. 우리는 종종 행해진 것처럼 주로 8세기 예언에서 기원한 특정 개념과 이것을 후대의 타락한 유형에 대한 평가 기준으로 삼는 것에서 시작하지 않는다.[2] 성서 예언을 이해하는 배경으로 성서 밖 예언 현상을 고려하는 것은 매우 가치 있는 일이지만, 이런 고려 때문에 성서 예언의 평가라는 주요 관심사에서 이탈하지는 말아야 한다. 적절하게 비교할 수 있는 다른 현상과 같을 수도, 다를 수도 있기 때문이다. 더 넓은 배경으로 가치가 있지만, 이스라엘의 예언 운동은 독특한 현상이라는 사실을 흐려서는 안 된다.

이것은 '아버지나 어머니 없는' 존재라는 멜기세덱의 의미가 아니라, 구약성서 내에서 일관성 있고 중심적 위치라는 의미에서 독특하다는 것이고 (이를 유일하고 흥미롭다거나 중요한 중심 현상으로 간주할 필요는 없지만), 그 지대한 영향은 구약성서를 넘어선다. 그러나 구약성서 예언은 너무나 빈번하게 모든 구약 예언자를 포함한다는 측면에서 고려되었다. 후대 예언자(특히 에스겔, 학개, 스가랴)는 '더 이상 예언자가 없는'(시 74:9) 쇠퇴기의 별로 인정도 못 받고 타락한 운동을 보여 주는 사례가 되어 버렸다.

이런 재평가도 주요 주제를 다루다가 부수적으로 다룰 뿐이다. 그러나 예언의 후기 단계가 불가피하게 어느 정도 침체할 수밖에 없다는 생각에서 벗어날 수 있다는 것을 명심하는 것이 중요하다. 후기 예언자를 연구 분야로 선택한 주석가들은 사실상 진부한 것을 다룬다고 위로받을 필요가 없다. 그는 일굴 것도 많고 기름진 밭을 가진 운 좋은 사람이다.[3]

---

2   B. Vawter, *The Conscience of Israel* (London, 1961)과 같이 훌륭한 저작조차 유감스럽게도 초기 예언자만 검토하는 데 그치고 있다. 포로기의 예언 변화에 대한 논평은 다음을 참조하라. A. Lods, *The Prophets and the Rise of Judaism* (영역, London, 1937), pp. 249f, 265, 279f.; 비교. H. H. Rowley, *Worship in Ancient Israel* (London, 1967), p. 144; T. C. Vriezen의 포로기 논의(*The Religion of Ancient Israel* [영역, London, 1967], pp. 240ff.)는 균형 잡힌 진술을 제시하지만, 초기 회복기를 충분히 공정하게 다루지 않았다.
3   다음의 논평을 참조하라. G. A. Smith, *The Book of the Twelve Prophets* II (London, 1896-8, 1928), p. 210. "어느 누구도 학개와 스가랴의 가르침의 영성에 감명을 받지 못한 자가 없다."

필자가 학개와 스가랴 1-8장 연구를 하면서 동일한 일반 분야에 특별한 관심을 보인 두 명의 구약성서 학자와의 유대 관계를 통해 많은 도움과 통찰력을 얻을 수 있는 행운을 누렸다. 토마스(D. Winton Thomas) 교수의 관심 분야는 이보다 훨씬 더 광범위하지만 수년 동안 이 두 명의 예언 모음집 본문과 판본을 특별한 연구 분야로 만들었다. 사실, 필자는 20년 전에도 그의 지도 아래 스가랴를 정독했다.[4] 기원전 6세기에 대한 그의 광범위한 관심은 전임자로 케임브리지대학교에서 히브리어를 가르쳤던 위대한 학자 쿡(S. A. Cook)과 공유한 관심사였다.[5]

이 사실은 1960년 2월 마이클 피들러(Michael Fidler) 강연에서 보여 준 것처럼, 그가 행한 다른 업적을 보면 분명히 드러난다.[6] 이에 대한 언급은 다음에 할 것이다. 로렌스 E. 브라운(Laurence E. Browne) 교수의 관심사는 비교 종교 연구라는 보다 광범위한 분야이다. 그는 『초기 유대교』(*Early Judaism*, Cambridge, 1920)[7]에서 이 특정 시기 문제에 대한 관심을 드러냈다. 이 책은 본 연구의 범위에 포함된 토대를 일부 다루고 있다.

그의 관심사와 더불어, 이 시기에 대해 견해를 달리하는 필자의 접근을 친절하게 받아주신 것은, 두 예언 모음집이 제기하는 질문을 더욱 가깝게 따를 수 있도록 유용한 자극제를 제공했다. 필자는 이 두 학자에게 빚을 지고 있음을 기쁘게 밝히고자 한다. 필자가 다른 많은 이에게도 빚지고 있음은 곳곳에서 드러날 것이다.

4　그의 학개와 스가랴 주석을 참조하라. *IB* 6 (New York, 1956), pp. 1037-88.
5　비교. W. A. L. Elmslie, "Prophetic Influences in the Sixth Century BC," in *Essays and Studies presented to S. A. Cook*, ed. D. Winton Thomas (Cambridge Oriental Series 2, London, 1950), pp. 15-24. Elmslie는 15쪽에서 Cook의 *The Cambridge Ancient History* III (Cambridge, 1925, 1929), p. 489에 표현된 관심사를 인용한다. 그 단락의 마지막 부분인 p. 499에서 Cook은 다음과 같이 말한다. "… (대략) 기원전 6세기는 궁극적으로 구약성서의 모든 엄중한 문제가 결부된 시기다." 그의 다음 논문도 참조하라. "Le VIe siècle, moment décisif dans l'histoire du judaïsme et dans l'évolution religieuse de l'Orient," *RHPhR* 18 (1938), pp. 321-31.
6　"The Sixth Century BC: a Creative Epoch in the History of Israel," *JSS* 6 (1961), pp. 33-46.
7　그의 다음 책도 참조하라. *From Babylon to Bethlehem* (Cambridge, ²1951).

역자 서문

이윤경 박사
이화여자대학교 기독교학부

2005년 2월 19일 토요일, 영국의 일간지 「인디펜던트」(*Independent*)는 한 구약성서학자의 부고 기사를 실었다. 이 부고 기사의 첫줄은 "런던 킹스 대학 구약학 교수 피터 아크로이드는 성서를 읽는 영어권 독자들에게 영원한 유산을 남겼다"라는 글로 시작한다. 아크로이드의 신학적 유산은 한마디로 영원하고 지대하다. 그의 신학적 유산은 특히 1968년에 출판한 『이스라엘의 포로와 회복: 기원전 6세기 히브리 사상 연구』(*Exile and Restoration: A Study of Hebrew Thought of the Sixth Century BC*)를 통해서 확인할 수 있다. 이 책이 나온 지 40여 년이 지난 시점인 2006년 미국성서학회에서 아크로이드 기념 분과를 구성하였고, 2011년 후학들은 『다시보기, 이스라엘의 포로와 회복』(*Exile and Restoration Revisited: Essays on the Babylonian and Persian Periods in Memory of Peter R. Ackroyd*, 2019)이라는 제목의 책을 출판하였다. 스승이나 동료를 기념한 논문집은 학계에서 흔히 있는 일이지만, 40여 년 후에 오롯이 한 학자의 학문 세계에 영향을 받은 후학들이 그 학자의 책 제목에서 비롯된 바를 학문의 주제로 삼고, 그 결과물을 다시 내놓는다는 것은 이 한 권의 책이 의미하는 바가 그만큼 지대하다는 사실을 보여 주는 것이다. 이 책은 이스라엘 역사에서 전환기를 이루는 기원전 6세기를 다루고 있다.

왜 전환기라고 말할 수 있는가?

이스라엘 역사에서 기원전 6세기는 이스라엘이 바벨론에서 포로 생활을 경험하고, 이후 페르시아 시대의 개막으로 다시 본국으로 귀환하고 재정착하는 시기이다. 유대교에서 이 시기는 제2성전 시대와 맞물린다. 시기적으로 제2성전 시대는 바벨론 포로에서 귀환한 후 성전이 재건된 기원전 515년부터 로마에 의해 성전이 붕괴된 기원후 70년까지의 기간에 해당한다. 이 책은 역사적 시기 면에서 제2성전 시대가 시작하기 직전인 바벨론 시대와 제2성전 시대의 배경이 되는 페르시아 시대에 집중한다. 아크로이드가 집중하는 포로기와 포로 후기는 성서 전승과 유대교 역사 발전의 형성기이다.

하지만 전통적으로 아크로이드 이전에는 이 시대에 대한 영어권 학자들의 연구가 미미하였다. 그런데 그는 이 시기에 집중하고, 특히 이 시기를 '포로'와 '회복'이라는 신학적 주제로 접근한다. 이 신학적 주제 탐구를 위하여 그는 책의 전반부(제1-8장)에서 '포로'를 다루고, 후반부(제9-13장)에서 '회복'을 다룬다. 그는 전반부의 '포로' 단락에서 예레미야, 에스겔, 제2이사야, 애가, 그리고 제사장 문서(P)와 신명기적 역사서(DtrH)를 다룬다. 후반부의 '회복'에서, 그는 학개와 스가랴 1-8장, 제3이사야와 말라기 등을 다룬다.

아크로이드 이전에는 포로 후기를 포로기 이전의 영광에서 쇠퇴한 시기 혹은 기독교의 배경으로만 단지 가치가 있다고 여겨 왔다. 그러나 아크로이드의 이 책이 출간된 이후, 포로 후기 연구에 대한 방향은 전환되었고, 그 결과 포로 후기의 신학적 의의는 이제 더 이상 논의가 여지가 없다. 현재 구약학계는 페르시아 시대의 역사와 사상에 대한 연구로 넘쳐나고 있다. 이것은 분명 아크로이드가 구약학계에 불러일으킨 영향이다.

그래서 2011년에 출판된 『다시보기, 이스라엘의 포로와 회복』에서 후학 에스케나지(Tamara Cohn Eskenazi)는 아크로이드의 책을 포로 후기에 대한 성서학자들의 태도의 패러다임 전환을 대변한다고 평가하였고, 크라츠(Reinhard Kratz)는 이 책을 심지어 '반란'(revolt)이라고 부른다. 아크로이드의 책이 이런 평가를 얻게 된 것은 무엇보다도 그가 역사적 사건의 재구성에만 천착한 것이 아니라, 시대의 '사상'에 집중한 것에서 비롯된다. 아크로이드는 포로기와 포로 후기의 성서 문학을 통하여, 이스라엘 백성들이 당면한 역사적 사실을 향하여 취하게 된 태도를 보여 주며, 또한 성서 문학이 제시하는 보다 다양한 태도들을 이해하려는 중요한 시도를 보여 주었다.

약어표(ABBREVIATIONS)

AASF	Annales Academiae Scientiarum Fennicae (Helsinki)
ABR	*Australian Biblical Review* (melbourne)
AJSL	*American Journal of Semitic Languages and Literatures* (Chicago)
Anat. Stud.	*Anatolian Studie*s (London)
ANET	J. B. Pritchard, ed., *Ancient Near Eastern Texts relating to the Old Testament* (2nd ed. Princeton, 1955)
Ant.	*Antiquities* (Josephus)
ASTI	*Annual of the Swedish Theological Institute* (Jerusalem, Leiden)
ATANT	Abhandlungen zur Theologie des Alten und Neuen Testaments (Zurich)
ATD	Das Alte Testament Deutsch (Göttingen)
BA	*Biblical Archaeologist* (New Haven)
BASOR	*Bulletin of the American Scholls of Oriental Research* (New Haven)
BAT	Die Botschaft des Alten Testaments (Stuttgart)
BDB	F. Brown, S. R. Driver and C. A. Briggs, *Hebrew and English Lexicon of the Old Testament* (Oxford, 1906)
BHT	Beiträge zur historischen Theologie (Tübingen)
BIES	*Bulletin of the Israel Exploration Society* (Jerusalem)
BJRL	*Bulletin of the John Rylands Library* (Manchester)
BK	Biblischer Kommentar (Neukirchen)
BS	Biblische Studien (Neukirchen)
BWA(N)T	Beiträge zur Wissenschaft vom Alten (und Neuen) Testament (Leipzig, Stuttgart)
BZAW	Beihefte zur Zeitschrift für die Alttestamentliche Wissenschaft(Giessen, Berlin)
CBQ	*Catholic Biblical Quarterly* (Washington, D. C.)
DOTT	D. Winton Thomas, ed., *Documents from Old Testament Times* (London, New York, 1958)

Enc. Catt.	*Enciclopedia cattolica* (Rome)
EvTh	*Evangelische Theologie* (Munich)
ExpT	*The Expository Times* (Edinburgh)
FRLANT	Forschungen zur Religion und Literatur des Alten und Neuen Testaments (Göttingen)
Ges. Stud.	*Gesammelte Studien* (zum Alten Testament)
GK	Gesenius-Kautzsch, *Hebrew Grammar*, ET by A. E. Cowley (Oxford, ²1910)
HAT	Handbuch zum Alten Testament (Tübingen)
HDB	J. Hastings, ed., *Dictionary of the Bible* (Edinburgh, four-volume ed. with supplement, 1989-1904; one-volume edition, revised ed., F. C. Grant and H. H. Rowley, 1963)
Hist.	*Histories* (Herodotus)
HSAT	Die Heilie Schrift des Alten Testaments, ed. F. Feldmann and H. Herkenne (Bonn)
HTR	*Harvard Theological Review* (Cambridge, Mass.)
HUCA	*Harvard Union college Annual* (cincinnati)
IB	*Interpreters' Bible* (New York)
ICC	International Critical Commentary (Edinburgh)
IEJ	*Israel Exploration Journal* (Jerusalem)
IrishThQ	*Irish Theological Quarterly* (Maynooth)
IZBG	*Internationale Zeitschriftenschau für Bibelwissenschaf und Grenzgebiete* (Düsseldorf)
JBL	*Journal of Biblical Literature* (Philadelphia)
JEA	*Journal of Egyptian Archaeology* (London)
JJS	*Journal of Jewish Studies* (London)
JNES	*Journal of Near Eastern Studies* (Chicago)
JSS	*Journal of Semitic Studies* (Manchester)
JThC	*Journal for Theology and the Church* (New York)
JTS	*Journal of Theological Studies* (Oxford)
KAT	Kommentar zum Alten Testament (Leipzig, Gütersloh)
KBL	L. Köhler and W. Baumgartner, *Lexicon in Veteris Testamenti Libros* (Leiden, 1953 and later eds.)
Kl. Schr.	*Kleine Schriften*

LUÅ	*Lunds Universitets Årsskrift* (Lund)
NorTT	*Norsk Teologisk Tidsskrift* (Oslo)
Nouv. Rev. Théol.	*Nouvelle Revue Théologique* (Paris)
NTS	*Nieuwe Theologische Studiën* (Groningen, Den Haag)
OTL	Old Testament Library (London, Philadelphia)
OTMS	H. H. Rowley, ed., *The Old Testament and Modern Study* (Oxford, 1951)
OTS	*Oudtestamentische Studiën* (Leiden)
PEQ	*Palestine Exploration Quarterly* (London)
PJB	*Palästinajahrbuch* (Berlin)
PW	Pauly-Wissowa, *Realencyclopädie der classischen Altertumswissenschaft* (Stuttgart)
RA	*Revue d'Assyriologie et d'Archéologie Orientale* (Paris)
RivBibl	*Rivista Biblica* (Rome)
REJ	*Revue des Études Juives* (Paris)
RGG	*Die Religion in Geschichte und Gegenwart* (Tübingen)
RHPhR	*Revue d'Histoire et de Philosophie Religieuses* (Strasbourg, Paris)
RHR	*Revue de l'Histoire des Religions* (Paris)
SBT	Studies in Biblical Theology (London)
Script. Hier.	*Scripta Hierosolymitana* (Jerusalem)
StANT	Studien zum Alten und Neuen Testament (Munich)
StOTPr	H. H. Rowley, ed., *Studies in Old Testament Prophecy presented to T. H. Robinson* (Edinburgh, 1950)
Str. Bill.	H. L. Strack and P. Billerbeck, *Kommentar zum Neuen Testament aus Talmud und Midrasch*, 4 vols. (Munich, 1922-8, ²1956)
TA	Theologische Arbeiten (Berlin)
TBC	Torch Bible Commentary (London)
TDNT	*Theological Dictionary of the New Testament*, ET of TWNT by G. W. Bromiley (Grand Rapids)
TGUOS	Transactions of the Glasgow University Oriental Society (Glasgow, Leiden)
ThB	Theologische Bücherei (Munich)
ThR	*Theologische Rundschau* (Tübingen)
ThStKr	Theologische Studien und Kritiken (Berlin)
TLZ	*Theologische Literaturzeitung* (Leipzig, Berlin)
TWNT	*Theologisches Wörterbuch zum Neuen Testament* (Stuttgart)
TZ	*Theologische Zeitschrift* (Basle)

UUÅ	Uppsala Universitets Årsskrift (Uppsala)
VT	*Vetus Testamenium* (Leiden)
VTS	*Supplements to Vetus Testamentum* (Leiden)
WMANT	Wissenschaftliche Monographien zum Alten und Neuen Testament (Neukirchen)
WZHalle	*Wissenschaftliche Zeitschrift der Martin Luther Universität Halle-Wittenberg*
ZA	*Zeitschrift für Assyriologie* (Leipzig, Berlin)
ZAW	*Zeitschrift für die alttestamentliche Wissenschaft* (Giessen, Berlin)
ZDPV	*Zeitschrift des Deutschen Palästina-Vereins* (Wiesbaden)
ZLThK	*Zeitschrift für die gesamte Lutherische Theologie und Kirche* (Leipzig)
ZSTh	*Zeitschrift für Systematische Theologie* (Gütersloh, Berlin)
ZThK	*Zeitschrift für Theologie und Kirche* (Tübingen)
BH^3	R. Kittel, ed., *Biblia Hebraica* (Stuttgart, 3rd ed. 1937 and later)
ET	English Translation
LXX	The Septuagint
MT	The Massoretic Text
RSV	Revised Standard Version
RV	Revised Version
Syr.	The Syriac (Peshiṭta) Text
Targ.	Targum
Vg.	Vulgate

제1장

포로기

1. 재평가

『구약 시대의 일상적 삶』(*Everyday life in Old Testament*, London, 1956)은 매우 인기 있는 책으로 구약에 묘사된 삶의 다양한 측면을 생생하게 전달한다. 이 책에서 히튼(E. W. Heaton)은 삽화 중 하나로 느부갓네살 시대(기원전 605-562년)의 성문과 공중 정원과 지구라트가 자리 잡은 재건 바벨론 도성 그림을 소개하는데, 다음과 같은 설명이 달려 있다.

구약 시대의 마지막 장면: 느부갓네살의 바벨론(fig. 4, p. 26).

이 책을 자세히 살펴보면, 왜 이렇게 특별한 설명을 선택했는지 그 이유가 분명히 나온다. 히튼은 이 책에서 초기 구약 시대의 일상을 타당하게 묘사한다. 후기의 일상적 삶에 대한 정보는 훨씬 작고, 정보가 있다고 해도 평가하기가 어려운 경우가 흔하다.

그러므로 역대기의 증거도 나름대로 중요하지만 늘 해석이 어렵다. 이는 대체로 역대기가 보다 먼 과거에 대한 이해를 서술할 때 일어나는 문제이다. 동시대 정보도 존재하지만, 이를 분리해 내기가 대단히 쉽지 않다.

쾰러(L. Köhler)도 『히브리 사람』(Hebrew Man)[1]이라는 매우 훌륭한 연구에서 대부분 초기 증거에서 끌어낸 모습을 제시한다. 하지만 그는 믿음과 실천의 지속성을 보여 주고, 때로는 매우 상이한 두 시기의 다윗과 다니엘이라는 인물을 통해 볼 수 있는 이상적인 히브리인의 표상을 제시한다(p. 30ff.).

히튼의 책은 사실상 "포로기 이전 이스라엘의 일상적 삶"에 대한 연구이다. 그러나 "구약 시대의 마지막 장면" 같은 설명을 선택한 것은 비록 해명은 되지만 매우 호도적이다. 실제로 구약이 포로기에서 멈췄다는 인상을 주는데, 이는 말도 안 된다. 히튼도 사실 구약이 거기에서 멈춘다고 보지 않았다. 그러나 그런 설명 글은 실상 다음과 같은 진술로 인해 바람직하지 않은 인상을 강화한다.

> 또한 이스라엘의 삶에서 문서화가 잘 이루어진 단계가 가장 대표적이며 본질적으로 중요하다는 정황은… 다행스럽다(p. 29).

그리고 포로 후기의 "새로운 발전은 대부분" 그 시대의 "강력한 제국에서 차용한 것이었다"라는 확언이 이어진다.

> 포로 후기는 예루살렘의 거대한 문화 팽창과 개혁의 시기였다. 엄격한 연대기적 규칙에도 불구하고, 포로 후기 연구는 구약보다 신약의 배경에 속한다(ibid).

이런 진술에 대해서는 몇 가지 언급을 해야 한다. 구약의 약 육백 년(혹은 아마도 587-165년으로 보다 좁게 한정하고, 위경과 외경을 검토 대상에서 완전히 제외한다면 약 사백 년)을 '신약의 배경'으로 치부한다면, 왜 그 이전의 1250년부터 587년에 이르는 육백 년 정도도 비슷하게 볼 수 없는지 질문해야

---

[1] *Hebrew Man*, London, 1956. *Der Hebräische Mensch* (Tübingen, 1953)의 영역이다.

한다.² 물론, 이는 분명히 일부 기독교인이 유일하게 적절한 관점이라고 믿고 있는 바이다. 그러나 이는 하나의 경향성으로 지나치게 제약적이며, 제대로 된 구약 주석을 불가능하게 한다.³ 혹은 우리는 무슨 권리로 기독교인이 대단히 비관용적으로 구약의 다른 계승자로 간주되는 유대교의 주장을 배제할 수 있는지 질문해야 한다.

기독교인은 그리스도 안에 나타난 하나님의 계시가 구약을 포함하여 모든 삶과 경험에 대한 완벽한 계시를 수반한다는 주장을 할 권리를 분명히 지닌다. 그러나 그럼에도 불구하고, 그런 주장을 받아들일 수 없는 자라도 구약은 읽을수록, 또 공부할수록 하나님에 대한 믿음과 지식을 풍요롭게 하며 유의미하고 생동감 넘치는 문서라는 것을 거부할 권리는 없다.

교조적인 폐쇄적 마음가짐은 그런 풍부한 평가를 불가능하게 하며, 그래서 구약이 겨우 이미 주장된 확신을 확증할 뿐이라는 의심을 자주 받게 만든다. 개방적 마음가짐은 망설임이나 피상적 사고를 숨기는 가면이 되는 경우가 많지만, 중간 지대가 된다. 그래서 여기에서 수용되고 주장되는 견고한 확신 때문에, "주님은 그의 거룩한 말씀에서 뿜어져 나올 더 많은 진리를 지니고 있다"⁴는 깨달음을 방해할 수는 없다. 이로써 구약적 사

---

2   구약성서를 일반적으로 587년 예루살렘 함락 시기로 구분하는 것은 위험스러운 일 중 하나로, 인위적인 단절을 만들게 된다. 그러나 이 백성의 역사에서 이 순간에 심오한 의의를 찾는 본능에는 분명 정당성이 있다. 그러나 다른 구분이 타당한 경우도 있다. 예컨대, A. Lods, *The Prophets and the Rise of Judaism* (영역, London, 1937)에서는 포로기까지 확장하였고, R. H. Pfeiffer, *Religion in the Old Testament*, ed. C C. Forman (London, 1961)에서는 621년으로 나눈다 (p. xi, 그러나 p. 200의 더 많은 언급을 참조하라).
3   모형론을 통해서나 협소한 '예언-성취' 패턴을 적용하는 기독교의 구약 주석은 불가피하게 이성적으로 고려할 수 있는 구약의 범위를 제한하게 된다. '모형'을 제시하지 않거나 '성취된 것'으로 볼 수 없는 것은 열등한 자리를 차지하거나 무시되어야 한다. 온전한 기독교 주석은 구약 전체를 진지하게 기독교 계시의 맥락상 본질적 요소로 받아들인다. T. C. Vriezen, *An Outline of Old Testament Theology* (영역, Oxford, 1958)는 이런 다양성을 완벽하게 인정한다(비교. 예를 들어 p. 75). 하지만 그는 특정 자료가 '하나님의 영의 계시'를 포함하지 않고, 시대 정신(전도서)이나 유다 민족 정신(에스더)의 계시라고 보고 제외한다(p. 89). 그러나 모든 계시는 특정 인간사에 매여 있으며, 그 맥락에서 속성을 분별하는 것이 구약 연구가 지닌 매력 중 하나이다.
4   청교도(Pilgrim) 선조들의 목사인 존 로빈슨(John Robinson, ?1576-1625). 이 말은 그가 떠나는 순례자들에게 행한 연설에서 인용한 구절로 추정된다. 비교. *Dictionary of National Biography*,

고의 풍부함은 그 확신을 깊게 하고 확장하는 데 기여한다. 이와 더불어 그리스도 안에 나타난 하나님의 계시를 최종적이며 결정적인 것으로 받아들인다고 해서 자동적으로 하나님의 속성과 목적을 전반적으로 이해할 수 있다고 진지하게 추정해서는 안 된다.

포로 후기에 대한 히튼 같은 태도는 흔하다. 이는 예레미야와 관련해서 데이빗슨(A. B. Davidson)이 언급한 자주 인용되지만 호도적 진술에서 찾아볼 수 있다.

> 예언은 이미 진리를 가르쳤다. 그 마지막 노력은 삶 속에서 그 자체를 드러내는 것이었다.[5]

참조 대상이 다소 협소하다는 것은 분명 인정한다. 우리 중 많은 이가 제2이사야가 예언자 중에서 가장 위대하다는 주장이 인정받을 수 없다는 것에 대해 적어도 궁금증을 지니고 있다. 비록 이 진술이 순수하게 주관적이며 확실하게 입증할 수 없는 판단이라 할지라도 그러하다. 말하자면 토마스(D. Winton Thomas) 교수의 언급처럼, "그(제2이사야)는 위대한 구약의 마지막 예언자였다"[6]라고 이해할 수 있다.

이것 역시 후대 예언자에 대해서는 다소 매정한 평가가 아니겠는가?

제2이사야로 위대함이 끝나는가?

아니면 학개나 스가랴 같은 이에게서는 위대함을 찾아볼 수 없는가?

시대의 인물이자 신적 의지에 대한 영감이 있는 인물이 그들의 위대한 (비록 훨씬 더 위대하였다 할지라도) 전임자들과 전혀 다른 이였을까?

반복하건대, 판단은 주관적이다. 하지만 비교를 통해, 포로 후기 사상을 쇠퇴한 것으로 볼 경우, 그런 진술을 할 보다 견고한 근거가 없다면 올바

Vol. 49 (London, 1897), p. 21 [필자는 이 언급에 대해 Dr. G. F. Nuttall에게 신세를 졌다.]

5 *HDB* II (1899), pp. 569-78; "Jeremiah the Prophet" (p. 576 참조).

6 *JSS* 6 (1961), p. 39.

른 평가를 내리는 데 해로울 뿐이다.[7] 비록 많은 측면에서 예상되지만, 최근의 구약 종교사 제시에서 파이퍼(R. H. Pfeiffer)는 "유대교가 야웨에게서 모세에게 계시된 율법 준수로 구성된다는 개념, 즉 예언자와 예수가 가르친 종교와는 매우 다르다는 개념"[8]에 대해 썼다. 그는 예언자와 예수의 종교를 비교 가능한 것으로 여기고, 맥락상 포로 후기의 종교로 추정할 수밖에 없는 여타 개념과 완전히 다른 것으로 간주한 것은 분명해 보인다.[9]

최근의 구약 연구는 초기에 대한 우리의 관점을 대단히 풍요롭게 만들었다. 출애굽의 재평가, 구원사에서 출애굽 신앙의 중심성, 그 맥락에 나타난 예언과 시편의 평가를 통해, 우리는 위대한 일관성이라는 사상을 얻게 되었다. 제의에 대해서는 거의 동의점을 찾지 못하고 있다는 점, 예언과 제의의 관계가 불확실하다는 점, 왕의 위치 등의 문제는 연속성에 대한

---

[7] 비교. H. H. Rowley, *The Faith of Israel* (London, 1956), p. 147. "우리는 포로 후기 유대교를 강경하고 율법적이며 영적이지 못하다고 생각하는 경향을 보일 때, 시편 모음집이라는 보석이 수집되고, 유대교의 예배에서 채택된 것이 바로 포로 후기라는 것을 잊어서는 안 된다.… 예언자의 가르침 중에 특정 요소에 집중하고, 다른 것을 모두 무시하는 것은 성서의 가르침을 왜곡하는 것에 지나지 않는다." 초기 사상의 경향으로부터 살아남은 것은 많기에, '경향성' 자체는 수정 가능하다는 희망이 있다. 비교. Rowley, *Worship in Ancient Israel* (London, 1967), p. 1f.도 참조하라. 다음 논문의 풍자적 진술도 참조하라. K. Koch, "Sühne und Sündenvergebung um die Wende von der exilischen zur nachexilischen Zeit," *EvTh* 26 (1966), pp. 217-39, 18. "자존심이 있는 구약학자라면 누구라도 진정한 구약은 제2이사야나 아무리 늦어도 에스라에서 끝난다는 점을 잘 알고 있다. 이후에 오는 모든 것은 유대교이며, 관심거리도 되지 않는다." 그러나 Koch는 다른 책에서 유대교가 마치 폄하하는 용어인 것처럼 '유대교'로 간주되는 것으로부터 포로 후기 사상을 방어하고자 하는데, 이는 이상하다. "Haggais unreines Vol," *ZAW* 79 (1967), pp. 55-66에서 그는 다음과 같이 말하는 것으로 끝을 맺는다. "학개 예언자와 더불어 모든 것을 이스라엘적 용어로 여전히 사고하며, 경험하게 된다. 어떤 것도, 절대적으로 어떤 것도 구체적으로 유대교적인 것은 없다." 또한 뒤의 제10장 참조.
[8] *Religion in the Old Testament* (1961), p. 54.
[9] 신약 학자들은 이런 지나친 단순화에서 벗어나 먼 길을 지나왔지만, 예수의 가르침이 수세기를 '제사장적' 사상을 건너뛰고, 예언 사상의 회복을 대변한다는 개념은 여전히 일반적으로 지속되고 있다. 이런 지나친 단순화의 사례는 다음에서 인용되고 있다. T. W. Manson, *The Teaching of Jesus* (Cambridge, 1935), p. 14; 비교. W. D. Davies in *Christian News from Israel XVI*, 3 (Sept. 1965), p. 18f. 그리스도라는 인물에 대한 논의에서 예언적 범주와의 관련성을 부인하는 것은 아니다.

평가를 하는데 또 다른 요소가 된다.[10] 그러나 이와 같은 변화와 더불어 그 결과에 대한 충분한 깨달음이 늘 이루어지는 것도 아니다. 연대기적으로 예언, 시편, 율법으로 배치하는 옛 도식은 아직도 지속되고 있다. 비록 옛 요소를 시편과 율법에서 찾아 볼 수 있지만, 늘 예언에는 독창성이 있다는 결론이 도출된다.

예레미야와 제2이사야는 시편 형태를 사용한 것이 아니라 시편 양식의 주창자였음이 확증된다. 제의와 율법은 아직 예언이나 경건보다 저급한 수준의 종교 사상으로 간주되었다.[11] 후대 예언은 '도덕성'에 대하여 질문하지만 늘 직접적인 관심을 보이지는 않기에, 초기 예언보다 저급한 것으로 간주되었다. 성전 재건과 정결한 예배의 재건 같은 제의 문제에 대한 관심사 역시 성전 없는 종교, 제의 없는 예배라는 이상(理想)보다 저급한 것으로 평가되었다.[12]

우리는 강조의 변화를 제시할 때, 늘 지나치게 멀리 가버리는 위험에 빠

---

10 비교. P. R. Ackroyd, *Continuity to the Study of the Old Testament Religious Tradition* (Oxford, 1962), 특히 pp. 20-25.
11 비교. P. Volz, *Prophetengestalten des AltenTestaments* (Stuttgart, 1938), p. 55. 그리고 "Die radikale Ablehnung der Kultreligion durch die alttestamentlichen Propheten," *ZSTh* 14 (1937), pp. 63-85. 또한 C. F. Whitley, *The Prophetic Achievement* (London, 1963), 특히 제4장. 비교. N. H. Snaith, *The Jewish New Year Festival* (London, 1947)에서, 시 93, 96-98편은 "사 40-55장에 매우 철저하게 의존하고 있기 때문에, 제2이사야적 요소를 제거한다면 남는 것이 미미할 것"이라고 논증한다(p. 200). 그리고, 그의 또 다른 연구인 *Studies in the Psalter* (London, 1934), pp. 66-69 참조. 다른 참고 문헌으로 다음을 참조하라. H. H. Rowley, *Worship in Ancient Israel* (1967), p. 2. 다른 극단적 경향성을 드러내는 저작으로는 다음을 참조하라. H. Graf Reventlow, e.g. *Das Amt des Propheten bei Amos* (FRLANT 80, 1962); *Wächter über Israel* (BZAW 82, 1962); *Liturgie und prophetisches Ich bei Jeremia* (Gütersloh, 1963). 사용된 양식과 언어를 검토하는 신중한 진술은 다음을 참조하라. E. Würthwein, "Kultpolemik oder Kultbescheid?" in *Tradition und Situation*, ed. E. Würthwein and O. Kaiser (Göttingen, 1963), pp. 115-31=*Wort und Existenz* (Göttingen, 1970), pp. 144-60.
12 교과서에 실리고, 쇄를 거듭해도 불변한다는 식의 구약성서에 대한 대중적 평가는 종교 생활의 제의적 측면에 대한 보다 올바른 평가를 발견할 수 있는 학문적 연구의 발전과 늘 일치하지는 않는다. 그러나 옛 사고방식은 예컨대 다음과 같은 저작에서 지속되고 있다. 예를 들어, T. Chary, *Les prophètes et le culte àpartir de l'exil* (Tournai, 1955), p. 276에서 예레미야는 지나치게 제의를 비평했다고 논증하고, 이 문제에 대해 에스겔을 초기 예언 전승과 단절한 것으로 묘사한다.

진다. 위대한 예언자에 집중할 때, 늘 과거에 그들과 그들 시대의 종교 사이를 지나치게 대조적으로 보는 위험에 빠지게 되며, 그 결과 아모스와 아마샤의 만남에서 정형화된 것처럼, 예언자와 제사장 사이에 적대감이 있었다고 믿게 되었다. 이제 우리는 이런 적대감이 예언자와 제사장이 서로 앙숙이라는 뜻에서 원칙의 문제가 아니라, 바른 강조점의 문제였음을 알 수 있다.[13] 제의의 배제가 아니라, 바른 해석의 문제이며,[14] 제사장 규율집과 제사장 신탁 발화 건에서 보다시피, 이런 제사장에게서도 깊은 관심을 갖게 되었다.[15]

예언자와 그들 시대의 종교 사이의 대조는 때로 인간 삶 속의 종교적 패턴과의 모든 연속성을 부인하는 방식으로 진술되곤 했다.[16] 그러나 제사장적 기능과 제의적 연속성을 충분히 인식한다면, 잘못된 관행에 대한 저항,[17] 즉 하나님의 속성에 대한 잘못된 생각에 맞선 저항을 평가 절하할 수 없다. 남북 왕국의 성소에 나타난 종교적 악도 무시할 수 없다.

유사하게, 포로 후기 종교의 풍요에 대한 인식은 단지 가장 멋진 순간을 포착하는 데 있지 않다. 우리는 그 시대의 위대한 창조적 인물(학개, 스가랴 등)과 에스라, 역대기 저자, 욥기 저자를 찾아보아야 한다.

다음으로 과감하게 이들을 당파 갈등, 반역, 헬라화 같은 기원전 2세기의 재앙과 비교해 보자.

이상과 현실은 같이 간다. 포로 후기 종교의 중요한 측면인 율법 문제는

---

13 비교. A. C. Welch, *Prophet and Priest in Old Israel* (London, 1936).
14 다음의 검토를 참조하라. H. H. Rowley, "Ritual and the Hebrew Prophets," in *Myth, Ritual, and Kingship*, ed. S. H. Hooke (Oxford, 1958), pp. 236-60은 *JSS* I (1956), pp. 338-60에도 실려 있고, *From Moses to Qumran* (London, 1963), pp. 111-38에도 다시 실렸다.
15 뒤의 제6장의 "성결법전"과 "제사장적 저작"을 참조하라.
16 비교. N. W. Porteous, "The Prophets and the Problem of Continuity," in *Israel's Prophetic Heritage. Essays in honor of James Muilenburg*, ed. B. W. Anderson and W. Harrelson (Philadelphia, London, 1962), pp. 11-25.
17 비교. T. Chary, *Les prophètes et le culte à partir de l'exil* (1955), p. 285. "제의의 합법성 논의에서 포로 후기 예언자를 논외로 하는 것은 대단한 실수다. 우리가 그들의 위대한 전임자의 설교에 대해 평가할 때, 그들은 도움이 된다."

비록 율법이 매우 오래 전부터 유래된 것으로 생각되지만,[18] 늘 진정한 예배 요소인 하나님의 사역에 대한 기쁨뿐 아니라, 정확한 준수로 표현되는데, 이는 온전한 순종을 받아들인 필연적 결과이다. 그러나 바리새파라는 최악의 형태의 궤변으로 끝나게 된다.

에스라에서 최고조를 이룬 거룩한 백성, 거룩하고 구별된 공동체의 존재에 대한 관심사와 함께, 우리는 젤롯당과 쿰란의 삶에서 일부 측면의 편협함을 보게 된다.[19] 이것은 종종 통제되지 않은 거친 열정이다.

그러나 우리는 어디에서 극단주의자 없이 살 수 있는가?

우리는 그 시기의 신앙과 기쁨과 예배를 보게 된다. 그리고 또한 어리석음과 반역, 그리고 '사두개주의'도 보게 된다.[20]

어떤 시기의 사상에 대한 묘사는 그 상황의 모든 측면을 보아야 한다. 우리는 존재하는 사상의 풍요로움에 대한 깨달음 때문에, 편협함을 무시해서도 안 되며, 요나나 룻 등, 가장 중요한 인물만 선택해도 안 된다. 그리고 우리는 그 저자들을 어두움 속에서 울고 있는 목소리라고 생각한다. 그래서 포로기에 대해서도 마찬가지이다. 정보의 부족은 그 시대의 삶의 대부분이 모호하게 남아 있음을 의미한다. 잘못된 감성이나 우리에게 적합한 사상의 일부만 지나치게 강조하지 않고, 무엇이 그 시대에 빛을 던지는지 평가하는 시도를 해야 한다. 그 시기의 패턴은 풍요로우며 복합적이

---

[18] 비교. 뒤의 p. 327이하.
[19] 이 점은 『전쟁 두루마리』(*War Scroll*)의 군사 정신에서 볼 수 있다. 예컨대, 다음 저작에서 강조되고 있다. K. Schubert, *Dei Gemeinde vom Toten Meer. Ihre Entstehung und ihre Lehren* (Munich, 1958). 이 책의 영역 J. W. Doberstein, *The Dead Sea Community: its origin and teachings* (London, 1959); C. Roth, *The Historical Background of the Dead Sea Scrolls* (Oxford, 1958); G. R. Driver, *The Judaean Scrolls* (Oxford, 1965), 특히 Ch. 4 참조.
[20] 이 형태는 전통적으로 부정적 의미에서 사용된다. 그러나 이와 같은 완전히 부정적 형태로 사두개파를 평가하는 것은 그들을 마카비 시대의 제사장 중에서 헬라주의자의 후손인 것처럼 묘사하는 것으로 이어지지는 않는다(비교. M. Noth, *History of Israel* [영역, London, ²1960], p. 374). 그들의 정치 활동이 초기 정치가와 긴밀히 연결되어 있다는 것을 보여 주지만, 이것을 보아 그들이 누구라고 믿는 것은 힘들다(W. McKane, *Prophets and Wise Men* [SBT 44, 1965], 예컨대, pp. 65ff.에서 묘사된 정치가들과 비교할 수 있다. 이에 대한 언급은 뒤의 p. 69, n. 27 참조).

고 전체적으로 고찰할 가치가 있다.

2. 포로기, '창조적 시기'

기원전 6세기는 구약 역사의 보다 제한된 분야와 고대 근동 문명의 한계 내에서뿐 아니라, 세계사에서도 다양하고 중요한 사건이 일어난 시기로 오랫동안 인식되어 왔다. 이 시기는 공자, 조로아스터, 붓다의 시대, 또 이오니아 철학자의 시대였고, 한편 성서학자에게는 예레미야, 에스겔, 제2이사야의 시대였다. 그러나 이 세 사람만의 시대가 아닌 것은 이름이 나오든 나오지 않든 이들의 사상 발전에 공헌한 상대적으로 많은 사람과 연관되기 때문이고, 우리는 이들에게 관심을 기울여야 한다.

그러나 관심을 이 주목할 만한 시대에 살던 한 민족의 사상에 실질적으로 제한할 것을 고려하는 것이 중요하다. 토마스(D. Winton Thomas) 교수는 그의 강의 "기원전 6세기: 이스라엘 역사의 창조적 시대"("The Sixth Century BC: A Creative Epoch in the History of Israel," *JSS* 6 [1961], pp. 33-46)에서 내외적 역사의 상황과 구약 맥락에 속한 문학과 사상에 거의 전적으로 관심을 기울인다. 끝에서 두 번째 단락에서, 그는 유대인, 기독교인, 무슬림에게 이것이 갖는 의미를 언급한다.

> 6세기는 갱신된 희망의 세기였다. 황폐에 재탄생이, 쇠퇴에 새로운 삶이 다가왔다. 초기의 재앙은 미래의 새로운 신앙의 폭발을 위한 기회가 되었다(p. 46).

다음으로 그는 조로아스터, 공자, 붓다를 언급하며, 이 시기의 광범위한 의의를 언급하였다.

실로 이 세기는 이스라엘 역사의 창조적 시대였다.… 그러나 이 세기는 이스라엘 역사의 창조적 시대, 그 이상의 시대였다. 이 시기는 세계사의 창조적 시대였다(ibid.).

이제 역사적 사실 문제로 이 시기가 이런 시기였다는 점에 대해서는 의문의 여지가 없다. 상당 부분의 세계사는 동쪽의 위대한 세 지도자, 조로아스터, 공자, 붓다의 삶에 직접 영향을 받았다. 만약 휘틀리(C. F. Whitley)처럼[21] 이오니아 철학자를 추가한다면, 이 세기를 과학적 사고뿐 아니라 후대 헬라 철학의 발전에 결정적이었던 사상의 탄생 혹은 (보다 엄밀히는) 발전의 시대라고 주장할 수 있을 것이다.

그러나 우리는 연대기적 우연의 일치라는 점도 언급해야 하고, 토마스 교수가 인기 있는 강의를 위해 활용했던 것처럼, 20세기를 살아가는 우리의 상황을 언급할 어떤 단서로 활용해야 한다.

오늘날처럼 그때는 거대한 위험의 시기였다. 그러나 또한 엄청난 기회의 시기였다. 위험은 극복되었다. 어떤 희생을 치르더라도 분명 기회를 상실하지 않았다. 아마도 그 후 오랜 세월이 지나 또 다른 유난히 창조적인 역사적 시대에 살아가는 우리는 초기 상황을 심사숙고할 때, 가장 힘든 탐구 가운데 용감하게 모험을 해 나갈 새로운 희망과 믿음을 이로부터 끌어내게 된다(ibid.).

---

[21] *The Exilic Age* (1957), p. 2. (Whitley는 또한 G. F. Moore, G. Galloway, S. A. Cook, H. Butterfield, W. F. Lofthouse를 인용한다.) 다음도 참조하라. R. H. Pfeiffer, *Religion in the Old Testament* (1961), p. 10. " …인류의 종교사에서 가장 생산적이었던 기원전 600-500년 시기에 예레미야, 이사야 40-55장, 조로아스터, 헬라 철학의 시작, 공자, 붓다 등이 속한다." (목록에서 마지막에 '등'으로 열어 놓은 것에서 보듯이, 빠진 부분이 흥미롭다.) C. F. Pfeiffer, *Exile and Return* (Grand Rapids, 1962)은 유사한 논점을 제시한다(p. 7). 기원전 600-400년 시기에 대한 그의 다소 단순한 기사는 성서 외 자료를 많이 인용한다. 그러나 보수적 관점 때문에, 저자는 그 시기에 대한 논의에서 관련된 성서 자료를 많이 사용하지 못한다. 아무런 문제점이 없는 것 같이 다니엘을 사용한다. 참고 자료는 다소 오해의 소지가 있다.

세계의 다른 지역에서 나타나는 사상과의 상호 관계성과 관련해서, 연대기적 우연의 일치로부터 결론을 도출하는 것과 구약 사상 안에 일어난 운동을 설명하기 위한 기초를 제공하는 국제적 연속체를 입증하고자 하는 시도는 매우 다른 문제이다. 그러나 휘틀리를 비롯한 학자들은 이런 일을 하였다. 이런 일은 의심할 여지없이 상호 연관성이 있음을 입증할 수 없다면, 저지해야 할 유혹이다.

물론 지난 세기, 특히 전체 고대 근동 지역에서 이루어진 풍부한 발견을 통해, 이 지역 내의 많은 상호 관계성이 입증된 것은 사실이다. 그리고 실상 사상의 보다 더 광범위한 연결과 패턴에 대한 징후가 몇 가지 있다. 다른 많은 곳에서 유사한 신화와 전설, 이미지의 전이, 법의 공동 상속이 나타나는 것을 찾아볼 수 있다. 그러나 정확하게 연결을 말하는 것은 거의 불가능하다. 그 상황은 사상 면에서 너무나 풍부하여 모든 면을 단순하게 설명할 수 없기 때문이다. 히브리와 바벨론 창조 신화의 공통 요소에 대한 인식은, 비록 정확하지는 않지만 이들이 연관되어 있음을 암시한다.

그러나 그 신화의 정확한 계보를 제공하지는 못한다. 이런 맥락에서 차이점을 지나치게 강조하고 모든 현상을 분리해서 다루는 것은 어리석은 일이다. 그러나 유사점이 반드시 직접적 영향이나 상호 연관을 보여 주는 것이라고 상상하는 것 역시 위험하다. 어떤 특정 위인의 정신 세계의 정확한 발전이나 특정 사고 패턴의 진화를 추적할 때 최근의 풍부한 구조와 불확실성에 대한 지식(모든 현대의 소통 도구에도 불구하고)으로 인해, 우리는 모든 지식에도 불구하고, 필연적으로 많은 어두움 속에 놓여 있는 세계 내에서 정확한 상호 관계를 추적할 때는 주의를 기울여야한다.

때로는 유행하기도 하지만, 역사의 패턴 발견은 늘 지나친 단순화의 위험 속에 놓여 있다. 패턴 찾기를 거부하면 편협한 마음이라는 비난을 받을지도 모른다.[22] 역사가가 연구 범위를 제한해서 특정 세기 특정 집단의 역

---

[22] A. J. Toynbee의 *Study of History* (London, 1934-61)에 나오는 비평은 이런 유형의 발견이 갖는

사와 사상만 다루고, 또 현실적인 목적을 위해 당대의 사상 운동을 무시하는 것은 협소한 추상화된 집단에 지나치게 집중하게 되고, 그 묘사를 고립시켜 검토하기 때문에 일방적일 수밖에 없게 된다.

그러나 두 가지 장점은 있다. 우선, 그 그림이 이에 대해 그다지 깊이 고려하지 않은 채 그린 것이기에, 이 시도는 상호 관계에 대한 참된 평가를 궁극적으로 가능하게 할 수 있다. 이스라엘 사상에 미친 외부의 영향을 부인하는 것은 어리석다.

구약 사상의 패턴은 계속해서 생소한 재료를 혼합하고 재해석한 것이라는 점을 드러내고 있다. 구약 사상이 매혹적인 이유 중에는 다른 곳에서는 초보적인 형태나 매우 발전된 형태이지만, 어느 정도 다르게 전개된 사상에서 찾아볼 수 있는 바를 변형하는 능력을 현실화한 점에 있다. 그러나 외부적 영향의 어떤 요소 이해는 내적 상황에 대한 참된 인식을 요구한다. 왜냐하면 외부에서 온 새로운 사상이 그 자체로 접촉점을 찾을 수 없다면 새로운 환경 내에서 실제로 효과적일 수 없을 것 같다는 것이 선험적(a priori)이기 때문이다.

한 가지 간단한 예를 들자면, 페르시아, 조로아스터의 영향이라는 측면에서 자주 서술된 유다 천사론의 전체적 발전에 대한 이해는 이스라엘 고유 사상 내의 일부 요소('하나님의 천사,' '신의 아들들,' '다른 신들'과 관련한 사상)가 그 위에 새로운 구상을 접목함으로써 적절한 구상에 도달할 수 있을 때만 가능하다.

어떤 이에게는 단조로운 과제로 보일지도 모를 이런 토착(특정 시기에 특정 형태에 도달하게 된 초기의 혼합이나 접목에서 완전히 분리할 수 없지만, 이스라엘 고유의 사상을 온전하게 표현할 수 있다는 의미에서 토착적) 요소를 검토하는 일은 이 특정 시기와 이후 이스라엘 사상에 미친 바벨론이나 페르시아 혹은 여

난점을 제시한다. E. Voegelin의 *Order and History* (Louisiana, 1956ff.)는 그런 종합을 시도한다. 그러나 검토하고 있는 지역에 대한 지식이 별로 없는 자가 보기에 제1권 *Israel and Revelation*은 매우 이상하게 읽히게 마련이다.

타 영향력의 속성을 고려할 때, 보다 확고한 근거를 제시하게 될 것이다.

다른 한편 그리고 이는 상호 연관된 점인데, 만약 그들의 용어를 우리 자신의 것으로 혹은 그 문화를 6세기 이스라엘의 것인 것처럼 이해하는 우를 범하지 않으려면, 외부의 영향과 접촉에 대한 평가는 광범위한 지식과 타문화 이해의 친숙성을 요구한다.

이스라엘 지혜와 이집트 지혜 사이의 일반적 용어 관계성을 살펴보기 위해, 그 접촉이 보다 생생하게 예시될 수 있는 사례인 『아메네모페의 지혜』(*Wisdom of Amen-em-ope*)를 살펴보는 것이 한 가지 방법일 것이다. 언어의 복잡성에 대한 지식 여부와 상관없이, 난해한 이집트 텍스트에 대한 다른 해석 사이에서 특정 구약 구절과의 유사성이나 가능한 독법에 기초하여 선택하는 것은 더욱 위험스러운 행위임에 틀림없다.[23]

우르(Ur)의 황금상을 창세기 22:13 때문에 "수풀 속에 사로잡힌 양"으로 보는 것은,[24] 사실은 그 상이 염소를 대변할 개연성이 훨씬 더 크고,[25] 수풀 속에 걸려 있는 것이 아니라 덤불의 잔가지를 먹고 있는 것으로 볼 수

---

[23] 비교. 예컨대, W. O. E. Oesterley, *The Wisdom of Egypt and the Old Testament* (London, 1927), 특히, pp. 42ff. 이런 고대 저작을 번역할 때 '성서 언어'를 사용하려는 경향은 더 이상 존재하지 않는 관계에 대한 인상을 덧붙인다. 최근의 신뢰할 수 있는 평가는 다음을 참조하라. R. J. Williams, "The Alleged Semitic Original of the *Wisdom of Amenemope*," *JEA 47* (1961), pp. 100-6.

[24] 비교. G. L. Woolley, etc., *Ur Excavations* II Ext (London, 1934), 권두 삽화와 pp. 264ff. 이 문헌은 '염소 조각상'을 언급한 뒤에 "불가피하게 조각의 주체인 숫염소에 대해 말하고 있다. '염소의 양'은… 구약성서 이야기와 '수풀 속에 잡힌 양'이라는 구절을 연상시킨다. 이 형상을 거의 15세기 후에 일어난 것으로 주장되는 사건을 묘사한 것으로 볼 수 없다. 그러나 유사점을 완전히 무시할 수는 없다." 비교. Illustrations pl. 87. 유사하게, *Excavations at Ur* (London, 1954), 권두 삽화인 '수풀 속 양.' 그러나 p. 74ff.에서 그런 유사점은 "설명하기 힘들다"라고 한다. 비교. *Ur of the Chaldees* (London, 1929) pp. 67f. and pl. VI.

[25] 비교. *Adam to Daniel*, ed. G. Cornfeld (New York, 1961), p. 75. "염소가 수풀 옆에 똑바로 서 있다." "이 대상을 '수풀 속에서 잡힌 양'이라고 잘못 부름으로써, 이삭 이야기를 정당화하는 것이 관례이다." 이런 재현은 예컨대, 우가릿의 풍요 여신을 동반하는 염소로 묘사되는 것과 실제로 연관되는가? 비교. *Views of the Biblical World*, ed. by M. Avi-Yonah and A. Malamat, I (Jerusalem, 1959), p. 192; 비교. J. Finegan, *Light from the Ancient Past* (Princeton, 1946), p. 35 n.에서 "어떤 연관성의 가능성도 거의 없다." (²1959), p. 42 n에서 "실질적 연관성을 찾아볼 수 없다." J. B. Pritchard, *The Ancient Near East in Pictures* (Princeton, 1954), figs. 667-8.

있지만,²⁶ 분명히 유혹적임은 이해된다. 그러나 사상의 혼동을 일으키지는 않는다.

가능한 한 내부로부터 다른 공동체의 사상에 대해 정확히 연구해야 한다는 점이 더 중요하다. 상이한 형태의 사상을 통달하고 양자를 평가할 수 있는 지식을 지닌 자가 비교해야 한다. 이것은 완벽을 기하라는 충고이지만, 적어도 양자가 아니라 한 쪽 편에 대한 이해에만 기초해서 지나치게 성급하게 비교하지 말라는 경고로 볼 수 있다. 아무 것도 알지 못하는 것을 묘사한 탓에 우리는 더 쉽게 확신을 갖게 될 수 있다. 왜냐하면 우리는 검토를 할 수 있게 하는 얼마간의 지식을 지니게 된, 사상의 상호 관계성에 대한 토론을 제외하고는 판단 기준이 없기 때문이다.

노리스-헐스(Norris-Hulse) 교수인 도드(C. H. Dodd)가 케임브리지에서 개최한 신약 세미나에서 다우브(David Daube) 교수가 논평한 것이 기억난다. 다우브 교수는 고대 중국사 같은 세계사의 애매한 부분을 다룰 때 토인비가 『역사 연구』(*Study of History*)에서 제시한 이론의 타당성에 크게 설득당했다고 고백했다. 조사가 연구 분야에 가까워질수록 주저하고 비난하기 시작한다.

어느 경우든, 포로기와 회복기는 구약에서 사상적으로 너무나 풍요로운 시기여서, 결국 이 분야로 좁히는 것은 지나쳐 보이지 않는다. 본 연구가 기원전 6세기의 광범위한 측면에 대한 진전된 사고를 자극할 수 있고, 그로부터 기인한 포로 후기에 대한 보다 긍정적 인식을 촉발한다면, 이는 주요 목적을 달성할 것이다.

---

26 H. Cazelles, "David's Monarchy and the Gibeonite Claim," *PEQ 87* (1955), pp. 165-75에서 난해한 연관성 속에서 다음과 같이 말한다. "곡식의 영을 삼키는 동물은 다른 곳에서는 보다 친절하게 생명나무의 잎을 먹는 야생 염소 형태로 제시된다"(pp. 169f.).

3. 연구 범위

이런 일반적 고려 사항의 결과는 구약 전체를 지나치게 단순화된 방식이 아니라, 많은 사상 패턴을 추적할 수 있는 연속체로 보는 것의 중요성을 강조하는 것이다. 완벽한 검토의 배열은 서로 다른 학자들이 서로 다른 대답을 하는 문제를 다루는 것으로 이를 시도하는 구약신학자들은 종종 이 패턴의 각 요소가 속한 곳을 정확하게 찾아내는 것이 어렵기에 매우 세심한 주의를 기울여 왔다.

완벽한 검토는 본서가 목적한 바는 아니다. 포로기로 국한된 연구는 구약에 대해 더 크고, 더 포괄적인 관점으로 이루어져야 한다. 그러므로 이 시기가 그 자체로 완벽하다고 제안하면서 마무리하는 것을 피해야 한다. 이 시기의 처음과 끝은 열려 있다. 그리고 개연성이 없다는 비난을 받지 않으면서, 어디에서 시작하고 끝이 나는지 결정해야 한다.

여기에 선을 그어야 한다고 추정하는 것은, 이 시기가 시작하는 지점이라고 보는 필자의 생각에 달려 있다. 즉, 회복기를 생각할 때, 성전 재건에 초점을 맞추고, 그래서 편의상 기원전 540-500년경으로 제한한다(이 연대 추정은 말라기를 포함할 만큼 충분히 큰 폭을 지니지만, '역대기 기자의 시대'에 속한 것으로 보는 편이 나은 느헤미야는 포함하지 않는다). 그러나 어두운 포로기에 앞서 갔던 자들이 회복과 관련된 자들에게 적지 않게 영감을 불어 넣었다는 합리적인 부가적 추정에 이 시기에 대한 이해가 달려 있다. 그래서 어떤 점에서는 인위적으로 보이지만, 상한선을 예루살렘 멸망으로 보는 편이 합리적이다.

왜냐하면 예레미야를 비롯한 7세기 후반 예언자들이 대체로 본 연구 범위밖에 있으며, 에스겔 역시 포로기에 속한 것으로 간주되지만, 그 전 시기에도 속하고, 이 배경을 통해 보지 않으면 예레미야를 완전히 이해할 수 없다는 것을 의미하기 때문이다. 그러나 유다 멸망 시기를 넘어 연속성을 추적하는 것이 바람직하지만, 중대한 사건에 제대로 할애하지 못하고, 그 결과 균형감을 잃지 않기 위해 초기를 '요시야 시대'로 명명하고, 이 시기에 대한 상세 연구[27]가 앞으로 특정 시대를 살아 간 구약 백성의 생동감에 관한 많은 갈래의 사상과 흔적을 수집하겠다는 희망을 피력하는 것은 부적절해 보이지 않는다.

또 다른 각도에서 이 분야를 한계 짓는 것이 있다. 포로기와 포로기 이후 정치 세계도 우리 관심사에 있다. 사상 발달에 대한 이해는 사상이 성장한 상황에 대한 인식 없이 이루어질 수 없다. 예언자와 역사가, 시인과 법률가는 정치적 진공 상태에서 일하지 않는다. 그리고 일반적 상황은 정확한 사건이 묘사될 수 있든지 없든지, 틀림없이 마음속에서 창의적으로 지속된다. 그러나 정치 사건과 종교 사상 사이의 정확한 관계는 쉽게 결정 내릴 수 없다. 정치적 위기의 추동(예컨대, 다리오 1세의 등극 시기)은 아마도 학개나 스가랴 같은 예언자의 사상을 자극했을 것이다.

그러나 이는 그들의 예언을 사건의 결과로 제안하는 것이 결코 아니다. 왜냐하면 하나님의 이름으로 말하는 예언자들이 사건을 읽는 방법은 하나님의 속성과 목적에 대한 자신들의 이해부터 정하고, 한 순간의 충동보다는 계속되는 종교적 전승에 훨씬 더 깊이 의존한다고 확언하는 것도 마찬가지로 사실이기 때문이다. 여기에서 신중한 검토 없이, 연대기적 우연이 상호 관계를 결정 짓는다고 간주할 수도 없다. 그리고 사건과 예언의 정확한 상관 관계를 제시하고자 하는 시도는[28] 별로 설득력이 없다. 우리는 배경에 놓

---

[27] Whitley, *The Exilic Age*, 1957보다 개인주의 발달에 관한 독단적 관념에 의해 덜 제한받는다.
[28] 예컨대, 사 40-55에 대해서는 다음을 참조하라. S. Smith, *Isaiah XL-LV. Literary Criticism and History* (Schweich Lectures, 1940, London, 1944); M. Haran, "The Literary Structure and Chronological Framework of the Prophecies in Is. xl-xlviii," *VTS 9* (1963), pp. 127-55. 또한 Haran의 다음 책 역시 참조하라. *Between RI'SHONÔT (former Prophecies) and HADA. SHÔT (New Prophecies) — A Literary-Historical Study in the Group of Prophecies Isaiah XL-XLVIII (Hebrew)* (Jerusalem, 1963). 학개와 슥 1-8장에 대해서는 다음을 참조하라. L. Waterman, "The Camouflaged Purge of Three Messianic Conspirators," *JNES 13* (1954), pp. 73-78; Waterman 외에 유사한 자료에 대해서는 다음을 참조하라. P. R. Ackroyd, "Two Old Testament Historical Problems of the Early Persian Period. A. The First Years of Darius Ⅰ and the Chronology of Haggai, Zechariah 1-8," *JNES 17* (1958), pp. 13-22.

인 보다 큰 요소[29]의 영향을 쉽게 볼 수 있다. 그러나 정치적 삶의 더 작은 사건과 그 시대 사상 정신의 세밀한 활동 사이의 정확한 관계를 추적하는 것은 훨씬 더 위험한 일이다. 그 접촉점에 대해 지나치게 정확하게 정의를 내리려 하지 말고, 차라리 이 둘을 나란히 두는 편이 낫다. 포로기 상황에 대해 몇 가지 간략한 진술을 해야 한다. 그리고 회복 과정을 평가하기 위해 몇 가지 시도도 해야 한다. 그러나 사건보다 사상에 더 집중하고자 한다.

4. 자료

사상의 정확한 노선, 발달 과정, 문학적 상호 연관성을 추적하고자 할 때, 구약 자료의 특정 부분의 정확한 연대 추정은 분명 필요하다. 그러나 연대 추정은 거의 이루어지지 못하고 있다. 로즈(Adolphe Lods)가 『유다 국가의 기원으로부터 기원후 135년 멸망까지의 히브리와 유다 문학의 역사』 (*Histoire de la littérature hébraïque et juive depuis les origines jusqu'à la ruine de l'État juif, 135 après J. C.*, Paris, 1950)에서 생각한 것처럼, 구약 문학사는 불가피하게 주관적 판단 요소 때문에 겨우 제한된 수용만 도출할 수 있었다. 그리고 연대 추정은 옛 패턴을 따르든 새 패턴을 따르든, 사상의 발달 도식에 의존하기에 수정이 불가피하다.

신학 발달에 대한 논의를 위하여 연대 추정을 하는 것이 이상적인 것은 사실이다. 자료의 한 부분과 다른 부분 사이의 관계를 고려하는 일은 연대 추정 없이 완벽히 수행할 수 없다. 특정 예언자의 가르침에 대한 논의는 원문(*ipsissima verba*)과 후대의 추고와 해설을 구별할 수 없다면 제대로 수행할 수 없다. 그러나 예컨대 파이퍼처럼,[30] 상당히 큰 확신으로 수행된 구별

---

[29] 예루살렘의 멸망, 국가와 왕조의 종말, 성전의 파괴, 고레스의 집권으로 인한 대규모 정치적 변화, 그 결과인 신바벨론 제국의 몰락.
[30] *Introduction to the Old Testament* (London, 1941, 1948). 예컨대, pp. 431f., 582f. 참조.

이 매번, 아니 대체적으로도 수용되지 못하고 있다.

후대의 추고를 지나치게 한 가지 측면에만 집착하여 끼어든 자료로 보는 것도 만족스럽지 못하다. 포로기와 일반적인 포로기 상황에 대한 반응에 관심을 두는 한, 후대의 논평은 당연히 이 경험이 의미했던 바에 대한 추가적인 통찰을 제공한다. 그래서 에스겔의 성전 묘사에 대한 해설은 사건이 닥친 후에조차 이런 미래 희망에 대한 제시가 영감으로 남아 있었음을 보여 준다.

그리고 결국 이런 이상적 패턴은 스스로를 종말론적 사건으로 투영하였다. 구별하는 것은 분명 바람직하다. 그러나 확실할 수 없는 곳에서조차, 다른 이들이 예언자에 대해 후속적으로 재해석한 것에서 예언자의 기본 메시지의 영향을 살펴보아야 한다. 그리고 예언에 적용되는 것은 구약 자료의 다른 변형에도 적용된다.

예레미야와 에스겔과 제2이사야를 사용하는 것은 분명하다. 그리고 필자는 여기에서 이들의 기원 시기에 대해 일반적으로 받아들이는 바를 논하지 않겠다.[31] 매우 간략하게만 다루지만, 초기 예언 자료를 특별히 포로기 상황의 재적용으로 고려하는 것 역시 바람직할 것이다.[32] 이와 더불어, 예레미야애가처럼 587년의 사건에 대한 반응을 분명히 심사숙고하고 있는 다른 구절을 언급하는 것이 적절하다. 두 개의 주요 역사 자료(D와 P)는 제5장과 제6장의 소재가 될 것이고, 거기에서 몇 마디 설명과 타당한 이유를 덧붙이고자 한다.

회복기 자료는 더 분명하다. 학개와 스가랴 1-8장이 주요 자료이며, 필자가 보기에 성전 재건 시기도 명백히 드러난다. 이 두 예언자의 말씀에 집중을 하고자 한다.[33] 특히 제3이사야, 작게는 말라기에 나타난 다른 자료

---

[31] 다음 책에서 언급되고 있다. O. Eissfeldt, *The Old Testament: an Introduction* (영역. Oxford, New York, 1965), *ad loc*.
[32] 비교. 뒤의 p. 74이하.
[33] 두 예언자에 할애한 제10장과 제11장은 그들의 포로기 전임자들보다 상대적으로 관심을 덜 받았다는 점에서 타당하다고 볼 수 있다.

사용은 종종 난해한 주석적 결정에 의존한다. 더 나은 연대 추정이 없기 때문에, 대략 그 연대로 추정된 구절에 의존하여 그 시대 연구를 저술하는 위험을 피한다는 것이 쉬운 일은 아니다. 이렇게 다른 자료가 동시대나 대체로 동시대의 자료로 포함되는 한 이것이 적용된다.

에스라 1-6장을 활용해야 한다. 그러나 역사적, 이데올로기적 재건을 위한 자료로 사용하는 데는 문제가 있음을 충분히 인식해야 한다. 이 구절은 분명히 일차적 중요성을 지닌 문서 자료를 담고 있고, 비록 역사적으로 불완전하지만 회복에 대한 일관성 있는 그림을 제시하고 있기에 중요성을 지닌다. 후자의 특징을 보아, 이것은 엄격한 역사라기보다는 포로와 회복에 대한 이데올로기 연구에 속한다. 그러나 이것이 우리의 관심사밖에 있는 것은 아니다.[34]

우리가 다루고자 하는 포로와 회복 사상 주변에는 전반적인 사상이 놓여 있다. 우선 이것이 사건 자체의 시기와 연결되어 있다는 것이 확실히 자명하다. 그러나 이 주제를 생각해 보자면, 포로와 회복에 대한 해석은 이 시기에만 국한되는 것이 아니다. 역대기 기자의 작품을 여기에서 전부 논의할 수 없다. 그러나 이스라엘 역사에서 역대기 기자가 이 시기를 언급한 것을 고려하는 일은 필수적이다. 왜냐하면 6세기의 사상과 포로 후기 유대교 발달이라는 보다 장기적 안목에서 6세기를 보고자 하는 자들의 사상의 파급 효과를 일부 인식하는 것도 중요하기 때문이다. 매우 개략적으로 이 문제는 본 연구의 마지막 단락의 관심사가 될 것이다.[35]

---

34 다음의 언급을 참조하라. A. C. Welch, *Post-exilic Judaism* (Edinburgh, London, 1935), 제1장.
35 제13장 참조.

제2장

포로기의 역사적 상황

1. 역사적 배경

여기에서 고대 근동 세계에서 일어난 역사적 사건에 대해 완벽히 서술하는 것은 적절하지 않다. 그러나 가장 중요한 사건에 대해 간략히 개관하는 것은 충분한 역사적 배경을 부여하고, 정치적 조건에 대한 후속 언급을 분명히 하기 위해 바람직하다.[1]

신바벨론 제국이 나보폴라살과 느부갓네살(604-562) 하에서 급부상한 것이 다양한 문헌으로 입증되고, 유다가 개입된 사건에 특별히 영향을 미쳤다. 요시야의 죽음(609)에 이어지는 짧은 이집트 통치 시기 이후, 시리아와 팔레스타인은 605년 이후 바벨론 통치하에 들어갔다. 결국 동맹의 붕괴는 597년 예루살렘의 첫 번째 점령으로 이어졌고, 후속 반역으로 587년 장기 포위 이후의 파괴로 이어졌다.[2] 광범위한 바벨론 권력의 지위는 메대

---

[1] 보다 충분한 논의를 위해서 다음을 참조하라. M. Noth, *History of Israel* (London, ²1960), pp. 280ff.; J. Bright, *A History of Israel* (Philadelphia, 1959; London, 1960), pp. 302ff., 332ff.; *Cambridge Ancient History Vols* III, IV (Cambridge, 1925, 1926). 참고 문헌은 다음의 저작을 참조하라. K. Galling, *Studien zur Geschichte Israels im persischen Zeitalter* (Tübingen, 1964), pp. 1-20.

[2] 비교. pp. 47이하. 이 시기에 대한 고고학적 증거에 대한 논평은 다음을 참조하라. D. Winton Thomas, "The Age of Jeremiah in the Light of Recent Archaeological Discovery," *PEQ 82* (1950),

의 권력과 연관해서 보아야 하며, 앗수르의 멸망 때 보여 준 메대의 도움은 바벨론의 주요 동맹국 내지 경쟁국으로 자리매김하게 했다. 결국 이것은 신바벨론 제국 몰락의 중요한 요소가 되었다. 그러나 잠정적으로 결정된 영토 분할은 아마도 등극 직후 느부갓네살에 의해 이루어진 것으로 보인다.[3]

595/4년 바벨론에 반역의 징후가 있었다.[4] 이것은 통치 세력의 전복을 고대하고, 적어도 일부 집단에게는 여전히 분명히 합법적인 통치자로 간주되었던 여호야긴 왕의 회복을 고대했던 바벨론과 예루살렘의 예언자들이 행동하게 된 계기였을 것이다.[5] 시드기야가 바벨론에 보낸 사절단(렘 29:3)은 아마도 실제로 항복을 위한 방문으로 볼 수 있고(렘 51:59),[6] 동일한 일반적 상황과 연결된다. 이어서 반역을 꾀하는 새로운 움직임이 서쪽에서 일어났다. 아마도 이 반역은 이집트의 선동을 받거나 적어도 이집트의 후원 약속을 받고, 프사메티구스 2세(593-588) 통치 말년이나 호브라 통치 초기(588-569)에 일어났을 것이다.

이집트와의 접촉 징후는 예레미야(렘 34:8-11; 이집트 군대의 접근으로 인해 포위가 소강될 때, 해방된 노예를 다시 노예로 삼는 일이 발생했다고 추정한다면)와 라기스 서간(고니야후의 이집트 방문에 대한 언급은 도와달라는 호소를 보여 준다)

---

pp. 1-15; G. Brunet, "La prise de Jérusalem sous Sédécias. Les sens militaires de I'hébreu bâqaʻ," *RHR 167* (1965), pp. 156-76에서 왕하 25:4은 성벽이 대적에 의해 뚫린 것이 아니라, 방어하던 편에서 열어 주었음을 뜻한다고 주장한다. 이 견해에 대한 비평은 다음을 참조하라. W. Rudolph, *Jeremia* (³1968), p. 244. A. Malamat, *IEJ 18* (1968), p. 154 n. 33.

3 K. Galling, *Studien* (1964), pp. 1ff.에서는 정확한 경계선을 결정하는 것의 문제를 논의한다.
4 비교. D. J. Wiseman, *Chronicles of Chaldaean Kings (626-556 BC) in the British Museum* (London, 1956).
5 이런 예언 활동에 대해서는 렘 27-29장을 참조하라. 여호야긴의 합법성은 에스겔에서 그의 통치 연도를 가지고 연대를 잡는 것(겔 1:2; 8:1 등)과 또한 바이드너 토판(Weidner Tablets, 뒤의 p. 59를 참조)을 통해 제시되는 것으로 보인다. 일반적 논점은 다음을 참조하라. K. Baltzer, "Das Ende des Staates Juda und die Messias-Frage," in *Studien zur Theologie der alttestamentlichen Überlieferunge*, ed. R. Rendtorff and K. Koch (Neukirchen, 1961), pp. 33-44, see p. 38.
6 마소라 텍스트 'et ('with')는 시드기야도 갔음을 보여 준다. 그러나 왕이 마지막으로 언급된다는 것이 이상하다. LXX παρά는 *meʼet* ('from')를 암시한다. 비교. BH³, etc.

에 나타난다.⁷ 유다 홀로 반역을 한 것이 아니었고, 분명히 암몬이 개입되었다.⁸ 그리고 585년 초부터 시작하여 이후 13년 동안 느부갓네살이 두로를 포위하였다는 사실은 비록 두로의 개입에 다른 이유가 있었겠지만, 다른 지역 역시 연루되어 있었음을 보여 준다. 예루살렘 포위 동안 이집트의 반발은 분명히 유다 몰락 이후 즉각적 반격을 불러오지는 않았지만, 이후 570년 아마시스가 이끄는 이집트 군대의 성공적인 폭동 후에,⁹ 569/568년에는 느부갓네살이 현장에서 군사 작전을 이끌었다.

요세푸스는 582년의 초기 군사 작전을 언급하는데, 이때 암몬과 모압 역시 코엘레-시리아에 맞선 군사 작전 중에 진압당했다.¹⁰ 그러나 이에 대한 확증은 없다. 후에 고레스가 바벨론을 위협하였을 때, 나보니두스는 아마시스와 리디아의 크로에수스와 동맹을 형성할 수 있었다. 이것은 바벨론과 이집트라는 두 세력의 관계가 569/568년의 느부갓네살의 군사 작전 이후 중립적이거나 우호적으로 유지되었음을 제시한다.

562년 느부갓네살의 죽음 이후 바벨론 세력이 약화되었다. 그의 후계자인 아멜 마르둑(에빌 므로닥, 562-560)은 여호야긴을 감옥에서 풀어 준 일(왕하 25:27ff.)로 인해 유다 공동체에게 중요한 인물이다.¹¹ 그를 계승한 네르갈 샤르 우수르(네리글리사르)는 아마도 반역의 결과로 4년밖에 통치하지 못하였고, 556년 어린 아들 라바쉬 마르둑을 남겨두고 떠났던 것 같다. 반역의 무리가 그를 제거하고, 556년 그들의 동료 중 하나인 나부 나이드(나

---

7   이 텍스트의 번역과 D. Winton Thomas의 해석에 대한 주의 깊은 언급은 다음을 참조하라. Lachish Ostracon III. 비교. *DOTT*, pp. 214f.
8   겔 21:23-27 참조. 암몬의 개입은 렘 40-41장을 통해서도 추론할 수 있다. 암몬 족의 그다랴 암살자 후원은 반역 행위의 여파를 보여 준다. 그러나 이것은 꽤 후대에 속한다. 비록 암몬 족속이 반역에 가담했다는 사실을 통해, 다른 자들이 개입하지 않았음이 입증되는 것은 아니지만, 모압, 암몬, 에돔과 유다인의 다툼(렘 40:11)은 이 지역이 사실상 재앙에 영향을 받지 않았음을 시사한다(M. Noth, *History*, p. 293). 582년의 사건에 대한 요세푸스의 기록은 뒤를 참조하라.
9   렘 44:30 참조.
10 *Ant*. X, 9.7. 다음 논의를 참조하라. M. Noth, *History*, pp. 293f.; J. Bright, *History*, p. 352.
11 이 사건의 해석은 뒤의 pp. 114-118 참조.

보니두스)를 보좌에 앉혔다. 그는 이미 노년이었거나 최소한 중년이었다.[12] 그의 정책을 결코 완전히 이해할 수는 없다. 바벨론에 있던 유다인 포로에게 미쳤을 영향에 대해서는 아래에서 언급하고자 한다. 그러나 그가 대단히 유능한 인물이었음에는 틀림없다. 그는 바벨론뿐 아니라 다른 곳의 여러 중요한 집단이 가진 적대감에도 불구하고, 정치 경제적으로 매우 어려운 시기 동안 자기 보좌를 지킬 수 있었다.[13]

그가 적어도 부분적으로라도 아람 족속이었고, 특히 그의 유명한 모친,[14] 아다 굽피를 통해 하란과 연결된다면,[15] 여기에서 달 신 씬(Sin)의 제의를 후원한 이유와 하란을 비롯한 여러 곳의 건축 프로그램과 관련해서 활기찬 무역 중심지이자 분명히 생산물의 증가와 무역료로 인한 수입이 발생하였던 데마의 사막 지역을 차지했던 이유를 찾아볼 수 있을 것 같다.[16]

그러나 결국 나보니두스는 메대 제국을 차지하고, 소아시아를 통제하고자 나아가던 고레스 세력의 공격에 맞서 자신을 지킬 수 없었다. 바벨론 내에서 일어난 불만으로 인해, 고레스의 진격은 오래된 영향력 있는 집단에게 받아들여졌고, 유다 포로민에게는 갱신된, 더 나은 미래를 향한 희

---

[12] 이 문제와 일반적인 나보니두스의 정책은 다음을 참조하라. K. Galling, *Studien* (1964), pp. 5ff. 그의 다음 글도 참조하라. "Isa. xxi im Lichte der neuen Nabonidtexte," in *Tradition und Situation*, ed. E. Würthwein and O. Kaiser (Göttingen, 1963), pp. 49-62, pp. 49-55 참조. 비교. also H. Lewy, "Nitokris-Naqî'a," *JNES* II (1952), pp. 264-86, p. 286 참조.

[13] 비교. K. Galling, *Studien* (1964), p. 6. 또한 H. W. F. Saggs, *The Greatness that was Babylon* (London, 1962), pp. 145ff.; "Babylon," in *Archaeology and Old Testament Study*, ed. D. W. Thomas (Oxford, 1967), pp. 39-56, pp. 46f. 참조.

[14] 비교. E. Dhorme, "La mère de Nabonide," *RA* 41 (1947), pp. 1-21.

[15] 다음의 논평을 참조하라. S. Smith, *Isaiah Chapters XL-LV: Literary Criticism and History* (1944), pp. 24f. 그는 아람 족속 조상에 대한 개념을 합법적으로 추론할 수 없다고 생각한다. 텍스트는 다음을 참조하라. S. Smith, *Babylonian Historical Texts relating to the Capture and Downfall of Babylon* (London, 1924), pp. 27-123.

[16] 비교. K. Galling, *Studien* (1964), pp. 17f. 데마(Tema')의 유다인 존재는 다음을 참조하라. 비교. p. 19와 다음도 참조하라. C. J. Gadd, "The Harran Inscriptions of Nabonidus," *Anat. Stud. 8* (1958), pp. 35-92, pp. 79-89 보라. "The Kingdom of Nabonidus in Arabia"; I. Ben-Zvi, "The Origins of the Settlements of Jewish Tribes in Arabia," *Eretz-Israel 6* (1960), pp. 130-48, 35*-37*; H. W. F. Saggs, in *Archaeology and Old Testament Study*, ed. D. W. Thomas (1967), p. 47.

망을 제시하는 것처럼 보였다. 다음 단계에서 이런 열망에 대해 다시 살펴보고자 한다.

2. 유다의 상황

예루살렘이 597년 3월에 바벨론에 의해 정복을 당했다는 것은[17] 이제 성서 증거와 정확한 사건의 순서를 제공하는 와이즈만 토판(Wiseman tablets)을 근거로 확실해졌다.[18] 비슷하게 운 좋은 발견을 바라지만, 587년이나 586년에 일어난 예루살렘의 두 번째 함락과 그 결과에 대한 동일 유형의 증거는 아직까지 없다.[19] 이 사건이 일어났다는 것은 자명하다. 그러나 도성의 두 번째 함락에 이어진 파괴의 정확한 속성, 유다의 전면적인 폐허, 인구의 추방 정도는 논쟁거리로 남아있다.

성서 증거에 대한 논의는[20] 진술의 상대적 가치를 확신한다는 것이 얼마

---

[17] J. Finegan, *Handbook of Biblical Chronology* (Princeton, 1964), pp. 198-209에는 참고 문헌과 검토가 나온다.

[18] D. J. Wiseman, *Chronicles of Chaldaean Kings (626-556 BC) in the British Museum* (1956).

[19] 587년과 586년 사이의 판단은 덜 확정적이다. 비교. D. N. Freedman, "The Babylonian Chronicle," *BA 19* (1956), pp. 50-60, see p. 55 and n. 20 (=*BA Reader* [1961], pp. 113-27, p. 119와 n. 20)에서 확고하게 586년을 거부한다. 예컨대, 다음도 참조하라. E. Kutsch, "Zur Chronologie der letzten judäischen Könige (Josia bis Zedekia)," *ZAW 71* (1959), pp. 270-4; M. Noth, "Die Einnahme von Jerusalem im Jahre 597 v. Chr.," *ZDPV 74* (1958), pp. 133-57, p. 150. 그러나 E. Vogt, "Die neubabylonische Chronik über die Schlacht bei Karkemisch und die Einnahme von Jerusalem," *VTS 4* (1957), pp. 67-96에서 586년을 선호한다(비교. pp. 95f.). 다음도 참조하라. H. Tadmor, "Chronology of the Last Kings of Judah," *JNES 15* (1956), pp. 226-30; S. H. Horn, "The Babylonian Chronicle and the Ancient Calendar of the Kingdom of Judah," *Andrews University Seminary Studies 5* (1967), pp. 12-27; E. Auerbach, "Wann eroberte Nebukadnezar Jerusalem?," *VT 11* (1961), pp. 128-36; C. Schedl, "Nochmals das Jahr der Zerstörung Jerusalems, 587 oder 586 v. Chr.," *ZAW 74* (1962), pp. 209-13. 다음도 참조하라. W. Rudolph, *Jeremia* (³1968), p. 323 n. 2; A. Malamat, *IEJ 18* (1968), pp. 137-56.

[20] 비교. E. Janssen, *Juda in der Exilszeit: Ein Beitrag zur Frage der Entstehung des Judentums* (FRLANT 69, 1956), pp. 24-56; A. G. Welch, *Post-exilic Judaism* (1935), ch. IV; S. Herrmann, *Prophetie und Wirklichkeit in der Epoche des babylonischen Exils* (Arbeiten zur Theologie I, 32, Stuttgart, 1967),

나 어려운지를 보여 준다.

한편, 대규모의 황폐와 고의적인 파괴가 있었다는 인상을 받는다(비교. 왕하 25장). 처형, 군사 작전, 예루살렘을 비롯한 중심지(특히 아세가와 라기스)의 포위 동안 수많은 사상자가 발생하였을 개연성 외에도, 대규모 추방이 있었음을 보여 준다(왕하 25:11). 다른 한편, 당시 유다 인구의 추산 총계에 대해, 열왕기하 25장 평행 본문인 예레미야 52장에 제시된 상대적으로 소박한 숫자를 함께 고려한 평가는 추방이 그다지 광범위한 것이 아니었을 가능성을 제시한다. 포로는 거의 일어나지 않았다고 보는 토레이의 극

---

pp. 9-17; G. Buccellati, "Gli Israeliti di Palestina al tempo dell'esilio," *Bibbia e Oriente 2* (1960), pp. 199-209에서 예루살렘 상황의 조짐을 예레미야애가에서 찾아내고, 그 시가 도성에 집중되고 있음을 언급한다. 그리고 이것은 미스바에 거점을 둔 그다랴와 직접 대립하고 있음을 시사한다고 본다(p. 206). 증거는 미심쩍지만, 이 해석은 미스바를 종교적 중심지로 보는 해석과 연결되는 것처럼 보인다(비교. p. 25).

Buccellati는 논증 근거를 열방의 통치에 대해서는 애 5:2에, 대적의 점령(물과 나무를 지불해야 하는 백성)에 대해서는 애 5:4에, 학대와 부역에 대해서는 애 5:11-13에, 정복의 멍에에 대한 일반적 언급을 지닌 애 5:5의 암시에 둔다. 그는 애 3:34-36에서 점령에 대한 적대감의 다른 증거를 찾아내고, 특히 야웨의 임재가 여전히 거기에 알려져 있다는 의미에서, 지극히 높은 이에 대한 언급이 예루살렘의 관점을 나타내지 않는지 질문한다. 그는 적대감이 그다랴의 통치 이후의 것일 수 있다는 점을 인정하지만, 가능성은 거의 없는 것으로 본다. 우리는 유다에 다양한 집단이 있었을 것이며, 분명히 적극적인 방식으로 바벨론을 향한 적대감과 바벨론이 임명한 자인 그다랴에 대한 적대감이 있었을 것이라는 점에 동의한다(A. Fenna, "Godolia," *Enc. Catt. 6* (1951), p. 890에서 Buccellati를 인용하면서, 렘 38:19에 근거하여 그다랴가 도망자였을 것이라고 제안한다. 추론은 미심쩍지만, 그다랴의 동기도 예레미야처럼 의문스럽다. Cf. p. 57.)

Buccellati가 제시하는 것과 같은 애가 자료 해석은 가능하지만, 위험하다. 여기에 정형화된 어법이 너무 많기 때문이다. 시적 언어에서 실질적인 정치적, 사회적 상황을 어느 정도까지 추론할 수 있을까? 이 문제는 시편의 역사적 해석에 개입된 것과 매우 동일한 것이다(애가에 대해서는 뒤의 pp. 29, 45ff. 참조). (필자는 이 주제에 관한 원고를 보내 준 것에 대해 *Bibbia e Oriente*의 편집자에게 감사한다.)

단적 견해는[21] 유다 지역에서 일어난 파괴에 대한 고고학적 증거와[22] 또한 포로에 대한 후대 역대기의 견해에 근거하여 쉽게 묵살된다. 후대 사상이 거의 없는 것으로부터, 아니면 전혀 없는 것으로부터 나왔다고 보는 것은 불가능하다.[23] 그러나 성서 자료에서 찾아볼 수 있는 존재의 지속성에 대한 징후와 몇 가지 즉각적 회복 조치를 보여 주는 전반적 상황의 개연성에 적절히 주의를 기울여야 하는 것은 틀림없다.

숫자에 대한 평가는 필연적으로 위험스러운 일이다. 그러나 8세기 앗수르의 진술과 비교해 보고, 732년과 722년 갈릴리와 사마리아 상실 시기에

---

[21] 비교. C. C. Torrey, *The Composition and Historical Value of Ezra-Nehemiah* (BZAW 2, 1896), 특히 pp. 51-65; *Ezra Studies* (Chicago, 1910), pp. 285ff.; "The Chronicler's History of the Return under Cyrus," *AJSL 37* (1920/1), pp. 81-100; *The Second Isaiah* (Edinburgh, 1928), pp. viii, 94ff.; *Pseudo-Ezekiel and the Original Prophecy* (Yale Oriental Series 18, New Haven, 1930), pp. 5, 102ff.; *The Chronicler's History of Israel* (New Haven, 1954), esp. pp. xxivff.
Torrey는 다음 책에 의존하고 있다. W. H. Kosters, *Het Herstel van Israel in het Persische Tijdvak* (Leiden, 1893). 독역은 *Die Wiederherstellung Israels im persischen Zeitalter* (Heidel-berg, 1895). 이 책에 대해 다음과 비교하라. G. A. Smith, *The Book of the Twelve prophets II* (1898, 1928), p. 209 n. 이 문제에 대한 Torrey 저작의 의의는 역사를 다시 쓰고, 문헌 연대를 다시 추정하고자 하는 시도가 아니라, 팔레스타인 공동체의 중요성을 거듭 강조한 것(보다 중도적인 많은 연구에서 영향력을 갖고 있다)과 포로에 대한 **사상**의 성장을 인지한 것에 있다(cf. ch. XIII, pp. 237ff.).
[22] 비교. W. F. Albright, *The Archaeology of Palestine* (Penguin Books, rev. ed. 1960) pp. 141f.; *Archaeology of Palestine and the Bible* (New York, 1932), p. 171. 엔게디 파괴 증거는 다음의 발굴 보고서를 참조하라. *IEJ 11* (1961), pp. 76-77; 12 (1962), pp. 145-6; B. Mazar and I. Dunayevsky, "En-Gedi, Third Season of Excavations. Preliminary Report," *ibid.* 14 (1964), pp. 121-30; 비교. B. Mazar, T. Dothan, I. Dunayevsky, *Engedi excavations in 1961-62* ('*atiqot* 5, Jerusalem, 1966); B. Mazar, "En-gedi," in *Archaeology and Old Testament Study*, ed. D. W. Thomas (1967), pp. 223-39, 특히 pp. 225f. 이 도성들은 주로 유다의 네겝과 쉐펠라 지역에 있다. A. Alt, "Judas Gaue unter Josia," *PJB 21* (1925), pp. 100-16, p. 108=*Kl. Schr. 2* (Munich, 1953), pp. 276-88, p. 280에서 이 지역은 198년에 유다와 분리되고 에돔의 손아귀에 들어가게 되었다. 비교. E. Janssen, *op. cit.*, p. 42; D. J. Wiseman, *Illustrations from Biblical Archaeology* (London, 1958), p. 73에서 "남쪽(네겝)과 국경의 북쪽(벧엘), 그리고 사마리아 바벨론 지역의 도시들은 이 위기 상황에서 파괴되지 않은 것으로 발견된다." 그러나 다음 글도 참조하라. Y. Aharoni, "The Negeb," in *Archaeology and Old Testament Study*, pp. 385-403, pp. 392ff.; 아랏(Arad)에 대해서는 다음을 참조하라. *BA 31* (1968), pp. 2-52.
[23] 추방된 자들의 '영적 주도권'에 대한 다음의 언급을 참조하라. E. Hammershaimb. *Some Aspects of Old Testament Prophecy* (Copenhagen, 1966), pp. 97f. 다음도 참조하라. A. Causse, *Les Dispersés d'Israël* (Paris, 1929), p. 54.

대한 성서의 추산을 고려해 보면, 추방은 매우 소규모 집단의 인구에게만 영향을 미쳤던 것 같다.[24] 비록 많은 사회 혁명은 왕실 토지를 차지하거나 다른 토지 소유자들로부터 몰수한 땅을 인수받음으로써, 이제 바벨론 통치 하에서 토지 소유자나 소작인이 된, 짐작건대 공동체의 토지를 소유하지 못했던 구성원, 즉 '그 땅의 가난한 자들'(dalat hā'āreṣ)이라고 묘사된 자들이[25] 보다 영향력이 큰 지위로 부상함에 따라 영향을 받았다 해도 땅을

---

24 이 숫자의 문제는 다음을 참조하라. H. H. Rowley, "Hezekiah's Reform and Rebellion," *BJRL 44* (1961/2), pp. 395-431=*Men of God* (1963), p. 98-132. p. 403=p. 105를 보라. 산헤립이 주장한 200,000이라는 숫자는 "피정복 지역의 모든 인구를 후하게 추정하여 '포로'로 간주한 것으로 해석할 수 있다." 참고 문헌이 추가되었다.

597년과 587년이라는 숫자 역시 평가하기는 난해하다. 왕하 24:14은 597년(느부갓네살 제8년)에 포로가 만 명이었다고 기록한다. 그러나 왕하 25:1f.은 587년에 대해서는 숫자를 제시하지 않고, '그 땅의 가난한 자 일부'(middallat hā'āreṣ)를 제외한 '남은 자'(yeter hā'ām)가 사로잡혔다고 기록할 뿐이다. 후자의 논점은 렘 52:15f.에서도 다루는데, 본문이 만족스럽지 못하다. 여기에서 '그 백성의 가난한 자의 일부'(middallat hā'ām)와 '그 백성의 남은 자'(yeter hā'ām)가 사로잡혔다고 언급한다. 여기에서 첫 구는 16절의 '그 땅의 가난한 자'(middallōt[복수] hā'āreṣ)에 대한 잘못된 예상 때문인 것 같다. 책임감 있는 서기관은 가난한 자 중에 일부가 남아 있었다면, 일부는 분명히 포로가 되었을 것임을 시사하여, 보다 완벽한 진술을 제시하고자 애쓴 것 같다. 그러나 그 땅의 가난한 자에 대한 언급이 갖는 진정한 논점은 변화된 사회 상황에 대한 것이다.

렘 52:28-30은 정보를 추가하지만, 그다지 분명하지 않다. 포로가 삼 단계로 열거되고 있다. 제7년에 3,023명, 제18년에 '예루살렘에서' 832명, 제23년에 745명의 *yehûdîm*, 총 4,600명이다. E. Vogt는 와이즈만 전집(The Wiseman Volume)에 실린 글(cf. n. 18), "Nova Chronica Babylonica de Pugna apud Karkemiš et Expugnatione Ierusalem," *Biblica 37* (1956), pp. 389-97에서 렘 52:28이 도성의 함락을 느부갓네살 제7년에 일어난 일로 제대로 보고 있다고 언급한다(p. 397). 그러나 Vogt는 그의 연대기 연구인 *VTS* 4 (1957), pp. 67-96에서 '제17년'으로 읽어야 한다고 제안한다(p. 94, n. 1). A. Malamat, "A New Record of Nebucharezzar's Palestinian Campaigns," *IEJ 6* (1956), pp. 246-56(원래는 히브리어로 출간, *BIES* 20 [1956], pp. 179-87, IV)에서 렘 52:28의 용어 *yehûdîm*은 "분명히 추방된 자들이 유다 지방 성읍의 거주민으로 아직 예루살렘이 포위 중일 때 사로잡혀 갔음을 암시한다"라고 제안하며(pp. 253ff.=pp. 185f.), 렘 13:18f.과 비교한다(그의 다음 글에 논의된다; "The Last Wars of the Kingdom of Judah," *JNES 9* [1950], pp. 218-27, cf. p. 223). 그는 701년 산헤립 침공 사건에서 이것의 유비를 찾는다. Malamat와 Wiseman 모두(*op. cit.*, pp. 34f) 두 번의 추방이 각각 삼천 명과 만 명 이상이었다고 보도하는 요세푸스의 진술(*Ant. X*, 6.3-7.1)에 근거하여 증거에 조화를 기하고자 하는 것 같다. 여기에서 요세푸스가 왕하 24-25장과 렘 52장의 두 기사에서 취한 두 숫자를 합쳤다는 것이 본질적으로 보다 개연성이 있어 보인다. Malamat는 "여호야긴의 포로민 통계가 여러 가지인데 서로 상충된다"고 인정한다(*JNES* 9 [1950], p. 223 n. 22). K. Galling, *Studien* (1964), pp. 51f.에서 부인과 자녀를 포함하여 이 만 명 이상은 되지 않을 것이라고 추정한다.

25 dallat hā'āreṣ에 대한 관점을 받아들인다고 하더라도, 이 용어가 사회학적 함축보다 신학적 함축

소유한 시민, 관리, 제사장의 제거는 아마도 일부에만 국한된 일이었던 것 같다.²⁶ 그들의 선조가 이전에 행했던 것(비교. 삿 6:1ff.)과 그들의 후손이 후대에 행할 일처럼, 굴 속에 숨어서 바벨론의 공격을 피했던 많은 피난민이 있었다고 추측하는 것도 타당하다.²⁷ 아무튼 예레미야 40:7ff.은 토지를 차지하고 보살피던 *dalat hā'āreṣ*의 일부와 더불어 그다랴가 바벨론 권세 하에서 세워졌다는 것을 듣게 되었을 때(비교. 왕하 25장), 어떻게 '들에 있는 지휘관'이 재등장했는지를 서술하고 있다. 그들은 다시 안심하게 되었고, 비록 많은 파괴가 있었다 할지라도, 바벨론이 그 땅을 완전히 파괴하지 않았다는 것을 보여 준다. 그다랴는 "너희는 포도주와 여름 과일과 기름을 모아 그릇에 저장하고 너희가 얻은 성읍들에 살라"(렘 40:10)고 그들에게 말하였다.²⁸ 이야기는 계속된다.

> 그 모든 유다 사람이 쫓겨났던 각처에서 돌아와(앞 절에는 모압, 암몬, 에돔, 그리고 다른 지역에 대한 언급이 나온다) 유다 땅 미스바에 사는 그다랴에게 이르러 포도주와 여름 과일을 심히 많이 모으니라(렘 40:12).

텔 엔-나스베로 파악되는 미스바는 예루살렘에서 10km 정도 떨어진 거리에 위치하고, 군사 작전 지역에서 멀지 않은 곳이 분명했다.²⁹ 분명히 드

을 지니고 있을 가능성을 고려할 때, 몇 가지를 추가적으로 언급해야 한다(비교. pp. 29f., 66 n. 17).
26 Malamat의 바벨론의 근시안적 정책에 대한 논평은 다음을 참조하라. *JNES* 9 (1950), p. 224.
27 마카비상 1:53; 2:31 등과 쿰란 지역과 더 남쪽의 유다 동굴에서 나온 증거는 다음을 참조하라. J. Aviram and others, "The Expeditions to the Judean Desert, 1961," *IEJ* 12 (1962), pp. 167-262. 이런 증거는 쉽게 더 얻을 수 있다.
28 *tāpas*는 일반적으로 이런 상황에서 '점유하다'(capture)를 의미한다. 아마도 여기에서는 확장된 의미로 '다시 차지하다'(reoccupy)로 보아야 할 것이다. 비교. *bānā*='build' or 'rebuild.'
29 사 10:28-32에 나타나는 전진선(line of advance)은 미그론, 믹마스, 게바를 지나 라마로 가는 또 다른 동쪽 길을 따라간다. 이것은 앗수르의 경로일 것이다. 바벨론인이 동일한 경로를 쫓아갔다면, 미스바는 분명히 약탈자를 피하였던 가장 가까운 성읍이었을 것이다. 그러나 이사야의 경로는 시리아-에브라임 침략자의 경로였을 것이다(비교. R. B. Y. Scott in *IB* 5 [1956], p. 246). 그 도로가 예상했던 경로가 아니기 때문이다. 앗수르인과 바벨론인이 해안 도로에서 골짜기로

러나는 것처럼, 유다의 많은 도성이나 대부분의 도성이 바벨론에 의해 파괴되었더라도 재정착 정책을 막을 수 없었다.[30] 적어도, 티투스의 파괴 시기만큼 끔찍한 시기의 예루살렘과 비교해 보면, 고고학 증거는 거의 남아 있지 않지만, 만약 사람들이 계속해서 예루살렘의 언덕 동굴 속에 살 수 있었다면 그들은 분명히 스스로 재정착할 수 있었을 것이다.[31]

성전 부지의 상황 역시 불확실한 상태였다. 예레미야 41장은[32] 그다랴 시기에 그곳에서 예배가 얼마간 지속되었거나 재개되었음을 시사한다.[33] 성전은 불탔고(왕하 25:9),[34] 놋기둥, 가구, '바다'는 부서졌다(13절). 그리고 아예 놋을 벗겨 갔다. 이전의 도성 함락 이후 남아있던 기구들도 벗겨 갔다(14-15절). 화자는 연루된 놋의 어마어마한 양에 대해 인상 깊게 말한다 (16-17절; 비교. 렘 52:13, 17-23). 법궤 역시 파괴되었다고 본다.[35] 제단에 대해서는 아무 것도 언급하지 않는다. 단지 그 자리에 그대로 있었을 것으로

진격해 올라왔을 것이다. 예루살렘 등, 중심지를 공격하면서(비교. 왕하 18:13의 라기스의 산헤립과 느부갓네살 공격 시기에 해당하는 라기스 서간의 증거), 바벨론인은 북쪽 립나에 사령부를 두었다.

30 비교. E. Janssen. *op. cit.* pp. 41ff.
31 비교. K. M. Kenyon, "Excavations in Jerusalem, 1961," *PEQ* 94 (1962), pp. 72-89, pp. 85f.에서 기원후 1세기 동굴 거주자들이 (피터인갈리칸투교회[베드로-닭울음교회] 부지에서) 이 시기에 난민이었을 가능성을 제시한다. 1965년 5월 사적 대화에서 Dr. Kenyon은 증거를 더 이상 검토하지 못했다고 말하였다.
32 Josephus, *Ant.* X, 9.4에서 예배에 대한 모든 언급을 삭제하여 이 구절을 재해석하였다.
33 다음 글에서 미스바에서는 아니라고 제안한다. F. Giesebrecht, *Das Buch Jeremia* (Göttingen, 1907), *ad loc.*; H. W. Hertzberg, "Mizpa," *ZAW* 47 (1929), pp. 161-96, pp. 165f.를 보라. J. N. Schofield, *The Religious Background of the Old Testament* (London, 1944), pp. 130f.; E. Hammershaimb, *Some Aspects of Old Testament Prophecy from Isaiah to Malachi* (Copenhagen, 1966), pp. 99f. 다음의 언급과 비교하라. D. R. Jones, *JTS* 14 (1963), p. 14 n. 2.; M. Noth, "La catastrophe de Jérusalem en l'an 587 avant Jésus-Christ et sa signification pour Israël," *RHPhR* 33 (1953), pp. 81-102, see pp. 85f.=*Ges. Stud.* (²1960), pp. 346-71, see pp. 351f. 영역, *The Laws in the Pentateuch and Other Essays* (Edinburgh, 1966), pp. 260-80, see p. 264; W. Rudolph, *Jeremia* (*HAT* 12, 1947), p. 215 (³1968), p. 252; E. Janssen, *op. cit.*, pp. 101f., 117 and n. 7.
34 비교. K. Galling, *Studien*, p. 129; 비교. *Verbannung und Heimkehr*, ed. A. Kuschke (Tübingen, 1961), p. 68.
35 M. Haran, "The Disappearance of the Ark," *IEJ* 13 (1963), pp. 46-58에서 이미 므낫세에 의해 제거되었을 가능성을 논증한다. 비교. 뒤의 p. 85.

추측될 뿐이다.³⁶ 존스(D. R. Jones)는³⁷ 다음과 같이 논평한다.

> 이것은 도성의 벽만큼이나 견고한 것이었기에, 고의적인 파괴 행위가 필요했을 것이다.

실상 도성의 벽은 허물어졌다.³⁸
제단은 고의적으로 더럽혀졌는가?
이런 행위는 요시야가 벧엘에서 행한 일이었다. 벧엘의 제단은 허물어졌을 뿐 아니라, 요시야는 더럽혀졌음을 확실히 하고자 제단 위에서 근처 무덤에서 갖고 온 뼈를 불살랐다(왕하 23:15-16). 이런 더럽힘은 분명히 안티오쿠스 4세 에피파네스 시절에 일어났을 것이다. 그때 제단은 이방 종교 행사에 사용되었고(마카비상 1:54; 4:38), 그 후 파괴되었고 대체되었다(마카비상 4:42-51). 정확히 이런 증거를 포로기에는 찾아볼 수 없다. 제단이 기술적으로 더럽혀졌다는 것은 충분히 가능성이 있다. 그러나 그런 더럽힘은 여러 가지 이유로 일어날 수 있다. 그리고 재정화를 위한 표준 준비가 마련되었을 것으로 추정하는 것이 타당하다.³⁹
열왕기상 8장이 성전을 희생 제사 장소가 아니라, 기도 장소로 강조한

---

36 비교. W. O. E. Oesterley, *History of Israel* II (Oxford, 1932), p. 92; A. Lods, *The Prophets and the Rise of Judaism* (영역, 1937), p. 208.
37 "The Cessation of Sacrifice after the Destruction of the Temple in 586 BC," *JTS* 14 (1963), pp. 12-31, p. 12를 보라.
38 왕하 25:10과 발굴 보고서는 다음을 참조하라. K. M. Kenon, *PEQ* 94 (1962), pp. 81f.; 95 (1963), pp. 14ff.; 98 (1966), pp. 81f.; D. R. Ap-Thomas, "Jerusalem" in *Archaeology and Old Testament Study*, ed. D. W. Thomas (1967), pp. 277-95, 특히 pp. 291f.
39 시 74편 해석에 대해서는 다음을 참조하라. F. Willesen, "The Cultic Situation of Psalm 74," *VT* 2 (1952), pp. 289-306. 이런 종류의 시 문학은 부정(defilement) 사상에 대한 다양한 비유를 사용한다. 그러나 이런 시문 구절을 문자적 묘사로 해석하는 것은 위험천만할 정도로 불확실하게 이런 시를 정확한 역사적 순간에 귀속시키는 일로 이어진다. 이것은 마카비상의 내러티브에 분명히 나타난다. 여기에서 시편 인용은 이 시기 사건을 생생하게 만든다. 애 2:7의 "여호와께서 또 자기 제단을 버리시며 자기 성소를 미워하시며"라는 구절을 D. R. Jones(*op. cit.*, p. 12 n)는 부정이 그다지 만족스러운 증거가 아니라는 것을 '제시하는' 것으로 인용한다. '제단'과 '성소' 사이의 유사성은 이 구절을 지나치게 문자적으로 보지 말아야 한다는 점을 시사한다.

것은 훨씬 제한적인 어떤 한 종류를 지속적으로 준수해 왔음을 암시하는 것으로 사료되어 왔다.[40] 그러므로 존스는 예레미야 41:5에 사용된 실제 용어를 지적한다. 즉, *'olā*가 아니라, *minḥā*와 *lebōnā*이다. *minḥā*라는 용어는 보다 광범위하게 모든 희생 제사에 사용되지만,[41] 이 용어는 보다 자연스럽게, 특히 포로 후기에 동물 제사가 아닌 희생 제사에 사용된다.[42] 그는 또한 확실하지는 않지만, 열왕기상 8장 솔로몬의 기도와 아마도 고레스의 등장과 스룹바벨과 여호수아의 재건 사이의 시기로 추정되는 이사야(제3이사야)의 구절과 연결한다. 나중에 이 자료에 대해 언급할 것이다(제12장).

그러나 초기의 맹렬한 비난에 나타난 '가나안' 관행에 대한 비난을 강하게 연상케 하는 측면에서, 이것이 종교적 관행에 대한 비난(비교. 사 57:3-13; 65:3-7; 66:17)을 포함한다는 것을 이쯤에서 언급하는 것이 도움이 될 것이다.[43] 물론 잘못된 관행이 구약의 많은 시기 동안 합법적 종교적 준수와 나란히 나타났기 때문에, 이것이 성전과 국가에 대해 입증하는 것은 아무 것도 없다. 연루된 백성은 "나 여호와를 버리며 나의 성산을 잊고" (사 65:11) 있는 자들로 일컬어진다. 이 나중 구절은 예루살렘 성전의 존재 여부에 대해 아무 것도 말해 주지 않는다. 그런 배반이 가능하다고 인정하지만, 의지가 될 수 있었던 성전이 존재했든지, 혹은 성전이 존재하지 않

---

[40] 비교. E. Janssen, *op. cit.*, p. 105; E. Hammershaimb, *op. cit.*, pp. 98f에서 그런 결론이 얼마나 불확실한지를 보여 줌으로써, 이것을 증거로 사용하는 것에 대해 언급한다.

[41] 예컨대, 창 4:3-5. 비교. *KBL*, p. 538.

[42] R. de Vaux, *Ancient Israel* (영역, London, 1961), pp. 421ff.; D. R. Jones, *op. cit.*, p. 95에서 엘레판틴 파피루스의 증거를 적절하게 제시한다. 인용된 다른 구절은 설득력이 떨어진다. 특히 말 1:11을 "분향을 드리는 모든 곳에서, 정결한 제물이 내 이름에게 바쳐진다"로 보는 의심스러운 해석이 그러하다. 비교. Haggai, *Zechariah and Malachi* (TBC, 1962) pp. 186f. *muqṭār*를 '분향 드린'으로 해석하는 것은 유례가 없다. 다른 곳에서 이 어근의 호팔형은 '제사로 태우기 위해 바쳐지다,' 즉 '불태운'을 뜻한다. 레 16:15에서 *minḥā*를 사용한 것과 비교하라. 이것이 '불태우다'를 뜻한다는 제안(비교. *BDB, RV, RSV*)은 가능하지만 확실하지 않다. 동일하게 '정결한(즉, 용납할 만한) 제물로서 불태우는 것(제사로 바치는 것)은 나의 이름에게 바쳐진다'를 뜻할 수도 있다. 그러나 이것은 객관적으로 '불태우는 것이 있다'로 해석할 수 있고, 여기에 *muggāš*는 해설이거나 '예배를 드리다'라는 대안적 독법일 수도 있다.

[43] 예. 렘 3:6ff., 13; 7:9, 18; 신 16:21f.; 사 1:29. 이런 '정형화된' 구절은 다음을 참조하라. W. L. Holladay, "'On every high hill and under every green tree,'" *VT* 11 (1961), pp. 170-6.

앉든지, 비난받았던 자들도 성전 재건을 염려했다고 보는 것이 가장 타당하다고 할 수 있다. 둘 중에 전자가 보다 자연스러운 것으로 보인다.[44]

열왕기상 8장에서 기도의 장소로 성전을 강조하는 것은[45] 실상 포로기의 필요를 반영한 듯하다. 하지만 이것이 기도의 전부는 아니다. 31-32절은 맹세를 무죄 진술로 여기고, '이 성전에 있는 주의 제단 앞에서[46] 맹세'하게 한다. 실상 전쟁, 흉년, 기근의 때에 드렸던 기도 속에 나타난 다른 구절처럼, 여기에는 성전이 실제로 존재하던 시기에 속한 요소를 지니는 것처럼 보인다.

그러나 이 모든 경우 실제로 성전이 충분히 활용되고 있다고 전제하는 곳에서도 기도는 '하늘에서 들으실' 야웨에게 드려진다. 물론 이것은 매우 신명기적 특징인 '이름 신학'과 밀접하게 연결된다. 하나님은 하늘에 계신다. 그는 그의 이름을 성소에 두신다.[47] 이런 진술은 그들의 고향 땅에서 추방된 자들에게 보다 뜻깊었을 것이다.[48]

그러나 천상 처소와 성소가 신비로운 방식으로 친밀한 관계를 맺는 것

---

[44] D. R. Jones (*op. cit.*, p. 20)의 결론이 잘못된 것은 아니지만, 어떤 계열에서 이 논점에 대해서 논쟁하는 것처럼 보인다. 그는 "제3이사야의 유일한 희생 제사 언급(즉, 기원전 520년 이전으로 연대 추정되는 구절)은 이 불법적 제사에 대한 것이며… 예루살렘 성전과 무관한 것이라는 점이 의미 있다"라고 말한다. 이 논증은 부정적 증거에서 기인한다. 이것은 생각보다 신뢰하기 어렵다. 그러나 보다 중요한 사실은 이것이 관련 구절의 연대를 기초로 하여 성전의 존재를 반영하지 않는 것을 모두 520년 전에 두려워한다는 점이다. 성전의 존재를 반영하는 구절은 연대가 후대로 추정된다. 그러나 성전이 586년과 539년 사이 혹은 539년과 520년 사이에 존재했다면, 성전의 실제 상황과 용도에 대해 진실로 언급하는 것이 있기는 한가? 다음도 비교하라. H. H. Rowley, *Worship in Ancient Israel* (1967), p. 227.

[45] 비교. D. R. Jones, *op. cit.*, pp. 22-23; E. Janssen. *op. cit.*, p. 104.

[46] *mizbaḥ* 용어의 사용은 분명히 희생 제사를 암시한다. 따라서 D. R. Jones를 비롯한 학자들처럼, 기도는 "희생 제사의 장소로서 성전에 대해 단 한마디도 담지 않는다"라고 주장하는 것은 부적절하다. 기도가 포로기를 반영한다면, 성소 제단의 존재에 대한 언급은 대단히 의미심장하다. 그러나 여기에서는 초기 상황을 반영하는 자료에 나타난 후대 기도 형식의 용례를 살펴 보는 것이 더 적절하다.

[47] 비교. R. E. Clements, *God and Temple* (Oxford, 1965), pp. 90ff.; W. Eichrodt, *Theology* I, p. 106.

[48] 비교. D. R. Jones, *op. cit.*, p. 23과 n. 3.

은 고대 사상에서 아주 흔한 일이다.⁴⁹ 열왕기상 8장의 기도가 나타내는 것처럼, 포로기 백성은 성전을 향해 돌아서라는 청을 받고, 야웨는 천상 처소에서 그들의 기도를 듣는다. 이로써 야웨는 그의 성소에 계시지 않는다는 부자연스러운 결론에 이르지 않게 된다.

열왕기상 8:27과 이사야 66:1이 인식하는 것처럼, 그리고 열왕기상 8:12-13의 신비로운 시 단락에 나타난 것처럼, 야웨는 하늘의 하나님이시고, 짐짓 성소에 거하거나 이름을 두시지만, 인위적인 방식으로 성소에 묶이지 않는다는 점을 인식해야 한다. 에스겔이 성소를 떠나는 야웨를 강조하고(겔 10:18-19; 11:22-23), 야웨의 돌아오심을 기대할 때(겔 43:2ff.), 그는 육체적 임재나 부재를 나타낸 것이 아니라,⁵⁰ 오히려 성소를 통해 백성의 삶과 안녕을 유지시킨다는 보호용 임재(protective presence)를 거부한 것이다.

그리고 나중에 언급하겠지만, 학개와 스가랴 1-8장에 분명히 드러나듯이(비교. 제10장 1, 2), 야웨의 '진정한' 임재는 초기 예언자가 자주 비판했던 '매여 있는 임재'(tied presence) 사상(비교. 예, 미 3:11)과 혼동해서도 안 된다.

역대기 기자가 포로민이 행했던 역할을 강조함에도 불구하고, 포로기 이후 재건은 전혀 사용하지 않던 장소에 대한 것이 아닌 것으로 보인다. 그리고 이는 보다 빠른 회복, 장소의 정리, 임시변통이나 임시 제단을 암시하기도 한다. 얀센은 실상 에스라 3장의 서두에서 그런 제단의 존재에 대한 증거를 찾는다. 이 장을 보면, 원래 장소에 제단을 재설치한 것은 다른 제단 사용에 익숙하였던 자들의 반대를 불러일으켰다는 암시가 있다.⁵¹

그런 해석의 증거가 확실한 것은 결코 아니다. 예루살렘 성전 같은 거룩

---

49 비교. R. E. Clements. *op. cit.*, pp. 68f.; 90ff.
50 D. R. Jones, *op. cit.*, p. 21 n. 3에서 에스겔(그리고 제2이사야)이 야웨가 성전에 실질적, 물리적으로 임재하는 것을 믿었다고 추정함으로써 문제를 혼란스럽게 만든다. 그들의 신학적 사고의 속성을 고려할 때, 이것은 그다지 개연성이 없는 것 같다. 사실상 문자적으로 받아들인다면, 명백하게 신인동형적으로 보이는 언어와 메타포를 사용할 수 있는 것이 그들의 사고 수준이었다(사 51:9-11과 욥기의 신화 자료 용례와 비교하라). 비교. R. E. Clements, *op. cit.*, pp. 102ff.
51 *Op. cit.*, pp. 102f.; 비교. D. R. Jones, *op. cit.*, pp. 13, 16f.

한 장소는 성스러움을 완전히 상실할 수 없으며, 틀림없이 재사용하고자 하는 시도가 틀림없이 이루어졌다고 보는 것이 일반적으로 더 타당하다.[52]

얀센의 연구는 전적으로 포로기 유다 상황을 고려하는 데 집중하고 있다. 그래서 그는 구약 자료의 어느 부분이 거기에서 유래했고, 그래서 상황과 사상을 묘사하는 데 활용할 수 있는지 입증하는 데 관심을 둔다.[53] 만약 신명기적 역사와 애가와 다양한 예언서 구절이 팔레스타인에서 유래했다고 보는 그의 판단이 옳다면,[54] 사건의 의미와 사상 발달의 의의에 대한 매우 중요하고 심오한 평가를 내릴 수 있었던 어떤 유다 공동체의 존재에 대하여 인상 깊은 증거를 갖게 될 수 있다. 열왕기하에서 dalat hā'āreṣ의 일부만 떠나는 것을 언급하는 곳에서, 얼마간 정확한 묘사보다는 상황에 대한 인상을 강조하는 것임을 알 수 있다. 예레미야 5:4에 따르자면, '가난한 자'(dallīm)는 '야웨의 길, 자기 하나님의 법(mišpāṭ)을 알지 못한다.'[55]

예레미야가 여기에서 백성의 전적 실패를 강조하기 위해서 시적 과장을

---

[52] 다음의 언급을 참조하라. F. I. Andersen, 'Who built the Second Temple?' *ABR* 6 (1958), pp. 1-35, p. 8을 보라. 포로기의 불확실성을 언급하면서, Andersen은 다음과 같이 결론을 내린다. "이 시기에 대한 몇 가지 재건 중에서 우리가 언급할 필요가 있는 것은 포로기 동안 예루살렘에서 일종의 종교 생활이 틀림없이 있었을 것이라고 보는, 이 시기에 대해 역사가 사이에서 충분히 신중하게 느낄 수 있는 일반 감정이다."

A. C. Welch는 느 10:2-28(과 다양한 다른 구절과 연결)이 유다의 남은 자와 북쪽의 신실한 야웨주의자를 대변하며, 586년 이후 성전 예배를 부흥하려는데 관심을 두었던 성직자와 평신도 명단을 제공한다고 보는데, 이 견해는 추론에 불과한 것이다(*Post-exilic Judaism* [1935], pp. 67-86). 그가 몇 페이지 뒤에서 세스바살-세낫살 문제와 관련한 이론에 대해 언급한 것을 읽어보면 이상하다(cf. 뒤의 p. 190). "지금 내가 지나치게 스코틀랜드인의 경각심을 보이는 것일지 모르겠다. 그러나 가설 위에 세워진 이 눈부신 추론의 구조는 역사의 냉철한 기초를 발견하기보다는 엄청나게 기발한 재주라는 인상을 남긴다"(*op. cit.*, p. 106). 한 사람의 냉철한 진술은 다른 사람의 무모한 추론인 경우는 적지 않다.

[53] 가능한 자료는 다음을 참조하라. *op. cit.*, pp. 9-23.

[54] Janssen은 다음과 같이 열거한다. 애; 사 21; 신명기적 역사서; 욥; 시 44; 74; 79; 89; 102. 뒤의 pp. 98이하 참조. 예컨대, J. D. Smart 같은 학자는 제2이사야를 팔레스타인에 둔다(*History and Theology in Second Isaiah* [Philadelphia, 1965], pp. 10=39. 비교. 뒤의 p. 163).

[55] derek=religion은 다음을 참조하라. 렘 10:1-16. P. R. Ackroyd. "Jeremiah X. 1-16," *JTS* 14 (1963), pp. 385-90, p. 388 각주 1, 3, 8 참조. 이런 의미에서 *mišpāṭ*에 대해서 왕하 17:27과 비교하라.

사용하고 있기 때문에, 이것을 일반적인 판단으로 받아들이는 것은 잘못된 것일지 모른다. 얀센의 견해에 따르자면, 신명기적 운동을 하던 자들이 보기에, *dalat hā'āreṣ*는 일반적으로 그들의 경건성과 종교적 이해 때문에 인상적이었던 것이 아니다. 구약의 내러티브가 암시하는 바처럼, 일반적 인상은 거의 어느 공동체에 대한 인상과 크게 다르지 않았을 것이라고 본다. 삶의 문제를 이해하고 맞서고자 하는 진지한 노력을 하는 자들의 비율은, 분명 어느 정도 필요성과 상황적 압력 때문에, 먹고 살기 바빠서 더 광범위한 쟁점에 관심을 두고 살아갈 수 없었던 자들에 비해 소수였을 것이다.

이제 유다 소작농의 실존이 그런 백성보다 건설적인 생각에 더 도움이 될 수는 없었다. 포로기 동안 유다 내에서 많은 문학이 생산되었다면, 교육을 받고, 책임 있는 자리에 있던 자들이 많아졌을 것이고, 아니면 변화된 사회 상황으로 인해, 새로운 책임을 맡게 되거나 완전한 시민이 됨으로써 일부 소외 받던 집단의 능력이 드러날 수 있게 되었을 것이다.

아마 이 두 가지가 모두 일어났을 것이다.[56] 후대의 *'am hā'āreṣ* 용어에 대한 평가는 일부 경우, 종교적 무식자로 확인된다. 어느 경우든 이 용어를 호의적으로 보기 어렵다.[57] 이 용어뿐만 아니라 *dalat hā'āreṣ*도 모두 이 용어가 발생한 맥락에서만 정확하게 해석할 수 있다. 이 점에서 새로운 책임을 맡게 되고, 종교 사상 면에서는 바람직하지 않은 영향력을 가진 자들, 그래서 후에 이방의 종교 관행을 퍼뜨린 자라고 비난받게 된 자들이 일부 혹은 다수 있었던 것 같다.[58]

반면 특히 그다랴의 수행단에는 다른 이들도 있었던 것 같고, 이들은 새로운 상황에 대해 응답했던 자들로서, 구약 자료에서 이들에 대한 비난의 말을 전혀 찾아볼 수 없다.[59] 늘 그렇듯, 비록 이것은 종종 사용된 명칭

---

56 비교. 뒤의 p. 100 n. 17.
57 *'am hā'āreṣ* 용례는 뒤의 p. 198 n. 50 참조.
58 사 57:1-10과 비교하라.
59 E. Janssen, *op. cit.*, pp. 47f.; K. Baltzer, "Das Ende des Staates Juda und die Messias-Frage," *Studien zur Theologie der alttestl. Überlieferungen*, ed. R. Rendtorff and K. Koch (Neukirchen, 1961), pp.

에 나오지만, 한 사회 계층과 다른 계층 간의 대조에 관한 것이 아니다. 이것은 하나님의 명령에 민감한 자와 그렇지 못한 자의 대조에 관한 것이다. 이런 반응 차이는 분명 그 자체로 발생한 사건과 그에 대한 해석에 나타나는 상이한 태도에서 드러난다.

3. 바벨론의 상황

바벨론의 상황 역시 정확하게 서술하기가 어렵다.[60] 여호야긴과 그의 가족과 다양한 기능공, 아마도 예루살렘에서 온 외국인 기능공에게[61] 할당된 식량에 대한 감질날 정도의 암시적인 정보는 포로민이 엄격한 의미에서 포로로 대접을 받았는지, 소량의 배급량을 볼 때, 후한 배급량을 받았는지에 대해 의문을 남긴다.[62] 이어 나오는 여호야긴 석방에 대한 언급은 투옥을 시사한다. 그러나 여호야긴의 왕족 신분이 인정받았다는 것을 제외하고는 그

33-43, pp. 34ff.를 보라.
[60] 일반적 진술은 다음을 참조하라. K. Galling, *Studien* (1964), pp. 52f. 또 관련 본문에 대한 상세한 검토를 위해서는 다소 진부한 접근이지만 자료적 측면에서 대단히 유용한 정보를 담고 있는 오래된 연구, E. Klamroth, *Die jüdischen Exulanten in Babylonien* (BWAT 10, 1912)를 참조하라. A. Causse, *Les Dispersés d'Israël* (1929), pp. 24-31; E. Ebeling, *Aus dem Leben der jüdischen Exulanten in Babylonien* (Wissenschaftliche Beilage zum Jahresbericht des Humboldt-Gymnasium, Berlin, No. 71, 1914)에서 *Muraśu* 기록물의 자료와 번역과 거기에 나오는 유다인 이름 명단만 담고 있다(비교. 뒤의 p. 60 n. 65).
[61] 왕하 24:14, 16과 비교하라. 그리고 Weidner의 다음 각주에서 인용된 논문에 대한 언급과 비교하라(p. 935).
[62] E. F. Weidner, "Jojachin, König von Judae in babylonischen Keischrifttexten," *Mélaanges Syriens offerts à M. René Dussaud* II (Paris, 1939), pp. 923-35. 토판은 595/594와 570/569 사이로 연대 추정된다. 관련된 본문 중에는 느부갓네살 제13년으로 연대 추정되는 것이 있다. 비교. *DOTT*, pp. 84-86; *ANET*, p. 308. Weidner는 할당이 매달 이루어졌다고 언급하지만(p. 924), 이 토판은 양을 보여 주지만, 이 양이 할당된 시기를 보여 주지는 않는다. 비교. F. M. T. de Liagre Böhl, "Nebukadnezar en Jojachin," *NTS* 25 (1942), pp. 121-5=*Opera Minora* (Groningen, 1953), pp. 423-9; W. F. Albright, "King Joiachin in Exile," *BA* 5 (1942), pp. 49-55(= *BA Reader* [1961], pp. 106-12)에서 의심스러운 행동으로 인하여 나중에 투옥되었다고 제안한다. 다음도 비교하라. Winton Thomas, *PEQ* 82 (1950), pp. 5-8.

투옥이 열악한 것이었는지, 혹은 어느 정도 인간적이었는지 알 수 없다.[63]

포로기 초기에 대해서는 에스겔과 예레미야에 나오는 간접 정보를 제외하고 여타 포로민에 대해 알려진 바가 거의 없다. 아마도 바벨론 사람들을 위한 일에 개입하거나, 단순히 보통의 농경 생활에 개입하면서, 공동체 내에서 상당한 자유, 정착, 정착 결혼의 가능성, 자기 사업 운영, 비교적 번창을 누렸다는 징후가 있다.[64] 무라슈(Murashu) 증거는 적어도 한 세기 후인 페르시아 시대에 속한 것이기 때문에, 유다인 개인이 무역업에 종사했다는 사실을 토대로 기원전 6세기의 상황에 대해 아무 것도 입증하지 못한다.[65]

그러나 상황이 비호의적이라는 사실을 축소하면 안 된다.[66] 시편 137편의 마음에서 우러나온 울부짖음은 억압에 대한 실질적 민감성을 보여 준다. 그들에게 닥친 부정의에 호소하거나(겔 18장), 하나님 심판의 결과를 피할 수 없음을 호소하는(겔 37장) 에스겔의 좌절(예, 겔 4:14)과 그 좌절의 무게 아래 짓눌려 스스로 '마른 뼈'라고 느끼는 동료들의 좌절 역시 그러하다.

포로기 상황의 예배에 관하여 결론을 내릴 근거는 거의 없다.[67] 자주 언급되는 것처럼 이 시기를 회당이 등장할 때라고 보는 전제도 분명한 근거

---

[63] 이 사실은 유다(비교. A. Malamat, *JNES* 9 [1950], p. 224; "Jeremiah and the Last Two King of Judah," *PEQ* 83 [1951], pp. 81-87)와 바벨론(뒤의 에스겔과 제2이사야 단락의 pp. 151, 165이하 참조) 모두의 상황을 이해하는 데 매우 중요하다. 앞의 p. 30 n. 59에서 인용한 K. Baltzer를 참조하라. 또한 다음도 참조하라. M. Noth, *RHPhR* 33 (1953), pp. 87, 99ff.=*Ges. Stud.* (²1960), pp. 353f., 369f. 영역, *The Laws in the Pentateuch and other Essays* (Edinburgh, 1966), pp. 266f., 278f.

[64] 비교. S. Daiches, T*he Jews in Babylonia in the Time of Ezra and Nehemiah according to Babylonian Inscriptions* (Jews' College Publication 2, London, 1910), p. 6. 그러나 덜 호의적인 평가는 다음의 언급을 참조하라. K. Klamroth, *op. cit.*

[65] 비교. *DOTT*, pp. 59f. 여기서 T. Fish는 이 회사가 유대계 회사가 아니었음을 강조하지만, 고객 중 일부는 유대인의 이름을 가졌다. G. Gardascia, *Les Archives des Muraŝû. Une famille d'hommes d'affaires babyloniens à l'époque perse* (455-403 av. J. -C.) (Paris, 1951).

[66] 비교. E. Klamroth, *op. cit.*, pp. 31ff.

[67] 매우 간결한 검토는 다음을 참조하라. H.-J. Kraus, *Worship in Israel* (영역, 1966), pp. 229-31.

가 없다.⁶⁸ 포로기에 기원을 두는 학파가 옳다면,⁶⁹ 이 주제를 논의해야 한다. 그러나 이것을 확증하는 어떤 구체적 증거도 없다. 시편 137편이 물가의 모임에 대한 징후를 제시하는 것으로 사료되어 왔고,⁷⁰ 크라우스는 이를 그발 강가에서 본 에스겔의 환상과 연결하였다.⁷¹ 그러나 이와 같은 좌절에 대한 시적 언급을 무언가에 대한 증거로 일반화할 수 있을지 의혹을 갖게 된다.

그러나 시편 137:4 역시 그런 상황에서 예배는 전적으로 불가능하다는 것을 암시함으로써, 이런 추측에 균형을 잡아 주는 것으로도 생각할 수 있다.⁷² 장로 집단이 에스겔의 충고를 구하기 위해 함께 왔다는 사실은⁷³ 예배 행위를 나타내는 것일 수도 있고, 아닐 수도 있다. 크라우스 역시 다음과 같이 추측한다.

> 이곳에서 새로운 방식의 제의 표현을 틀림없이 찾고 있다.

---

68 광범위한 참고 문헌과 더불어 검토는 다음을 참조하라. H. H. Rowley, *Worship in Ancient Israel* (1967), pp. 213ff.
69 예컨대, A. Menes, "Tempel und Synagoge," *ZAW* 50 (1932), pp. 268-76에서 다양한 성서 구절을 검토함으로써, 포로기의 많은 작품이 성전을 대체할 수 있는 것을 제시하는 일에 관심을 두었다고 본다. "고대 제의의 대체물은 그것의 원본과 가능한 매우 가깝게 상응해야 했다. 이런 필요에 대한 응답으로, 예루살렘 성전(겔 40-48장)이나 성막(관련된 오경 구절 참조) 건축의 속성을 다룬 작품이 매우 많이 생겨났다. 그 형태에 따라 회당을 건축해야 한다"(p. 275). 유사하게, 공중 낭독을 위해 사용하고자 희생 제사 율법을 마련해야 했다. 이 논증은 P를 반(反) 예루살렘, 반(反) 성전적인 것으로 해석하는 데 의존한다. 성전과 회당은 대안이 아니라, 몇몇 시기에 예루살렘에서조차 나란히 존재했고, 다른 기능을 지녔다는 점을 간과한 것으로 보인다. (비교. K. Galling, "Synagoge," *RGG* 6 [³1962], col. 557; H. H. Rowley, *op. cit.*, pp. 229f.)
70 행 16:13과 비교하라.
71 *Op. cit.*, p. 229. Kraus는 "포로기 제의 회집을 같은 장소에서 가졌다고 보는 것이 합리적이다"라고 진술한다. 그러나 함부로 이런 추정을 할 수 있을지 의문이다. 적어도 후대 종교 관습(행 16:13이 암시하는 것 같은)이 부분적으로라도 시 137 같은 본문의 해석에서 생겨났을 가능성도 있고, 또 이런 기도 장소에 익숙한 사람들이 기원이 다른 기존의 관습에 어울리는 적절한 근거를 발견하기 위해 '성서를 뒤졌을' 수도 있다.
72 이 시편에 대해서는 p. 225도 참조.
73 겔 8:1; 14:1; 20:1.

그러나 늘 그렇듯 '틀림없음'은 종종 증거 부족으로 판명난다. 크라우스는 "포로민은 제의 도구도, 휘장도 없었기에, 모든 추정에 결함이 있다"[74]라는 것을 인정하게 된다. 장로들은 새로운 종류의 예배를 발전시켜나가고자 하였다고 알려졌다. 그러므로 슈미트(M. Schmidt)는 다음과 같이 말한다.

> 장로들이 그(에스겔)에게 왔을 때, 그들이 어떤 마음이었는지에 대해 알려진 바는 없다. 그러나 바벨론에서 야웨를 위한 새로운 성전을 건축하려고 계획했을 가능성이 매우 크다.[75]

그들은 어떤 예배 행위에 가담하고 있었다. 그들은 그런 계획을 심중에 두고 있었을 것이다. 역사를 통틀어 백성의 믿음 없음과 우상 숭배에 대한 공격은[76] 어떤 종류의 모임에서나 설파된 설교로 여겨질 수 있기 때문에, 이어 나오는 구절은 만족스러운 단서를 제공하지 못한다. 이것은 구체적인 제안에 반대하는 것일 수 있다. 그러나 신명기의 율법과 역사 주해에서 이미 분명하게 알려지고, 예레미야와 에스겔에서도 찾아볼 수 있는 설교 전승의 더 큰 발전을 대변하는 듯하다. 여기에서 장로들이 어떤 정규 의무를 수행하는 현실 인물은 분명히 아니지만, 예언적 메시지를 전달받는 백성의 대표로 양식화된다.

에스겔 11:16은 하나님이 포로민에게 *miqdāš me'aṭ*가 되리라고 말하는 내용이다. 이것은 '임시 성소'나[77] '소규모 성소'를[78] 의미하는 듯하다. 신명기 율법에 따라서 다른 성소의 절대 금지는 그 금령이 보편적으로 수용

---

[74] *Loc. cit.*
[75] *Prophet und Tempel* (Zurich, 1948), p. 154. 또 "가능성이 매우 크다"로 증거 불충분을 무마한다.
[76] 비교. 뒤의 p. 150.
[77] RSV.
[78] W. Zimmerli, *Ezechiel* (BK 13, 1956ff.), pp. 29f.에서 *miqdāš*가 하나님의 인격적 임재를 나타낸다고 본다(레 10:30; 26:2과 비교). 즉, 말하자면 하나님의 '형식적' 임재를 대변할 수 있다. G. Fohrer, *Ezechiel* (HAT 13, 1955), p. 61에서 이것을 후대 해설로 보고, 포로기 상황과 무관한 것으로 본다.

되었거나 지켜졌다는 것을 자동적으로 의미하는 것도 아니고, 또 그 금령이 팔레스타인 밖에서도 적용되었는지도 불분명하기 때문에, 이것은 실제 건물을 의미하는 것일 수 있다.[79]

느헤미야 8장에 나오는 에스라의 율법 낭독에서 기원전 4세기 초에 익숙했던 종류의 관행에 대한 모습을 볼 수 있다 할지라도, 회당에 관한 실제 증거는 후기에 속한다. 신명기 31:11의 추정을 통해 혹은 신명기 등 여러 책에 나타나는 설교-연설의 가능한 삶의 자리(Sitz-im-Leben)를 통해 나타나듯, 여기에서 초기 관행, 심지어 포로기 이전 관행을[80] 읽어내고자 하는 것은 정당하다.[81]

그러나 결론은 구약 자료에 대한 양식 비평적 분석에 근거하여 도출한 다른 많은 경우처럼 잠정적일 뿐이다. 그리고 문제의 완벽한 불확실성을 인식하는 것이 필수이다.[82] 이런 이유로 인해, 포로기 상황에 대해서는 어떤 추측도 하지 않으며, 여기에서 더 이상 이 주제를 논의하지는 않을 것이다.

그러나 이 문제의 한 가지 다른 측면을 언급해야 한다. 이것은 다른 종교적 준수가 없었기 때문에, 안식일 같은 제도와 할례 같은 의식이 부각

---

79 레온토폴리스 등의 후대 성소 존재에 대한 논의는 다음을 참조하라. F. M. Cross, "Aspects of Samaritan and Jewish History in Late Persian and Hellenistic Times," *HTR* 59 (1966), pp. 201-11, p. 207을 보라. 그는 'Arâq el-Emîr(비교. P. Lapp, *BASOR* 171 [Oct. 1963], pp. 8-39, pp. 29ff.; M. J. B. Brett, *ibid*. pp. 39-45)와 그리심과 시험적으로 쿰란을 예시한다. 이 주제는 다음을 참조하라. R. de Vaux, *Ancient Israel* (CT, 1961), pp. 339ff.; C. C. Torrey, *Ezra Studies* (1910), pp. 316f. (신 12:1, "평생에 너희가 살 땅," 즉 팔레스타인에 주목하라).

80 종교적 중앙화의 시기(요시야 시대나 이보다 이른 히스기야 시대)는 대답을 알 수 없는 질문을 불러일으킨다. 모든 예배를 한 곳에서 드릴 수 있는가? 큰 절기 외에 공식적 준수를 위해 일반적인 이스라엘인은 무엇을 했는가? 훨씬 오래된 안식일 준수를 강조하는 것이 논점이 될 수 있었는가? 그렇다면, 어떤 종류의 준수를 말하는가? 다음도 참조하라. H. H. Rowley, *op. cit.*, pp. 222ff. 제도의 가능한 초기 기원에 대한 논증은 다음을 참조하라. J. Weingreen, "The origin of the synagogue," *Hermathena* 98 (1964), pp. 68-84. 이 논증은 정확하기보다는 암시적이다.

81 비교. E. Janssen, *op. cit.*, pp. 105-15. 겔 20장에 대한 앞의 언급을 참조하라.

82 비교. R. de Vaux, *Ancient Israel* (영역, 1961), pp. 343f.; H. H. Rowley, op. cit., pp. 224-7에서 포로기 연대를 다른 제안보다 '더욱 가능성 있는' 것으로 받아들인다. 이것은 '대단히 개연성이 있다고 주장'할 수 있다.

되었다고 보는 추가적 추측이다.[83] 안식일이 매우 오래된 기원을 지녔다는 것을 의심하는 것이 아니라, "거룩한 장소의 상실로 인해, '거룩한 시간'이 보다 중요해졌다"라고 주장하는 것이다.[84] 이것은 특히 에스겔과[85] 제사장 문서에서 추적할 수 있다고 본다. 안식일 준수뿐만 아니라 신성 모독에 대한 경계와 관련하여, 그 강조점의 중요성은 의심의 여지가 없다. 제사장 문서가 창조와 관련하여 안식일에 대한 특별한 해석을 제시한다는 점도 분명하다.[86]

그러나 창세기 1장의 창조 기사가 6세기에 완전히 새로 나온 작품이었다거나, 창조와 연관된 출애굽기 20:8-11의 안식일 해석을 그 시대에 생각해낸 것으로 추정할 정당한 근거는 없다. 신명기 5:12-15에서 매우 다른 해석이 제시되고 있다는 사실은 공동체 내에 있었던 종교 전통의 다양성을 시사하는 것으로, 안식일이라는 매우 기본적인 율법에 대해 매우 다른 방식의 이해를 전개시켜나갈 수 있었다. 이스라엘의 종교 생활의 다른 측면처럼, 이것은 포로기에 재검토되고, 다시 제시되었다. 그리고 이것은 강하게 강조되었고, 이에 대해 다양한 작품이 증언하고 있으며, 나중에 보다 상세하게 검토하고자 한다.[87]

다른 시기의 다양한 설화에 묘사된 고대 의식인 할례에 대해서도 동일하게 언급할 수 있고, 따라서 재해석의 대상이 된다. 그러나 할례가 특별히 포

---

83   예컨대, 다음의 논의를 참조하라. H.-J. Kraus, *op. cit.*, pp. 87ff., 230.
84   H.-J. Kraus, *op. cit.*, p. 87; 비교. G. von Rad, *Genesis* (영역, OTL, 1961), p. 60.
85   그러나 에스겔 자료 해석에 대해서는 다음을 참조하라. W. Eichrodt, "Der Sabbat bei Hesekiel: Ein Beitrag zur Nachgeschichte des Prophetentextes," in *Les Tua Veritas* (Festschrift H. Junker), ed. H. Gross and F. Messner (Trier, 1961), pp. 65-74. Eichrodt는 겔 44-46장에는 안식일에 대한 특별한 강조가 나타나지 않는다고 지적한다. 그는 20, 22, 23장의 언급은 P 전승과 연결된다고 본다. 이 자료는 후대에 에스겔 전승의 퇴고에 사용된다. 이렇게 문학적 관계를 지나치게 단순화하는 견해는 특히 포로기와 안식일을 연결하고자 제시하는 증거의 불확실성을 보여 준다.
86   비교. 뒤의 pp. 131이하.
87   아래 제5장-제8장 참조. 안식일 주제는 다음을 참조하라. J. J. Stamm and M. E. Andrew, *The Ten Commandments in Recent Research* (SBT Ⅱ, 2, 1967), pp. 90-95; A. R. Hulst, "Bemerkungen zum Sabbatgebot" in *Studia Biblica et Semitica T. C. Vriezen dedicata* (Wageningen, 1966), pp. 152-64.

로기에 부각되었는지는 알려진 바가 없다. 제사장 작품에서 할례가 더 부각되는 것은[88] 해석상 추가 발전이 있었다는 징후를 보여 준다. 그러나 이미 예레미야에서[89] 영적 해석이 나타나며, 이는 우리에게 정확히 알려진 것보다 이 의식과 관련된 사상적 진화의 초기 단계가 있었음을 제안한다.

여기에서 다시 한번 할례가 "이스라엘과 야웨에 속한 사람의 뚜렷한 특징"[90]이 되어버린 것을 설명하기가 어렵지 않다는 일반적 진술은 실제로 증거 없이도 말할 수 있는 그런 종류의 것이다. 일부 고대 민족은 할례의 관습을 버린 것처럼 보인다. 이스라엘은 할례를 유지하였고 재해석하였다. 그러나 정확하게 언제 이런 일이 일어났는지는 불분명하다.[91] 전체 주제는 매우 모호하며, 대단히 불확실한 증거로 인해, 포로기는 재해석과 강조를 위한 특별한 시기라는 주장을 여기에서 반복하는 정도로 적절하다고 본다.[92]

포로기 초기에 상대적으로 적절한 상황이 지속되지 않았음을 알려 주는 몇 가지 징후가 있다.[93] 후대 신바벨론 나보니두스의 정책은 우리가 보았던 것처럼 추종하기에 단순한 것은 아니었다. 이에 대한 정보는 어느 정도 적대적인 자료에서 유래한다. 비록 나보니두스 정책의 긍정적 측면에 대한 징후가 조금 있지만, 그가 이루고자 한 것이 무엇이었는지는 불분명하

---

[88] 비교. R. E. Clements, *Abraham and David* (SBT Ⅱ, 5, 1967), pp. 73f.
[89] 예컨대, 렘 9:24; 신 10:16과 비교.
[90] R. de Vaux, *op. cit.*, p. 48; 비교. H.-J. Kraus, *op. cit.*, p. 230.
[91] R. de Vaux, *op. cit.*, pp. 47f.에서 '할례받지 않은 자'라는 용어는 일찍이 블레셋인에게 사용된 것임을 상기시킨다. 함축적으로 셈 족은 이 예식을 거행하였다. 겔 32:30은 시돈 사람을, 유딧서 14:10은 암몬 사람을 할례받지 않은 자로 묘사한다. 그러나 블레셋의 시기나 그들과 관련된 내러티브의 시기와 에스겔의 시대 사이에 상당한 시간이 흘렀다. 이 예식이 얼마나 발전했는지 혹은 이것이 이 시기 동안 다른 곳에서 얼마나 사라져 갔는지는 알 수 없다. 각 경우 언급의 속성을 고려해볼 필요도 있다. 그러므로 겔 32:30은 시돈 사람의 이방적 속성을 증언하는 것일 수 있고, de Vaux가 제시하는 정도의 무게를 지니지 않는다.
[92] V. Magg, "Erwägungen zur deuteronomischen Kultzentralisation," *VT* 6 (1956), pp. 10-18에서 다른 주제를 발전시키고 있다. 그는 먹기 위해 동물을 살해하는 비신성화를 수반하는 중앙화가 포로 상황을 완화시켰다고 제안한다. 이런 관행의 변화가 없다면, 포로민은 상당한 어려움에 처했을 것이다. 그럴 수도 있다. 그러나 우리는 지금처럼 그때에도 경우에 맞는 방편을 쉽게 찾을 수 있었는지 궁금하다. 삼상 14:31-35에 묘사된 사건과 비교해 봐야 한다.
[93] 비교. J. M. Wilkie, "Nabonidus and the Later Jewish Exiles," *JTS* 2 (1951), pp. 34-44.

다. 정치적, 경제적, 종교적인 복합 동기가 보다 큰 일치와 연합을 이루고자 하는 시도로 이어졌을 가능성이 있다. 나보니두스는 이 일로 인해 바벨론 백성이 보기에 바람직하지 않은 종교 행위에 연루되었고, 적어도 제사장직에 있는 자들은 위협을 느꼈을 가능성이 있다.[94]

아마도 원래는 나보니두스에 관한 것이었겠지만, 후에 예루살렘 파괴자 느부갓네살에게 전이된 포로기에 관한 이야기 중 유다 사회에서 보존된 것은 다니엘 4장과 평행을 이루는 쿰란 단편을 통해 제시되고 있다.[95] 나보니두스가 미쳤다는 견해와[96] 다니엘 3장의 이야기 역시 원래 나보니두스 전승이었다는 추정에 근거하여[97] 아마 나보니두스가 종교적 통일성을 부과하고자 했다는 견해가 바벨론 유다 공동체에 유포되었다. 아마도 이는 제2이사야의 글에 나타난 가능한 영향과 더불어, 후기 포로기 시대의 곤경에 관한 진정성 있는 회고와 이전 왕조 통치자에 관한 바벨론의 민중 이야기가 뒤섞여 시작되었을 것이다.

이것은 제1에스드라 3-4장에서 다리오 1세와 그 통치자가 연관되고, 에스더와 아마도 유딧과 도빗, 다니엘 부록에도 계속 남아 있는 통치자처럼 페르시아 시대에 유통되었다. 그렇지만 이 모든 것과 함께, 비록 바벨론 신을 조롱한 점도 있지만(사 46장), 에스겔이나 제2이사야(사 47장)에는 바벨론에 대한 과격한 적대감이 상대적으로 별로 나타나지 않는다. 적대감은 이사야 13-14장과 21장에 나온다.[98] 그리고 예레미야 50-51장과 스

---

94 비교. 앞의 pp. 45이하. T. Fish in *DOTT*, pp. 89-91; A. L. Oppenheim in *ANET*, pp. 308-15, 특히 pp. 314f.
95 비교. Millar Burrows, *More Light on the Dead Sea Scrolls* (London, 1958), pp. 169, 173, 247, 400에서 이 논점의 논의에 대한 언급을 포함한다. N. W. Porteous, Daniel (*OTL*, 1965), p. 70; O. Plöger, *Das Buch Daniel* (KAT 18, 1965), p. 76; A. Bentzen, *Daniel* (HAT 19, 1952), p. 45. 다음도 참조하라. O. Eissfeldt, *Introduction*, p. 663.
96 비교. "The Verse Account of Nabonidus," *ANET*, pp. 312ff. (A. L. Oppenheim), p. 314를 보라.
97 초기의 W. von Soden, "Eine babylonische Volksüberlieferung von Navonid in den Daniel-erzählungen," *ZAW* 53 (1935), pp. 81-89 참조. S. Smith. *op. cit*., p. 132.
98 K. Galling, *Studien* (1964), p. 20에서 사 21; 45; 47, pp. 35ff.에서 사 13-14; 렘 50:8-10; 51:6, 45을 참조하라. 그리고 "Jesaia 21 im Lichte der neuen Nabonid-texte," in *Tradition und Stituation*, ed. E. Wrthwein and O. Kaiser (Göttingen, 1963), 49=62. 이 구절 중 일부는 아래 pp. 284이하 참조.

가랴에도 발견된다. 스가랴는 다리오 1세 시대의 상황을 반영할 가능성이 매우 높은데, 이때 유다인이 바벨론의 반역자보다 페르시아인에게 더 동조하고, 회복의 희망을 품었을 가능성이 있던 시기였다.[99]

    비록 포로기가 시작할 때 공동체 일부 구성원의 관점을 더 많이 반영하는 것처럼 보이지만, 다른 신탁 역시 이 후기 상황에 속하는 것으로 보인다. 다양한 반응이 기대되기에, 단일 시기에 대한 획일적 견해를 찾을 필요가 없다. 재앙에 대한 반응은 말과 글로 이를 표현하는 자의 숫자만큼이나 다양할 수 있다.

---

99 이에 대해서는 pp. 235이하 참조.

제3장

사건에 대한 반응

A. 일반 견해

계속해서 포로기에 대한 주요 반응을 언급하고자 한다. 즉, 예레미야, 에스겔, 제2이사야, 신명기 역사서, 제사장 문서의 반응과 포로 후기에 이들 작품에서 발전된 반응을 언급하고자 한다. 유다, 바벨론 공동체 구성원의 반응에 대해 몇 가지 일반적인 논평도 할 수 있다.[1] 이 반응을 반드시 완벽하게 기록할 수는 없지만, 우리가 사용할 수 있는 자료에서 충분히 찾아볼 수 있다. 개별 구절의 연대 결정이 불확실하기 때문에 즉각적인 반응을 얼마나 추적할 수 있을지, 먼 거리에도 불구하고 사건에 대한 반향을 얼마나 바라볼 수 있을지 말하는 것은 사실상 불가능하다.

그러나 문제의 속성상, 재앙을 실제로 경험한 자나 이런저런 이유로 도성과 왕국의 몰락에 직접적으로 연루되지 않은 자나 모두 자신의 감정을 바로 기록할 수 없었을 것이다. 반향과 해석의 요소도 물론 존재한다. 그

---

[1] 렘 41:11-44:30에 묘사된 바대로, 이집트로 피난한 자들의 반응을 다음과 같이 언급한다. 예레미야의 부정적 언급(렘 44:24-30)은 그다지 분명하지도 일관되지도 않다. 완전한 거부(렘 44:26-27, 29)와 유다로 돌아가는 소수의 남은 자(렘 44:28)를 예상하고 있기 때문이다. 분명히 예레미야는 이집트에 있는 자신들에게 미래가 없다고 보았다. 그들이 어떻게 되었는지 알려진 바는 별로 없다. 그러나 동시에 이 집단(바룩 포함)의 일부가 유다로 돌아온 것은 분명하다. 묘사와 신탁의 보존은 어떤 지속성을 전제로 하고 있기 때문이다. (비교. 뒤의 pp. 75이하) 이집트 디아스포라에 대해서는 다음을 참조하라. A. Causse, *Les Dispersés d'Israël* (1929), pp. 17-23.

러므로 재앙의 마비 효과(numbing effect)에 대한 징후는 있다.² 그러나 관례적 언어 사용은 정확하게 연루된 바가 무엇인지를 쉽사리 추적할 수 없게 만든다.

주요 반응 유형은 편의를 위해 네 가지 표제로 구분할 수 있다. 보다시피 이 중 두 가지는 부정적이고, 두 가지는 긍정적이다.

1. 옛 제의로의 회귀

에스겔 8장과 예레미야 44장, 스가랴와 제3이사야의 특정 구절, 신명기와 신명기 역사서에 나타난 증거는 공동체의 구성원이 적지 않았으며, 그들의 재앙에 대한 반응은 다른 신들, 특히 가나안의 오래되고, 익숙한 신을 예배하는 것에 의존하고 있음을 보여 준다. 아마도 에스겔 8장은 예루살렘의 두 파괴 사이에 걸친 시기의 종교 상황을 반영하는 것 같은데, 일정 정도 예루살렘에 침투한 바벨론 제의를 대변하는 듯하다. 담무스에 대한 직접적 언급(14절)을 제외하고 여기에 묘사된 제의의 정확한 속성은 분명하지 않다.

에스겔 8장이 어느 정도는 후대 해석으로 또 어느 정도는 공중 낭독을 할 때 공격을 회피하기 위한 의도적 모호성으로 뒤덮여 있지만, 암시하는 바는 분명히 원래의 것임을 의심할 수 없다.³ "야웨가 그의 땅을 버리셨고,

---

2 비교. J. Bright, *A History of Israel* (1960), p. 329에서 사 63:19; 겔 33:10; 37:11을 인용한다.
3 예컨대, J. Smith, *The Book of the Prophet Ezekiel: A New Interpretation* (London, 1931), pp. 18ff.에서 이 시기의 그런 제의 관행에 대한 다른 지식이 없기 때문에, 이 구절의 연대를 이 시기로 추정할 수 없다고 단정적으로 제안한다. 에스겔의 일부가 초기에 나왔다는 것을 근거로, 이런 제안을 확립할 수 있다 해도, 이것은 다른 시기를 반영하는 것일 수도 있다. 그러나 이런 결론조차 꼭 옳은 것은 아니다. 유사하게, Kaufmann은 여기에 묘사된 에스겔의 환상 경험과 정확한 사항이 나타나지 않는 예레미야 자료 사이의 대조를 통해 여기에서 초기에 대한 반영, 즉 더 이상 유행이 아닌 초기의 관행을 보고, 아직 진정한 보응을 당하지 않았다고 본다(Y. Kaufmann, *The Religion of Israel* [영역, London, 1961], p. 430). 그러나 이것은 부분적으로 사실일 수 있지

보지 않으신다"를 강조한다(겔 8:12; 9:9). 예레미야 44장은 옛 제의로의 복귀에 대한 완벽히 분명한 예시다.

그리고 예레미야와 신명기 사이의 밀접한 관계를 고려한다면, 우리는 이것이 전형적인 경우로 의도된 것이라는 합리적 추론을 할 수 있다. 재앙은 하늘의 여왕 숭배를 경시한 탓으로 돌려졌다. 비록 여기에서 다시 한번 신명기 저작과의 유사성이 자료의 형식에 책임을 지고 있을 가능성을 인식해야 하지만, 이것은 요시야 개혁의 수행에 대한 간접 증거를 보여 준다.

그러나 현재 목적을 위해 보다 중요한 것은 반응의 속성이다. 재앙을 야웨가 아니라, 아무래도 오랜 시간 동안 친숙했던 다른 신을 경시해서 라고 설명하는 일부 구성원이 공동체에 있었다.[4] 이로써 초기 구약 자료에 나타난 여타 징후는 이 제의가 실재했음을 확증하고, 이스라엘의 종교 혼합적 경향에 대한 인식 역시 확증된다. 가나안과 가나안 신의 몰락에 관한 신명기 자료(와 보다 작게는 성결법전)의 강조는 이 상황의 이면일 뿐이다.[5] 이것은 일어났어야 했던 것이다. 이것은 어떤 미래를 위해서라도 필수적인 전제다. 이것은 먼 과거나 이방신 숭배가 비현실적인 현 세대에 관한 이론이 아니라, 이것을 과감하게 해결해야 했던 당대의 문제로 겪고 있던 공동체에 관한 이론으로 제시된다.[6]

만, 에스겔의 묘사가 시적이라 할지라도 그의 비난과 관련된 관습이 충분히 넘쳐났다는 것을 받아들일 수 있다. Kaufmann은 지나칠 정도로 에스겔의 암시를 진지하게 받아들이지 않으려고 하는 것 같다. 그러나 다른 학자들은 너무 지나치게 모호한 구절에 기대고 있다. (비교. H. H. Rowley, "The Book of Ezekiel in Modern Study," *BJRL* 36 [1953/4], pp. 146-90=*Men of God* [London, 1963], pp. 169-210). G. Fohrer, *Ezechiel* (HAT 13, 1955), pp. 50ff.에서 언급된 다양한 제의에 대해 논평하고, 특히 이집트의 제의 관행에 대한 암시 가능성을 언급한다. 이는 아마도 이집트 통치(608-605) 동안 혹은 이집트와의 동맹을 선호했던 자들에 의해 들어왔을 것이다. 다음도 참조하라. W. Zimmerli, *Ezechiel* (BK 13, 1956ff.), pp. 209ff.

4 비교. D. N. Freedman, "The Biblical Idea of History," *Interpretation* 21 (1967), pp. 32-49, pp. 33ff.를 보라.
5 예컨대, 다음을 참조하라. 신 7:23ff.; 9:2f.; 12:2f.; 레 18:3, 24f.
6 비교. 뒤의 pp. 108이하.

2. 정복자의 종교 수용

에스겔의 묘사가 부분적으로 바벨론 종교 사상의 침투를 보여 준다면, 우리는 이미 첫 번째와 연결된 두 번째 반응 유형에 대한 증거를 갖게 된다. 차이점은 첫 번째가 옛 관습으로 회귀를 대변하는 것일 뿐이라는 점이다. 두 번째는 바벨론 정복에 대한 분명한 결과의 수용을 대변한다. 즉, 바벨론 신들은 성공적이라는 점이다.[7] 디글랏빌레셀과 그 후계자들의 시기에 보여 준 앗수르의 성공으로 인해, 아하스는 앗수르의 종주권뿐만 아니라, 앗수르 신의 지위도 인정해야 했다.[8] 앗수르에 전적으로 영합하여, 가혹하게 저주받은 므낫세 시기 또한 마찬가지다. 우리는 바벨론 시기 역시 마찬가지라고 본다.

그러나 재앙의 정도로 말미암아 바벨론 신들이 탁월한 힘을 지녔다고 더욱 확고히 추정하게 되었음을 알아챌 수 있다.[9] 제2이사야에서 이방 종교에 맞선 저항과 야웨의 유일성과 절대성이라는 논쟁적인 진술을 찾아볼 수 있다. 이것은 실제 유일신론에 대한 첫 진술이 아니라, 바벨론이 자신들의 신들에 대해 주장한 것과 유다인이 바벨론의 신을 수용한 것에 맞서는 것이다. 이사야 44:9ff.의 논쟁은 숭배 대상인 신들의 속성을 나타내는 것이 아니라, 형상의 어리석음에 맞서고 있는 것임이 분명하다.[10]

---

[7] Y. Kaufmann, *op. cit.*, p. 441에서 바벨론 신들이 야웨를 능가한다는 생각은 나타나지 않는다고 단언한다. 그는 이런 견해에 대한 공격이 나타나지 않는다는 점과 겔 20:32-44의 다소 왜곡된 해석에 근거를 둔다.

[8] 그러나 종교적 복종이 요구된다고 주장하는 것은 매우 의심스럽다.

[9] N. W. Porteous, "Jerusalem-Zion: The Growth of a Symbol," in *Verbannung und Heimkehr*, ed. A. Kuschke (1961), pp. 235-52, p. 237에서 야웨가 무능하다는 견해는 "단호히 거부되었다." "책임 있는 사람이 품을 수 없다"라고 말할 때, 지속되는 구약성서의 종교 전승에 관한 한, 이것은 분명한 사실이다. 그러나 우리는 안티오쿠스 4세 에피파네스의 시기 같은 다른 시기에 일어난 반역의 정도를 평가할 수 있는 것 이상으로 어느 정도로 신앙을 잃어버렸는지 측량할 수 없다.

[10] J. D. Smart, *History and Theology in Second Isaiah* (1965), p. 114에서 보다 일반적으로 해석하지만, 이런 외견상 절망적 상황에서 우상 숭배에 대한 유혹의 압박을 언급한다. 또한 겔 20장과 다음의 언급을 참조하라. G. Fohrer, *Ezechiel* (HAT 13, 1955), pp. 107ff.

마찬가지로 제2이사야의 다른 곳에서 나무와 돌에 지나지 않다고 조롱당한 바벨론 신들은 에스겔 20:32에서 찾아볼 수 있다. 이 점에서 미래의 희망을 찾지 못한 자들의 절박한 모습을 보게 되고, 열방의 길로 동화되는 것에 의존하게 됨을 보게 된다.[11] 이런 생각에 대한 예언자의 단호한 거부는 경험의 실제 상황을 매우 분명하게 증언하는 것이다.

유사하게, 비록 덜 직접적이지만 다니엘에 보존된 이런 유의 이야기에서[12] 바벨론에 살던 유다인의 반응의 반향을 찾아볼 수 있고, 이는 이제 마카비 시대의 유사한 상황에 직면한 자들에게 경고하고자 고안된 것이다. 나보니두스 시대에 역사적 근거를 두든지 아니든지 간에[13] 거대한 상을 세우는 것은 재앙을 야웨가 품은 의지의 직접적 결과로 이해할 만큼 큰 신앙을 지니지 못했던 자들에게, 바벨론 종교가 행사했던 것으로 보이는 종류의 통치를 대변한다.

3. 하나님의 심판에 대한 재인식

신이 심판을 하고 자신의 백성에게 재앙을 가져온다는 사상은 매우 고대의 사상이다.[14] 그러므로 예컨대 모압인의 경우보다 유다인 공동체가 이

---

11 W. Zimmerli, *Ezechiel* (BK 13, 1956ff.), pp. 453f.; "Le nouvel 'Exode' dans le message des deux grands prophètes de l'Exil," in *Maqqél shâqédh, Hommage à W. Vischer* (Montpellier, 1960), pp. 216-27, pp. 217f.를 보라=*Gottes Offenbarung*, pp. 193f.
12 예컨대, 단 3장; 6장; 다니엘 부록(Additions to Daniel)도 참조하라.
13 비교. 앞의 p. 37.
14 다음의 흥미로운 논의를 참조하라. H. Gese, "Geschichtliches Denken im Alten Orient und im Alten Testament," *ZThK* 55 (1958), pp. 127-45, 특히 pp. 140-5. 영역, "The Idea of History in the Ancient Near East and the Old Testament" in *The Bultmann School of Biblical Interpretation: New Direction*=*JThC* 1 (1965), pp. 49-64, 특히 pp. 61-64; A. Gamper, *Gott als Richter in Mesopotamien und im AT* (Innsbruck, 1966), pp. 212-16. 역사와 신앙의 긴장에 대해서는 다음을 참조하라. B. Albrektson, *Studies in the Text and Theology of the Book of Lamentations* (Lund, 1963), pp. 218f., 237ff. 이 질문은 최근에 나온 다음 책에서 충분히 논의되고 있다. B. Albrektson, *History and the Gods* (Coniectanea Biblica, Old Testament Series 1, Lund, 1967), 특히 pp. 112ff. Albrektson은 이

런 수용의 훨씬 더 긍정적인 결과를 맺었다고 보는 것이 타당하다. 그러나 수용과 회개라는 반응에 대한 선례를 전혀 찾아볼 수 없는 것은 아니다. 우리가 알고 있는 한, 모압 석비가 그모스의 분노를 인식하고 표현한 반응을 보아, 모압을 위한 그 신의 완전한 목적은 궁극적으로 실현되지 못한 것으로 보인다.

그러나 구약은 보다 깊은 이해와 수용을 묘사한다.[15] '~했을지도 모른다'라는 평가는 결코 만족스럽지 못하다. 우리는 무슨 일이 일어났던 것처럼 보이는 것의 의미를 말할 수밖에 없다. 아마도 상대적으로 제한될 뿐인 숫자였던 732년과 722년의 추방자들은 우리가 아는 한 역사에 다시 등장하지 않는다.[16] 이들이 포로기에 바벨론 포로민과 접촉을 했다는 추측은 아무런 실질적 근거가 없다.

그러나 597년과 587년의 추방자들은 유다인 공동체의 가장 중요하고 영향력 있는 분파 중 하나를 형성하게 되었고, 바벨론에서 비롯된 새로운 삶에 대한 자극은 포로 후기의 여러 단계를 거치며 뚜렷이 드러난다. 구약 자료가 어느 정도나 바벨론에서 저술되었는지에 대해 다양한 추정이 있다. 그러나 제2이사야, 에스겔, 제사장 문서가 그곳에서 유래했다는 결론을

단행본에서 성서 외 평행 자료를 주의 깊게 검토하면서, 구약성서 역사 이해의 속성에 대해 전반적으로 질문을 제기한다. 그의 연구는 필자가 이 책을 완성한 후에야 입수할 수 있었다. 그러나 필자는 특정 논점에 대한 논의와 관련이 있다는 점을 제시할 수 있다. 이것은 구약성서 신학에 상당한 공헌을 하고, 특히 특정 시기를 이해하려는 시도를 하는 이와 같은 검토와 상관이 있다.

15 비교. T. C. Vriezen, *The Religion of Ancient Israel* (영역본, 1967), p. 240. B. Albrektson, *History and the Gods* (1967), pp. 100f.
16 이런 초기 포로에 대하여는 다음을 참조하라. A. Causse, *Les dispersés d'Israël* (1929), pp. 12-16. 다음의 제안을 언급할 수 있다. L. Gry, "Israélites en Assyrie, Juifs en Babylonie," *Le Muséon* 35 (1922), pp. 153-85; 36 (1923), pp. 1-26에서 722년 이후 대략 한 세기 이후에 나온 앗수르의 칸누 계약(Kannu' Contract)에 나타나는 히브리어 이름은 북쪽 포로를 반영한다고 제안한다. 그는 이것을 *kannēh*(겔 27:23)와 연결시키고, 이것은 하란, 에덴(겔 27:23), 할라쿠(Halakhu), 구자나(Guzana) 지역에 있었다고 언급한다. 왕하 17:6에서 *ḥelaḥ ḥābōr nehar gôzān we'ārē mādāy*를 언급한다. (이런 장소명은 다음을 참조하라. G. R. Driver, *Eretz Israel* 5 [Jerusalem, 1958], pp. 18*-20*.) 다음도 참조하라. D. Sidersky, "L'onomastique débraïque des Tablettes de Nippur," *REJ* 87 (1929), pp. 177-99.

내리지 않을 수 없다. 팔레스타인 기원에 대한 논증에도 불구하고, 신명기적 작품 역시 그곳에서 비롯되었다는 것도 불가능하지 않다.[17]

이런 극단적 차이는 후대 세대가 위대한 예언자의 가르침을 얼마나 많이 흡수한 탓으로 볼 수 있을까?

또한 공적 종교 생활과 사회 생활에서 적어도 한정된 기간 동안이나마 예언운동의 가치를 일부라도 간직했던 요시야 개혁의 영향을 얼마나 받았을까?

비록 여타 알려지지 않은 요소 역시 기여를 하였지만, 그 차이점은 적어도 부분적으로라도 이것 때문일 가능성이 있다. 물론 후대 상황은 초기에 대한 지식에도 영향을 받았고, 북왕국의 사상이 적지 않게 후대 유다 사상의 발전에 영향을 미쳤으리라고 덧붙일 수도 있다.

상황에 대한 진실이 무엇이든 간에, 예언자의 심판 선고를 수용한 것이 재앙을 향한 태도를 결정하는 데 중요한 요소였다는 사실은 분명하게 남아있다. 예언자들이 일어나리라고 말한 것이 이제 현실로 나타났다. 이런 경우라고 볼 수 있는 722년의 재앙이 아모스와 호세아의 예언적 담화를 수집하는 자극이 되었다면,[18] 587년의 재앙은 8세기 예언자와 그 계승자들을 이해하는 데 새로운 자극이 되었다. 예레미야와 에스겔의 경우, 이들의 예언은 사건에 다리를 놓았고, 우리는 이들의 공헌을 보다 온전하게 보게 될 것이다.

옛 예언자들의 담화를 새로운 상황에 재적용한 것은 오래된 모든 책에서 추적할 수 있다. 유다에 대한 호세아의 보다 상세한 언급,[19] 아모스의 마

---

17 비교. 뒤의 pp. 98이하.
18 그 재앙은 예언적 발화를 입증하고, 그렇게 함으로써 영속적 진리를 세우는 것으로 간주될 수 있다. 비교. I. Engnell, *Gamla Testamentet. En traditionshistorisk inledning.* i (Stockholm, 1945), p. 159. 그 재앙은 "거의 예언적 비난의 승리"가 되었다. Engnell의 포로에 대한 언급은 pp. 158-61을 보라.
19 예컨대, 특히 3장.

지막 담화,[20] 미가의 희망찬 구절,[21] 이사야 시작 장들의 상세 사항[22]은 재앙 속에서도 ('예언자 계열'로 보든 '예언적 설교가'로 보든) 예언자적 전통을 이어 갔던 자들이 있었고 이들은 심판 담화의 성취 속에서 예언의 진정성과 대리인을 통한 신적 담화의 타당성이 실현되고 있음을 목격하게 된 자들이 었다는 것을 보여 준다.[23]

우리는 이것과 애가의 시를 연결할 수 있고, 확신은 조금 부족하지만, 일부 시편과 연결할 수도 있을 듯하다. 다소 후대 연대에 대한 몇 가지 시도도 이루어졌지만, 애가의 시편과 587년의 사건을 연결하는 것은 매우 확고하게 자리를 잡았다.[24] 이 시들의 실제 기원을 확신하는 것이 올바른지는 의문스럽다. 애가의 시편 유형과 장송곡 사이의 유사성 때문에, 이들이 담고 있는 암시에 정확한 역사적 정황을 부여하는 것은 힘들다. 이것은 이제 특정 상황에 적용하게 된 초기 시일 듯하다. 그러나 이 시들이 이제 그렇게 적용된 것은 분명한 듯하고, 이는 우리의 현재 목적을 위해서 충분하다. 587년에 대한 적용인지는 약간 의심스럽지만, 시편 44, 74, 79편 같은 시편에 대해서도 동일하게 말할 수 있다.

우리는 구체적 진술이 포로기 상황만 언급할 수 있다고 단언할 수 없다. 사실상 몇몇 구절은 기원전 2세기 사건에 대한 언급으로 해석되지만, 한때 흔히 주장된, 이 시편을 마카비 연대로 보는 것은 유행이 지나버린 일이다.[25] 이 시편들과 다른 시편들이 여러 역사적 사건을 언급하는 것으로 볼

---

20 암 9:11-15.
21 미 2:12-13; 4:1-5; 4:6-7 (8-14); 5:1-14; 7:8-20.
22 이에 대해서는 예컨대 다음을 참조하라. D. R. Jones, "The Traditio of the Prophecies of Isaiah of Jerusalem," *ZAW* 67 (1955), pp. 226-46, pp. 238f.를 보라. 사 12장은 다음을 참조하라. J. Becker, *Israel deutet seine Psalmen* (Stuttgart, ²1967), pp. 26ff.
23 비교. N. W. Porteous, *op. cit.* (p. 42 n. 9), p. 237.
24 비교. O. Eissfeldt, *Introduction*, pp. 503f.; N. K. Gottwald, *Studies in the Book of Lamentations* (SBT 14, 1954); H.-J. Kraus, *Klagelieder* (BK 20, 1956), p. 11; (²1960), pp. 13ff.; W. Rudolph, *Klagelieder* in KAT 17, 1-3 (1962), pp. 193ff.
25 보다 충분한 논의와 참고 문헌은 다음을 참조하라. P. R. Ackroyd, *The Problem of Maccabaean Psalms* (Diss., Cambridge, 1945). 보다 간략하게는 "Criteria for the Maccabaean Dating of Old

수 있고, 포로기 상황이 이 시편들의 현재 형태에 어떤 영향을 미친 것으로 보인다.[26] 그러나 시편 언어의 암시성 때문에, 확실한 수정을 정확히 찾아내는 것은 위험스럽다.[27]

시대적 분위기를 표현하는 시문학의 의의는 '장송곡'이나 '탄식'으로 애가의 시편을 명명하는 데 있다. 어느 경우이든 심판의 수용은 자료 속에 내재해 있다. 재앙은 신적 분노의 결과다.[28] 이것은 백성의 실패의 결과다.[29] 현 상황에서 겪는 좌절은 하나님을 향해 다시 새롭게 행동해 달라고 호소하는 것과 엮여 있다.

애가 신학의 기초는 알브렉트슨(B. Albrektson)이 제시한 것처럼 저자(들)가 드러내고 있는 시온 전승,[30] 즉 이사야, 에스겔, 제2이사야에서 추적할 수 있는 시온 불가침 전승과 밀접하게 연관된다.[31] 587년의 재앙은 '역사와 신앙 사이의 긴장'을 초래하였다.[32] 애가의 시편과 시온 시편 사이의 관계는[33] 시인이나 시인들이 차지한 위치를 보여 준다. 알브렉트슨은 또한 애가와 신명기 28장과 신명기의 여타 구절 간의 관계를 제시하고,[34] 재앙의 딜레마는 "파국을 신적 심판이라고 보는 신명기적 견해"에서 해결책을 찾고 있음을 제시한다.[35]

Testament Literature," *VT* 3 (1953), pp. 113-32.
26 비교. O. Eissfeldt, *Introduction*, pp. 113f.
27 B. Albrektson, *Studies in the Text and Theology of the Book of Lamentations* (1963), p. 221과 n. 1의 언급을 참조하라. 특히 시 48에 대한 언급이 나오는데, 논점은 다른 시편과도 관련이 있다.
28 예컨대, 애 1:12; 2:1ff.; 3:1; 4:1; 5:22. 즉, 이 주제는 모든 시에 나타난다.
29 예컨대, 애 1:14; 2:14; 3:40-42; 4:6; 5:7, 16.
30 B. Albrektson, *Studies in the Text and Theology of the Book of Lamentations* (1963), pp. 214-39. Albrektson은 다음의 초기 연구에 의지한다. N. K. Gottwald, *op. cit.*, 특히 pp. 47-62. 그러나 그는 보다 정확하게 그 배경을 신학으로 본다. 시온 주제에 대한 참고 문헌은 다음을 참조하라. Albrektson, p. 219 n. 2; R. E. Clements, *God and Temple* (1965), *op. cit.*, (p. 42 n. 9), pp. 237ff.
31 *Op. cit.*, p. 223.
32 Albrektson은 Gottwald, *op. cit.*, pp. 52f.의 구절을 깊이 있는 해석을 붙여서 인용한다. *op. cit.*, p. 223.
33 시 48; 50; 76과의 상세한 비교는 다음을 참조하라. B. Albrektson, *op. cit.*, pp. 224ff.
34 *Op. cit.*, pp. 231-7.
35 *Op. cit.*, p. 239. 이 주제는 뒤의 pp. 112이하 참조.

일반적으로 애가의 입장에 대한 이런 묘사는 가치가 있다. 시온 불가침 전승이 있다는 것은 예레미야 7:4과 에스겔 성전의 몰락 이전에 하나님의 영광이 떠난다는 개념을 통해 분명히 드러나는 것 같다.[36] 알브렉트슨은 중앙화된 제의라는 신명기적 집중으로 인해 시온 전승과 연결되었다고 본다.[37] 이것은 신명기적 사고 자체가 왕권 사상의 수용과 거부 요소를 담고 있듯이, 성소와 도성의 수용과 거부라는 요소를 담고 있음을 제시하는 것이다. 우리가 보고 있는 형태 속에 나타난 시온 전승 역시 긍정적이면서도 부정적인 요소를 동시에 포함하고 있음을 덧붙여야 한다. 이사야 전승, 특히 36-39장=열왕기하 18:13-20:11에서 불가침 사상에 대한 분명한 반향을 밝혀낼 수 있지만, 이사야가 아무런 조건 없이 이 사상을 수용했는지는 불분명하다.[38]

알브렉트슨은 이 주제를 겨냥하여, 예레미야 29장의 현재 형태를 사용한다.[39] 그러나 예레미야 28장 일부와 예레미야 1-6장과 더불어, 재앙에 대한 예감으로 시작하는 구절을 보면, 이사야가 유다를 향한 총체적 재앙을 그리고자 하였으며, 701년의 구원은 불가침 개념에 대한 변호가 아니라 예상치 못했던 은총의 행위로 보였다는 점을 알 수 있다.[40]

얀센(Janssen)이 '그 땅의 신실한 자'라 부르고,[41] 팔레스타인 공동체에만 한정되지 않는 옛 전승의 신실한 수호자들에게, 옛 애가의 시편 언어로, 아마도 동일한 종류의 새롭게 구성된 담화로 그들의 좌절을 표현하는 것이 특히 적절해 보였을 것이다. 그러므로 그들은 과거에 대한 자신들의 충성심, 실패에 대한 회개를 표현하고, 자신들의 방식을 수정하고자 결심하

---

[36] 겔 10장.
[37] Op. cit., p. 238.
[38] 비교. B. S. Childs, *Isaiah and the Assyrian Crisis* (SBT II, 3, 1967).
[39] Op. cit., p. 223.
[40] 사 1:9과 비교하라.
[41] Op. cit., pp. 68ff.

고,⁴² 이런 종류의 시편에 매우 자주 표현된 주제인 하나님의 은총에 의존하고 있다는 깨달음을 표현할 수 있었다.⁴³ 그런 자료가 어떻게 사용되었는지에 대해서는 알 방도가 없다.

예레미야 41장의 암시와 금식에 대한 후대 언급,⁴⁴ 전통적으로 예레미야와 연결시키고, 분명히 이 시기와 연관된 애가 같은 모음집의 존재 자체는⁴⁵ 애곡을 적절하다고 보는 공적 사건이 있었음을 제시한다.⁴⁶ 애가의 시 역시 추가 논평을 제시하는데, 이들은 재앙을 넘어서서 하나님의 행위에 근거한 희망을 바라고 있다. 다른 탄원시처럼 그들도 야웨의 탁월성 속에서 궁극적인 확신의 근거를 찾고 있다.⁴⁷

4. 재앙과 '야웨의 날'

이와 밀접하게 연결되어 있지만 실상은 여기에 대한 변종이 나타나는데, 이것은 587년의 사건에 비추어, 당대의 사건성이라는 측면에서 '야웨의 날' 개념을 이해하는 것이다. 이것은 애가의 시,⁴⁸ 이 주제에 대한 초기의 예언자적 구절에 대한 재해석,⁴⁹ 일부 당대의 담화⁵⁰ 속에서 찾아볼 수 있다.

---

42 예. 애 3:40.
43 비교. O. Eissfeldt, *Introduction*, pp. 113f.
44 슥 7:3, 5; 8:19과 비교하라.
45 아마도 사 63:7-64:11과 비교하라.
46 이것에 대해서는 다음의 논의를 참조하라. H.-E. von Waldow, *Anlass und Hintergrund der Verkündigung des Deuterojesaja* (Diss., Bonn, 1953), pp. 104ff.에서 제2이사야의 신탁에 나타난 애도의 말에 대한 인용과 다른 애가 자료를 통하여, 그런 기념 행사는 팔레스타인과 바벨론 두 곳 모두에서 열렸다고 논증한다.
47 비교. G. Buccellati, *Bibbia e Oriente* 2 (1960), p. 209.
48 비교. L. Černý, *The Day of Yahweh and some Relevant Problems* (Prague, 1948), pp. 20, 105에서 특히 애 2:22를 언급한다. N. K. Gottwald, *op. cit.*, pp. 84-85; D. R. Jones, *ZAW* 67 (1955), p. 244.
49 이사야에 대해서는 다음을 참조하라. D. R. Jones, *op. cit.*, pp. 244f.
50 겔 13:5은 신적 처벌, 즉 야웨의 날이라는 측면에서 재앙을 이해한다. 또한 겔 34:12과 비교하라. 비교. G. von Rad, "The Origin of the Concept of the Day of Yahweh," *JSS* 4 (1959), pp. 97-108. Von Rad의 방식에 대한 논평은 다음을 참조하라. F. M. Cross, Jr., "The Divine Warrior in

이것은 야웨의 날을 과거에 끝나 버린 단일 사건으로 이해해서는 안 된다는 것이다. 이것은 본질적으로 초역사적인 사건의 역사 속에서 구체화된다. 그리고 만약 재앙의 날과 관련된 시편 자료의 제의적 해석이 특정한 역사적 순간이 아닌 제의적 상황에 대한 묘사(실제이든 가상이든, 다양한 이유에서 비롯된 성소의 더럽힘)라고 보는 것이 옳다면, 야웨의 날에 대한 반복된 경험이 이제 587년 재앙의 날 경험에서 심판의 순간을 역사화하였다는 지각이 나타난다. 시편의 역사적 해석과 예언서의 심판에 대한 역사적 기대감(이것과 무관한 것이 아니라)은 역사에 나타난 신적 개입의 실재성에 대한 평가 속에서 하나로 묶인다. 새롭고 더욱 온전한 지각 속에서 야웨는 심판하러 오신다.

출애굽에 이은 구원의 경험이 특정 사건에 대한 요소를 취한 것처럼,[51] 포로기 자체에 새로운 출애굽에 대한 예상이 빈번하게 그려진 결과와 더불어,[52] 포로기에 앞선 심판 경험은 그 순간에 한데 모이고, 이어지는 심판 경험(그리고 적절한 때에 최후 심판 예상)은 그 순간에 속한 요소와 하나로 엮이게 되는 경향이 있다.[53]

포로기 재앙에 대한 후대의 이 두 가지 평가는 이 시기를 보다 긍정적으로 다루면서 더욱 충분히 전개된다. 이에 대해 다음 장에서 살펴보고자 한다. 그 시기의 위대한 예언자들과 역사가들은 다른 방식과 다른 강조점으

Israel's Early Cult," in *Biblical Motifs*, ed. A. Altmann (Philip W. Lown Institute of Advanced Jewish Studies, Studies and Text 3, Cambridge, Mass., 1966), pp. 11-30, pp. 19ff.를 보라. Von Rad의 방식은 다음에서도 비판받고 있다. M. Weiss, "The Origin of the 'Day of the Lord'=Reconsidered," *HUCA* 37 (1966), pp. 29-60에서 (세 개의 표를 통해) 그 구절을 아모스의 것으로 추적하지만, 그 개념을 고대의 신현현 모티프까지 거슬러 추적한다. F. C. Fensham, "A Possible Origin of the Concept of the Day of the Lord," in *Biblical Essays* (Proc. of Die Ou-Testamentiese Werkemeenskap in Suid-Afrika 9, 1966, Potchefstroom, 1967), pp. 90-97에서 단순히 거룩한 전쟁 개념보다는 처벌의 날로 본다.

51 비교. 예컨대, A. Bentzen, "The Cultic Use of the Story of the Ark in Samuel," *JBL* 67 (1948), pp. 37-53, pp. 52f.를 보라.
52 뒤의 예레미야, 신명기적 역사서, 제2이사야, 에스겔을 참조하라.
53 예컨대, 묵시적 이미지에 대한 논의는 다음을 참조하라. D. S. Russell, *The Method and Message of Jewish Apocalyptic* (OTL, 1964), pp. 92ff., etc.

로 그 순간을 결정적 순간으로 바라본다. 그러나 그들 모두 공통적으로 재난을 이사야의 역사에서 매우 뚜렷하게 드러난 것으로 인간의 실패로부터 말미암은 하나님의 경제학의 필연적 순간을 대변하는 것으로 받아들인다. 그들은 거기에서 이스라엘 최악의 경험의 결과가 무엇인지를 보다 온전하게 자각하는 데로 나아가게 된다.

제4장

사건에 대한 반응(계속)

B. 예레미야

예레미야는 587년의 재앙을 실제로 경험한 자로 알려진 첫 번째 예언자다. 그러나 이것이 비록 사실이라 해도, 단연코 예레미야 자료 중 가장 큰 부분은 무엇보다도 이 순간으로 이어지는 시기를 향해 있다. 그리고 사건 자체에 대한 예언자의 생각을 알아내는 일은 쉽지 않다. 사실상 우리는 다양한 접근 방법을 찾아내고, 지금 갖고 있는 자료 형태 속에서 이런 다양성은 일정 정도 특정 종류의 제시로 덧씌워져 있음을 알 수 있다.

그러므로 앞선 세기의 예언자들과 연관된 모음집처럼, 주로 신탁 모음집인 예레미야 1-25장 속에서, 초기 메시지와 동일한 종류의 재적용을 보게 된다. 심판 담화와 약속 담화를 임의로 구분하지 않는다면, 자료 중 어떤 부분이 재앙 이전 시기에 속하는지를 결정해야 하는 문제에 봉착한다. 그래야 어느 정도까지 예언자 자신이 재앙을 넘어서 희망을 고대하고 있었는지 고려해 볼 수 있다. 어느 부분이 587년 이후 예언 활동에 속하는지를 고려해야 한다. 우리는 이 시기에 그 사건에 대한 예언자의 반응과 입장에 대한 예언자 자신의 재고(再考) 조치를 추적해 볼 수 있다. 그리고 어느 부분이 예레미야 전승의 후대 발전에 속하는지도 고려해야 한다.

보다 더 내러티브적인 예레미야 26-45장 단락의 제시는 매우 다르지만 유사한 문제가 나타난다. 단지 내러티브가 예언자와 그의 활동에 대해 무엇을 말해주는지가 아니라, 현재 이 장들 속에 수집된 일련의 구절들 속에서 예언자와 사건에 대해 어떤 이해가 제시되고 있는지를 추적해 보아야 한다.[1]

그러나 이런 문제가 현실적이며, 해결이 쉽지 않고, 실상 추측에 불과하다 할지라도, 우리는 관심의 대상인 이 시기에 대한 '예레미야 전승'의 태도를 찾아내고자 한다.[2] 에스겔과 제2이사야를 연구할 때 대두되는 동일한 유형의 문제가 나타난다. 그러나 개인과 그의 사상에 대한 묘사가 아니라, 한 시기의 사상과 의미를 이해하는 데 더욱 관심을 가지기 때문에, 비록 보다 멀리에서 6세기 상황을 반영한다는 점에서 사상의 발전과 어떤 연관성을 지녔다 할지라도 거의 확실히 후대의 기원으로 보이는 자료를 사용하는 것은 피하고자 한다.[3]

에스겔과 제2이사야에 대한 장들과 마찬가지로 예레미야 자료에 대한 제한된 제시로 인해, 비록 논리적으로 구분하는 것이나 자료의 현재 형태 속에서 완벽하게 구분하는 것이 불가능할지라도, 재앙 자체에 대한 태도와 미래에 대한 관점을 구분하는 것이 적절해 보인다.

---

1 예레미야를 대략적으로 두 단락으로 분리해서 자료의 진화를 논의하는 것은 옳다고 보지만, 예레미야 전승의 전반적 문제는 너무나 복잡하여 여기에서 논의할 수가 없다. (렘 46-51장의 '열방 신탁'은 다른 일련의 문제를 제시한다. 이 자료의 일부 언급은 제12장에서 다룰 것이다.) 렘 26-45장을 다시 26-36장과 37-44장으로 나누고, 45장을 추가로 보는 것이 가장 적절해 보인다. 이에 대해서는 다음을 참조하라. P. R. Ackroyd, "Historians and Prophets," *SEA* 33 (1968), PP. 18-54; "Aspectss of the Jeremiah Tradition," *Indian Journal of Theology* 20 (1971), pp. 1-12.
2 예컨대, J. W. Miller, *Das Verhältnis Jeremias und Hesekiels sprachlich und theologisch untersucht* (Assen, 1955), pp. 7-66에서 보다 단순한 묘사를 제시한다.
3 또한 제13장 참조.

1. 국가의 멸망

유다의 실패 결과는 예레미야의 시작 장들에서, 특히 북쪽에서 오는 대적(이들의 정체는 분명하지 않고, 다양하게 해석되고 있다)의 맹공격[4]이라는 측면에서 상당히 자주 제시되고 있다. 해석은 우리의 관심사가 아니다. 비록 본래적인 정체성일리는 없지만, 이 자료에서 바벨론이 하나님의 심판 도구로 파악되고 있는 징후에 주목해야 한다. 예레미야의 후반부에서 예언자의 초기 메시지에 대한 재해석의 배경을 제시하고, 심판 신탁을 바벨론에 대한 정확한 언급으로 재적용하라고 지시하는 내러티브(렘 36장)를 보게 된다.[5]

심판 주제는 허리띠(렘 13:1-11), 깨진 항아리(렘 19:1-3), 그리고 도공의 집 방문(렘 18:1-11)이라는 상징 행위에서도 생생하게 그려지고 있다. 비록 마지막 구절은 회개에 대한 권고로 끝맺지만, 이런 행위를 통해 하나님의 심판의 절대성은 분명해진다.[6] 사실상 절대적 심판과 회개에 대한 경고와 권고를 연결하는 것은 예레미야의 전반부 대부분에서 흔히 나타나는 특징이다. 예레미야 18:1-11a과 같은 분명하게 절대적인 진술은 예레미야 18:11b의 경고와 설교조 담화로 인해 완화되고, 회개의 가능성이 확증되기도 하고(예, 렘 3:12-14; 4:1-4), 분명히 부인되기도 한다(렘 3:1-5).[7]

계약에 대한 유다의 불성실, 이스라엘의 운명에 담긴 경고 무시(렘 3:6-11), 하나님과의 관계를 불가능하게 만든 종교 사회적 죄악(비교. 렘 7:1-8:3)은 모두 갱신된 관계의 불가능성과 파멸의 불가피성을 보여 준다. 이 장들

---

[4] 예. 렘 1:13-15; 4:5-8; 6:1-8, 22-26.
[5] 비교. 렘 36:29. 이 적용은 렘 25장의 자료에서도 볼 수 있다. 이 구절은 재해석되는 상황에 놓였지만 이제 바벨론을 향한 심판이 선포된다. (비교. C. Rietzschel, *Das Problem der Urrolle* [Gütersloh, 1966], pp. 27ff.와 면지(endpapers). 필자는 여기에 제시된 논증을 수용하기는 힘들다고 본다. 그러나 이것은 편집 문제의 복잡성을 보여 준다. 렘 25:1-11(14)은 적절하게 렘 36장과 어떤 의미에서 평행하는 것으로 간주된다.
[6] 비교. 렘 13:10; 18:11a; 19:11.
[7] 비교. W. Rudolph, *Jeremia* (HAT 12, 1947), p. XI; (³1968), p. XII.

에 나타난 미래에 대한 약속 요소는 대체로 예언자 자신과 아마도 587년 이후 그의 직접적인 추종자들이 행한 자료에 대한 후대 수정으로 볼 수 있다. 그러나 그들은 권고 담화와 하나님과 백성 간에 존재한 관계의 친밀성에 대한 인식과 분명히 관련된다.

예레미야 26-29장, 32-36장, 37-44장의 내러티브와 예레미야 45장의 맺음말은, 비록 제시가 매우 다르지만, 비교 가능한 사상 유형을 보여 준다. 예컨대, 예언자의 심판 선포가 경고와 회개 권면이라는 맥락에서 이루어진 것은 예레미야 26:3과 36:3의 조건을 통해 보인다. 유사하게, 시드기야와 예레미야의 관계를 서술하는 내러티브는 재앙에서 구원을 찾는 유일한 방법으로 바벨론에게 항복하기를 지시하는 예레미야를 보여 준다.[8] 이와 더불어 재앙의 날에 충성심 덕분에 구원을 받은 자들의 사례도 다양하게 나온다. 그러므로 에벳멜렉은 야웨를 믿었기에 도성이 무너질 때조차 살아남게 된다(렘 39:15-18). 공동체 일반의 불성실과 확실하게 대조되는 레갑 족속은 계약에 대한 신실함으로 인해 가문이 지속되는 보상을 얻는다(렘 35:19).

여기에서 약속은 더욱 더 계약적인 종류이며, 도성과 왕국에 대한 재앙과 정확하게 연결되지 않는다. 그러나 이는 유다와 거주민에게 선포된 절대적 파멸과 극명하게 대조를 이룬다(렘 35:17). 예레미야 45장의 본론에 대한 끝맺음 역시 한 개인 바룩을 향한 축복과 구원을 선포하는 것이다. 그의 삶은 불안정한 시대 가운데서도 약속을 받는다.[9]

에스겔뿐만 아니라[10] 어떤 예언자도 그런 구원이 어떻게 가능한지 정확

---

[8] 렘 38:2, 17ff. 또한 21:8-10 참조.

[9] 에벳멜렉과 바룩을 향한 약속은 다음을 참조하라. O. Eissfeldt, "Unheils- und Heilsweissangungen Jeremias als Vergeltung für ihm erwiesene Weh-und Wohltaten," *WZ Halle* 14 (1965), pp. 181-6. Eissfeldt는 느부사라단의 보상(렘 39:11-40:6)에 대한 언급을 덧붙인다. 그가 논증하는 바는, 이것이 이제는 본문에서 삭제되어야한다는 것이다. 자료의 일부 재배열이 이를 입증할 수 있다. 이것이 확실하다고 볼 수는 없지만 흥미로운 다른 두 가지 사례와 평행을 이룬다.

[10] 겔 9:4과 비교.

하게 밝히지 않지만, 절대적인 파멸의 순간에 순종적인 자를 위한 구원이 있다. 전쟁과 포로의 위험이 차별 없이 적용된다는 점을 고려하면, 두 예언자가 모두 분명히 밝히고자 한 바, 즉 597년의 재앙에서 포로의 운명을 모면한 자들이 그 때문에 자신들을 신의 축복을 받은 자로 여길 수 없다는 점에 주목하는 것이 중요하다.[11] 어떤 논리적 결론이 도출되지 않는다. 예언자는 자신이 서 있는 전승 안에서 신적 의지에 대한 자신들의 통찰력에 비추어 판단하여, 상황에 대한 다양한 반응을 보다 적절하게 제시한다. 백성에 대한 신적 심판이 선포된다. 그들의 계약 불충실은 불가피하게 재앙을 초래한다. 신실한 자들은 구원을 받는다.

이 점에서 신명기 24:16에서 이의가 제기된 것처럼, 예레미야는 집합적 의미에서 인과응보적 정의에 맞서고 있다.[12] 경험의 모순은 해소되지 않지만, 그럼에도 불구하고 재앙을 넘어 이겨낸 자들의 실제 상황을 말하는 바에는, 심판이 수용되는 방식과 이 심판이 미래를 향해 지니는 의미가 나타난다. 그들은 자신이 속한 상황을 바라보면서, 그에 대한 이유를 질문하는 자로 묘사된다. 그들은 이방인의 땅에서 노예의 운명이 된 것은 자신들의 반역 때문이라는 말을 듣는다(렘 5:19과 16:10-13에서 이 주제에 대한 변용은 이방 신을 섬긴 것 때문에 그들을 비난한다. 두 구절은 백성을 사로잡은 심판 재앙 이후 나온 정당화로 보는 편이 가장 좋을 듯하다). 그러나 예레미야 5:18의 맥락에서조차 심판은 절대적이지 않다.

어떤 구절에서 다가오는 파멸은 구체적으로 성전의 운명에 집중된다. 이것은 예루살렘 성소의 임박한 파괴를 실로 성소와 비교하는 두 형태에서 분명히 나타난다.[13] 그러나 에스겔과 달리 성소 파괴 주제는 정교하지 않다.[14] 예레미야 7장의 파멸에 관한 주해는 모든 어긋난 행위를 거부한다

---

11 렘 24장과 겔 11:1-13 비교.
12 또한 겔 18장과 다음의 논의를 참조하라. B. Lindars, "Ezekiel and Individual Responsibility," *VT* 15 (1965), pp. 452-67.
13 렘 7:12-14; 26:6.
14 예컨대, 겔 8-11장에 있다.

면, 회복의 약속으로 발전된다. 비록 상응하는 예레미야 26장의 내러티브에는 그런 약속이 부재하지만, 이 내러티브는 조건 형태로 위협을 제시한다(비교. 렘 26:3-5). 다른 곳에서 북쪽과 남쪽뿐 아니라 모든 열방의 중심지로서 예루살렘을 다시 세우는 것과 관련하여 유사한 주장이 제기되고 있다.[15] 아마도 이것은 재앙 시기나 더 이른 시기에 소실된 법궤를[16] 대체하지 않을 것이라는 주장과 연결된다. 예루살렘 자체는 하나님의 보좌이기 때문에, 법궤의 부재는 중요하지 않다.[17] 매우 자주 그렇듯이 파멸과 희망이 뒤섞여 있다.[18]

---

[15] 렘 3:15-18. 사 2:2-4; 미 4:1-4과 비교.

[16] 비교. M. Haran, "The Disappearance of the Ark," *IEJ* 13 (1963), pp. 46-58에서 므낫세 통치 하에서 법궤가 제거되었다고 논증한다. (W. Rudolph [*op. cit.* <³1968>, p. 26 n.]에서 그는 다음 책에 접근할 수 없었다고 언급한다. C. C. Dobson, *The Mystery of the Fate of the Ark of the Covenant* [London, 1939]. 이 사실은 아무런 타격이 되지 않는다. 왜냐하면 이 책은 예레미야의 법궤 구출 전승을 포함하여 성서 기록 모든 부분의 정확성을 입증하려고 할 뿐 아니라, 심지어 예레미야와 아일랜드 전승을 통해 웨스트민스터 사원의 즉위의 돌과 이야기가 연결된다고 제안하기까지 한다. 어원적 증거[예컨대, 타라는 토라와 연결된다!]는 '영국적 이스라엘'[British Israel] 수준에 머물러 있다.)

[17] 법궤를 대체할 수 없다는 사실은 W. Rudolph, *op. cit.*, p. 25에서 "종교에서 모든 외부적인 것은 혐오스러운 것이라고 보는 예언자의 사고방식과 완벽하게 조화를 이루는 것"이라고 해석한다. 그러나 이런 예레미야 이해의 불확실성은 차치하더라도, 이 구절을 이런 식으로 해석할 수 있을지 의심스럽다. 법궤는 상실되지 않을 것이다. 보좌의 기능으로 제시된 것과 같은 법궤의 기능은 예루살렘 자체로 대체된다. 이 구절은 열방을 향한 하나님의 보좌의 중심성에 상응하는 개념의 확장을 보여 준다. 비교. A. Weiser, *Das Buch Jeremia* (ATD 20/21, 51966), p. 31. 법궤의 속성은 다음을 참조하라. R. de Vaux, *Ancient Israel* (영역, 1961), pp. 297ff.; M. Haran, "The Ark and the Cherubim," *IEJ* 9 (1599), pp. 30-38, 89-94, 특히 pp. 90f.

[18] 성전에 대한 예레미야의 모호한 태도는 다음을 참조하라. M. Schmidt, *Prophet und Temple* (1948), pp. 97-108, 특히 p. 107.

2. 예레미야와 미래

1) 597년의 포로민

이 책의 두 구절은 597년 도성에서 포로로 끌려간 자들에게 특별히 관심을 둔다. 예레미야 24장은 무화과 두 광주리 환상에서 포로민을 좋은 무화과로 비유하고, 그들에게 회복과 축복과 하나님과의 관계 갱신을 약속했다. 대조적으로 유다와 예루살렘, 그리고 이집트에 거주하는 자들은 철저히 파괴될 것이라는 선고를 받는다. 이 자료와 관련해서 두 가지 점을 짚어 보고자 한다.

첫째, 이것은 특정 상황을 지시하고 있는 특별한 메시지에서 기인한 것으로 보아야 한다.

즉, 포로민은 그 상황 속에서 기계적으로 유죄 선고를 받은 자로, 예루살렘과 유다의 공동체는 무죄 선고를 받은 자로 여겨서는 안 된다는 것을 보여 줄 필요가 있다.

이 점에서 이미 언급한 바처럼, 이 구절은 에스겔 11:1-13과 비교할 수 있다.[19] 바벨론 통치의 괴로움으로부터 즉각적으로 해방될 것을 기대하는 상황에서,[20] 양편 공동체 모두의 운명에 대한 간명한 신학적 이해를 기대하는 것은 당연한 일이다. 예언자의 메시지는 그런 이해를 반박한다. 거짓 희망에 대한 비슷한 반박이 여호야긴 신탁인 예레미야 22:24-30에 나타나는데, 이 신탁은 태어난 땅으로 돌아갈 수 없는 포로민의 운명을 전형적으로 보여 주고 있다.

---

[19] 또한 비교 가능한 특수한 신탁적 발화는 겔 33:24를 참조하라.
[20] 비교. 렘 27-28; 29:8, 21ff.

둘째, 예레미야 24장의 구절은 이집트에 있는 자들에 대한 언급을 포함함으로써, 분명히 방향 수정이 되고 있다(8절).

이 언급 자체는 후대의 재해석을 암시한다. 왜냐하면 비록 초기에 이집트에 망명자들이 있었다는 것이 당연하지만,[21] 이 구절은 극단적인 비난조의 근거를 제시하는 예레미야 44장의 내러티브를 통해 볼 때만 비로소 완전하게 이해될 수 있기 때문이다. 미래는 바벨론 포로민에게만 있다는 견해는 결국 역대기 사상에서 중요한 위치를 차지하고, 포로 후기의 전체적인 경향성의 특징이라는 점은 의심의 여지가 없다.[22]

그러나 이것은 원래의 특별한 메시지의 확대와 일반화로 인해서만 성취될 수 있다. 이러한 예레미야의 입장 제시는 예레미야 26-36장과 37-44장 전체 내러티브 단락에서도 볼 수 있다. 사실상 이것은 배제의 과정을 통해 미래를 쥐고 있는 자는 바로 바벨론 포로민이라는 견해를 제시한다. 그러나 앞으로 보겠지만, 이것은 이 장들에서 파악되는 유일한 견해가 아니다. 이 책의 에필로그인 예레미야 52장은 열왕기하 마지막 부분에 대한 변용인데, 이 역시 포로민을 시사한다.[23]

예레미야 29장의 자료는 부분적으로 예레미야 24장과 평행을 이루는데, 유사한 관점과 제시를 찾아볼 수 있다. 실상 여기에서 좋은 무화과와 나쁜 무화과는 다른 방식이지만 부정적 요소로만 활용되고 있다. 이 요소는 신속한 해방을 선포한 바벨론에 있던 예언자들의 메시지를 반박하고자 받아들여진 것이다. 그래서 예레미야 29:15-23은 나쁜 무화과 주제와 더불어 예루살렘의 대중과 지도부에 맞서며, 즉각적 회복을 추구하던 바벨론에 있는 자들에게 맞서면서, 심판의 절대성을 시사하는 여타의 다양한 요소를 소개한다. 강조점의 변화를 여기에서 추적할 수 있다. 이 심판 구절 역

---

[21] 우리야가 이집트에서 피난처를 마련하였다는 사실은 아마도 일찍이 그곳에 정착민이 있었음을 뜻하는 것으로 이해할 수 있다(비교. 렘 26:21).
[22] 뒤의 제13장 참조.
[23] 비교. n. 27.

시 예레미야 29:1-14과 대조를 이루고, 바벨론의 포로민에게 메시지를 전달한다. 이 구절은 예레미야 24:4-7의 메시지와 분명히 비교 가능하지만, 포로민에게 약속한 안녕이 바벨론의 안녕과 엮여 있다는 점을 강화한다.

다시 우리는 이 과정에서 어떤 것을 추적할 수 있다. 이 과정을 통해, 포로공동체에게 주어졌던 원래의 메시지는 귀환에 대한 보다 정확한 의미와 연결됨으로써 다른 맥락과 방향을 갖게 되었다. 이는 바벨론에 제대로 자리를 잡으라는 권고와 날카로운 대조를 이루고, 나아가 곧 돌아올 것이라고 예언한 자들과 죽음의 심판하에 놓인 예루살렘에 있는 자들에게 임한 심판과도 대조를 이룬다. '포로지에서만'이라는 주제는 여기에서 다시 한 번 더 대두된다. 포로 경험의 의미는 또한 예레미야 5:18f. 같은 구절에서 나타난다. 여기에서 희망은 반역으로 인해 자신들의 땅이 아닌 곳에서 열방을 섬기게 된 자들에게 달려 있는 것으로 제시된다.

2) 바벨론에게 항복

예레미야서에서 587년 도성 파괴 이후, 예레미야가 포로민에게 보인 태도에 대한 직접적인 시사점을 찾아볼 수 없다. 그러나 예레미야가 느부사라단이 제시한 바벨론에서의 보호 제안을 거절하고 새롭게 지명된 총독 그다랴와 함께 유다에 남겠다는 선택을 하였다는 내러티브(렘 40:1-6)는 이 질문을 간접적으로나마 밝히고 있다. 이것은 미래에 대한 유일한 희망을 제공하는 방법으로 바벨론에게 항복하라는 정책을 옹호한 것과 연결된다.[24] 왜냐하면 총독 그다랴는 함께 있기 위해 파견된 바벨론 군인들의 감독을 받고 있었고,[25] 바벨론 통치를 기꺼이 수용하고자 한 공동체의 일원을 대표하였기 때문이다.

---

[24] 렘 38:2, 17-20. 또한 렘 27:12f. 참조.
[25] 렘 41:3; 비교. 렘 40:10.

왕족인 이스마엘 벤 느다니야로 대변되는 동시대 민족주의자들이 보기에, 그다랴는 기회가 왔을 때 숙청해야 할 반역자였다. 이 점에서 상부상조에는 다양한 동기가 있겠지만, 이스마엘의 상대방인 그다랴는 유사한 노선으로 정복자에게 상부상조하는 근대적 인격을 지녔다. 그리고 예레미야는 분명히 타협적 위치에 있을 때, 바벨론에게 투항하려고 했다는 고발을 당하고, 이를 부인한 것으로 알려져 있다.[26]

그러나 근대적 용어로 '동조자'로 묘사될 만하였다는 것을 쉽게 찾아볼 수 있다. 간결한 형태로 된 열왕기하 25:22-26의 내러티브나 긴 형태의 예레미야 40:7-41:18의 내러티브에는[27] 그다랴에 대한 어떤 비난의 말도 나타나지 않는다는 점이 중요하다.[28] 현재 제시된 내러티브의 바탕에는 유다가 멸망하는 순간, 예레미야는 바벨론의 포로민이 아니라, 그다랴 주변에 모인 공동체에게서 미래에 대한 진정한 희망을 보았다는 분명한 전승이 있다. 예레미야가 선택의 기회를 얻게 되었을 때, 그 공동체를 지지한 것이 이를 암시한다.[29] 그리고 그다랴의 죽음을 복수하려는 자들에게 이집트로 가지 말고, 유다에 남으라고 하는 예레미야의 충고가 이를 확증한다.[30] 또한 예레미야의 정책은 단순한 오해를 불러일으켰다. 그와 바룩이 더욱 그러한데 실상 바벨론 통치자를 위한 첩보 요원으로 여겨졌다.[31]

유다 내부에서 삶의 갱신을 향한 희망 역시 예레미야 32:6-15의 상징적 행위를 통해 제시되는데, 여기에서 예레미야는 아나돗의 가족 토지를 되찾는다. 이 행위는 이어 나오는 예레미야 32:16-25, 26-44에서 일련의 정교한 설교조 구절로 해석되고 있다. 여기에서 총체적인 심판 주제를[32] 전개

---

26 렘 37:11-14.
27 그다랴 자료는 렘 52장에서 의미심장하게 사라진다. 그러므로 이것은 렘 26-36; 37-44의 내러티브보다 더 분명하게 미래가 포로민에게만 달려있음을 암시한다. 비교. p. 75 n. 1.
28 비교. p. 46.
29 렘 40:1-6.
30 렘 42:7-22.
31 렘 43:1-3.
32 비교. 렘 32:1-5.

하고 예레미야 32:37ff.절의 파멸 메시지와 심판 담화의 반전이라는 측면에서 예레미야 32:42-44의 미래의 땅 차지를 선포함으로써 반박한다. 전체 구절은 예레미야 전승의 전개를 이해하는 데 매우 흥미롭다.

그러나 우리의 즉각적 목적을 위해 그 의의는 유다 자체의 땅(전문 지리 용어로 베냐민의 땅, 예루살렘 주변 지역, 유다의 도성, 고원 지대, 세펠라와 네겝을 포함하는 것으로 묘사) 내에서 삶이 평범한 모습으로 회복되는 것을 강조한다. 유다 전체가 일상으로 돌아올 것이다. 예레미야 32:15에서 보다 간결하게 진술된 상징적 메시지의 정교화는 예언자의 담화에 대한 후대의 태도를 반영한다. 그러나 전체 구절은 그다랴와 관련해서도 찾아볼 수 있는 예레미야의 가르침의 방향을 분명히 드러낸다는 점에서 중요하다.

3) 회복 주제

호세아 메시지의 일부 측면과 비교되는 주제[33]인 그 땅에 순종적 공동체를 회복하는 것은 예레미야 32장에 제시된 정교화된 형태뿐만 아니라, 예레미야의 다른 구절에서도 찾아볼 수 있다. 그러므로 예레미야 7:1-8:3에 나타난 공동체의 잘못된 성전 신뢰에 가해진 심판에 관한 예레미야의 주해는 우상 숭배적인 관행과 사회적 악에 대한 비난과 얽혀 있다.[34] 또한 정의와 야웨를 향한 절대적 충성 요구에 순종할 때, 그 땅에 다시 정착할 수 있음을 묘사하고 있다.

> 내가 너희를 이 곳에 살게 하리니[35] 곧 너희 조상에게 영원무궁토록 준 땅에니라(렘 7:7).

---

33 비교. 예컨대, 호 2:16f.
34 렘 7:5-20.
35 *māqom*은 여기(비교. p. 156n. 11)에서 단순하게 '땅'에 대한 동의어일 수 있다. 그러나 또한 도시 혹은 가장 자연스럽게 성소를 나타낼 수도 있다. 그러나 성소에서 거룩한 땅으로의 확장이 자연스럽다(비교. pp. 156, 249f.).

요점은 완벽한 관계의 재정립이다. 설교조 주해에 나타난 이 요소가 어느 정도까지 예레미야 본인의 것인지가 분명하지 않다. 그러나 예레미야 전승이 재입성을 예상하고 있음은 분명하다.

이와 같은 구절과 더불어 특히 예레미야 16:14-15과 예레미야 23:7-8의 출애굽 신조에 대한 재진술에서 표현된 것 같은 새 출애굽 주제 탐구와 연결해 볼 수 있다.[36] 여기에 나타난 약속은 회복을 가져올 새로운 구원 행위에 관한 것으로[37] 이제 많은 땅에 흩어져 사는 공동체 구성원을 모으는 것이다. 이 생각은 이미 언급한 파멸에 대한 표현과 잘 맞지 않는다. 비록 이와 같은 진술이 예언자 사상의 후기 단계 것이라 할지라도 이것은 예레미야 전승에 대한 보다 넓고 완전한 정교화를 대변한다고 보는 편이 더욱 그럴 듯하다. 기본적인 계약 관계에 대한 반복된 진술과 밀접하게 연결되어 있음을 발견하게 된다.

> 나는… 너희의 하나님이 되고, 너희는 내 백성이 될 것이니라(렘 26:12).[38]

이것은 설교조 문체를 볼 때 종종 신명기적이라고 묘사되는 구절 속에서 찾아볼 수 있다.[39] 이것은 보다 희망적인 담화와 관련해서, 희망 신탁의 맥락(렘 30-31장)에 나타난다. 계약 관계의 속성에 대한 예레미야 식 주장은 백성을 위한 요구와 희망에 관한 적절한 전형이 된다. 그 이해 양식은 당연히 몇몇 초기 진술보다 더 깊어지고 보다 내면화된 것으로 볼 수 있다.

---

36 이 구절에 대해서는 pp. 306이하의 추가 논의를 참조하라.
37 '포로에서 귀환'에 대한 주제는 다음을 참조하라. W. L. Holladay, *The Root Šûbh in the Old Testament* (Leiden, 1958), 특히 pp. 146f.에서 어떻게 회개 사상(하나님에게로 돌아옴)이 포로에서 귀환을 지칭하는 것으로 확장되었는지를 보여 준다.
38 예. 렘 7:23; 11:4; 24:7; 30:22.
39 이에 대해서는 다음의 분석을 참조하라. W. L. Holladay, *JBL* 79 (1960), pp. 351-67. 예레미야의 시와 산문, 그리고 신명기와 예레미야의 문체 사이의 관계는 분명히 더 검토해 볼 필요가 있다. 문체의 유사성은 사실 의심할 수 없을 정도다. 이 둘의 관계는 정확하게 정의 내리기가 그다지 쉽지 않은 속성을 지니고 있다. 비교. J. W. Miller, *op. cit.* (p. 51 n. 2), pp. 23-28.

공동체의 회복과 재정립을 향한 희망은 특히 소위 '위로의 책'이라 불리는 예레미야 30-31장의 신탁 모음집에서 정교화된다. 이 단락의 상세한 분석과 기원과 통일성 문제는 심각하게 논의 중이다.[40] 그러나 현재 형태로 보아 587년 이후에 속한다고 볼 때, 예레미야 31:38-40은 분명히 도성의 몰락을 넘어서 재건에 대해 전망하고 있다. 이 장들의 현재적 중요성을 살펴보고, 회복의 속성을 향해 있는 모음집으로 간주할 수 있다고 본다.

우리는 이 단락을 예레미야의 예언 모음집으로 볼 수 있다. 이것은 원래 어떤 방식으로 요시야 시대의 종교적, 정치적 운동과 연결된 담화에 대하여 더욱 온전한 의미를 제시하고자 결국 제2이사야의 신탁적 담화가 저술된 포로기에 형성된 것이다. 만약 때때로 문체와 언어가 제2이사야와 더 유사하다면, 이것은 아마도 어떤 직접적 관계의 추정보다는 시편적 문체와 언어를 사용한 탓으로 보는 편이 좋을 것이다.

좌절의 시기는 탄식의 시기이며(렘 30:5-7; 31:5), 실패와 하나님의 징계를 인식하는 시기다(렘 30:12-15; 31:18-19). 이것은 또한 최고로 창조적이며 회복하는 하나님의 능력을 인식하는 시기로서, 과거에 보여 준 하나님의 사역은 다가올 신적 행위의 실체에 대한 징표다(렘 30:8-9, 10-11, 16-24; 31:2-6, 7-14, 16-22). 이런 행위에 대한 확신은 영속하는 창조의 질서 때문이다(렘 31:35-37).

이 주제에 대한 산문체 주해로 간주되는 것 속에서, 계약 관계 요소는 부분적으로 신적 목적이 작용되는 것을 보지 못하는 자를 향해 도출된 것이다(렘 31:27-34). 이 장들이 매우 흔하게 제2이사야의 특징으로 간주되는 것 같은 동일한 종류의 주제를 엮어내고 있음에 주목할 필요가 있다.[41]

이 주제에 포함된 것은 다윗 가문의 회복이다(렘 30:9). 이것은 예레미야 33장의 재앙과 회복에 대한 주해에서도 찾아볼 수 있는데, 예레미야

---

[40] O. Eissfeldt, *Introduction*, pp. 361f.
[41] 비교. pp. 119f.

33:14-16절에서 예레미야 23:5-6에서도 찾아볼 수 있는 동일한 '의로운 가지' 주제를 활용하고 있다.[42] 우리는 다시 두 가지 유형의 동일한 자료를 제시하는 것을 보게 된다. 예레미야 23장에서 새로운 다윗 계열 통치자를 약속하는 신탁은 예레미야 21:1-10의 시드기야에게 주어진 경고와 연결하여 일련의 왕조 신탁의 절정에 해당하는 진술로 보인다.[43]

이 경고 다음에는 다윗 가문의 파멸에 대한 보다 일반적인 일련의 신탁이 뒤따르고(렘 21:11f.), 순종에 대한 일반적 권면은 예루살렘 도성에 닥칠 재앙을 예고하는 맥락에서 왕가에 선포된다(렘 22:1-9). 이런 자료는 열왕기에서 찾아볼 수 있는 다윗 가문에 대한 조건부 약속을 연상시키며,[44] 불신실한 왕가와 공동체에 가해진 심판 사이의 관계에 대하여 동일한 이해를 보여 주는데, 이는 내러티브의 뼈대를 이루고 있는 구절의 특징이다. 예레미야 22:10-30의 특정 통치자에 대한 일련의 신탁은 예레미야 23:1-4에서 악한 통치자의 제거와 그들을 선한 통치자로 대체할 것이라는 일반적 약속을 통해 비슷하게 다시 나타나며,[45] 이는 예레미야 23:5-6의 다윗 계열을 향한 약속의 기회를 마련해 주고 있다.

예레미야 33장에서 도성을 향한 완벽한 파멸이라는 주제(렘 33:4-5)는

---

[42] 헬라어 본문에서 렘 33:14-26이 나타나지 않는 것은 분명히 이 책의 본문 전수 연구에서 중요한 논점이다. 70인역과 쿰란 본문 사이의 유사성은 이 문제의 복잡성에 대한 추가적 실마리를 제시한다. 그럼에도 불구하고 렘 33장의 더 긴 마소라 텍스트는 예레미야 전승의 한 가지 양식을 제시하고, 이 책의 다른 자료와 겹치는 증거는 단지 매우 후대의 추가를 다루는 것이 아니라는 점을 보여 준다. 렘 33장 본문의 원래 형태는 이 구절들을 포함하지 않는 것으로 판단할지라도, 내용에 대한 고려는 여전히 상관이 있고, 이 책의 배열 연구는 중요하다. 다윗/메시아 주제는 다음을 참조하라. J. Coppens, "L'espérance messianique royale à la veille et au lendemain de l'exil," in *Studia Biblica et Semitica T. C. Vriezen Dedicata* (Wageningen, 1966), pp. 46-61, pp. 47-54를 보라. M. Sekine, "Davidsbund und Sinaibund bei Jeremia," *VT* 9 (1959), pp. 47-57의 논의는 그 자료의 연대기적 첨부를 지나치게 정확하게 하고자 한다.

[43] A. Malamat, "Jeremiah and the Last Two Kings of Judah," *PEQ* 83 (1951), pp. 83-87.

[44] 예컨대, 왕상 2:2-4; 9:4-9과 삼하 7:12ff.의 보다 절대적 진술을 참조하라. 렘 22:8-9은 왕상 9:7-9과 매우 유사하다.

[45] 또한 렘 3:15 참조.

회복 약속으로 역전되며(렘 33:6-9),⁴⁶ 이어 유사한 파멸 구절의 역전이 예레미야 33:10-13에 나온다.⁴⁷ 이런 맥락에서 의로운 다윗 계열 통치자에 대한 약속(렘 33:14-16)은 왕족과 제사장 가문 모두를 향한 무조건적 약속으로 정교화된다(렘 33:17-18). 예레미야 31:27-37의 '새 계약' 구절에서 보이는 것처럼, 이 요점은 하나님의 행위에 대한 증언인 자연 질서와 그것의 의존성에 대한 동일한 종류의 암시를 통해 강조된다. 그러므로 전체 공동체의 회복은 확실시된다.

그러므로 예레미야서는 다양한 통찰력을 제시한다. 그 중 일부는 비록 서로 일관성이 없어 보일지라도, 예언자 자신과 밀접하게 연결된다.⁴⁸ 재앙을 묘사할 때, 하나님의 심판의 의로움과 백성을 위한 신적 의지와 그들에 대한 요구 사항의 초기 이해와 일관성을 이루고 있음을 주로 강조한다. 재앙 너머를 볼 때, 예레미야서의 전승은 공동체의 경험에 얼마나 다양한 요소가 희망과 연결될 수 있는지를 보여 준다. 희망은 재앙 너머에 있으며, 궁극적으로 신적 약속의 영속적 속성에 뿌리를 두고 있고, 하나님이 기꺼이 지키고자 하는 백성과의 연대감에 기초한 파멸 담화의 역전이라는 면에서 표현되고 있다.⁴⁹

---

46 렘 3:15-18의 도성을 향한 유사한 약속을 참조하라.
47 렘 33:12-13; 비교. 렘 32:44.
48 그러므로 렘 24; 29의 포로민에 대한 강조와 렘 32; 40-43의 유다에 대한 강조.
49 다음 책에 대해서도 언급해야 한다. S. Herrmann, *Die prophetischen Heilserwartungen im Alten Testament* (BWANT) 85, 1965), pp. 155-241. 필자는 이 연구를 너무 늦게 알게 되어, 여기에서 충분히 다루지 못했다.

제 5 장

포로기 역사가와 신학자

A. 신명기적 역사서

1. 신명기적 제시의 속성

위대한 첫 모음집, 이스라엘의 신학적 역사는 신명기적 역사서이다.[1] 그 이면에는 풍성한 초기 전승인 율법과 역사가 있다. 편찬자는 이미 존재하는 율법집을 이용하였고, 아마도 사무엘하 9-20장, 열왕기상 1-2장의 '다윗 계승사'와 같은 솜씨 있게 구성된 '문학적' 저작도 이용하였을 것이라는 점은 분명하다.[2] 이 자료 중에서 예언적 전설(여타 자료도 포함하는 왕상 17-왕하 13장; 왕하 18-20)뿐만 아니라 연대기 저작, 성전 기록물 등을 찾아볼 수 있다. 우리의 관심사는 이 초기 모음집과 자료 파편이 아니다. 왜냐하면 이들은 포로기 이전 삶의 다양한 단면을 표현하는 것이기 때문이다. 그러므로 우리는 한편으로는 매우 중요하지만 다른 질문들을 남겨둘 수 있다.

이 질문들은 모음집의 성격과 방법뿐만 아니라 편집 단계의 문제에 관한

---

[1] 비교. M. Noth, *Überlieferungsgeschichtliche Studien I. Die Sammelnden und bearbeitenden Geschichtswerke im A.T.* (Schriften der Königsberger Gelehrten Gesellschaft, 18/2, Halle, 1932; Tübingen, ²1957), pp. 3-110; H. W. Wolff, "Das Kerygma des deuteronomistischen Geschichtswerks," *ZAW* 73 (1961), pp. 171-86=*Ges. Stud.* (ThB 22, 1964), pp. 308-24.

[2] 비교. R. N. Whybray, *The Succession Narrative* (SBT II, 9, 1968).

것이다. 포로기 직전에 첫 판이 나왔고, 포로기에 두 번째 판이 나왔다면, 이것은 포로기 편찬자 혹은 편집자가 무엇을 하였는지에 대한 질문에는 근본적인 영향을 미치지 못할 것이다.[3] 우리는 전체 저작이 한 명의 위대한 개인의 작품, 즉 포로기에 대한 해석일 가능성과[4] 주된 강조점이 교화적, 교훈적 특징을 지닌 전통에 속하는 대안 사이에서 절대적으로 결정할 필요도 없다.[5] 실상 두 가능성을 결합할 수 있다고 느낄 수 있다. 노트가 "주도적으로 자신이 경험한 재앙을 해석하고자 한"[6] 자의 것이라고 보는 저작 묘사를 지나치게 현대적이며 개별화하는 경향이 있다고 얀센[7]이 비판한 것은 옳다.

---

[3] 관련된 저작의 참고 문헌을 위해, 다른 접근법에 대한 논의는 다음을 참조하라. O. Eissfeldt, *Introduction*, pp. 241-8. 필자가 보기에, 비록 많은 상세한 논점을 받아들이지만, 여기에서 논의의 근거로 수용된 사경/신명기적 역사와 Eissfeldt와 C. A. Simpson 등이 다양하게 설명하는 오경/육경/칠경/팔경/구경의 관점 사이에는 간단한 대안이 없다. 일반적으로 JE로 지칭되는 것(L 혹은 J가 하나의 개체가 아님을 나타내는 어떤 용어라도 포함)은 사경과 신명기적 역사서의 기초 자료 모두에서 추적할 수 있다. 수 13-19장의 땅 분배는 최종 형태에 속하고, 완전히 정확하지는 않지만, 편의상 'P 저작'으로 묘사된다. 신명기의 마지막 장은 분명히 수많은 복잡한 자료를 포함하고 있다. 그러나 이것은 초기의 역사 신학적 검토(J와 E)가 궁극적으로 P와 D가 다루는 시기와 겹치는 시기를 추적하였다는 점을 제시한다. 이것을 전제로 역대기 사가는 처음으로 창조부터 자기 시대까지 전체 역사를 다룬다. 그러나 그가 점차 족보 요약과 상당한 삭제를 하였다는 점에 주목해야 한다. 각 경우, 주석가의 임무는 가능한 무엇이 검토 대상이 되는지를 찾아내고, 이 자료를 근거로 역사가/신학자가 염두에 둔 목적이 무엇인지를 설명하는 것이다. 이 문제에 대한 광범위한 검토는 다음을 참조하라. E. Jenni, "Zwei Jahrzehnte Forschung an den Büchern Josia bis Könige," *ThR* 27 (1961), pp. 1-32, 97-146, 특히 pp. 97-118.

[4] M. Noth, *op. cit.*, pp. 87-95, 109f. 그의 추가 언급은 다음을 참조하라. "Zur deuteronomistischen Geschichtsauffassung," *Proc. XXII Congress of Orientalists, Istanbul, 1951* II (Leiden, 1957), pp. 558-66, pp. 564-6.

[5] B. Maisler (Mazar), "Ancient Israelite Historiography," *IEJ* 2 (1952), pp. 82-88에서 당대의 관심사와 신바벨론의 행위의 고대성과 그에 대한 해석과 비교하고, 앗수르와 신바벨론 저작에 나타난 유사한 혼합주의적 방법을 시사한다. 주 자료는 예언자 등 위대한 자들의 '*debârim*'에 있다 (p. 84). 이것은 "기록, 민담 전설, 산문과 시, 사실과 허구"의 혼합을 대변한다(p. 86). 다음도 참조하라. C. R. North, *The Old Testament Interpretation of History* (London, 1946), pp. 92-106. 히타이트 역사 기록은 다음을 참조하라. H.-G. Güterbock, "Die historische Tradition und ihre literarische Gestaltung bei Babyloniern und Hethitern bis 1200," (I), *ZA* 42 (1934), pp. 1-91; (II), on Hittites, *ZA* 44 (1938), pp 45-145.

[6] *Op. cit.*, pp. 109f. 다음의 언급과 참고 문헌을 참조하라. E. W. Nicholson, *Deuteronomy and Tradition* (Oxford, 1967), pp. 25ff. 또한 그의 다음의 논의를 참조하라. "Deuteronomy and the Deuteronomist," pp. 107-18.

[7] *Op. cit.*, p. 65 n. 2.

그러나 얀센은 신명기 사가(Deuteronomist)의 명령과 교화 경향성을 간과하고 있다는 이유로 비판한 것이다. 그러나 그 경향성은 분명히 개별 저자에 속할 수 있다. 그리고 노트가 보다 큰 전승 내에서 저자가 차지한 지위를 인식하지 못했다고 추정할 필요도 없다.[8] 신명기적 언어와 사고와 다른 구약 부분(예, 예언과 시편뿐만 아니란 더 옛날 율법을 지닌 부분)과의 상호 연관성은 다른 이들과 무관한 원저자를 생각할 수 없게 한다. 신명기적 저작의 일체성은 최종 형태를 부여한 자가 전승 안에 있는 자라는 점과 그의 독창성, 즉 그가 행하는 바의 새로움은 무시되면 안 된다는 점을 보여 준다.

이 저작이 담고 있는 자료의 다양성, 예컨대 여호수아나 사무엘, 그리고 열왕기와 사사기를 매우 다르게 만드는 이 자료를 다루는 모든 변형과 아울러 전체적인 통일성을 볼 수 있다. 이는 개별 부분을 살펴볼 때보다 전체 저작을 함께 볼 때 더 효과적인 호소력이다. 자료의 압박은 종종 충돌하는 요소를 보존하는데, 이는 최종 편집자가 완전히 다시 쓰기보다는 삽입 논평, 특별 설교, 연설, 요약의 방식으로 전체 메시지를 전달하는 저작물을 생산한다는 것을 뜻한다. 사경에서도 볼 수 있는 삽입 경향을 볼 때, 서술된 전체 기간에 일어난 사건의 통일성을 인지하고 있음을 보여 준다.

완성된 저작의 기원 연대를 발견하기는 어렵지 않다. 기원전 561년 여호야긴의 출옥에 관한 마지막 구절이 출발점(*terminus a quo*)이 된다. 이 내러티브 단편이 이미 효과적으로 완성된 저작에 덧붙여진 것임을 논증한다면, 전체에 대한 고려는 크게 달라지지 않을 것이다. 전체적 분위기에서 첨가된 부분을 살펴보아야 한다. 이 구절의 의미를 다음에 반드시 고려해 보아야 할 것이다. 성전 재건의 징후가 없는 것으로 보아, 최종 기한(*terminus ad quem*)은 합리적으로 정할 수 있는데, 520년 무렵이 분명 최종 연대가 될 것이다. 아마도 페르시아가 제국을 인계한 언급이 없다는 점이 더 결정적일 것이다.

유다에서 벌어지는 일에 대한 편집자의 견해가 무엇이든지, 페르시아의

---

8   다음의 언급과 참고 문헌을 참조하라. H. W. Wolff, *op. cit.*, p. 183=p. 320.

정복 같은 중대한 정치적 변화를 언급할 수밖에 없다고 보는 것이 합리적이다. 바벨론인 지방 총독이 사마리아에서 직무를 수행하였고 페르시아의 팔레스타인 통치는 사실 감비세스(529-522)에 이르러서야 효력이 있었지만, 변화를 무시할 수는 없다.[9]

기원 장소를 정하기는 더욱 어렵다. 노트 등 학자들은 팔레스타인 기원설을 주장한다. 노트의 세 가지 주요 논증에 얀센은 몇 가지 논점을 덧붙였다. 노트는 다음과 같이 주장한다.

① 저작 자료의 대부분이 팔레스타인에서 쉽게 활용 가능했다. 포로가 된 관리들이 기록물을 가지고 갔을 것으로 상상하기가 쉽지 않았을 것이라고 가정하고, 이 기록물은 그다랴 아래 '지방 총독'에 의해 인계되었고, 활용되었다.[10] 대안적 가능성은 바벨론인이 기록물을 몰수했다고 보는 것이다.

그러나 그들이 그 후 그것을 사용하도록 허락했을까?

혹은 '스칸디나비아' 경향을 쫓아, 기록물보다 구전 전승의 사용을 추정할 수 있다. 그러나 편집자의 기록 자료에 대한 빈번한 언급과 그의 기록물 자료 사용 징후를 볼 때, 이것은 그다지 개연성이 없다.[11]

② 노트는 벧엘-미스바 지역의 지역 전승에 관심을 기울인다.[12] 물론 이것은 자료 속에 이미 동일하게 포함될 수 있었을 것이다.

---

9 이런 정치적 상황의 가능한 역사적 영향에 대한 고찰은 뒤의 pp. 188이하를 참조하라. 비교. A. Alt, "Die Rolle Samarias bei der Entstehung des Judentums," *Festschrift O. Procksch* (Leipzig, 1934), pp. 5-28=*Kl. Schr.* 2 (Munich, 1964), pp. 316-37.

10 이 문제에 대한 E. Hammershaimb의 언급은 다음을 참조하라. *Some Aspects of Old Testament Prophecy* (Copenhagen, 1966), pp. 95ff. 물론 이에 대한 논의는 그런 큰 저작이 기록된 상황과 저자(들)가 예상한 청중에 대한 질문 등을 망라한다.

11 이 문제에 대한 언급은 다음을 참조하라. S. Mowinckel, "Israelite Historiography," *ASTI* 2 (1963), pp. 4-26, 특히 pp. 22ff.를 보라.

12 벧엘과 신명기의 연관성에 대해서는 다음을 참조하라. F. Dumermuth, "Zur deuteronomischen Kulttheologie," *ZAW* 70 (1958), pp. 59-98. 벧엘을 그가 추정하는 대로 포로기 중심 성소로 보는 것을 입증할 증거는 전혀 없다.

③ 노트는 저작 속에서 이스라엘의 회복에 대한 희망이 보이지 않는다는 점을 고려하여 팔레스타인 기원을 선호한다. 그러나 이것은 특히 노트가 그 저작에 대해 취하고 있는 부정적 견해에 의존한다.[13] 이 논점 중 어느 것도 결정적이지 않다.

얀센은 네 가지 논점을 덧붙인다.

① 그는 신명기 역사서와 예레미야의 연설이 율법에서 벗어나는 것과 우상 숭배 관행의 경향에 관심을 기울이는 점을 언급한다. 후자는 가나안 제의에 관한 것이어서 제2이사야에서는 다르게 취급되는 바벨론 신 숭배의 유혹이라기보다는 팔레스타인 상황과 관련이 있다.
② 솔로몬의 봉헌 기도(왕상 8장)는 성전을 희생 제사의 장소보다는 기도 장소로 묘사한다.[14] 노트가 믿고 있는 것처럼,[15] 이것은 포로기 상황을 시사한다. 얀센은 이것 역시 팔레스타인 지역성을 시사한 것이라고 본다. 황폐한 성전이 제사를 드리는 곳으로 간주된다. 이 논증의 약점은 사실상 이미 검토하였다.
③ 열왕기하의 후대 내러티브에서 강조점은 포로보다는 유다의 파괴에 있다. 이것은 바벨론보다 유다에 있는 자들의 상황을 그리고 있다.
④ 이 저작은 *gālā*와 *šābā* 사상을 거의 언급하지 않는다. 열왕기상 8장(왕상 8:46ff.)에 유일하게 나오는 포로 언급은 팔레스타인 편집자의 관점에서 나온 것이다. 얀센은 재앙에 대한 신학적 해석 때문에, 이 저작은 유다에 아무 것도 남아있지 않았다는 인상을 남겼다고 설명한다. 이것은 그가 *dallat hā'āreṣ*의 지위 부상을 강조하는 것과 연관되는

---

13 노트의 논의는 다음을 참조하라. *Op. cit.*, pp. 96f., 107ff.
14 비교. 앞의 pp. 53이하.
15 *Op. cit.*, p. 105.

데,¹⁶ 신명기 편집자는 이를 재앙으로 간주한다고 본다. 신명기 편집자의 견해는 기존의 지주계층, *'am hā'āreṣ*의 관점이기 때문이다.¹⁷

얀센의 논증 중 어느 것도 결정적이지 않다. 그러나 노트보다는 전반적으로 강력하다. 여호야긴 석방에 관한 일회성 언급¹⁸(우리가 보기에는 포로지와 바벨론에 영향을 끼친 사건이다)은 포로가 저자의 관심사가 아니라는 점을 보여 준다. 그러나 보다 부정적 측면에서 팔레스타인 상황에 대한 실제적인 징후는 나타나지 않는다. 그리고 열왕기하 25장의 그다랴 암살 언급은 "노소를 막론하고… 애굽으로 갔으니"(왕하 25:26)라는 진술로 간략하게 끝맺는데, 이는 팔레스타인 지역 내 종교 전승의 유지에 관심을 두는 저자의 모습을 그다지 그리지 않고 있다. 그러나 추가적으로 한 가지 가능성이 열려 있다. 예레미야의 예언과 관련하여 동일한 문제가 일어나기 때문에, 이집트에서 일정 기간을 보낸 후에 팔레스타인으로 돌아왔을 가능성이다.

---

16 E. Janssen, *op. cit.*, pp. 49ff.
17 *'am hā'āreṣ*의 속성은 다음을 참조하라. p. 150 n. 50. 맥락상 이 용어가 특정 '지배층'을 지칭한다는 견해에 대한 의심은 또한 Janssen의 *'am hā'āreṣ*에 대한 견해에도 의문을 제기한다. 이 표현의 용례(땅 점령 속에서 나타난 변화는 유다 붕괴 이후에 일어났다는 사실로 인해, 의심의 여지없이 역사적으로 결정된 것)에서 이스라엘에서 보호받지 못한 자의 권리를 유지하는 것을 강조하는 것과 연관된 신학적 진술을 찾아낼 수 있는가? 그러나 참고 문헌과 함께, 가난한 자의 전반적인 문제에 대한 매우 주의 깊은 검토는 다음을 참조하라. J. van der Ploeg, "Les pauvres d'Israël et leur piété," *OTS* 7 (1950), pp. 236-70; A. S. Kapelrud, "New Ideas in Amos," *VTS* 15 (1966), pp. 193-206에서 아모스의 가르침에 나타난 가난한 자의 위치의 중요성을 강조한다. 훨씬 후대에 '가난한 자'를 고대 이스라엘의 진정한 후계자로 보는 관점에서, 이상(ideals)에 대한 표현을 추적할 수 있다(비교. 마 5:3; 눅 6:20, 24 그리고 '에비온파'[Ebionite]라는 용어의 다양한 용례나 시편에 나타난 이런 사상의 고찰은 다음을 참조하라. 비교. A. Causse, *Les 'pauvres' d'Israël* [Strasbourg, Paris, 1922], pp. 81-136, 그리고 메시아 희망에 대해서는 pp. 137-72). 신명기적 역사가가 이런 사상 발달의 중간 단계를 표현한다는 것이 가능한가? 유다는 비난을 받는다. 지도자는 실패하였고, 포로지에 있다. 희망은 새로운 공동체에 놓여 있다. 이 사상은 또한 예레미야의 그다랴 수용과 희망의 씨를 담고 있는 것으로 이것을 보는 분명한 견해에 나타나 있는 것으로 보인다. 그러나 렘 37-44장에 제시된 내러티브처럼, 이 희망은 환상에 지나지 않는 것으로 보인다(비교. pp. 55ff.).
18 이 문제에 대해 다음도 참조하라. pp. 78이하. 여호야긴 왕권의 합법성을 인정하는 것은 이에 대한 언급으로 이 작품의 적절한 결말로 삼는다. 이제 유다의 진정한 왕이 풀려난다. 하나님의 섭리 속에서 이로부터 나오지 않는 것은 무엇인가?

예레미야 44장의 전승은 예레미야를 이집트에 위치시키고 있기 때문에, 분명히 신명기적 연설을 포함하는 예레미야의 최종 편집은 상당한 확장을 거친 것으로 추정되고,[19] 아마도 신명기 역사서를 생산한 자들과 밀접하게 연관된 계열에서 발생했을 것이다. 이 저작들을 나중에 이집트에서 들여온 것으로 추정(가능성이 희박해 보인다)하지 않는다면, 이 저작들과 그 계열이 포로기 동안이나 직후에 팔레스타인에 왔을 가능성이 더 커 보인다.[20]

그러므로 기원 장소에 대해 확정적으로 진술할 수 없다.[21] 이 저작이 그 시기 종교 사상의 한 가지 측면으로 백성의 대략을 보여 준다는 점을 고려해야 한다.

이 저작이 생겨난 이유를 추정해 보자면, 불가피하게 다소 초기로 거슬

---

[19] 이것에 대하여 다음을 참조하라. Janssen, *op. cit.*, pp. 105ff. 이 논점은 첫눈에 보이는 만큼 확실하지 않다는 점을 알아야 한다. 소위 예레미야의 신명기적 설교는 시적, 예언적 구절을 많이 지니고 있다(이에 대하여 다음을 참조하라. W. L. Holladay, "Prototype and Copies: A New Approach to the Poetry-Prose Problem in the Book of Jeremiah," *JBL* 79 [1960], pp. 351-67; *idem*, "Style, Irony, and Authenticity in Jeremiah," *JBL* 81 [1962], pp. 44-54.) 관계의 진정한 친밀감은 렘 26-45장에서 발견된다. 거기에서 도성의 함락과 그 이후의 내러티브는 분명히 열왕기하에서 활용된 것과 동일한 종류의 전승에 의존한다. 예레미야 자료의 일부는 열왕기하 내러티브의 완전한 형태를 대변한다는 결론을 피하기가 힘들다. 역대기 사가는 사무엘/열왕기 내러티브와 다르고, 확장된 형태를 사용하였기 때문에(비교. W. Rudolph, "Problems of the Books of Chronicles," *VT* 4 [1954], pp. 401-9, p. 402; *Chronikbücher* [HAT 21, 1955], pp. XIf.; O. Eissfeldt, *Introduction*, pp. 532-5), 이 자료의 몇 가지 변형 형태가 존재하였다고 추론하는 것이 가장 자연스러운 것 같다. 사실상 예상되는 것처럼, 이 단계 이래로 한 작품의 각 인쇄본을 그것을 '판본으로 출판된 것'으로 간주하는 것보다, 어떤 의미에서 새로운 작품이라고 말하는 것이 보다 합리적이다. 비교. p. 50 n. 1. 예레미야의 산문체 설교에 대한 풍성한 논의는 다음에서 볼 수 있다. E. W. Nicholson, *Preaching to the Exiles* (Oxford, 1971).

[20] 렘 44:13f.에서 마지막 구절은 몇몇 생존자나 도망자가 돌아올 가능성을 인정하지만, 이집트에서 돌아올 가능성을 완전히 배제하는 것처럼 보인다. 동일한 논점이 렘 44:28에도 나온다. 예레미야의 원래의 부정적 선포는 매우 제한적인 귀환이 있었다는 것을 설명하는 데 적격인 것 같다. W. Rudolph, *Jeremiah* (HAT 12, 1947), pp. 222, 225; (³1968), pp. 260, 262에서 렘 44:14의 마지막 구절은 렘 44:28의 영향을 받은 것으로 본다. A. Weiser, *Das Buch Jeremiah* (ATD 20-21, ⁵1960), pp. 368, 373f.은 렘 44:28에서 미래를 향한 순수한 희망을 보지만, 44:14b은 후대 첨가라는 데 동의한다. Josephus, *Ant*. X, 9.7에서 느부갓네살이 이집트를 정복한 후에 이집트의 피난민 집단을 바벨론으로 끌고 갔다고 진술하는 방식으로 내러티브를 해석한다(비교. 또한 p. 37).

[21] H. W. Wolff. *op. cit.*, p. 172=p. 309는 팔레스타인 기원, 구체적으로 유다-베냐민 지역을 선호한다.

러 올라가야 한다. 요시야 종교개혁 시기에 발견된 신명기 율법으로 보거나 거의 그런 것으로 보지 않고서도,[22] 두 운동 사이의 연대감을 인식할 수 있다. 열왕기하의 개혁 기사는 매우 분명하게 신명기를 율법으로 시사하고자 한다. 이는 그 시기에 규범이 되었고, 역사가에 의해 사건을 오독하였다 할지라도 여전히 의미가 있다. 율법에 근거하여 백성의 삶의 질서를 새롭게 잡고자하였고, 이는 신적 승인을 받았다. 최후 재앙을 피하기에는 너무 늦었지만 적어도 연기할 수 있었기 때문이다. 한때나마 거의 성공하였다는 점으로 보아 후에 회복의 잠재적 자료로서 여지가 있다.[23]

요시야 시기와의 (새로운 관점에서 기록되고, 제시되지만, 아마도 역사적인) 연결을 볼 때, 신명기 운동의 근원에는 강력한 민족주의 요소가 있다.[24] 실상 이 논점은 폰 라드(G. von Rad)와 라이트(G. E. Right) 같은 학자들의 저작을 통해 풍부하게 입증되었다.[25] 여기에서 이스라엘은 고대의 생활, 사고의 옛 유형으로 소환된다. 역사 내러티브에서 이것은 이제 므낫세 치하의 반역 시기로 묘사된 바를 배경 삼아 제시된다. 그러나 앗수르 압제 하의 힘든 국가적 운명의 시기라고 더 적절하게 묘사할 수 있다. 그 둘은 모순적 진술이 아니라 보완적 진술이다. 나보폴라살 치하의 바벨론 독립과 요시야 치하의 유다의 상승을 통해 분명히 보이는 것처럼 630-620년에 앗수르의 권력이 축소되자, 옛 가치를 다시 세우고, 종속된 백성의 삶과 연관된 종교적, 정치적 요소를 거부할 수 있게 된다.

---

[22] 다음의 비평적 언급을 참조하라. N. Lohfink, "Die Bundesurkunde des Königs Josias. Eine Frage an die Deuteronomiumsforschung," *Biblica* 44 (1963), pp. 261-88, 461-98.

[23] G. Östborn, *Yahweh's Words and Deeds* (UUÅ, 1951. 7, 1951), p. 27에서 신명기적 역사서를 "모세를 통해 주어진 율법과 인간의 관계라는 관점"에서 기록된 것으로 서술한다. pp. 53-66의 전체 단락을 참조하라.

[24] 비교. O. Eissfeldt, *Geschichtliches und Übergeschichtliches im Alten Testament* (ThStKr 109/2, 1947), pp 15f.

[25] 비교. G. von Rad, *Theology* I, pp. 219-31; *Der Heilige Krieg im alten Israel* (ATANT 20, 1951), pp. 68ff.; *Studies in Deuteronomy* (영역, SBT 9, 1953), pp. 45ff.; G. E. Wright, "Deuteronomy," *IB* 2 (1953), pp. 325ff. 또한 다음에서도 언급된다. E. Voegelin, *Israel and Revelation* (1956), pp. 374ff.

예레미야는 총체적 실패를 강조하고, 이로써 재앙을 충분히 기대하게 되었다. 이는 첫눈에 보기에는 민족주의운동의 낙관주의와 대조를 이룬다. 사실상 요시야 내러티브가 보여 주는 것처럼, 율법 책 낭독의 즉각적 결과는 멸망의 현실화였다. 훌다의 예언에 의해 확증된다. 이는 역사가가 사건에 비추어 그것을 본 바와 같다. 개혁을 실행한 자들은 결과에 보다 낙관적이었던 것 같다. 그러나 그들의 입장은 예언자의 입장과 달랐고, 한 세기 이전의 이사야와 아하스의 입장에 보다 유사하였다.[26] 종교적 기초 위에 사회를 조직하고자 하는 정치가의 시도와 하나님의 속성과 뜻을 고려하여 사회적 상황을 향하여 던진 예언자의 심판은 동일시될 수 없다고 본다. 정치적 프로그램과 종교적 심판 사이의 긴장이 반드시 절대적인 것은 아니다. 여기처럼 양쪽은 동일한 근본적 믿음에 기초하여 양쪽의 입장을 평가하고자 한다.[27]

그러나 과거를 회복, 즉 요시야 통치 하에서, 성서 기사가 증언하는 것처럼 옛 북쪽 영토[28]와 요시야 시대에 나온 것으로 이런 확장을 반영하는 듯한 최근에 발견된 서신이 증언하는 것처럼[29] 해안가까지 획득하고자, 유다 지배의 확장에 대해 충분한 정당성을 찾는 것 같은 회복을 할 가능성을 강조하였던 고조감은 597년과 587년 왕국과 종교 중심지의 몰락으로 인해 산산

26　비교. A. C. Welch, *Kings and Prophets of Israel* (London, 1952), p. 215.
27　필자는 다음의 책에서 이루어진 구분의 절대성을 공유하기가 힘들다. W. McKane, *Prophets and Wise Men* (1965)에서, 그는 지혜자와 정치가의 종교적 확신에 대해 판단이 흐려질 정도로 지혜와 세속 정치를 동일시하는 경향이 있다(비교. pp. 48-54). 렘 18:18과 겔 7:26에서 제사장과 예언자와 함께 지혜자(=장로)의 지위는 그러한 단순한 구분을 할 수 없다는 점을 제시한다.
28　므깃도에 관한 한, 느고가 자신의 영토라고 주장하는 곳을 통과하는 불법 통행에 맞서다가, 요시야는 그곳에서 죽음을 맞이하게 된다면. 헤로도토스는 그의 느고 기록(*Hist*. II, 159)에서 마그돌루스(Magdolus)를 시리아와의 전쟁터(?Migdol)라고 언급한다. 이것은 므깃도의 변형일 수 있다. 그러나 이것은 해안 평야의 한 장소, 이집트의 진군을 막을 수 있는 군사적으로 더 나은 장소, 아마도 Meṣad Ḥashavyahu를 언급하는 것일 수 있다. 비교. J. Naveh, "*The Excavations at Meṣad Ḥashavyahu-Preliminary Report*," *IEJ* 12 (1962), pp. 89-113, pp. 98f.에서 이 성벽에 대한 유다 통제가 기원전 609년 요시야의 죽음으로 끝난 것처럼 보이는 결과를 언급한다.
29　비교. J. Naveh, "A Hebrew Letter from the Seventh Century," *IEJ* 10 (1960), pp. 129-39(Meṣad Ḥashavyahu); S. Talmon, "The New Hebrew Letter from the Seventh Century BC in Historical Perspective," *BASOR* 176 (Dec. 1964), pp. 29-38.

조각 나버렸다. 이것은 신명기 학파를 움직였던 종교적 믿음의 생동감에 대해 많은 것을 말해주고 있다. 충격적인 경험의 속성은 그 일의 부정적이고 비극적 어조를 분명히 설명해 준다. 그러나 이것은 국가적 상징(왕권, 성전, 땅)과 그다지 관련이 없어서 이런 실패의 분명한 결과를 수용할 수 없었다.[30]

우리가 보았듯이(pp. 69이하), 뜻밖의 사건의 이유를 하늘의 여왕을 져버린 것 때문이라고 비난하였던 일부 사람들의 태도(그다랴와 예레미야의 수행원 중에 있던 자들 중에서조차)를 기록하는 예레미야 44장은 분명하게 신앙의 실체를 보여 준다. 신명기역사서 만큼이나 확실하게, 그 사건은 율법에 속하였고, 역사에서 예시되었던 심판의 실체를 확증하였다고 말한다.

전체 신명기 운동과 예언자적 공헌 사이의 관계와 상호 작용을 찾아볼 수 있는 것도 바로 여기다. 특히 폰 라드와 얀셴은 쾰러(L. Köhler)에 맞서서, 신명기 사가는 "신명기의 신학에 예언자의 메시지를 일치시켰다"[31]라고 강력하게 주장하였다. 관계는 이보다 훨씬 더 밀접한 것으로 보인다.[32] 얀셴은 예언자들이 추종자를 거의 찾을 수 없었고, 재앙을 통해 메시지의 진실이 확증되자, 그때서야 인정을 받게 되었다고 논증한다.[33] 이것은 지나

---

[30] 비교. G. Östborn, *op. cit.*, p. 35.
[31] Janssen. *op. cit.*, p. 74; 비교. G. von Rad, *Studies in Deuteronomy* (영역, 1953), pp. 69, 81f. 논평은 다음을 참조하라. E. W. Nicholson, *Deuteronomy and Tradition* (1967), pp. 107ff.
[32] 비교. L. Köhler, *Hebrew Man* (영역, 1956), pp. 165ff.; E. W. Nicholson, *op. cit.*, pp. 65ff., 76ff., 117f.; R. A. Henshaw, "Prophetic Elements in the Book of Deuteronomy." 이 논문은 1967년 4월 미국성서학회(Society of Biblical Literature)의 중서부 분과(Mid-West Section)에서 발표된 것이고, 아마도 *JBL*에서 출간되었을 것이다. H. W. Wolff, "Hoseas geistige Heimat," *TLZ* 81 (1956), cols. 83-94=*Ges. Stud.*, pp. 232-50의 견해는 그가 호세아와 레위 계열 사이의 관계를 추적하고자 한다는 점에서 관련이 있다. G. von Rad의 신명기와 밀접하게 연결되어 있다. 다음의 언급을 참조하라. E. W. Nicholson, *op. cit.*, pp. 73ff.
[33] *Op. cit.*, pp. 84f. Janssen은 그들의 메시지의 보존과 적용을 고려하지 않고, 위대한 포로기 이전 예언자에 대한 반대의 징후를 지나치게 단순하게 활용한다. 비교. N. W. Porteous, "The Prophets and the Problem of Continuity," in *Israel's Prophetic Heritage*, ed. B. W. Anderson and W. Harrelson (1962), pp. 11-25; P. R. Ackroyd, *Continuity* (1962), pp. 12ff.; *ASTI* 1 (1962), pp. 7-23; R. H. Pfeiffer, *Religion in the Old Testament* (London, 1961), p. 55에서 표현된 태도를 우리는 무시한다. 신명기 법전의 저자는 예언자적 가르침에 대한 충분한 가치를 완전히 이해하지 못하고 있다는 점을 인지하지만, "이스라엘의 하나님의 매력적인 예배와 예언자가 가르친 인기 없는 종교"를 결합한다(비교. L. Köhler, *op. cit.*, p. 168).

친 단순화로 보인다.

왜냐하면 이는 멸망의 예언자와 번영의 예언자(Heilspropheten)를 분명하게 구분 짓는 사상과 연결되고, 신명기 사가의 낙관적 견해는 전자보다는 후자에 속한다고 암시하기 때문이다. 그러나 여기에서 (예레미야와 신명기 운동 사이의 관계처럼) 다시 간과되어서는 안 되는 사상 공동체가 있다. 두 유형의 예언을 구분 짓는 것은 동시대인에게 위대한 이름을 남겼던 예언자들에게 가해진 폭력적 공격을 고려할 때 이해할 만하다.

그러나 예언자의 권위 문제가 대단한 논쟁거리가 되는 특정 상황(암 7:10ff.와 같은)으로 일반화해서는 안 된다. 멸망 예언에언 희망의 말을 도려낼 수 없다는 인식은 사실상 멸망과 희망이 같이 간다는 것을 인식하는 것이다. 호세아의 결어가 인식하듯이(호 4:10), 신적 언어의 효과 한 가지는 지혜와 올바름이든 죄와 실패든 겪게 되는 바를 통해 결정된다. 심판은 구원의 이면이다.[34]

심판 인식은 이제 이스라엘에서 새로운 것이 아니라, 애가의 시편에서 볼 수 있듯이, 신적 분노의 문제라는 초기 관심사로 돌아가는 것이다. 예레미야는 재앙을 불가피하다고 보는 현실주의자였지만, "유다 가문이 내가 그들에게 내리려 한 모든 재난을 듣고 각기 악한 길에서 돌이키리니 그리하면 내가 그 악과 죄를 용서하리라 하시니라"(렘 36:3)하였기 때문에, 그의 예언을 기록할 수 있었다. 신명기 학파는 하나님의 용납을 받는 백성이 신적 축복을 받을 수 있다는 희망 위에 세워질 수 있었다. 그러나 신명기 학파는 하나님의 뒤엎는 뜻을 믿으면서, 왕권, 성전, 국가적 독립의 소실이라는 재앙을 이해할 수 있어야 했다. 예언적 심판은 이를 강화한다.

---

[34] '지혜' 사상과 밀접하게 닿아있다. M. Weinfeld, "The Origin of the Humanism in Deuteronomy," *JBL* 80 (1961), pp. 241-7; "Deuteronomy: The Present State of Inquiry," *JBL* 86 (1967), pp. 249-62, 지혜에 대해서는 pp. 256-7 참조. W. McKane, *Prophets and Wise Men* (1965), pp. 102-13; J. Malfroy, "Sagesse et Loi dans le Deutéronome," *VT* 5 (1965), pp. 49-65; C. M. Carmichael, "Deuteronomic Laws, Wisdom, and Historical Traditions," *JSS* 12 (1967), pp. 198-206.

신명기적 설교와 매우 유사한[35] 예언적 설교는 심판 경험에서 배울 수 있는 바와 심판 속에 나타난 신적 자비의 발견을 시사한다.

재앙이 다가왔을 때 그것을 경험하는 자들은 엄청난 충격을 받는다. 에스겔은 시간이 지나서야 새로운 상황에 적응하게 되는 자의 반응을 있는 그대로 보여 준다.[36] 현 시점에서 예언자 자신과 얼마나 직접적으로 연관되는지 분명하지는 않지만 예레미야 전승은 재앙의 도구인 바벨론인에게 가해진 심판을 담고 있다는 점이 흥미롭다.[37] 이사야에서 하나님의 도구이자 신적 비판의 수신자라고 보는 앗수르인에 대한 이중 평가를 찾아볼 수 있는 것과 유사하다.[38]

여기에서 아마도 비난받을 만한 실패와 연단하고 파괴하는 신적 거룩성에 예민하지만, 순수한 예언자는 머리로는 신적 심판이라고 믿는 바에 감동을 받지만, 마음으로는 신적 의지의 적절한 표현이 결코 아님을 알고 있다는 사실을 반영하고 있는가?

초토화되고, 도시가 폐허가 되어 버리고, 도성이 조직적으로 파괴되고, 대부분의 지도자가 포로가 되거나 죽어버린 유다를 바라보는 것은 신적 보응의 가치 없음이나 신적 심판의 정당성 등에 대한 그럴듯한 진술의 경우가 아니라, 처절하게 낮아져서 엄청난 의심 속에서 마지막 문제를 남겨두게 된 하나님의 백성을 보는 자의 깊은 좌절의 경우이다.[39]

---

[35] 비교. L. Köhler, *Hebrew Man* (영역, 1956), pp. 165ff.; P. R. Ackroyd, "The Vitality of the Word of God in the Old Testament," *ASTI* 1 (1962), pp. 7-23, 특히, p. 12; E. W. Nicholson, *op. cit.*, pp. 108ff.
[36] 비교. 뒤의 pp. 147이하; 겔 24:25ff.; 33:21f.
[37] 렘 50-51; 비교. 렘 25:12-14; 비교. pp. 219ff.
[38] 사 10:5-11, 12-19. 문제에 대한 충분한 논의는 다음을 참조하라. B. S. Childs, *Isaiah and the Assyrian Crisis* (SBT II, 3, 1967).
[39] 예컨대, 예레미야의 고통의 표현은 다음에 나타난다. 렘 4:19; 8:22f.; 10:19f.; 13; 14; 소위 '고백록.' 비교. H. Graf Reventlow, *Liturgie und prophetisches Ich bei Jeremia* (Gütersloh, 1963), pp. 205ff.에서 이 진술의 공동체적 측면을 강조하는데, 이는 예언자적 발화를 단순하게 '개인적'인 것으로 해석하는 것에 대한 지나친 항의이지만, 유용하다. 반대의 극단은 다음에서 찾아볼 수 있다. P. E. Bonnard, *Le Psautier selon Jérémie* (Lectio Divina 26, Paris, 1960)에서 23개 시편의 직접 영향을 입증하고자 하는 시도가 이루어진다. 비교. 미 1:8, 10; pp. 245f.; 뒤의 욥기 단원.

당면한 재앙의 기억을 누그러지게 하고, 회복 가능성의 불확실성을 표현하게 되는 시간이 경과된 직후는 아니지만, 그 후 바로 이런 상황 속에서 우리가 지금 갖고 있는 신명기 역사서는 이스라엘이 경험하였던 바와[40] 그 경험을 통해 배운 바를 제시하고 있다.

2. 신명기적 제시의 기준

신명기적 역사 제시의 근거는 이중적이다. 이것은 고대의 고백 공식으로, 신명기 26장과 여호수아 24장에 분명하게 표현되었고 구약성서의 다른 곳에도 종종 나타난다(비교. 예. 렘 2:4-7). 신명기 저작을 통해 역사에서 미래로의 확장과 결합되고, 정복 이후 역사 시기에서 결정적인 위대한 순간의 의의를 평가하는 것과 결합된다. 두 번째 근거는 역사의 경험인데, 여기에서 위대한 논점은 왕과 성전이다.[41]

이 저작의 첫 번째 부분(신명기부터 여호수아까지)은 이스라엘 경험의 고백적 근거를 강조한다. 역사적으로 회상함으로써, 우리는 약속의 땅으로 가는 문턱인 광야 이스라엘의 입장이 되어 본다. 구원의 효력이 발생하는 사건을 예행 연습하게 되는데, 대체로 신명기 31:9ff.에 나타나는 것 같은 어법에 대체로 근거한다. 이런 맥락에서 율법이 제시되고, 그 의미는 설교를 통해 확장되고, 경고와 약속이 뒤따른다. 이것의 수용은 정복에 대한 서곡이며, 정복의 절정은 이 수용을 재확증하는 것이다.[42]

저작의 두 번째 부분(사사기와 사무엘)은 사무엘 이후나 사울 통치 말 혹은 다윗 확립의 시기에 분리선이 그어진다. 사상의 명료성은 명백하지만,

---

[40] 비교. S. Herrmann, *Prophetie und Wirklichkeit in der Epoche des babylonischen Exils* (1967), pp. 13-16, 20-21.
[41] 비교. E. W. Nicholson, *op. cit.*, pp. 109ff., 114ff.
[42] 수 22-23(24).

저작 단계는 너무나 얽혀 있어서 우리처럼 '장 분리'를 하지 않는다. 일련의 사사 이야기에서 실패와 신적 은혜의 반복된 유형을 찾아볼 수 있는데,[43] 보다 영구적 양식을 필요로 한다는 인식에서 절정을 맞이한다. 그 양식에서 율법의 준수와 약속의 수여는 보증되고, 신명기 17:14-20의 왕의 율법으로 다시 연결된다. 이것은 왕권 수립을 도입하고, 다양한 전승을 해석하고, 왕권은 신적 심판 하에 놓인 인간의 제도이자 신이 임명한 신적 은혜의 매개체라는 점을 보여 준다.[44]

이와 더불어 진실한 성소가 건설된다. 초기의 위대한 종교적 중심은 잇따라 더 이상 선택받은 곳이 아니라는 점이 제시되는 것처럼,[45] 진정한 왕정의 수립과 밀접하게 연관된 예루살렘의 선택을 통해, 백성 가운데 처소를 만들고자 하시는 하나님의 의지를 구체화하는 성소 건설의 길을 분명히 열어 둔다.[46] 이곳에서 섬길 제사장 계열을 세우는 일은[47] 계약을 맺는 왕족 계열을 선택하는 일과 병행한다.

다윗을 왕으로 세우는 데서 절정에 이르렀다. 성전 건축자이지만, 솔로몬에서 이미 쇠퇴가 시작되었기 때문이다. 여기에서 모든 이스라엘은 하나님의 대변자, 하나님의 마음에 드는 자, 율법의 준수자인 통치자 아래 놓인 자

---

[43] 다음도 참조하라. H. W. Wolff, *op. cit.*, pp. 175f.=pp. 312f. Wolff는 삼상 12장에서 나누는데, 이곳은 분명히 내러티브에 구두점을 찍고 논평을 한다. 그러나 이것은 앞도 보고, 뒤도 보지만, 반드시 단락 구분으로 볼 수 없다.

[44] 이스라엘의 왕은 한결같이 적대적으로 다루어지고, 유다의 두 왕만이 비난을 피한 것은 사실이지만, 열왕기에서 제도 안에 나타난 하나님의 목적에 대한 인식을 과소평가하는 것은 실수다. 다윗 계열은 궁극적으로 미래 희망의 중심점이다. 확실히 이것은 실패하였기 때문이 아니라, 하나님이 임명한 자로 간주되기 때문이다. J. A. Soggin, "Der judäische ʽam-hāʼāreṣ und das Königtum in Juda," *VT* 13 (1963), pp. 187-95에서 왕정에 대한 비판과 ʽam-hāʼāreṣ의 지위와 관련하여 문제를 지나치게 단순화한다. 그러나 그는 신명기적 사고와 왕정적 사고를 구분하는 것을 올바르게 비판한다(p. 194 n. 2). H. W. Wolff, *op. cit.*, p. 176=p. 313에서 비슷하게 지나치게 부정적 태도를 보인다. 그러나 뒤이어 나오는 문단으로 균형을 잡고 있다(ʽam-hāʼāreṣ에 대하여, 비교. p. 150 n. 50).

[45] 비교. 시 78; 특히 78:60ff.

[46] 비교. R. E. Clements, *God and Temple* (1965), 특히 pp. 63-78.

[47] 이것은 삼상 2:35에서 예상된다.

라는 것이 주제이고, 이 주제는 후대에 역대기 사가에 의해 훨씬 명료해진다.⁴⁸ 신명기 17장이 그가 반드시 되어야만 한다고 하는 것처럼 그가 위배하자 재앙이 뒤따르나,⁴⁹ 그럼에도 불구하고 재앙의 원인이 되었던 상황 속에서조차 여전한 신적 은혜로 말미암아 그의 지위와 계승이 이루어진다.⁵⁰

이 저작의 세 번째 부분은 왕국 이야기의 나머지를 다루고 있는데, 실패와 은혜로 반복되는 유형을 보여 준다. 북쪽은 반역과 약속을 받은 다윗 계열을 저버림으로써 떨어져 나간다. 그러나 그들을 향한 하나님의 신실함과 인내심은 여전하다.⁵¹ 남쪽 역시 계속 왕들이 율법을 준수하지 않는다. 특히 이것은 선택한 한 장소에서 하나님을 섬기는 것과 복수의 성소와 가나안 사상에 전염됨으로써 불가피하게 형성된 하나님에 대한 잘못된 사상을 피하는 것과 관련해서 표현된다.

히스기야와 요시야 같은 개혁가의 열정, 특히 요시야의 율법 준수는 늘 약속의 회복 가능성이 있다는 것을 보여 준다. 하나님 스스로 다윗을 위해 그의 가족과 작은 남쪽 왕국을 살려 두신다. 재앙을 맞이한 지 오랜 후에도 그들의 삶은 지속되고,⁵² 오직 종국에 가서야 불가피한 파멸을 맞이하게 된다.

역사의 전체 유형은 반역과 용서로 그려진다. 모세는 하나님과 이스라엘 사이의 중재자로 서서, 백성의 실패 때문에 그들을 대신하여 중재한다. 반역과 신적 인내와 보살핌은 신명기의 서두에 언급되고,⁵³ 신명기 30장, 여호수아 22-23장, 사사기 2-3장, 사무엘상 12장, 열왕기하 17장처럼 역사의 전체 과정에 대한 한 유형으로 제시된다.⁵⁴ 전체 저작은 저주와 위협

---

48 대상 11:1-3.
49 삼하 11-20장.
50 삼하 12:24-25.
51 특히 왕하 14:23-29; 17:13ff.
52 왕하 17:19f. 다윗 계열 왕들에 대한 신명기적 심판은 다음을 참조하라. A. H. J. Gunneweg, *VT* 10 (1960), p. 340.
53 신 6:10-12; 8:18; 9:4-6.
54 비교. Jassen, *op. cit.*, pp. 17, 70, 84ff.; J. Muilenburg, "The Form and Structure of the Covenantal Formulations," *VT* 9 (1959), pp. 347-65. 뒤의 p. 112을 참조하라. D. J. McCarthy, "II Samuel 7 and the Structure of the Deuteronomic History," *JBL* 84 (1965), pp. 131-8에서 이 시리즈에 삼하

을 상세하게 제시하고,⁵⁵ 약속의 유효성 역시 제시한다. 그래서 이것은 신적 행위의 정당성, 하나님 앞에 선 이스라엘의 지위 인정으로 볼 수 있다.

이 모든 것에서 이스라엘의 순종과 동시에 신적 약속의 수단의 근본적인 시험은 율법이다. 율법은 처음부터 이스라엘이 약속의 땅에 들어오자마자 인생을 살아갈 때 근거가 되는 유형이라고 설명된다. 율법의 요구는 하나님의 행위에 근거하고, 이를 통해 이스라엘이 거룩한 백성이 되기 때문이다.⁵⁶ 모든 상세 사항이 상술되고, 율법이 모든 인간 행위를 망라한다는 점을 분명히 한다. 여기에서 이스라엘이 차지할 혹은 이미 차지한 지위와 관련된 십계명의 구심성과 출애굽에서 하나님의 백성이라는 신적 선택과 행위를 통해 율법과 연관된 자연적 결의법이 나온다.⁵⁷ 신명기 율법은 계속 하나님의 백성의 올바른 질서에 관심을 둔다.⁵⁸

하나님의 백성의 적합성에 관한 동일한 관심사는 예언서에서도 찾아볼 수 있다. 그리고 신명기가 예언서에 영향을 받았는지, 아니면 예언자가 율법적 원칙에 영향을 받았는지 바로 추론할 필요는 없다. 그저 백성의 근본적 지위가 검토되고 유지되는 다르지만 연관된 방식이 두 개 있다는 점을 인식할 필요가 있다. 신적 약속의 수령자가 되고, 하나님이 부여하고자 하는 $m^e n\bar{u}\d{h}\bar{a}$(안식)를 누린다면, 올바른 응답을 해야 하는 위치에 있음에 틀

7장을 덧붙인 것을 논증한다. 그러나 초기 약속(비교. 신 12:10)과 성전과 왕권의 후속 성취 사이의 연결을 분명히 제시하지만, 그 구조는 다소 다르다.

55 비교. M. Noth, "'Die mit des Gesetzes Werken umgehen, die sind unter dem Fluch'," in *In piam memoriam A. von Bulmerincq* (Riga, 1938), pp. 127-45=*Ges. Stud.*, pp. 155-71. 영역은 아래를 참조. *The Laws in the Pentateuch and Other Essays* (London, 1966), pp. 118-31, 특히 신 28장에 대하여 참조. 신명기적 역사서를 율법의 실례로 보는 것은 다음을 참조하라. B. Albrektson, *History and the Gods* (1967), pp. 82ff.

56 비교. νόμος, *TWNT* 4, pp. 1033-5, 영역, *Law* (London, 1962), pp. 33-37; *TDNT* 4, pp. 1040-2; G. von Rad, *Theology* I, pp. 228f.

57 비교. 뒤의 p. 327.

58 *rib*(소송)에 근거한 신명기와 역사에 대해 다음을 참조하라. G. E. Wright, "The Lawsuit of God: A Form-Critical Study of Deuteronomy 32," in *Israel's Prophetic Heritage*, ed. B. W. Anderson and W. Harrelson (1962), pp. 26-67, 특히 pp. 59ff. 다음도 참조하라. B. Lindars, "Torah in Deuteronomy," in *Words and Meanings*, ed. P. R. Ackroyd and B. Lindars (Cambridge, 1968), pp. 117-36.

림없다.[59]

율법은 신적 축복의 수단이 된다.[60] 이 논점은 신적 축복의 조건에 대한 신명기 자체의 강조를 통해 충분히 명확해졌다. 이스라엘이 하나님이 기쁨으로 주시고자 한 약속의 땅으로 들어오게 되었을 때, 순종으로 바르게 응답해야 한다. 그때 백성 앞에는 삶과 죽음 사이의 선택이 놓여 있다.[61] 그 결과 이스라엘은 삶을 선택하라는 권고 수용을 피할 수 없다. 경고는 충분하다. 그러나 삶의 방식을 선택하는 것과 그래서 신의 축복을 받으라는 호소를 더욱 강조한다.

이 호소의 마지막 배경은 성공의 순간이 아니고, 현재 상황에서 가능해 보이는 번영을 맞게 되는 순간이 아니다. 백성이 거의 완전히 상실되고 파괴되고, 앞으로 새로운 삶이 거의 아니 전혀 불가능해 보이는 때라는 것을 기억한다면, 이 배경은 더욱 인상적이다.

이스라엘은 사건 속에서 죽음의 방식을 선택하고, 결국 재앙을 초래한 것으로 그려진다. 북왕국이 멸망했을 때, 장문의 반성 구절은[62] 유다가 이 재앙을 통해 어떻게 지혜를 배울 것을 기대하는지를 보여 준다. 이것은 예언서의 주제이기도 하다. 8세기 상황에서 미가와 이사야는 현재 상황의 불가피한 결과가 무엇인지를 유다에게 명백히 제시하고자 북왕국에게 닥친 바를 보여 준다.[63]

후대 예언자인 예레미야와 에스겔도[64] 이 논점을 시사한다. 이 두 예언자는 모두 이스라엘에게 임한 재앙을 통해 배워야 했던 유다가 스스로에게 얼마나 훨씬 더 불신실하며, 북이스라엘을 능가하는지를 보여 주고자

---

59 이것은 시 95편의 본질적 논점이다.
60 이 전반적 주제에 대한 논의와 경고는 다음을 참조하라. W. Zimmerli, "Das Gesetz im Alten Testament," *TLZ* 85 (1960), cols. 481-98=*Gottes Offenbarung* (1963), pp. 249-76.
61 비교. 신 30:15ff.
62 왕하 17장; 특히 17:19ff.
63 미 1:5-9; 사 28:1-4, 7ff.(비교. P. R. Ackroyd, *ASTI* 1 (1962), pp. 7-23, 14f.); 9:7-20; 5:25-30.
64 렘 3:6ff.; 23; 비교. 겔 16.

동일한 묘사를 사용한다. 상황은 므낫세 통치에서 전형화된다. 그러나 여호야김과 시드기야에 대해서도 동일한 논점으로 언급한다. 그리고 논평 없이 사건과 관련된 사실만 언급하면서 유다의 몰락을 묘사한다.[65]

항상 하나님이 통제하신다는 점은 분명하다. 모든 논점에서 행동하시는 이는 바로 하나님이시다. 아무리 열방이 백성을 압도하게 될 재앙을 초래하는 자로 묘사될지라도 주권자는 바로 하나님이시다.[66] 그러나 초기 재앙이 임한 자들에게 행한 진술을 통해 현재의 청중에게 분명히 이를 확증한다.

> 그 백성의 역사에서 보이는 야웨에게서 계속해서 멀어질 때, 현재 세대는 그 죄를 목격하게 된다. 이 연설 속에서 2인칭(즉, 내러티브를 중단시키는 논평)은 단지 여호수아나 사무엘이나 솔로몬 시대의 청중을 언급하는 것이 아니다. 이것이 설교이기 때문이다. 연설을 듣는 모든 이는 자신이 감동을 받았다는 것을 제대로 알게 된다.[67]

이 연설에 대한 서론에서 서로 다른 사회 집단(유사하게, 예레미야에서 '모든 유다'로 명명된다)이 열거되고 있다는 사실을 통해, 동일한 논점이 형성된다.[68] 설파된 율법과 역사는 포로 공동체를 감동시킨다. 공동체가 이를 역사의 진정한 해석으로 받아들이는 한, 전체 저작은 고백 진술이 된다. 이것은 하나님 앞에서 이스라엘 신앙에 대한 인정, 그의 정의에 대한 인정이다.

폰 라드는 이것을 '심판 찬가'(Gerichtsdoxologie), 즉 하나님의 심판의 정당성을 찬양하는 행위라고 부른다.[69] 이것의 두 측면이 역설적 용어로 표출된다. 이것이 기록이면서 수용이기 때문이다. 탄원시 유형은 분명히 침묵

---

65 왕하 24:20-25:21.
66 수 23:15; 삼상 12:22, 24; 왕상 9:8f.; 왕하 17:10ff.; 21:14ff.; 23:26; 24:3, 20
67 비교. E. J. Tinsley, *The Imitation of God in Christ* (London, 1960), pp. 53ff.
68 E. Janssen, *op. cit.*, p. 70.
69 *Theologie des AT* I (Munich, ²1958), p. 340; 비교. pp. 354ff. 영역, 343; 비교. pp. 357ff.; "doxology of judgement."

과 신의 무위를 불평하면서도 바로 그 이면에서 바뀐다. 이것은 사실상 시편 양식의 일부지만, 신적 심판의 정당성을 수용하는 것은 그 자체로 뒤따라오는 것을 기대한다.[70]

3. 신명기적 역사의 개관

심판의 수용, 즉 이제 이것이 유다에 임하게 된 사건의 올바른 결과임을 인정하는 것은 무슨 일이 생기든지 예비 행위이다. 백성은 오로지 받아들일 때만 바른 상황에 놓이게 된다.[71] 그렇게 할 때만 하나님에게 온전히 의존하고 있음을 깨닫기 때문이다. 시편과 역사서의 역사적 회상이 하나님의 특권을 제시하고 백성을 하나님과 새롭게 묶어 주는 것처럼, 미래에 대한 희망이 전혀 없다는 진술은 미래를 향해 유일하게 가능성 있는 기초를 놓는 것이다. 자비를 보여 주고 계획을 다시 시작하는 것이 하나님의 뜻이라면, 이스라엘은 회상과 받아들임을 통해 하나님의 백성으로 새로운 삶을 살 수 있다. 이것은 한 가지에 부수적으로 따라오는 것이지만, 그 한 가지에 종속된 것이다. 이 한 가지는 이스라엘이 확실히 믿을 이유가 있는 것으로서 절대적 올바름과 정의와 신적 행위에 대한 확신이다.

노트는 약속의 순간이 사라질 때 해석이 주어지고 있음을 고려한다.[72] 저작의 마지막 부분에 행복한 결과가 있을 것이라는 제안은 사실상 나타나지 않는다. 이미 몇 년 전에 재앙은 지나갔지만, 여전히 저자가 희망의 전조로

---

70 일종의 '회개로의 부름'이라는 주제에 대한 Wolff의 강조에 대해 아래의 언급(p. 82)을 참조하라.
71 O. Eissfeldt, *Introduction*, p. 225에서 신 23:10-15의 '전쟁 율법'을 이스라엘의 정결에 적용되는 것으로 서술한다. 비교. G. von Rad, *Der heilige Krieg im alten Israel* (ATANT 20, 1951), pp. 69f.
72 M. Noth, *Überlieferungsgeschichtliche Studien* (1943, ²1957), pp. 107ff.; *History of Israel*, p. 290. 또한 다음의 부정적 언급을 참조하라. "Die mit des Gesetzes Werken Umgehen, die sind unter dem Fluch,'" in *In piam memoriam A. von Bulmerincq* (Riga, 1938), pp. 127-45, 비교. 특히 pp. 141ff.=*Ges. Stud.*, pp. 155-71, 비교. 특히 pp. 168ff. 비교. 영역(비교. p. 75 n. 55), pp. 126ff.

보이는 징조가 없는 상황을 마주하고 있다는 점을 상기해야 한다. 예레미야 애가 5장에서 보는 것과 동일한 관심사가 나타난다. 시인은 질문한다.

주께서 어찌하여 우리를 영원히 잊으시오며 우리를 이같이 오래 버리시나이까(애 5:20).[73]

이것은 탄원시에 익숙한 모티프다. 시인은 야웨가 통제하심을 확고히 믿고 있다(애 5:19). 하나님이 자기 백성을 도우시는 것은 그의 희망이지만, 확고한 희망이다.

그런데 그는 왜 기도해야 하는가?

야웨의 구원의 손길이 아직 그 상황을 장악하지 못하고 있다는 점에 그는 좌절한다.[74] 이 구절에 대해서 말할 수 있는 것은 신명기 역사서에 대해 말할 수 있는 것과 동일하다. 거기에 기록된 마지막 사건인 여호야긴의 석방이 분명하게 희망을 보여 주는 것이 아님은 사실이다. 노트가 보기에 이것은 여호야긴을 통하여 다윗 계열 왕권을 회복하는 것에 믿음을 걸고 있는 자들을 향한 대답으로 허망한 희망을 거부하라는 의미로 해석할 수 있다. 이것은 포로민과 팔레스타인에 있는 자들 가운데 억측을 불러일으켰다고 볼 수 있다.

그렇지 않다면, 이것이 왜 기록되었을까?

그리고 이것이 신명기 사상의 배경에 놓였을 것이라고 추정할 수는 없을까?[75]

그러나 노트는 "그의 종신토록"(왕하 25:30)이라는 말을 여호야긴이 이제는 죽었음을 나타내는 것이라고 생각한다.[76] 제기된 희망은 사라지고 있다.

---

[73] 혹은 '완전히'—*lāneṣaḥ*를 의미상 시간보다는 최상급으로 볼 수 있다면 그러하다. 비교. D. Winton Thomas, "The Use of *nēṣaḥ* as a Superlative in Hebrew," *JSS* 1 (1956), pp. 106-9. 그러나 여기에서 *lāneṣaḥ*는 *le'ōrek yāmîm*과 병행되고, 시간적 의미가 없는 것이 아니다.

[74] E. Janssen, *op. cit.*, p. 71.

[75] 비교. 뒤의 pp. 168이하

[76] 보다 상세한 논의는 다음을 참조하라. "Zur Geschichtsauffassung des Deuteronomisten," *Proc. XXII. Congress of Orientalists Istanbul, 1951* II (Leiden, 1957), pp. 558-66. 비교. n. 79.

불길이 한번 깜빡거리더니 꺼져 버렸다. 대안은 보이지 않는다.

이런 우울한 해석이 올바른 것인지 의심스럽다.[77] 분명하지는 않지만 암시적으로 다윗과의 영원한 계약이라는 약속과 연결된다는 점을 상기해야 한다.[78] 내러티브의 마지막에는 다윗의 적법한 후손인 인정받는 왕이 '그의 종신토록,' 즉 영원토록 은총을 회복한다. 이것은 이미 끝장났다는 것을 의미하기 위해 이처럼 겨우 이 구절을 구성할 필요는 없었을 것이기 때문이다.[79] 전체 저작을 통해 약속의 함축이 나타난다.[80] 이스라엘이 순종적 백성이 되고, 율법에 응답할 때, 신적 약속의 수령자가 될 수 있다. 명백히 희망이 없는 포로 상황은 미래에 대한 문제를 불러일으킨다. 순종의 조건이 더 이상 존재하지 않는 것처럼 보이기 때문이다. 과거의 체제 하에서는 분명히

---

[77] Noth에 대한 Wolff의 비평은 다음을 참조하라. H. W. Wolff, *op. cit.*, pp. 172f.=pp. 309f.

[78] 비교. G. von Rad, *Theology* I, pp. 343ff. 나단 약속에 대한 직접적 암시가 없다는 Wolff의 비평이 수용된다(*op. cit.*, p. 174=p. 311). 그럼에도 조심스럽지만 그래도 아직 희망이 실제적이라는 점은 인정해야 한다. 역사가는 그의 모든 주제를 충분히 전개하지는 않는다. 또한 Noth, von Rad, Wolff에 대한 검토는 다음을 참조하라. H. Timm, "Die Ladeerzählung (I Sam. 4-6; II Sam. 6) und das Kerygma des deuteronomistischen Geschichtswerkes," *EvTh* 26 (1966), pp. 509-26. Timm은 법궤 상실이라는 이스라엘의 상황과 이스라엘 포로지의 상황 사이의 평행점을 시사한다. 그 후 희망은 야웨에게만 달려 있다. 그래서 포로기에도 그러하다. 유다의 심판 집행이 지연되는 이유를 제시할 때, 왕하 17장(특히 17:19ff.)의 주해와 비교해야 한다.

[79] 왕하 25:30 본문과 렘 52:34의 평행 비교는 분명히 중복 독법으로 간주되는 것을 드러낸다(비교. S. Talmon, "Double Readings in the Massoretic Text," *Textus* 1 [1960], pp. 144-84, see p. 165). '그의 사는 모든 날'(*kōl yemē ḥayyāw*)과 '그의 죽는 날까지'('*ad yōm mōtō*)라는 두 개의 어구 가운데, 왕하 25:30(마소라 텍스트, 70인역, 탈굼)에는 전자만 나오고, 렘 52:34(마소라 텍스트, 탈굼)에는 둘 다 나오고, 렘 52:34(70인역)에는 후자만 나온다. Talmon은 확실히 올바르게 그들을 '동의적 표현'으로 묘사한다. 그 경우에 보다 분명한 긍정적 형태의 의미는 부정적인 '그의 죽는 날까지'에서 배제되지 않는다. 즉, 두 개의 구는 주로 '영원히, 계속해서, 추가 중단 없이'를 의미한다. 보다 원래적인 것을 추적할 수 있을까? M. Noth(*op. cit.*, in n. 76 above, p. 561)는 증거가 없다고 보지만, 왕하 25:30의 형태를 선호한다. 부정적 형태는 여호야긴이 죽었을 때의 후대 단계에 속한다고 논증할 수 있다. 반면, 긍정적 형태는 아직 그가 살아 있을 때 사용된다. 반면 우리는 왕하 25:30은 '전기 예언자'로 알려진 히브리 경전 단락의 끝을 형성한다는 사실을 고려할 필요가 있다. 그러므로 긍정적 언급은 예레미야의 끝 부분(70인역 예레미야)보다는 여기에서 더 중요하다. 그러나 예레미야(마소라 텍스트)도 책을 마무리하기 때문에 긍정적 결말을 지니고 있다. 그 근거로, 긍정적 형태는 일부 주석가들이 생각하였듯 '언어 유희적 대체물'일 수 있다(참고 문헌은 다음을 참조하라. J. A. Montgomery, *Kings*, ed. H. S. Gehman [ICC, 1951], p. 569).

[80] 비교. 예컨대, 신 4:30f.; 왕상 8:46-50.

필수 사항이었던 것들이 더 이상 존재하지 않는다. 성전에서 일부 행위가 여전히 지켜지고 있었을 가능성을 망각하면 안 되지만, 완전한 의미의 성전은 없다.[81] 왕은 감옥에 있지만, 여전히 왕으로 인정받고 있다.

이 점을 바벨론의 기록과 에스겔서와 열왕기하 25:27의 기록에서 찾아볼 수 있다.[82] 이제 그는 방면되었다. 참담한 좌절의 세월 속에서도 하나님은 행동하신다. 여호야긴은 '그의 죄수복을 벗었다.' 이는 스가랴 3장에서 의복을 갈아입는 것이 신적 은총의 변화를 보여 주는 것처럼, 상황 변화를 보여 주는 표현이다.[83] 의복을 갈아입는 것은 운명의 변화를 의미하고, 신적 축복의 징후가 여기에서 나타난다.

함축적으로 광야 세대로 묘사된 세대를 향한 약속을 보여 주는 것이 바로 이것이다. 상상으로나 제의 행사를 통해 광야의 상황으로 이동하면서, 이스라엘은 은유적으로 다시 한번 모압 광야에 있게 되고, 과거를 돌아보고, 미래를 전망할 수 있게 된다.[84] 출애굽 경험과 이 와중에 있었던 불순종의 지식은[85] 이제 전체 역사의 경험으로 강화된다. 제의의 '이제'와 신명기의 '오늘'은 그들의 현실 속에서 실체화된다.[86] 미래에 대한 희망은[87] 하나

---

81 비교. pp. 25ff.
82 비교. p. 32. 비교. K. Baltzer, "Das Ende des Staates Juda und die MessiasPrage" (비교. p. 30, n. 59), pp. 37f. 왕정과 관련한 주저함은 사무엘상의 왕정 건립과 신 17:14-20의 왕의 율법과도 관련된 뚜렷하고 다양한 내러티브에서 찾아볼 수 있다. 후자는 포로기 상황보다 더 이른 시기를 반영하지만(비교. K. Galling, "Das Königsgesetz im Deuteronomium," *TLZ* 76 [1950], cols. 133-8), 이것은 이 시기에는 의미 있는 것으로 간주된다.
83 슥 3장에 대해서는 뒤의 pp. 184f. 참조. 예컨대, 갈아입을 옷 마련을 편애의 상징으로 보는 것은 요셉 이야기에 나온다. 창 45:22.
84 비교. G. von Rad, "Ancient Word and Living Word," *Interpretation* 15 (1961), pp. 3-13, p. 7; J. M. Myers, "The Requisites for Response: On the Theology of Deuteronomy," *ibid.*, pp. 14-31.
85 비교. 시 95:8-11.
86 비교. E. J. Tinsley, *op. cit.*, p. 54; G. von Rad, *Das Gottesvolk im Deuteronomium* (BWANT 47, 1929), pp. 59ff.; *Theology* I, pp. 334ff.; E. Voegelin, *Israel and Revelation* (1956), p. 374; E. P. Blair, "An Appeal to Remembrance: The Memory Motif in Deuteronomy," *Interpretation* 15 (1961), pp. 41-47; G. M. Tucker, "Witnesses and 'Dates' in Israelite Contracts," *CBQ* 28 (1966), pp. 42-45에서 '이 날에'라는 구에 대한 이해를 확대하는 의미 있는 법률 어법을 시사한다.
87 비교. R. A. F. MacKenzie, "The Messianism of Deuteronomy," *CBQ* 19 (1957), pp. 299-305; 비교. H. Timm, *op. cit.*

님의 자비와 이전 대결에서의 패배보다 더 크게 패하지 않게 하는 자의 탁월하심을 확신하는 것에 달려 있다.

기드온 이야기의 바알과의 대결(이제 이야기되는 것처럼),[88] 블레셋 땅에서 다곤과의 대결,[89] 갈멜산에서 바알과의 대결처럼,[90] 그리고 앗수르인 랍사게의 주장에 맞섰던 것처럼,[91] 여기에서도 잠시 하나님의 명령에 따라 그의 백성을 장악한 이방 세력과의 대결 속에서 (그렇기 때문에) 하나님은 여전히 최고의 신이시다. 그리고 은총을 보여 주고자 하는 그의 의지 속에 희망이 있다.[92]

이 위대한 저작이 담고 있는 것 같은 권고의 전체적인 목적은 백성을 그에게 돌아오게 하여, 다시 순종하게 하는 것이며, 율법을 준수하고 신실하여 하나님의 백성이 되고, 그가 제공하고자 하는 것을 받을 수 있게 하는 것이다.[93] 지금도 그들은 '너와 너의 후손이 살게 되고,' 현재는 이방 세력이 부분적으로 차지하고 통제하지만, 다시 그들의 땅이 될 땅에 거하게 되는 삶을 선택하라는 초대를 들을 수 있다.

이것은 단순히 율법을 순종의 대상(이처럼 권고를 받았지만)이 아니라, 응답해야 할 살아계신 하나님과 대면하는 것이라고 제시하는 것이다.[94] H. W. 볼프도 비슷한 강조를 한다.[95] 그는 일련의 핵심 구절에서 동사 어근 šûb(돌아서다, 회개하다)의 사용을 추적하고,[96] 특히 반드시 일어나야 할 것은

---

[88] 삿 6:25-32. E. Janssen, *op. cit.*, p. 63.
[89] 삼상 5-6장. 비교. A. Bentzen, *JBL* 67 (1948), pp. 37-53.
[90] 왕상 18:17-40. E. Janssen, *op. cit.*, p. 63.
[91] 왕하 18:13-19:37; 사 36-37장. 이 구절에 대해서는 추가로 다음을 참조하라. B. S. Childs, *Isaiah and the Assyrian Crisis* (1967), pp. 69-103.
[92] O. Bächli, *Israel und dei Völker* (ATANT 41, 1962)에서 이스라엘의 위치와 이방의 영향에서 이것을 지키는 문제를 언급한다. 그러나 그의 논의는 이방의 영향을 방지한다는 한 가지 사상에 지나치게 종속되어, 신명기 자료의 보다 풍부한 조직을 공정하게 다루지 못하고 있다.
[93] 비교. G. von Rad, *Das Gottesvolk im Deuteronomium* (1929). E. W. Nicholson, *op. cit.*, pp. 123f.
[94] 'νόμος,' *TWNT* 4, pp. 1033-5. 영역, *Law* (1962), pp. 33ff.와 *TDNT* 4, pp. 1040ff. 다음도 참조하라. H. H. Schmid, "Das Verständnis der Geschichte im Deuteronomium," *ZThK* 64 (1967), pp. 1-15, p. 8을 보라.
[95] *Op. cit.*, 특히 pp. 183-6의 요약 참조=pp. 321-4.
[96] 이 어근에 대해서는, 다음의 충분한 연구를 참조하라. W. L. Holladay, *The Root Šûbh in the Old Testament* (Leiden, 1958). 그리고 신명기 어법에 관해서는 pp. 127f. 참조.

인간 행위의 결과가 아니라 심판 속에서 드러난 신적 의지의 약속의 결과라는 점을 인지하고 있다.

사건 전체 영역에 대한 해석, 즉 이스라엘의 죄에 대한 신적 심판이라는 측면에서 재앙 이해, 회복(윤곽이 나타나지만,[97] 아직까지 실현되지는 못한)은 백성을 다시 선택하고, 다윗을 위하여 그들을 영원히 버리지 않을 것이라는 하나님의 목적 속에 달려 있다는 인식이다. 새 공동체는 옛 유형 위에 창조되고,[98] 전적으로 야웨와 관련된 종교적 독립체임에 틀림없는 공동체다.[99]

> 옛 전승은 수집되어야만 하고⋯ 삶의 복원이 가능할 때까지 건설적으로 적용되어야 한다.[100]

이 복원은 하나님의 행위에 달려 있다.[101] 이는 또한 열방에 대한 증언으로서 이스라엘에서 밖을 향해 있기도 하다. 이스라엘의 순종은 그들의 반응을 자아낼 것이다.[102]

---

[97] 비교. Wolff, *op. cit.*, pp. 185f.=323f.; J. Hempel, *Geschichten und Geschichte im Alten Testament bis zur persischen Zeit* (Gütersloh, 1964), pp. 212-19.

[98] 비교. W. Harrington, "A Biblical View of History," *Irish ThQ* 29 (1962), pp. 207-22.

[99] 비교. O. Eissfeldt, *Geschichtliches und Übergeschichtliches im Alten Testament* (ThStKr 109/2, 1947), pp. 15f.; A. R. Hulst, "Der Name 'Israel' im Deuteronomium," *OTS* 9 (1951), pp. 65-106, pp. 102ff.를 보라.

[100] E. Janssen, *op. cit.*, 63, pp. 73ff.에서 *menûḥā*(휴식)을 강조. 다음도 참조하라. H. H. Schmid, *op. cit.*, pp. 10f.; A. Causse, *Du groupe ethnique à laa communanté religieuse* (Strasbourg, Paris, 1937), pp. 114-79, 196.

[101] 비교. N. Lohfink, "Darstellungskunst und Theologie in Dtn. 1, 6-3, 29," *Biblica* 41 (1960), pp. 105-34, 특히 pp. 132-4를 보라.

[102] 신 4:6과 H. Graf Reventlow, "Die Völker als Jahwes Zeugen bei Ezechiel," *ZAW* 71 (1959), pp. 33-43, p. 36을 보라. 비교. 뒤의 pp. 152이하. 여기에서 논의된 광범위한 질문으로 자연스럽게 이끄는 신명기의 의의에 대한 짧은 검토는 다음을 참조하라. R. E. Clements, *God's Chosen People. A Theological Interpretation of Deuteronomy* (London, 1968).

제6장

포로기 역사가와 신학자(계속)

B. 제사장적 저작

위대한 모음집의 두 번째는 제사장적 저작으로, 구약의 첫 네 권인 사경의 최종 형태와 거의 일치한다. 그러나 아마도 신명기의 마지막 부분과 여호수아서 후반부에서 찾아볼 수 있는 자료의 몇 부분도 포함하는 듯하다.[1] 그러나 그 진화 단계를 연대기적으로 규정하거나 정확한 분량을 확정하기가 쉽지 않기에, 전체적인 논의는 훨씬 더 복잡해진다.[2] 신명기적 역사서와 달리, 제사장적 저작은 어느 지점에서 연관되는지 분명하고 확고한 요소를 보여 주지 않는다.

그러나 정확한 연대기를 주장하지 않고도 이 자료의 두 가지 측면을 검토할 수 있다. 이 두 측면은 몇 가지 점에서 서로 연결되어 있다. 독단적으로 두 측면 중 하나나 둘 모두 정확히 포로기에 속한다고 말할 수 없다 할지라도, 이 둘은 이런 일반적 상황에 속해 있다. 두 측면 모두 이런저런 방식으로 딜레마 상황에 관심을 두고 있다. 그 딜레마는 이스라엘 백성 스스로 삶의 전부가 붕괴되는 것처럼 여겨지는 상황에 처해 있다고 느끼는 것

---

1 비교. 앞의 p. 96 n. 3.
2 문학 구조와 편집 과정의 문제는 다음을 참조하라. K. Elliger, *Leviticus* (HAT 4, 1966), pp. 7ff. 그리고 전승사적 접근법에 대한 그의 논의는 다음을 참조하라. K. Koch, *Die Priesterschrift von Exodus 25 bis Leviticus 16* (FRLANT 71, 1959); H. Graf Reventlow, *Das Heiligkeitsgesetz formgeschichtlich untersucht* (WMANT 6, 1957[1961]).

이다. 몇몇 관점에서 이 위대한 저작은 아마도 신명기적 구조에 대한 대안이나 심지어 대체로 간주된 것 같다.[3]

우선 성결법전을 보고, 다음으로 (성결법전을 포함하는) 전체 제사장적 저작을 살펴보고자 한다. 이로써, 전체 구조가 드러나고, 이 전체 구조 안에서 옛 문서 자료가 일관되고 통일된 작품이 된다. 현재 형태 내의 자료는 포로기와 그 이후에 속한다는 것에 일반적으로 동의한다.[4] 최종 형태는 팔레스타인 집단보다는 바벨론 집단에서 기인한 것으로 보는데, 이 역시 매우 일반적으로 동의하는 바다.[5] 연대에 관한 한, 이것은 단지 궁극적 제시에 대한 한 가지 연대에 불과하다는 것을 곧이어 언급해야 한다.[6] 왜냐하면 이 모든 자료에는 십중팔구 다양한 곳에서 유래한 엄청난 양의 초기 율법과 내러티브 자료를 분명히 포함하고 있기 때문이다.

신명기적 역사서의 경우처럼, 여기에 나온 자료가 초기의 것이라면, 기원을 논의하는 데 관심을 두지 않고자 한다. 이 중 몇 부분은 예루살렘이 아닌 성소에서 기인한 것 같다.[7] 이 중 몇몇은 남쪽이 아니라 북쪽에서 기인한 것 같다. 어떤 점에서 이 자료는 심지어 오경의 여타 위대한 자료보다 더 고대의 자료를 보존하고 있는 것 같다. 우리의 관심사는 후대 단계

---

3 비교. Janssen, *op. cit.*, pp. 81f.
4 예컨대, M. Noth, *Exodus* (영역, OTL, 1962), pp. 16ff.에서 P를 587(571)년과 515년 사이에 둔다. A. S. Kapelrud, "The Date of the Priestly Code (P)," *ASTI* 3 (1964), pp. 58-64에서 그의 논증은 정확한 문학적 유사성의 정의에 다소 지나치게 의존하지만, 585년과 550년 사이의 연대를 주장한다. O. Eissfeldt, *Introduction*, pp. 207f.
5 비교. O. Eissfeldt, *loc. cit.*; G. Fohrer, *Einleitung*, pp. 201f.
6 A. Hurvitz, "The usage of *šēš* and *būṣ* in the Bible and its implication for the date of P," *HTR* 60 (1967), pp. 117-21에서 P의 특히 초기의 언어학적 용례 증거를 여기에서 찾는다. 그가 가능하다고 생각한 것처럼, 자료를 세밀히 검토하면 그런 예를 좀 많이 찾아낼 수 있을 것이다. 그러나 징후들은 자료의 단락, 심지어 큰 단락들이 초기 연대라는 것을 명백히 보여 준다. 최종 형태의 연대는 여전히 전체 저작을 검토해야 결정할 수 있다.
7 J. Hempel, "Priesterkodex," *PW* 22, 2 (1954), cols. 1943-67에서 헤브론을 고려한다(또한 다음에 나온 참고 문헌을 참조하라. G. von Rad, *Studies in Deuteronomy* [영역, 1953], pp. 42f.). 아브라함 계약과 헤브론의 연관성은 다음을 참조하라. R. E. Clements, *Abraham and David* (1967), pp. 24ff., 35; 비교. 뒤의 p. 131; M. Haran, "Shiloh and Jerusalem: The Origin of the Priestly Tradition in the Pentateuch," *JBL* 81 (1962), pp. 14-24에서 실로를 주장한다.

에서 자료를 포함하게 된 형태이며, 이 작업이 6세기와 5세기에 일어났다고 보는 것이 가장 개연성이 있다.

성결법전의 경우, 에스겔과의 밀접한 관계나[8] 포로기 상황을 분명하게 상정하는 레위기 26장 결론부의 권고 메시지를 볼 때,[9] 이런 연대가 매우 강력하게 제시된다. 문체와 언어를 통한 합리적 논증은 예레미야, 에스겔, 신명기, 성결법전 자료 대부분을 모두 대략 6세기경으로 보고, 라기스 서간(Lachish Letters)의 문체와 별로 다르지 않다고 본다.[10] 그러나 물론 자료의 한 부분이 다른 부분에 영향을 미칠 가능성이 있기에, 이런 논증이 대단히 정확하다고 볼 수는 없다. P자료에 관한 한, 완성된 작품이 기본 구조를 제시하고, 자료를 분리할 수 없기 때문에, 이 자료가 회복 사상에 대해 취하고 있는 다소 조심스러운 태도를 볼 때, 6세기 포로 상황이 합리적으로 보인다. 그러나 이런 태도는 다음 세기에도 지속되었던 것 같다. 성전의 재건과 유다 공동체 생활의 재배치를 통해 백성이 다시 수립되고 있다는 가시적 징후가 나타난다. 그럼에도 불구하고 보다 철저한 개혁, 즉 삶이 심각하게 파괴된 공동체가 근본적으로 필요로 하는 것을 보다 과감하게 살

---

[8] 에스겔에 대해서는 뒤의 pp. 144이하 참조. H와 에스겔에 대해서는 다음을 참조하라. O. Eissfeldt, *Introduction*, p. 238; G. Fohrer, *Die Hauptprobleme des Buches Ezechiel* (BZAW 72, 1952), pp. 144-8. H, P, H와 에스겔의 관계에 대해서는 다음을 참조하라. L. E. Elliott-Binns, "Some problems of the Holiness code," *ZAW* 67 (1955), pp. 26-40; W. Zimmerli, "Ich bin Jahwe" in *Geschichte and Altes Testament* (*Festschrift A. Alt*, BHT 16, 1953), pp. 179-209, pp. 181ff.를 보라.=*Gottes Offenbarung*, pp. 11-40, pp. 12ff.를 보라. C. Feucht, *op. cit.* (p. 88 n. 17), pp. 184ff.; H. Graf Reventlow, *Das Heiligkeitsgesetz formgeschichtlich untersucht* (WMANT 6, 1957 [1961]). 그리고 이에 대한 비평은 다음을 참조하라. K. Elliger, *Leviticus* (HAT 4, 1966), pp. 14ff.

[9] 특히 레 26:33-39을 참조하라. 포로의 위험을 처벌로 보는 것이 초기에 나타났음이 분명하다. 그러나 이 구절은 포로기 상황을 묘사하고, 최종 형태가 6세기라는 것을 분명히 밝히는 명징한 방식으로 그에 대한 해석을 제시한다(비교. 뒤의 pp. 125이하).

[10] 이 서간의 접점(비교. *DOTT*, pp. 212f.와 p. 217의 참고 문헌)은 물론 제시하는 소량의 자료로 인해 제한적이다. 증거는 그 자체로 구약성서의 이 부분이 6세기 연대를 입증하기에 충분하지 않다. 그럼에도 불구하고, 매우 밀접한 유사성을 찾아볼 수 있는 것은 바로 이 책이라는 것이 중요한 것 같다. 예레미야와 에스겔에 대해서는 다음을 참조하라. J. W. Miller, *Das Verhältnis Jeremias and Hesekiels sprachlich und theologisch untersucht* (Assen, 1955), pp. 67-185. H와 에스겔에 대해서는 p. 85 n. 8 참조. 예레미야와 신명기에 대해서는 p. 59 n. 39 참조.

피려는 희망 사항을 소중히 여겼던 일부 이상주의자가 존재했던 것 같다.[11]

앞으로 살펴보겠지만, P자료 층 자체는 협의(狹義)에 있어서 포로기의 산물이라는 결론을 피하기 어렵다.[12] 사경을 구성하는 초기 자료와 P자료의 결합[13]은 그리 멀지 않아서 일어났고, 그 후 분명히 많은 점에서 분명히 정교하게 만들어졌다.

그리고 이상주의가 지속되는 것을 볼 때, 아직 유다 공동체 설립의 불확실성이 존재하던 시기를 배경으로 삼고 있음을 알 수 있다. 그다지 만족스럽지 못한 종류의 최종 기한(terminus ad quem)으로 사마리아 공동체의 손에 오경이 있다는 사실을 통해 제시하는 것과[13a] 이미 에스라 시기(에스라의 연대는 398년으로 보는 것이 가장 개연성이 있어 보인다)에 속한 것으로 보는 것이다.

이와 같은 경우, 에스라의 저작을 공동체의 삶에 질서를 부여하고, 연합하려는 시도로 볼 수도 있다. 공동체에는 신명기와 제사장이라는 두 지류의 사상이 있고, 이 저작이 조화롭게 함께 묶이고, 신명기 사가와 제사장 학파에도 빚을 지고 있는 역대기 사가의 저작에서 표현된다. 그러나 이것은 현재 논의의 범위를 상당히 벗어나는 추측에 불과하며, 여기에서 상세히 다룰 수 없다.

---

11 포로기의 문제에 대한 또 다른 급진적 논의는 역대기 저작에서 찾아볼 수 있다. 비교. 뒤의 pp. 325이하.
12 비교. K. Elliger "Sinn und Ursprung der priesterlichen Geschichterzählung," *ZThK* 49 (1952), pp. 121-43, p. 143을 보라=*Kl. Schr.* (ThB 32, 1966), pp. 174-98, pp. 197f.를 보라.
13 이것이 관계에 대한 바른 묘사인지, 보다 적절하게 P를 '마지막 전승 전달자'('helt enkelt är den siste tradenten och utgivaren av P-verket'), 즉 이미 기존 전승의 최종 형성자(다음의 기사 참조. C. R. North, *OTMS*, pp. 67f.)라고 확실히 말할 수 있는지는, 불가능하지는 않지만 어려운 일이다(예컨대, 다음을 참조하라. I. Engnell, *Gamla Testamentet. En traditionshistorisk inledning*, i [Stockholm, 1945], pp. 209-59에서 그는 '사경-신명기적 저작' 구분을 설명한다). 그러나 아마도 모든 것을 감안할 때, 지금은 초기 자료와 밀접하게 연결되어있지만, 초기에는 독립적으로 존재하였을 것으로 보이는 사경 내의 상당한 P 내러티브의 존재(예. 민 15-16장의 반역 장)를 고려하여 두 단계를 구분하는 것이 가장 현명하다(비교. O. Eissfeldt, *Introduction*, pp. 205ff.).
13a 비교. p.305 n. 12.

1. 성결법전(레 17-26장)

레위기 17-26장의 현재 형태를 볼 때, 하나의 단락을 이루고 있다는 인식은 1877년의 클로스터만(Klostermann)의 연구로 거슬러 올라간다.[14] '성결법전'(H)이라는 명칭은 클로스터만이 "너희는 거룩하라 이는 나 여호와 너희 하나님이 거룩함이니라"(레 19:2)에 강조점이 놓여 있다고 본 것에서 기인한다. 성결법전 단락은 이 표현과 이와 유사한 표현을 사용하는 특징을 보여 준다. 실상 이 단락의 많은 자료는 거룩성, 하나님 앞에 선 백성의 제의적 윤리적 행위의 적합성 문제에 관심을 둔다.[15] 이 관심사는 제사장 자료층 저자(들)의 마음속에 크게 자리잡았고, 이 독립된 단락이 보다 큰 저작에 포함된 것은 쉽게 이해된다. 나아가 거룩성의 강조는 언어학적, 신학적 유사성과 더불어, 이 단락과 에스겔서의 연관성을 보여 주는 주요 사항 중 하나다.[16]

전체 단락은 통일적이지 않다.[17] 단락에는 일련의 소단락이 포함되고, 그 중 일부는 독립된 율법 군(群), 특정 주제에 관심을 두는 모음집으로 존재한다. 그러므로 레위기 23-24:9의 안식일과 절기에 관한 율법과 레위기 25-26:2의 안식년과 희년에 관한 율법(우상 거부 요구에서 절정을 이룬다)은 여타 자료와 구분되고, 훈계의 서론이나 결론 공식구가 없다. 이와 더불어 레위기 24:10-23의 매우 독특한 내러티브가 포함되어있다. 이 내러티브는 예컨대 P자료인 민수기 25:6-18에 나타나는 예시적 내러티브와 매우 유사하다. 이 내러티브들은 논의 중 특정 율법의 적용을 정확하게 제시하는

---

14 A. Klostermann, "Beiträge zur Entstehungsgeschichte des Pentateuchs," *ZLThK* 38 (1877), pp. 401-45=*Der Pentateuch* (Leipzig, 1893), pp. 368-418; *"Ezechiel und das Heiligkeitsgesetz."*
15 비교. R. H. Pfeiffer, *Religion in the Old Testament* (1961), pp. 178f.
16 비교. p. 121 n. 8.
17 예컨대, 다음의 논의를 참조하라. O. Eissfeldt, *Introduction*, pp. 233-7; M. Noth, *Leviticus* (영역, OTL, 1965), pp. 127f.; C. Feucht, *Untersuchungen zum Heiligkeitsgesetz* (TA 20, 1964), pp. 13-73 에서 H1(18-23a장)과 H2(25-26장)라는 두 개의 모음집을 찾아낸다.

기능을 한다. 이 율법은 이 특정 구절에서 내러티브에 포함되고(레 24:15f.), 다음으로 사형이 가해지는 여타 율법 군과 더불어 정교화된다.

희생 제의에 관한 규율과 피를 만지지 말아야 하는 이유를 담고 있는 레위기 17장 다음에, 첫 번째 주요 단락(레 18장)에는 이집트와 가나안의 관습을 경고하는 서론적 훈계(레 18:1-5)가 나오고, 가운데 단락에서는 주로 성관계 율법을 다시 언급하며, 야웨가 보시기에 이런 혐오스러운 관계의 결과를 경고하는 결론적 책망이 나온다.[18] 레위기 19장에는 유사한 서론(레 19:1-4)과 결론(레 19:37)이 나타난다. 이 장에서 서론은 기본 율법을 강조하고, 실상 십계명의 전반부를 요약한다. 뒤이어 나오는 율법은 다양한 종류의 것이지만, 부분적으로 십계명 자료를 정교화한다. 이 단락은 십계명 사건을 기본적인 것으로 강조한다.

결론적 금령은 매우 일반적이다. 레위기 20장에서 레위기 20:22-24, 26장이 결론부다(레 20:25, 27은 추가로 보인다). 이 단락은 레위기 18장과 매우 유사하지만, 우상 숭배 관습뿐만 아니라 성적(性的) 부정에 대한 몇 가지 강조도 포함한다.[19] 레위기 21-22장은 제사장직과 정결에 관심을 두고, 레위기 22:32f.에서 하나님의 거룩한 이름을 더럽히는 것을 다소 강력하게 강조하는 것으로 끝맺는다.

순종에 대한 이런 다양하고 짧은 훈계는 일관성이 전혀 없지만, 율법 자료의 현재 배열을 강조하고 있다. 레위기 18장에 나타나는 훈계는 전체가 가나안(과 이집트) 관습을 버릴 것을 강조하며, 이는 일정 정도 레위기 20장에서 반복된다. 그러나 전체 단락에서 중심되는 권고적 강조는 레위기

---

[18] 교훈적 요소에 대한 논의는 다음을 참조하라. K. Elliger, "Das Gesetz Leviticus 18," *ZAW* 67 (1955), pp. 1-25=*Kl. Schr.* (1966), pp. 232-59; idem, "Ich bin der Herr-euer Gott" in *Theologie als Glaubenswagnis* (*Festschrift K. Heim*, Hamburg, 1954), pp. 9-34, pp. 10ff.를 보라=*Kl. Schr.*, pp. 211-31, pp. 212ff.를 보라.

[19] 가족의 속성과 구성원의 의무와 관련된 레 18장과 20장의 의의에 대한 논의는 다음을 참조하라. J. R. Porter, *The Extended Family in the Old Testament* (Occasional Papers in Social and Economic Administration, No. 6, London, 1967).

26:3-45에서 찾아볼 수 있다(레 26:46은 전체 구절의 간기를 제시한다). 주제는 순종과 불순종에 관한 것이며, 많은 점에서 신명기 27:9-10, 28장(또한, 신 30장의 자료)의 권고적 구절과 유사하다.[20]

레위기 26장의 배열은 유사한 패턴을 따르고 있다. 레위기 26:3-13은 승리와 삶에 나타날 순종과 그 결과를 강조한다. 레위기 26:14-20, 21-22, 23-26은 불순종의 결과를 삼중으로 경고한다. 불순종의 각 단계는 칠중 처벌로 이어지고, 이전에 무시된 경고는 미래의 재앙으로 이어진다. 명백하게 포위 상황을 묘사하는 것과 아울러, 풍요의 결여, 기근, 야생 동물, 전염병, 대적이 재앙으로 제시된다.[21] 경고에 주의를 기울이지 않을 때 일어날 최종 결과는 레위기 26:27-33에 나온다. 그리고 재앙은 587년의 포위, 전쟁, 파괴의 공포를 연상시키는 측면을 지닌다.

이러한 결정적 구절과 더불어 유사한 정점에 도달하는 이사야 9:7-20(사 10:1-4) + 5:25-30과 아모스 4장의 경고와 거부의 징후에서도 찾아볼 수 있는 북왕국에 관한 시와 비교할 수 있다. 이어지는 구절은 포로를 묘사하고(레 26:34-39),[22] 하나님이 백성의 마음을 실신하게 하고 약하게 만들지만, 그 땅은 잘못된 취급에서 회복되어 이제 안식을 누릴 수 있게 된다.[23]

결론은 회개의 가능성을 제시한다.[24] 만약 그들이 회개한다면, 하나님은 그들의 조상과의 계약을 기억하시고(레 26:42), 그 땅을 기억하실 것이다.

---

[20] 비교. M. Noth, "'Die mit des Gesetzes Werken umgehen, die sind unter dem Fluch'," in *In piam memoriam A. von Bulmerincq* (1938), pp. 127-45=*Ges. Stud.* (²1960), pp. 155-71. 영역, in *The Laws in the Pentateuch and Other Essays* (1966), pp. 118-31; *idem, Leviticus* (영역, OTL, 1965), pp. 165ff.; O. Eissfeldt, *Introduction*, pp. 234, 237f.; L. E. Elliott-Binns, *op. cit.*, pp. 34f.
[21] 겔 5:10-17; 렘 15:3.
[22] H. Graf Reventlow, *ZAW* 71(1959), p. 40에서 레 26장을 역사적 회고가 아니라, 조건을 나타내는 예언적 선포로 간주한다. 그러나 타당하게 둘 모두라고 볼 수 있다.
[23] 처음에 이 사상은 포로를 '안식'의 기간으로 해석하는 역대기 사가(대하 36:21)에 의해, 후에 다니엘의 저자(단 9:1f., 24-27)에 의해 받아들여지고 상술되었다는 점이 고찰된다. 이 둘은 모두 이 주제와 렘 25:11f.; 29:10을 연결한다(참고 문헌과 함께, 이 논점에 대한 충분한 논의는 pp. 312이하 참조).
[24] W. Zimmerli, "Sinaibund und Abrahambund: Ein Beitrag zum Verständnis der Priesterschrift," *TZ* 16 (1960), pp. 268-80, 특히 pp. 276ff.=*Gottes Offenbarung*, pp. 205-16, 특히 pp. 213f.

레위기 26:43-45은 아마도 레위기 26:34-42의 중복인 두 번째 진술을 제시하는데, 그 땅이 안식을 누리게 될 것을 다시 강조한다.

그러나 하나님은 백성을 완전히 버리지 않으시고, 계약을 파기하지도 않으실 것이다. 하나님은 그들의 하나님 야웨시다. 그들을 위해, 하나님은 그들의 조상, 즉 출애굽 세대와 맺은 계약을 기억하실 것이다. 이 두 가지 결론은 하나님과 이스라엘 사이의 관계에 대한 다른 두 가지 사고방식을 강조한다. 하나는 아브라함, 이삭, 야곱과 맺은 계약의 측면이며, 다른 하나는 출애굽의 측면이다. 이것은 두 가지 동기의 조화를 제시하는 것으로 보인다. 하나는 P자료의 특징을 더 지닌 것으로 보이고, 다른 하나는 분명히 신명기적 사고 계열에 더 깊이 속한 것으로 보인다.[25]

성결법전의 최종 목적이 제대로 드러나는 것은 마지막 단락이다. 초기의 율법 군과 심지어 일부 율법의 형성은 포로기보다 앞선 것으로 보인다. 그러나 모음집이 새로운 공동체 건설의 기초를 제시하는 것으로 간주된 징후를 찾아볼 수 있다.[26] 귀환 가능성은 분명하게 언급되지 않는다. 앞으로 살펴볼 것인데, P처럼[27] 그리고 이미 언급했듯이 D처럼,[28] 회복이 상대적으로 단순한 문제인 것마냥 미래를 긍정적으로 볼 수는 없다. 하나님은 많은 경고를 한 후에야 재앙을 실행하였다.

그래서 비록 회개는 가능하지만, 정확한 결과는 분명하지 않다. "내가 … 그 땅을 기억하리라"(레 26:42)는 진술만이 귀환과 팔레스타인에서 삶의 재건에 대한 전망을 보여 준다. 그러나 이런 맥락에서 미약한 징조로나마, 순종, 정결, 올바른 희생 제사, 제의적 관습을 관장하는 율법이 의미를 갖는다. 율법은 공동체에 과거에 삶을 망치게 했던 가나안 등의 악을 거부할

---

25 비교. W. Zimmerli, *op. cit.*, p. 278=p. 215. 역대기 사가에 나타난 이 모티프의 결합을 참조하라.
26 비교. O. Eissfeldt, *Introduction*, p. 238; C. Feucht, *op. cit.*, pp. 181ff.
27 비교. 뒤의 pp. 140이하.
28 비교. 앞의 pp. 113이하.

기회를 부여한다.²⁹ 공동체는 이제 하나님의 계약을 향한 신실하심 덕분에 진정한 하나님의 백성이 되고, 야웨의 행위를 열방에게 증언하게 된다.³⁰

2. 제사장적 저작

제사장적 저작은 다소 따분하고, 반복적인 율법과 족보 모음집이나 제의적 문제와 그와 유사한 문제의 규칙에 관한 묘사라는 인상을 준다. 그러나 실상 이 저작은 내러티브 작품이다.³¹ 이런 측면에서, 이스라엘 역사를 태초부터 원역사(J처럼)로, 그리고 출애굽과 광야 시대까지 추적할 때, 이는 다른 오경의 내러티브 층과 평행하고 있음을 볼 수 있다. 정확한 종결 지점은 분명하지 않지만, 목적을 추적해야 한다는 점에서 고려해야 한다. 내러티브의 기저가 되는 연대기 체계가 특별한 관심사다. 70인역과 사마리아 오경에서 볼 수 있는 상당한 변이 사항을 고려할 때, 관련된 숫자는 어쩔 수 없이 불확실하지만, 창조와 출애굽의 연결은 의도적이며, 전체 연한(MT 2666)은 4,000년의 3분의 2에 해당하는 시기임을 보여 주고자 고안된 것으로 보는 것이 가장 개연성이 크다. 이 연한의 끝에서 어떤 종점에 도착하게 되었다고 추론할 수 있다.

그러나 숫자의 불확실성과 이 시기의 종점이 기원전 마지막 2세기 혹은 3세기 어디쯤이라는 개연성을 고려한다면, 연대는 사마리아 오경(2967년)과 70인역(3446년) 뿐만 아니라 히브리 성서에서, 시대의 마지막에 관한 추론들과 어울리도록 고안된 것이라고 볼 수 있다.

마지막 시대에 관한 추론은 묵시 문학 등장 시기에 현저하게 발전한 것

---

29 정결과 배타성에 대한 강조는 다음을 참조하라. A. Causse, *Les dispersés d'Israël* (1929), pp. 47-49.
30 비교. 레 26:45; H. Graf Reventlow, *ZAW* 7 (1959), pp. 39f.
31 비교. M. Noth, *Überlieferungsgeschichtliche Studien* (1943: ²1957), pp. 7-19; K. Elliger, "Sinn und Ursprung der priesterlichen Geschichtserzählung," *ZThK* 49 (1952), pp. 121-43=*Kl. Schr.*, pp. 174-98; O. Eissfeldt, *Introduction*, pp. 205ff.

으로 보인다.³² 그럼에도 불구하고, 이런 후대 발전은 임의적인 것이 아니라 이미 존재하는 체계의 확장을 대변하는 것이라고 볼 수 있다. 이 체제는 아마도 신명기적 저작에서 찾아볼 수 있는 것과 비교 가능하다. 이로써 출애굽부터 솔로몬 성전까지 480년의 시간과 동일한 기간이 솔로몬 성전에서 재건된 성전까지 경과하리라는 것을 제시한다고 볼 수 있다.³³

신명기적 저작에 나타난 미래 희망의 연대에 대한 주저함을 고려한다면, 이 문제를 명시하기보다는 암시적으로 남겨 두는 편이 합리적이라고 본다. 유사하게 앞으로 보게 되듯이, 미래에 관한 P의 주저함은 결코 정확한 추정을 할 수 없다는 것을 보여 준다. 반면 숫자의 의미를 인정하는 자는 숫자 속에서 과거와 미래의 확신에 대한 의미 있는 묘사를 찾아볼 수 있다.

또한 연대 체계는 이 저작을 단락으로 구분한다.³⁴ 이 역시 발달 단계 인식에 부합한다.³⁵ 단계는 다양한 방식으로 서술 가능하다. 창조부터, 노아, 아브라함, 이삭, 야곱에서, 지파까지, 그리고 지파를 통해 제사장과 유다가 차지하는 특별한 지위에 이르기까지, 신적 선택은 점차적으로 분명히

---

32 J. Hempel, "Priesterkodex," *PW* 22, 2 (1954), cols. 1943-67, col. 1947을 보라. L. Köhler, *Hebrew Man* (영역, 1956), p. 41 n.; G. Östborn *Yahweh's Words and Deeds* (UUÅ, 1951.7, 1951), pp. 61ff. 또한 다음과 비교하라. M. Éliade, *Le mythe de l'éternel retour* (Paris, 1949), 영역, *The Myth of the Eternal Return* (New York, 1954), pp. 87ff., 106f., 112f.와 특별히 관련이 있다. 그러나 다른 연대기 체계는 Josephus, *Ant*. X, 8.5에서 찾아볼 수 있다.
33 솔로몬 성전 연대를 대략 기원전 960년으로 확정하면, 이는 신명기 편집의 실제 연대를 그다지 크게 앞서지 않고 재건된 성전을 희망하는 연대를 시사한다. 정확한 산술은 유다 왕의 통치 기간을 해석하는 것에 의존한다. 많은 연대기 문제가 아직도 해결되지 않고 있다. 이 논점은 다음을 참조하라. G. R. Driver, "Sacred Numbers and Round Figures," in *Promise and Fulfilment*, ed. F. F. Bruce (Edinburgh, 1963), pp. 62-90, p. 69 참조. 일반적인 연대기적 질문과 참고 문헌은 다음을 참조하라. E. R. Thiele, *The Mysterious Numbers of the Hebrew Kings* (Grand Rapids, ²1965; Exeter, 1966); J. Finegan, *Handbook of Biblical Chronology* (Princeton 1964).
34 비교. O. Eissfeldt, *Introduction*, pp. 205f. 창세기 1장의 기원적 구조(ephocal structure)는 다음을 참조하라. C. Westermann, *The Genesis Accounts of Creation* (영역, Philadelphia, 1964), pp. 10f.
35 G. von Rad, *Dei Priesterschrift im Haxateuch: literarisch untersucht und theologisch gewertet* (BWANT 65, 1934), pp. 167-89, 특히 p. 188.

축소된다.³⁶ 혹은 하나님의 자기 계시와 다양한 단계의 계약 관계 수립을 통한 진보가 분명히 나타난다.³⁷ 그러나 체계적 배열 조치는 출애굽 사건까지 이끄는 주요 서론 단락만 다룰 뿐이다. 이 지점에서 자료의 유형은 변하고, 분명히 저작 핵심 요점에 도달한다.

이제 주요 목적은 배경에서 분명히 드러나고, 이 배경이 출애굽기 25장에서 레위기 16장과 추가로 레위기 27장과 민수기 1-10:10에 나오는 율법 자료와 묘사적 지시 사항에서 백성의 삶의 기초가 된다.³⁸ 결말이 자리를 잘못 잡고 있는지에 대한 질문은 잠시 논외로 하고, 저작의 마지막 단락은 백성이 마주하게 된 좌절과 지파 영토 분할과 더불어 시내산에서 시작하여 약속된 땅으로의 입성 준비까지를 다룬다.

이 세 개의 주요 단락은 각각 전체 저작을 이해하는 데 도움을 준다. 이 단락이 상호 의존하기 때문이 아니라, 논리적 연결성이 있고, 모두 특정 기본 요구에 관심을 두기 때문이다. 그러나 단락 구분은 전체 저작을 보다 분명하고 쉽게 살펴볼 수 있게 한다.

도입부 내러티브 단락에서 약속에 대해 기초적 언급을 한다. 이 약속은 하나님이 선택한 장소에서 궁극적으로 이스라엘을 자기 백성으로 세움으로, 하나님의 선택 목적이 완수되는 것을 고대한다. 이 약속의 요소가 족장 내러티브에 그런 생각을 후대에 부과한 것인지, 아니면 원래의 요소인지에 대한 논의를 여기서 시작할 필요는 없다. 원래의 요소는 특정 지역을 차지하는 것을 우선 언급하고, 성취의 즉각성을 고려하는 것이었다.

그러나 이제 보다 먼 사건에 적용한다.³⁹ 약속과 성취라는 주제는 이미

---

36 부분적으로 족보를 통한 역대기에 나타난 이 방법의 적용을 참조하라.
37 아브라함과 시내산 계약의 관계에 대해서는 뒤의 p. 132 참조.
38 시내산 단락의 위치와 이를 둘러싼 자료와의 관계는 다음을 참조하라. W. Beyerlin, *Origins and History of the Oldest Sinaitic Traditions* (영역, Oxford, 1965). 창 1장; 출 25장-민 10장의 명령과 결과 사이의 연결은 다음을 참조하라. C. Westermann, *op. cit.*, p. 7.
39 논의와 참고 문헌은 다음을 참조하라. R. E. Clements, *Abraham and David* (1967), pp. 15ff., 23ff.; M. Haran, "The Religion of the Patriarchs: An Attempt at a Synthesis," *ASTI* 4 (1965), pp. 30-55, p. 46을 보라.

J와 E 층에서 찾아 볼 수 있는 역사관을 대변한다. 이 표현은 족장의 상황에 그다지 관심이 없는 신명기적 사고에서는 거의 찾아볼 수 없는 요소다. 여기에서는 이집트 탈출과 계약에 기반을 둔 희망으로 시작한다.[40] 시편을 살펴보면,[41] 족장 주제는 분명히 매우 부수적이다. J와 E(그리고 예언서의 간헐적 암시)의 족장 주제를 고려할 때,[42] 분명히 후대에 기원한 것이다. 이는 족장 시대로 보이는 시기에서 나온 증거의 개연성과 그 증거와의 비교를 고려하지 않는 것이다. 그러나 족장 시대를 형성하는 사상적 줄기는 다소 후대에 가서야 주도적으로 나타난다.

J자료처럼 P자료에서 족장 주제는 원역사 맥락에 놓여 있다. 하나님과 아브라함의 관계가 수립된 순간만큼 중요한 것이, 창조시 세계 질서를 잡는 일에 대한 기대였음을 찾아볼 수 있다. 창세기 1-2:4, P의 창조 기사는 바벨론의 에누마 엘리쉬와 연관성이 깊고, 안식일 배치에서 절정에 이른다. 여기에는 바벨론 마르둑 신화처럼 창조의 궁극적 순간에 대한 감상을 보존하고 있다. 바벨론 신화는 마르둑을 위한 신전 건설에서 절정을 맞는다.[43] 이 모티프는 라스 샴라(Ras Shamra)의 바알 자료에서도 익숙하게 볼 수

---

[40] 비교. 신 26장과 수 24장의 다소 부정적 태도, "강 저쪽에서… 너희의 조상들은 다른 신들을 섬겼다"(수 24:2). 신명기는 아브라함, 이삭, 야곱을 향한 약속 사상을 다소간 인지한다(신 1:8; 6:10; 9:5, 27; 29:12; 30:20; 34:4; 그 후 수 24:3과 왕하 13:23에만 나타난다). E 자료의 신명기적 재형성이 나타나는 수 24장을 제외하고, 모든 경우에 언급은 공식적이다. 대부분의 경우 이들은 후대 단계에서 신명기 자료에 도입되었거나, 역대기 사가처럼 신명기 기자도 사건을 언급하는 것으로 보인다. 예컨대, 그는 신 9:8ff.에 금송아지 이야기와 신 11:6에 다단-아비람 이야기를 포함하는 것이 내러티브에 적절하다고 보지 않았다. 이 문제는 다음을 참조하라. E. Clements, *Abraham and David* (1967), pp. 61ff.

[41] 비교. A Lauha, *Die Geschichtsmotive in den alttestamentlichen Psalmen* (AASF 56, 1945), pp. 34-45.

[42] 비교. H. F. D. Sparks, "The Witness of the Prophets to Hebrew Tradition," *JTS* 50(1949), pp. 129-41; P. R. Ackroyd, "Hosea and Jacob," *VT* 13 (1963), pp.245-59, p. 253을 보라. E. M. Good, "Hosea and the Jacob Tradition," *VT* 16 (1966), pp. 137-51.

[43] 비교. *ANET*, 특히 pp. 68f.; *DOTT*, pp. 4, 11-13, 16. *DOTT*의 참고 문헌은 관계의 문제를 논하는 서지를 제시한다. 접점이 없다고 보는 다음의 의견에 동의하기 힘들다. J. V. Kinnier Wilson, *DOTT*, p. 14; L. R. Fisher, *JSS* 8 (1963), pp. 40f.에서 성전의 '7년' 건축(왕상 6:38)과 '7일' 틀과 '7일' 간의 바알 신전 건축을 비교한다(비교. text 51, v, 113-vi, 38, 그리고 다음 언급).

있다.⁴⁴ 그래서 합리적 확신을 갖고, 자료의 P형태를 가나안에, 간접적으로는 바벨론에 연결시킬 수 있다.⁴⁵ 유사하게 P내러티브는 안식일에서 첫 번째 절정에 이른다. 그러나 이것은 단순히 정치적 전체성보다는 예배 공동체로 간주될 수 있는 백성의 중심지로서 장막을 묘사하는 최종 절정을 예고한다.⁴⁶ 그러므로 끼어 있는 족장 주제를 바로 건너서, 시나이 전승의 성막 배치와 연결되고,⁴⁷ 그 뒤에 땅으로 입성을 기대하면서 백성의 배치와 연결된다.

P층의 두 번째 단계는 시나이 전승 자체다. P는 시나이 계약에 거의 관심을 두지 않고, 오히려 아브라함 계약에 더 호소하는 것처럼 보인다.⁴⁸ JE와 D처럼 H는 이집트에서 나온 세대와의 계약을 언급하고 이 순간을 강조하지만(비교. 레 26장), P는 시나이 계약을 제거하는 것처럼 보인다.⁴⁹ 그리고 그 이유는 족장에 주어진 약속 성취 사상에 집중함으로써, "이스라엘은 아브라함 계약 위에 서있다"라는 것을 분명히 한다.⁵⁰

침멀리(Zimmerli)는 P자료가 계약 사상을 재고하고 있음을 보여 준다고 제안한다.⁵¹ 계약 형태는 특히 히타이트 자료를 통해 알려진 종주권 계약과

---

44 비교. *ANET*, pp. 133f.; R. E. Clements, *God and Temple* (1965), pp. 3ff.; A. S. Kapelrud, *The Ras Shamra Discoveries and the Old Testament* (영역, Oxford, 1965), pp. 42f.; E. Jacob, *Ras Shamra et l'Ancien Testament* (Neuchâtel, 1960), pp. 44f.; J. Gray, *The Legacy of Canaan* (*VTS* 5, Leiden, ²1965), pp. 44ff.; C. H. Gordon, *Ugaritic Literature* (Rome, 1949), pp. 34f.; G. R. Driver, *Canaanite Myths and Legends* (Edinburgh, 1956), p. 98f.

45 예컨대, G. E. Wright, *Biblical Archaeology* (London, 1957), p.45와 창조 신화 P 양식의 포로기 기원에 대한 초기 사상에 반대한다. 포로기는 창조에 대한 정교화와 해석(제2이사야를 참조)에 대한 새로운 자극을 가져왔다고 볼 수 있다. 그러나 신화 자체는 이스라엘에서 분명히 훨씬 더 초기의 것이다. 시 74:12ff.; 104 등을 참조하라(후자는 이집트 찬양과 관련이 있다. *DOTT*, pp. 142ff. 참조).

46 민 2장. 비교. K. Elliger, *ZThK* 49 (1952), pp. 135, 140f.=*Kl. Schr.*, pp. 189, 195f.

47 출 25-31; 35-40. 비교. A. Causse, *Les dispersés d'Israël* (1929), pp. 49f.

48 W. Zimmerli, *TZ* 16 (1960), pp. 266-80=*Gottes Offenbarung*, pp. 205-16; R. E. Clements, *Abraham and David* (1967), pp. 70ff.

49 역대기 사가 역시 그러하다. 비교. 뒤의 p. 305.

50 W. Zimmerli, *op. cit.*, p. 276=p. 213.

51 비교. J. Roth, "La tradition sacerdotale dans le Pentateuque," *Nov. Rev. Théol.* 54 (1954), pp. 696-721, pp. 710ff.

유사한 것으로 보인다.⁵² 이는 상대편에게 구체적 의무를 부과하고, 보호 관계를 상정한다. P는 이제 이 계약이 미심쩍다고 본다. 율법 선포는 축복과 저주 선언으로 끝맺는다.⁵³ 예언자들로 인해 이스라엘은 저주 아래 놓였다.

    포로기는 백성들이 심판 아래 놓일 것이라는 점을 강조하였다. 심판의 칼날을 휘두를 이는 바로 야웨 자신이었다.⁵⁴

새 계약 사상(렘 31:31)은 이 딜레마를 헤쳐 나갈 한 가지 방법이다.⁵⁵ 이 점에서 예언적 대응 관계를 대변하는 에스겔처럼,⁵⁶ P가 보기에 유일한 해답은 순수한 은혜 행위 속에서 찾을 수 있다. 이는 새로운 사건이 아니라 '초기의 은혜 선포를 이행하는 것'으로서 시나이에서 일어난 일을 표현한다.⁵⁷
이제 이것은 P의 중심 단락에서 율법과 여타 자료의 전체 구조와 밀접하게 연결된다. 이 단락은 "이스라엘의 구원은 바르게 질서 잡힌 제의에 달려있다"라는 인식에 집중한다.⁵⁸ 렌토르프(R. Rendtorff)⁵⁹와 코흐(K. Koch)는 P의 율법 자료 규칙에서 옛 제의 패턴, 즉 고대 제의에 관해 전해 내려오는 지시 사항의 존재를 추적한다. 이것은 단순히 고대의 것이어서 보존된 것이 아니다. 이것은 (인간을 기꺼이 사용하시는) 하나님만이 인간의 삶을

---

52 그러나 이제 시간과 공간이라는 보다 넓은 영역에서 비롯된다. 비교. G. E. Mendenhall, "Covenant Forms in Israelite Tradition," *BA* 17 (1954), pp. 50-76; *Law and Covenant in Israel and the Ancient Near East* (Pittsburgh, 1955). 보다 최근의 저작에 대한 검토는 다음에서 찾아볼 수 있다. D. J. McCarthy, "Covenant in the Old Testament: the present state of inquiry," *CBQ* 27 (1965), pp. 217-40; *Der Gottesbund im Alten Testament* (Stuttgart, ²1967).
53 비교. M. Noth, *op. cit.* (p. 89 n. 20), pp. 142f.=*Ges. Stud.*, pp. 169f. 영역, p. 128.
54 W. Zimmerli, *op. cit.*, pp. 277f.=p. 214.
55 비교. p. 93.
56 비교. 뒤의 pp. 150이하.
57 W. Zimmerli, *op. cit.*, p. 279=p. 215.
58 K. Koch, *Die Priesterschrift von Exod. 25 bis Lev. 16. Eine überlieferungsge-schichtliche und literarkritische Untersuchung* (FRLANT 71, 1959), p. 98.
59 *Dei Gesetze in der Priesterschrift*, (FRLANT 62, 1954).

세우고 보존하실 수 있다는 확신을 표현하고자 수집된 것이다.[60] 이를 다시 적용하는 것은 자료의 정교화와 인상 깊은 통일성 수립, 성소 배치, 제의를 위한 거룩한 옷, 제사장 지시 사항에서 찾아볼 수 있다. 이들을 사용하고, 일관성 있는 체제를 구성함으로써, 질서 잡히고 축복 받는 삶의 근거를 제시하고자 한다.[61]

이 자료의 각 단락은 야웨의 지시 사항을 "야웨가 모세에게 말씀하시기를 '이스라엘 백성에게 말하라'"로 시작하여 "이스라엘은 야웨가 모세를 통해 그들에게 명령하신대로 행하였다"라는 말로 끝맺는다.[62] 각 단락은 야웨의 영광에 대한 깨달음으로 시작한다(출 24:15-18[34:29-35]; 40:34; 레 9:23f[10:2a]). 그렇게 하여 이 명령이 진짜임을 증명하고, 이 명령을 역사 안에서 확정적으로 계시한다. 신적 영광은 시나이 사건 이전에는 나타나지 않기 때문이다.[63]

P층의 세 번째 단락은 그 땅의 실제 정복과 분배 준비를 다루고 있다. 분명히 많은 전통적 자료가 있고, 다른 단락과 마찬가지로, P저작이라고 볼 수 있는 것과 전체에 대한 P의 제시임에 틀림없는 것 사이의 구분선을 쉽게 정할 수 없다. 그러나 주요 강조점은 땅을 받으리라는 기대감이다.[64] 헴펠(Hempel)은 결론을 제시한다.

60　비교. K. Koch, *Priesterschrift*, pp. 103ff.; *ZThK* 55 (1958), p. 51; R. de Vaux, *Ancient Israel* (영역, 1961), pp. 451ff.; M. Haran, *Script. Hier.* 8 (1961), p. 296.
61　비교. M. Haran, "The Priestly Image of the Tabernacle," *HUCA* 36 (1965), pp. 191-226. 제의와 수용성 주제는 다음을 참조하라. A. J. Wensinck, "The Significance of Ritual in the Religion of Israel," in *Semietische Studiën uit de Nalatenschap van A. J. Wensinck* (Leiden, 1941), pp. 51-60; E. Würthwein, "Kultpolemik oder Kultbescheid?" in *Tradition und Situation*, ed. E. Würthwein and O. Kaiser (Göttingen, 1963), pp. 115-31, 특히 pp. 122-6.
62　비교. C. Westermann, *op. cit.*, p. 7.
63　이 점에서 Koch (*Priesterschrift*, pp. 99f.)가 지적하듯, 신적 발화에 반응하지 않는 바로와 대조를 이룬다. "야웨께서 모세에게 이르시되 '아론에게 말하라'… 그러나 그(바로)는 야웨께서 말하였듯이 그들을 듣지 않았다"(출 8:1, 11 등). Koch는 다음과 비교한다. R. Borchert, *Stil und Aufbau der priesterschriftlichen Erzählung* (Diss., Heidelberg, 1957).
64　비교. G. Östborn, *op. cit.*, p. 72; M. Noth, *Das vierte Buch Mose: Numeri* (ATD 7, 1966), pp. 12, 14, 130ff.

모세가 후대에 자신들의 땅이 될 그 땅을 지파들에게 분배하고, 자신의 눈으로 그 땅을 본 후에, 수를 다한 후에 죽었다. 그의 후계자는 전수받은 영적 힘으로 그의 마지막 소망을 실현할 준비가 되어 있었다.[65]

이제 P의 마지막은 확실하지 않다.[66] 여호수아 13-19장(수 20, 21장)에 나타나는 영토 분배 제시의 상당 부분을 일반적으로 P에 속하는 것으로 추정하는데 매우 개연성이 크다.[67] 긴 간격은 종종 신명기의 추가와 정복 내러티브에 관한 것이라고 설명하지만,[68] 이 분배 자료의 일부분을 정복 후에 배치한 것으로 보는 편이 나을 듯하다. 위대한 두 작품(민수기와 여호수아)은 하나로 합쳐지고, 민수기의 마지막 장과 밀접하게 연결된다.[69] P저작에 정복 내러티브가 전혀 없다고 보는 관점은 종종 반박되었다. 여호수아 13-19장이 원래 JE 정복 내러티브를 이은 것이었다면, 이런 난제는 나타나지 않았을 것이다.[70] 그러나 이는 P저작의 진정한 의의를 간과한 것 같다.

신명기적 역사서에서 (되살아날 믿음에 대한 갱생의 가능성이 충분히 나타나지만) 포로의 결과가 의문으로 남아 있듯이, P에서도 미래를 그릴 때 주저하는 세심함이 있다.[71] 그 땅은 분배된다. 신적 의도가 있다는 것은 의심의 여지가 없다. 그러나 정복은 단순히 군사적 수단으로 성취되는 것이 아니다.

---

65 *PW* 22, 2 (1954), cols. 1963f. 이 특별한 발화 양식은 신 34장의 일부를 P기원으로 보는 추정에 의존한다. 대개 1a, 7-9절은 그렇게 보지만, 모세가 하나님에 의해 그 땅에 나타나게 된 것으로 묘사하는 삽입절은 아니다. 그럼에도 이 진술의 진정한 의미를 온전히 받아들일 수 있다. 모세는 그 땅을 할당함으로써 이미 현실에서 이스라엘의 소유라는 점을 보여 주기 때문이다.
66 G. Östborn, *op. cit.*, p. 20에서 민수기는 한때 모세의 죽음으로 끝난다고 제안한다. 그는 출애굽-민수기 단락 전체를 모세라는 인물을 중심으로 둔 통일체로 본다. 평행하는 경우는 다음을 참조하라. H.-G. Güterbock, "Die historische Tradition bei Babyloniern und Hethitern," *ZA* 42 (1934), pp. 1-91; pp. 34ff., 38도 보라.
67 O. Eissfeldt, *Introduction*, p. 251.
68 예컨대, O. Eissfeldt, *Introduction*, p. 223 참조.
69 비교. S. Mowinckel, "Israelite Historiography," *ASTI* 2 (1963), pp. 4-26; p. 5도 보라.
70 예. A. Bentzen, *Introduction to the OT II* (Copenhagen, 1949 [²1952]), pp. 74f.
71 비교. K. Elliger, *ZThK* 49 (1952), pp. 127f., 135= *Kl. Schr.*, pp. 180f., 189.

이것은 하나님의 행위다.⁷² 이것은 하나님에게 달려 있고, 이스라엘은 하나님이 목적한 바에 합당한 백성이 되어야 한다는 것이 중요하다.⁷³ 역대기의 성전(ecclesiastical battles)처럼, 이는 '거룩한 전쟁' 사상과 전쟁 묘사부터 신적 은혜에 이르기까지 정복 사상의 영화(靈化)에 대한 깊이 있는 이해의 논리적이며 적절한 산물이다.⁷⁴

한 백성이 하나님의 목적하시는 바에 합당하다. 여기에서 실상 연결 고리는 태초로 거슬러 올라간다. 하나님의 휴식일인 안식일 준수는 결국 그의 약속 성취로 표현되기 때문이다. 성결법전에서 안식일 준수에 실패한 결과로 가해진 심판에 대한 강조와 비교해 볼 수 있다. 심판 자체는 심판 없이는 누릴 수 없는 그 땅에 베푼 은혜다. 이를 보증하는 것은 이 저작의 중심 단락의 주요 관심사인데, 나머지 단락은 이를 중심으로 삼는다. 궁극적으로 이 중심 단락은 분명 재건된 공동체가 어떤 모습일지를 기대하는 '계획 저작'(Programmschrift)이다.

과거에 그러했던 것처럼, 다시 그렇게 될 것이다.⁷⁵

두 가지 요소를 구별할 수 있다.

첫 번째는 결정적이며 역사적 사건(성전 재건에 부합할 만한)인 장막 건축에 관한 율법이다.

두 번째는 과거에 세워진 바를 지속하고자 지속적으로 반복하는 과정인,

---

72 O. Eissfeldt, *Introduction*, p. 255.
73 비교. Millar Burrows, "Ancient Israel," in *The Idea of History in the Ancient Near East*, ed. R. C. Dentan (New Haven, 1955), pp. 99-131, pp. 123ff.를 참조하라.
74 정복을 삭제한 것에 대해서는 다음을 참조하라. K. Elliger, *ZThK* 49 (1952), pp. 140f. and 141 n.=*Kl. Schr.*, pp. 194f. 시 44:2-4과 쿰란 『전쟁 두루마리』도 참조하라. 비교. R. de Vaux, *Ancient Israel*(영역, 1961), pp. 266f.
75 Koch, *Priesterschrift*, p. 100; 비교. Elliger, *ZThK* 49 (1952), p. 141=*Kl. Schr.*, p. 195.

제의와 제사장직에 관한 율법이다.

그러나 이 둘이 이제 하나로 합쳐진다. 중심점을 오해해서는 안 된다. 레위기와 반복되는 율법 공식구를 지닌 민수기 첫 단락은 가장 정교한 종류의 결의법(casuistry)처럼 보인다. 율법적 결의법은 항상 가장 치명적인 종교의 적이었다.[76] 그리고 삶과 예배의 모든 자발성을 붕괴하지는 않지만, 포로 후기 유다 공동체의 경우에도 그러했다. 그래서 현실에서 위대한 예언자의 시대에 그러했던 것이다. 왜냐하면 그들의 제의 관행과 잘못된 믿음에 대한 비판이 근본적으로 이와 연결되기 때문이다.[77] P층이 보기에, 이 맥락을 회고하는 것이 중요하다. 이미 살펴보았듯이 P가 보기에 시나이에서 일어났던 것은 '옛 은혜 선포의 이행'이기 때문이다.[78]

이스라엘은 더 이상 단순한 축복과 저주 위협하에 놓이지 않게 되었다. P는 신명기 저작이나 예언자의 가르침보다 현실적인 인간의 필요를 헤아리고 있다.[79] "이스라엘은 응답할 수 있어야만 했다"라는 호소력 강한 요소가 있고, 신명기는 특히 삶을 갈망하고 선택하라는 훈계를 한다. 죄의 가능성은 간과되지 않는다. 현실은 엄중하게 인식된다.[80] P에는 정결의 본래 기간에 대한 암시가 없다.[81] 그러나 이스라엘의 삶을 다시 질서 잡는 상

---

[76] 비교. νόμος, *TWNT* 4, pp. 1036f. 영역, *Law* (London, 1962), pp. 39, 42f.; *TDNT* 4, pp. 1041ff. 비교. 뒤의 pp. 326이하.

[77] 비교. H. H. Rowley, "Ritual and the Hebrew prophets" in *Myth, Ritual, and Kingship*, ed. S. H. Hooke (Oxford, 1958), pp. 236-60, pp. 240ff.를 보라=*JSS* I (1956), pp. 338-60, pp. 342ff.를 보라=*From Moses to Qumran* (London, 1963), pp. 111-38, pp. 116ff.를 보라.

[78] W. Zimmerli, *op. cit.*, p. 279; R. H. Pfeiffer, *Religion in the Old Testament* (1961), pp. 182, 190f.에서 P의 제의에 대한 강조 때문에, 가치를 평가 절하하지만, P의 긍정적 측면을 인지한다.

[79] 예. 사 1:2ff., 16; 암 5:14f.; 비교. 신 30:15ff. 물론 이런 순종에 대한 권고는 이스라엘을 향한 하나님의 행위의 우선권에 대한 예언자와 신명기의 강조를 보아 알 수 있다는 것이 분명하다. 비교. J. Muilenburg, *The Way of Israel* (London, 1962), p. 67에서도 에스겔과 예레미야의 급진적 견해를 언급한다.

[80] 레 16장과 속죄일에 대해서는 다음을 참조하라. W. Zimmerli, *op. cit.*, p. 279. 뒤의 pp. 138이하. 후대 자료의 비관주의는 다음을 참조하라. B. D. Napier, "Community under Law. On Hebrew Law and its Theological Presuppositions," *Interpretation* 7 (1953), pp. 404-17, p. 416을 보라.

[81] 비교. Koch, *ZThK* 55 (1958), p.50. 광야 시대 관계의 정결에 관한 호세아와 예레미야의 견해(호

황뿐만 아니라 삶이 지속적으로 갱생되고 개혁되는 전체 과정을 제공하는 이는 바로 하나님이다.

하나님과 인간 사이에서 생명을 부여하는 접점인 고대 제의와 하나님의 현존이 실제로 이루어지고, 이로써 삶의 원천이 되는 처소인 고대 성소는 이스라엘의 존재를 새롭게 해석할 중심이 된다. 이스라엘의 존재는 하나님의 구원 행위라는 위대한 역사적 순간 위에서 지탱 가능하고, 신적 내재라는 힘의 계시로 인해 지속적으로 갱신된다. 이것을 단순히 구약 종교의 '가톨릭적' 요소로 묘사하는 것은 지나친 단순화다. 구약 종교에서 신명기와 예언자는 '프로테스탄트적' 요소를 대변한다. 실상 이 둘은 동일한 진리에 접근하는 보완적 방식이다. 즉, 신적 은혜의 실재와 신적 내재의 실재다. 이 점에 대해서 입법 행위의 다른 측면을 첨부하고자 한다.

① 영원한 처소는 아니지만 하나님이 등장하는 장막, 그러나 거기에서 거주하지는 않는 성막(인간과 하나님의 만남이 이루어지는 *miškān* 혹은 *'ohel mōʿēd*, 회막[82]) 건설[83]은 중심과 함축성을 제시한다. 에스겔의 재건 성전과 역대기 내러티브의 솔로몬 성전처럼, 이것은 천상의 계획에 따라 지어진 것이기 때문이다.[84]

2:16f.; 9:10; 12:9; 렘 2:2f.)와 에스겔의 뿌리와 가지에 대한 비난(겔 16; 23 등)을 대조하라. 서두에서 고대의 에덴과 바벨 전승을 다루며, 홍수 설화를 매우 강조하는 P는 실패와 희망의 기원(창 9:1ff.)을 인간 경험의 맨 처음에 두고 있음을 보여 준다(뒤의 p. 140을 참조). '광야' 시기를 이상적이라고 보는 사상(호세아와 예레미야에서 부수적으로 나타난다)에 대한 비판은 다음에 나온다. S. Talmon, "The 'Desert-Motif' in the Bible and in Qumran Literature," in *Biblical Motifs*, ed. A. Altmann (1966), pp. 31-63; C. Barth, "Zur Bedeutung der Wüstentradition," *VTS* 15 (1966), pp. 14-23.

82 비교. Koch, *ZThK* 55 (1958), pp. 48ff.; νόμος, *TWNT* 4, pp. 1035f. 영역, *Law* (London, 1962), p. 38; *TDNT* 4, p. 1042; R. E. Clements, *God and Temple* (1965), pp. 116ff.; M. Haran, "The 'Ohel Môʿēdh' in Pentateuchal Sources," *JSS* 5 (1960), pp. 50-65; *idem*, *HUCA* 36 (1965), pp. 191-226.

83 비교. W. Eichrodt, *Theology* I, p. 106.

84 출 25:9, 40; 겔 40:2; 대상 28:11f., 18f. 고대 사상(비교. Gudea의 성전 계획, *ANET*, pp. 268f.)이 여기에서 활용되고 있다. 비교. Re. E. Clements, *God and Temple* (1965), p. 129; T. Chary, *op. cit.*, pp. 24-43. 장막과 성전의 양식은 다음을 참조하라. M. Haran, *JBL* 81 (1962), pp. 14-24.

② 동심원적 원형 혹은 정사각형 내의 정사각형으로 이루어진 진영의 배치는 보다 고대 형태를 수용하고 수정한 것을 반영하고,[85] 에스겔 47-48장과 유사한 백성의 배치를 보여 준다. 에스겔보다 전통적이기 때문에, 일상의 삶을 위해 더 현실적인 영토 분배가 이루어졌음을 보여 주는 것처럼, 백성이 예배를 위해 세워졌음을 보여 준다.[86]
③ 제의 배치는 그 가운데 속죄 요소가 가장 중요한 부분을 차지한다. 공동체의 죄를 다룰 가능성을 제시하는 곳이 바로 이곳이다.

> 레위기 16장에 따라 위대한 속죄일에 공동체의 죄를 속죄할 가능성이 감춰져 있다. 매우 엄중하게 인식된 바, 공동체에 결코 다시는 위험이 될 수 없다.[87]

정결, 속죄에 대한 강조는 공동체의 필요를 인식하여 나온 것이다. 출애굽 세대는 더 이상 신실한 백성이 아니다. 그러나 여호수아와 갈렙만 믿음을 잃지 않은 자다. 그들만 땅을 정탐할 때 확고한 믿음을 가졌고, 동료들은 그 땅에 들어갈 수 없게 된다.[88] 백성의 궁극적 죄는 이스라엘에게 그 땅을 영원히 줄 것이라는 하나님의 능력을 의심한 것이다.[89] 이런 서술에는 포로기 위치의 불확실성에 대한 각인이 있다.

---

[85] 민 2장; 비교. A. Kuschke, "Die Lagervorstellung der priesterlichen Erzählung," *ZAW* 63 (1951), pp. 74-105. 다음의 언급도 참조하라. H.-J. Kraus, *Worship in Israel* (영역, 1966), pp. 128ff. 그의 비판은 주로 장막과 연관된 고대성에 관심을 둔다. 이 문제는 여기에서 논의되지 않는다. 그는 '반유목민'과 '정착' 생활 사이의 차이를 지나치게 강조하여 주제를 다소 단순화한다.

[86] P에서 유토피아와 현실적 요소를 결합하는 것은 다음을 참조하라. M. Haran, "Studies in the Account of the Levitical Cities," *JBL* 80 (1961), pp. 45-54, 156-65.

[87] W. Zimmerli, *op. cit.*, p. 279; 비교. K. Koch, "Sühne und Sündenvergebung um die Wende von der exilischen zur nachexilischen Zeit," *EvTh* 26 (1966), pp. 217-39, 특히 pp. 225-32. 수용성과 특히 *rāṣâ*의 의미에 대한 질문은 다음을 참조하라. R. Rendtorff, "Priesterliche Kulttheologie und prophetische Kultpolemik," *TLZ* 81 (1956), cols. 339-42; E. Würthwein, *op. cit.* (p. 96 n. 61).

[88] 민 14-30.

[89] K. Elliger, *ZThK* 49 (1952), p. 141=*Kl. Schr.*, p. 196.

그날의 이스라엘이 하나님의 능력을 충분히 믿었을까?

P층의 확실치 않은 결말은 이를 불확실하게 남겨 둔다. 엘리거(Elliger)가 제시하는 것처럼, 옛 출애굽 세대가 광야에서 죽어가고, 아직 젊은 세대가 약속의 땅에 들어가지 못할 때, 경고와 훈계의 메시지를 들을 때, 아마도 이는 포로기의 실제 상황을 반영한 것이라고 설명할 수 있다.[90]

상황은 6세기의 불확실성 속에서 그 자체를 되풀이하는 것이 아닌가?

P가 풍부한 옛 전승군을 차지하는 전체 저작은 현재 형태에서 P의 통제를 받고 있다. 원래 정복의 성취를 반영하는 옛 전승과 (실패를 알지 못하는 것은 아니지만) 얼마간 뒤이은 발전의 영광을 반영하는 옛 전승은 포로기의 불확실성에 종속되고, 새로운 상황에 놓이게 됨으로써 무력해진다.[91] 그래서 구원사 유형은 훼손되고, 옛 전승의 진화에 대한 이해를 위해 생생하고 의미 있지만 비평적 평가를 받게 된다.[92] 신명기적 역사서가 왜 실패했는지를 보여 주고, 이는 하나님의 약속을 받아들이고 하나님의 백성임을 나타낼 수 있는 바른 행동으로 응답하기를 인간이 거부한 결과라는 점을 경고한다. 제사장적 저작은 불확실성을 보여 준다. 에스겔처럼 P저작도 실패를 인생의 태초로 거슬러 올라간다. 이제 모든 창조가 어긋나게 된 최초의 실패 그 자체를 고려한다.[93]

이것은 그 땅을 직전에 두고, 그 땅이 그들의 것임을 독자와 청자에게 알게 한다. 익숙한 역사가 그들에게 그렇게 말해 주고 있기 때문이다. 이제 그들은 그 땅에서 멀리 떨어져, 이방인의 삶 가운데 놓이게 된다. 역사

---

[90] K. Elliger, *ZThK* 49 (1952), pp. 142f.=*Kl. Schr.*, pp. 196f.
[91] O. Eissfeldt, *Introduction*, 예컨대 pp. 255, 266에서 전승이나 저작의 본래 의도가 그것이 있는 더 큰 작품의 관심사에 종속되는 과정을 보여 주고자 이 편리한 용어를 활용한다. 동시에 전승과 이를 후대에 다시 다루는 것의 관계는 일방적이지 않다. 초기 자료를 다루는 것은 후대 작품을 구성하고, 또한 그 목적을 분명히 하는 데 도움이 된다. 그러므로 P 속에서 H를 다루는 것은 P의 의미를 분명히 하는 데 도움이 된다. 이미 살펴보았듯이(pp. 87ff.), H는 실제 역사적 상황에 분명히 연결된 것임을 드러낸다.
[92] 구원사(*Heilsgeschichte*)를 강조하는 것이 구약 성서 신학에 대한 일방적 접근법의 한계를 모호하게 해서는 안 된다.
[93] 비교. 앞의 p. 137 n. 81.

가 그 자체로 되풀이되는지에 대한 질문은 남아 있다. 그러나 사실상 주제가 불확실한 것은 아니다. 예전에 이집트가 "내가 야웨니라"라는 것을 알 수 있었던 것처럼,⁹⁴ 그들이 살고 있는 열방 역시 알게 될 것이다.⁹⁵ 하나님은 다시 그들을 불러들이시고, 그들을 만나 주실 것이다.⁹⁶

이 주제에 대한 기술(포로민 가운데 계신 하나님의 영광과 갱신된 구원, 그리고 백성 가운데 계신 하나님의 현존)은 앞으로 살펴볼 메시지인 두 예언자의 글 속에서 생생하게 찾아볼 수 있다.

---

94 출 7:5; 14:4, 18; 비교. K. Elliger, *ZThK* 49 (1952), p. 138=*Kl. Schr.*, p. 192; G. Östborn, *Yahweh's Words and Deeds* (1951), p. 17; H. Graf Reventlow, *ZAW* 71 (1959), p.36. 비교. p. 106 n. 17.
95 이 주제는 다니엘서 내러티브에서 더 발전된다.
96 희망을 미래로 투사하는 주제는 앞의 에스겔에 관한 pp. 110ff. 참조. 제사장적 저작은 과거를 묘사하는 것처럼 보이고, 이상을 과거로 투사하지만, 실제 에스겔과 신명기적 역사서처럼 미래에 크게 관심을 기울인다. 이 점은 다음에서 충분하게 강조되지 못하고 있다. N. H. Snaith, *Leviticus and Numbers* (*Century Bible*, London, 1967), p. 21.

제7장

포로기의 예언과 회복에 대한 이상

A. 에스겔

에스겔과 연결된 문학적 복잡성과 여타 문제가 너무나 많아서, 논의를 위해서는 채택된 관점을 충분히 고려하는 것부터 시작하는 것이 이상적이다.[1] 그러나 이 문제만큼 중요한 것은 예언자의 위치와 기능에 대한 온전한 정의임에도 불구하고, 현재 논의의 의도는 다소 제한적이다. 연대기 문제를 과소평가하면 안 되지만, 에스겔 전체가 보여 주는 인상을 고려하는 것이 타당하다고 본다. 그래서 K. 폰 라베나우(K. von Rabenau)는 다음과 같이 말한다.

> 비록 우리는 에스겔서가 제자들의 손을 상당한 정도로 거쳤다는 것을 인식한다 할지라도, 형식과 내용의 유사성을 고려한다면, 예언자와 편집자 사이의 밀접한 상호 연관성, 아마도 제자와의 직접적인 관계를 추정해야 한다.[2]

---

[1] 비교. C. Kuhl, "Zum Stand der Hesekiel-Forschung," *ThR* 24 (1957/8), pp. 1-53.

[2] "Das prophetische Zukunftswort im Buch Hesekiel" in *Studien zur Theologie der alttestament-lichen Überlieferungen,* ed. R. Rendtorff and K. Koch (Neukirchen, 1961), pp. 61-80, p. 62를 보라. 또한 그의 다음 논문도 참조하라. "Die Entstehung des Buches Ezekiel in formgeschichtlicher Sicht," *WZ Halle* 5 (1955/6), pp. 659-94.

후대 기원으로 보이는 구절이 있지만, 이것조차 '에스겔 전승'으로 명명할 수 있는 것에 속하며, 후대 구약 사상에서 에스겔이 차지하는 위치를 이해하는 데 의의가 있다.³ 이 점은 특히 에스겔 40-48장을 여기에 포함시키는 것과 연관된다.⁴ 우리가 관심을 두는 것은 에스겔 전체다. 즉, 포로에 대한 태도와 회복에 대한 이해다.

에스겔이 구약 전승에서 차지하는 위치에 대한 인식이 확산됨으로써,⁵ 이 예언자를 동떨어지고 이상한 자, 예언자의 노선에 끼어든 제사장계 침입자라고 보는 것은 적절하지 않게 되었다.⁶ 이 예언자의 심리에 대한 보다 깊은 이해를 통해,⁷ 그의 분명히 거칠고 폭력적인 언어 속에서 매정한 인격의 징후를 더 이상 찾아낼 필요가 없게 되었다. 언어의 폭력성은 감정의 격렬함과 같이 가는 것이다.⁸ 예언자 스스로 그들의 운명과 묶어 버린 백성의 처절한 운명에 대한 예언자의 민감성과 무엇보다도 하나님의 거룩성에 대한 심오한 지각이 그의 인격을 형성했다. 결코 이해하기 쉽지 않지만, 그의 통찰력을 볼 때 연구 가치가 있다.⁹

우선 에스겔과 그의 선임자들이 구분되는 것은 도성과 성전의 실제 파괴와 포로 경험이 처음으로 가장 중요한 현실이 되었다는 점이다.¹⁰ 물론

---

3 다음도 참조하라. G. Fohrer, *Die Hauptprobleme des Buches Ezechiel* (BZAW 72, 1952), pp. 144-8과 pp. 155f.의 에스겔과 제2, 3이사야의 관계를 참조하라. S. Herrmann, *Die prophetischen Heilserwartungen im Alten Testament. Ursprung und Gestaltwandel* (BWANT 85, 1965).
4 다음도 참조하라. H. Gese, *Der Verfassungsentwurf des Ezekiel (40-48). Traditions-geschichtlich untersucht* (BHT 25, 1957); M. Schmidt, *op. cit.* (n.6), pp. 163-6.
5 비교. W. Zimmerli, "The Special Form- and Traditio-Historical Character of Ezekiel's Prophecy," *VT* 15 (1965), pp. 515-27. 보다 더 극단적인 입장은 다음을 참조하라. H. Graf Reventlow, *Wächter über Israel, Ezechiel und seine Tradition* (BZAW 82, 1962).
6 M. Schmidt, *Prophet und Tempel* (1948), p. 109에서 그를 "특별한 의미에서 예언자적 메시지의 절정에 달하는 자"라고 묘사한다. W. Eichrodt, *Krisis der Gemeinschaft in Israel* (Basler Universitätsreden 33, Basel, 1953), pp. 4f.
7 비교. G. Widengren, *Literary and Psychological Aspects of the Hebrew Prophets* (UUÅ, 1948. 10, 1948).
8 이 논점은 많은 소설가와 극작가의 글에서 예시된다.
9 비교. G. von Rad, *Theology* II, pp. 232f.; W. Zimmerli, *Ezechiel* (BK 13, 1956ff.). 예컨대, p. 117에서 그는 사 53장과 비교한다.
10 M. Schmidt, *op. cit.*, p. 110; W. Eichrodt, *op. cit.*, p. 6.

이런 일을 겪은 예레미야에게도 부분적으로 해당 사항이 있지만, 예레미야의 메시지 전체에 대한 이해는 그의 사역의 초기 단계에 더 의존한다. 예레미야의 사상과 그와 연관된 전승의 몇몇 측면은 이미 검토되었다.[11] 초기의 예언 자료, 특히 이사야 자료에 대한 수정과 재해석도 재앙을 반영한다. 그러나 여기에는 일관성이 없다. 왜냐하면 우리는 갖고 있는 자료에만 의존하기 때문에, 우리가 누구에게 빚을 지고 있는지가 모호하기 때문이다. 그들의 태도의 어떤 면은 이미 언급하였다.[12]

에스겔의 관심은 전적으로 재앙의 현실에 초점을 맞추고 있다. 그는 하나님이 인간에게 보이시는 방식을 정당화하기 위해, 상황에 관심을 기울이고 있다(여기에서 하나님이 행하신 일의 의로움을 보여 주고자, '정당화하다'는 '올바르다고 선포하다'라는 구약적 의미[hiṣdīk]로 사용된다).[13] 심판과 약속이 모두 이에 달려 있다. 에스겔이 전체 백성에게 가해진 행위의 절대적 의로움이라는 측면에서 심판을 이해하기 때문이다. 에스겔은 재앙이 어떻게 하나님의 계획과 목적에 부합하는지를 보여 주고, 백성의 상황이 다른 대안을 생각할 수 없을 정도였는지를 보여 주는 데 관심을 두고 있다.[14] 이 점에서 사실상 그는 자신의 예민함 때문에 비이성적이 된다. 그는 완벽한 타락을 선포하고, 또 악한 길에서 돌아서서 살아야 한다는 하나님의 의도를 선포한다.[15]

그러므로 그는 인간이 하나님의 행위에 반응하면서 살아야만 한다는 것에 대한 인식(초기의 예언자적이며 신명기적 노선의 사고의 특징)과 죄의 과격한

---

[11] 비교. 제4장.
[12] 비교. 앞의 pp. 44f.
[13] 에스겔의 성결법(sacral law) 적용은 다음을 참조하라. G. von Rad, *Theology* II, p. 225; W. Zimmerli, "Die Eigenart der prophetischen Rede des Ezechiel," *ZAW* 66 (1954), pp. 1-26, p. 20을 보라=*Gottes Offenbarung* (ThB 19, 1963), pp. 148-77, pp. 169f.를 보라. 에스겔과 제사장 문서에 대해서는 다음을 참조하라. Y. Kaufmann, *The Religion of Israel* (영역, 1961), pp. 433ff.
[14] 비교. W. Eichrodt, *op. cit.*, pp. 8f.; Y. Kaufmann, *op. cit.*, p. 427.
[15] 유사한 비일관성은 예컨대, 다른 구절과 비교해서 렘 36:3에서 찾아볼 수 있다(비교. pp. 52ff.).

속성에 대한 깨달음을 하나로 연결하였다.[16] (그런데 죄의 과격한 속성에 대한 깨달음은 과거의 어떤 때에도 목가적 시대를 찾을 수 없었던 P처럼, 에스겔도 백성의 초기 역사로 거슬러 올라가서 완벽한 타락의 기록밖에 찾을 수 없었다. 이는 하나님의 '이름'에 대한 관심으로 인해서만 멈춰지고 재앙은 거듭 연기된다.) 하나님의 의도는 인간이 살아야 한다는 것이며, 이를 선포한 것은 재앙 가운데 살아 남는 자가 소수라는 것을 밝히는 것으로 표현된다(겔 9:3ff.).

에스겔의 타락 인식의 현실주의는 철저한 파괴의 상징에서 찾아볼 수 있고, 살아남은 자로 묘사되는 일부 백성조차 여전히 훈육 대상이 된다(겔 5:1f.). 그러므로 신적 심판의 절대성에 대한 인식과 연결되어 있다. 이와 더불어 약속은 신적 행위의 올바름에만 달려있음이 선포된다. 포로민과 그들이 살아남았기 때문에 의롭다고 생각하는 자들은 자신이나 후손이 경험하게 된 구원 행위는 스스로의 의로움 때문이 아니라, 하나님의 의로움에서 비롯된 것임을 깨닫게 된다(겔 33:23f.).

여기에서 우리는 D와 P의 사상 세계의 보다 긍정적인 측면에서 도출된 것임을 볼 수 있다. 이는 결과에 대해 다소 주저하면서 하는 말이지만, 이스라엘이 유일하게 의존할 수 있는 일은 하나님이 하시고자 하는 바에 달려 있음을 깨닫게 된다. 출애굽 계약이든 아브라함 계약이든 계약으로의 회귀, 즉 확신할 수 있는 하나님의 속성에 대한 이전의 선포로 회귀가 일어나는 곳에서, 에스겔은 하나님이 행하시는 바를 통해 하나님 되심을 강조한다. "나는 야웨니라"(*ani Yahweh*)는 선포는 모든 사건의 절대적 토대가 되고, 그래서 희망의 유일한 원천이 된다(에스겔과 H의 특징이며, 또한 제2이사야에서도 찾아볼 수 있다[17]). 그러나 에스겔은 자신과 백성의 모든 가식을 벗

---

16 겔 20장; 비교. 겔 16장; 23장. 이 논점은 다음을 참조하라. G. von Rad, *Theology* II, pp. 225ff., 특히 p. 228 참조. 에스겔의 역사 해석은 다음을 참조하라. G. Fohrer, *Ezechiel* (HAT 13, 1955), pp. 108f.; W. Zimmerli, *Ezechiel* (BK 13, 1956ff.), pp. 439f.에서 에스겔의 주제 제시에 나타난 옛 형태에 대한 의존을 강조한다. 그리고 그의 다음 논문을 참조하라. "Israel im Buche Ezechiel," *VT* 8 (1958), pp. 75-90, pp. 88f.를 보라. 비교. Y. Kaufmann, *op. cit.*, pp. 435f.

17 비교. W. Zimmerli, "Ich bin Jahwe," in *Geschichte und Altes Testament* (*Festschrift A. Alt*, 1953),

겨 내고, 가장 가혹한 죽음의 경험에서 구원받음을 통해(비교. 겔 37장) "당신 야웨께서는 아십니다"를 인정할 수 있게 된다. 오직 하나님만이 결과가 어떨지 결정하실 수 있다.[18] 이러한 하나님의 행위에 대한 철저한 수용은 재앙을 온전히 받아들일 때 가능해진다.[19]

1. 에스겔과 재앙

성서 전승처럼 에스겔을 바벨론에서 활동했던 예언자로 이해하든지, 일부 현대 학자들이 믿는 대로 팔레스타인에서 먼저 활동했던 예언자로 간주하든지,[20] 그럼에도 불구하고 그의 초기 관심사는 주로 예루살렘이었다. 그리고 이는 사실상 에스겔 사상 전체의 중심이 된다. 하나님이 선택한 장소인 성전이 있기 때문에 의미 있는 예루살렘 도성은[21] 이제 파괴되기 직전이다. 사건이 실제로 일어났을 때, 에스겔의 초기 신탁 발화 모음집은 포로 공동체에게 이 사건을 설명하는 일에 초점을 맞추고 있는 것처럼 보인다. 이 관심사는 팔레스타인과 바벨론 유다인 모두와 관련이 있다. 에스겔 11장에서 보다시피, 심판은 예루살렘 유다인이 스스로 안전하다고 믿는

---

pp. 179-209=*Gottes Offenbarung*, pp. 11-40; *Erkenntnis Gottes nach dem Buche Ezechiel-Eine theologische Studie* (*ATANT* 27, 1954)=Gottes Offenbarung, pp. 41-119. 다음도 참조하라. "Das Catteswort des Ezechiel," *ZThK* 48 (1957), pp. 249-62, 특히 p. 261=*Gottes Offenbarung*, pp. 133-47, 특히 pp. 146f.에서 심판과 회복 둘 다를 통해 자신에 대한 지식을 보여 주는 야웨 말씀의 목적을 참조하라. M. Schmidt, *op. cit.*, p. 112.

18 비교. G. von Rad, *Theology* II, p. 229; H. Wheeler Robinson, *Two Hebrew Prophets* (London, 1948), pp. 106f.
19 다음도 참조하라. G. Fohrer, *Die Hauptprobleme des Buches Ezechiel* (BZAW 72, 1952), p. 264.
20 검토와 참고 문헌은 다음을 참조하라. H. H. Rowley, "The Book of Ezekiel in Modern Study," *BJRL* 36 (1953/4), pp. 146-90=*Men of God* (1963), pp. 169-210. 필자가 보기에 분명히 꽤 어렵지만, 후자의 견해가 여전히 더 일관성도 있고 본문을 제대로 이해할 수 있게 하는 것 같다. 에스겔의 최근 연구 동향을 볼 때, 에스겔을 기원전 6세기에 두지 않는 다양한 이론을 논할 필요는 없을 것 같다.
21 비교. R. E. Clements, *God and Temple*, pp. 102ff.; M. Schmidt, *op. cit.*, pp. 115-21.

것에 관해 필요한 논평으로 볼 수 있기 때문이다(비교. 렘 29; 24).

바벨론 유다인에게 유일하게 남은 희망은 아직 최악은 일어나지 않았고, 마지막 파괴 재앙이 도성과 성전을 엄습하지 않았다는 사실이다. 최악이 일어나지 않는 한 희망은 있다. 예언적 발화가 급속한 운명의 변화를 암시할 때, 예레미야가 포로민에게 보낸 편지 때문에 급증한 관심(렘 29장)은 가혹한 파멸의 메시지를 대답으로 듣게 된다. 그런 고려 역시 왜 에스겔 예언의 편집에는 이제는 과거가 되어버린 사건에 대해 그토록 세세한 관심을 기울이는지를 분명히 보여 준다.

심판 예언은 예언자가 속해 있는 유산의 일부를 형성하고, 그래서 많은 경우에 대해 사용 가능한 말을 고려해 보아야 한다. 그러나 이 말은 이런 맥락에서 두 가지 기능을 한다. 이 말은 일어난 사건의 이유를 명확히 하고자 한다. 그리고 이것을 고려하지 않고서는 하나님을 바르게 이해할 수 없다(비교. 겔 18:2에서 묘사된 바와 같은 대중 반응). 이는 또한 다른 예언 모음집처럼 예언자의 메시지를 합법화하고자 하여, 우리가 쉽게 믿는 것처럼 에스겔의 경우에 특히 필요한 것이었다.[22]

맨 처음 베르톨렛(A. Bertholet)이 옹호한 것처럼, 이런 특정 형태로 된 에스겔식 해석의 가장 큰 장점은[23] 그가 두 가지로 구분되는 국면(팔레스타인과 바벨론)에서 활동한 것으로 나타난다는 점이다. 이는 또한 환상가적 경험을 구분할 것을 제시하며,[24] 재앙과 이어 나올 하나님에 대한 보다 새로

---

[22] 신 18:15-22과 에스겔 후렴구를 참조하라. "그들 가운데에 선지자가 있음을 알지니라"(겔 2:5 등). K. von Rabenau, "Die Entstehung des Buches Ezechiel im formgeschichtlicher Sicht," *WZHall* 5 (1955/6), pp. 659-94. 다음 논문도 참조하라. J. Bright (p. 172 n. 4). 그리고 유사한 "너희는 내가 야웨임을 알지니라"는 다음을 참조하라. W. Zimmerli, "Das Wort des göttlichen Selbsterweises," in *Mélanges Bibliques... A. Robert* (Paris, 1957), pp. 154-64=*Gottes Offenbarung*=pp. 120-32.

[23] *Hesekiel* (HAT 13, 1936), pp. XIIIff.

[24] 즉, 1:1-2:7과 2:8-3:3. W. Zimmerli, *Ezechiel* (BK 13.1, 1956), pp. 13-21에서 이 단락의 통일성에 대한 논증은 원래의 통일성을 증명하기보다는 텍스트의 마지막 통일된 형태의 일관성과 명료함을 제시한다. 여기에 뚜렷한 요소가 두 개 있다. 첫 번째만 겔 10; 43:1-4에 다시 나타나고 있음에 주목할 필요가 있다. Zimmerli, "Israel im Buche Ezechiel," *VT* 8 (1958), pp. 75-90에서

운 경험의 재앙적 속성을 더 강조하는 것이다. 구약 전승 안에 서있는 자에게 야웨의 보편적 영향은 결코 새롭게 발견된 개념이 아니기 때문에, "하나님이 바벨론이라는 부정한 땅에 임재하셨다는 것은 에스겔의 발견이다"라는 관점에서 말할 정도로 고리타분해서는 안 된다.

이에 대해 단순한 이론화와는 별개로 차라리 경험은 상황적 현실을 통해 나타난다. 포로지, 즉 부정한 땅에 있다는 현실(비교. 겔 4장)은 분명히 포로를 경험한 다른 자들과 마찬가지로, 에스겔서에 충격적인 반응을 낳았다. 포로민은 즉시 동화될 수 없었다. 야웨가 모든 백성의 운명을 통제한다는 믿음은 포로와 더불어 지속되지만, 그래서 야웨는 모든 곳에서 접근 가능해야 한다는 지식, 즉 그에 대한 실제 경험은 신앙에 대한 시험과 같다. 이는 마치 에스겔처럼 재앙 예견이 확실히 표현될 수 있지만, 그에 대한 경험은 오직 사건이 유발될 수 있는 바를 다시 생각할 것을 요구한다.[25]

신이 약속한 성전과 도성의 파괴는 에스겔서 전반부에 나타난 일련의 환상, 상징, 발화에서 가장 분명하게 펼쳐진다. 재앙에 대한 반복된 강조는 그것의 중요성을 분명히 밝힌다. 이를 선포한 자는 바로 야웨 자신이다. 백성의 편에서는 죄와 실패가 주된 동기이며, 예언자는 실패가 너무 뿌리가 깊어서 어떤 치료도 가능하지 않다는 것을 반복해서 강조한다. 백성의 불순종은 너무나 뿌리 깊어서 어떤 회개 운동의 여지도 없다(예, 겔 2-3장).

그러나 신명기의 특징인 훈계조의 강조 요소가 여기에 포함되어 있는데, 이는 신탁 자료를 설교조로 확장한 것과 특히 파수꾼 단락과 에스겔 18장의 책임감 논의를 통해 표현된다.[26] 그 백성의 죄 때문에 애곡하는 자

예언자는 팔레스타인의 정치 상황에서 멀리 떨어져 있음을 제안하고자 용례를 통해 논증한다. 그러나 이 독특한 특징이 어떻게 나타나게 되었는지 설명할 필요는 여전히 있다. Zimmerli가 여기에서 에스겔과 P의 유사성을 언급하여 이런 특징적인 화법을 낳게 한 것은 단지 바벨론 배경이 아니라는 점을 제안하는 것이다. 에스겔과 P는 둘 다 역사와 지리를 '유형학적' 방식으로 다룬다.

25 비교. M. Schmidt, *op. cit.*, pp. 124ff. 다른 비교 가능한 반응은 앞의 p. 39를 보라.
26 비교. G. von Rad, *Theology* II, pp. 230ff.

를 표시하고(겔 9장), 그래서 그들이 재앙에서 살아남았다는 것은 결코 단순하게 포로민의 위치를 구원받은 자로 승인하지 않으며,[27] 인과응보 교리를 간단하게 인위적으로 적용하지도 않는 상황 속에 있다. 결과가 어떠하든지, 이스라엘의 올바른 반응은 필요하기 때문에, 예언자는 자신이 호소하는 바를 긴급하게 표현한다.

그러나 이것은 최후 심판이라는 맥락 속에 있다. 그리고 이는 인간의 응답하는 능력이 아니라, 하나님의 행하시고자 하는 의향에 달려 있는 미래를 예비한다.[28] 책임에 대한 강조는 그것을 수용해야 하는 자에게는 심판으로 다가온다. 예언자의 주요 청중인 바벨론의 포로민은 불순종하였고, 예루살렘에 가해진 심판은 그들 자신에게 가해진 심판이라는 이야기를 듣게 되었다.[29] 그래서 이는 선조부터 내려온 어떤 책임의 잔존물인 결과가 아니다.

있을 것 같지도 않지만 이스라엘이 보여 줄 반응의 가능성은 완전히 배제되었다. 그러나 동시에 이는 그 반응이 실제로 인간의 노력 문제가 아니라, 전적으로 하나님의 은혜라는 방식으로 표현된다. 이 단락에서 강조하는 바는 인간이 죽어야만 하는 것이 아니라 살아야만 한다는 것이 하나님의 의지라는 점이다. 에스겔서 후반부의 회복 메시지는 생명에 대한 하나님의 의지의 정확한 의미를 보여 줌으로써 이를 위한 배경을 제시한다. 신적 행위라는 맥락에서 전적으로 스스로에게 동기를 부여하고 질서 잡힌 삶의 가능성이 제시된다.

이렇게 부분적으로 다양한 생각을 하나로 묶음으로써, 하나님의 새로운

---

[27] G. von Rad, *Theology* II, pp. 233f.에서 개인주의적 강조점을 소개함으로, 논점을 다소 지나치게 단순화한다. 그러나 그가 미래는 기적, 즉 하나님의 행위에 달려 있음을 인식하고 있다고 계속해서 말함으로써 분명해진다.

[28] 비교. M. Noth, "La catastrophe de Jérusalem en l'an 587 avant Jésus-Christ et sa signification pour Israël," *RHPhR* 33 (1953), pp. 81-102, p. 102에서 인간의 희망의 부재를 보라="Die Katastrophe von Jerusalem im Jahre 587 v. Chr. und ihre Bedeutung für Israel," *Ges. Stud.* (²1960), pp. 346-71, p. 371을 보라. 영역, *The Laws in the Pentateuch and Other Essays* (Edinburgh, 1966), pp. 260-80, p. 280을 보라.

[29] 비교. M. Schmidt, *op. cit.*, p. 115.

행위라는 간접적 맥락에서 늘 찾아볼 수 있는 것이지만, 에스겔은 이런 경향성을 넘어서서 D의 특징인 도덕적 교훈으로 나아가게 된다. 그리고 동시에 에스겔은 백성의 갱신된 상황을 하나님이 제의를 세우시는 것으로 본다. 또한 그는 후에 자체적으로 작동하는 제의에서 나오는 자동적 결과라고 생각하는 위험성도 피하고자 한다. 하나님의 의지는 생명을 위한 것이다.

그러나 특징상 에스겔서의 후반부는 파수꾼 단락의 반복으로 시작한다(겔 33:1-9; 비교. 3:16-21). 이는 회복 이해에 대한 유익한 통찰력이다. 하나님이 회복하고자 행동하실 때, 이는 그의 의지의 표현이다. 그러나 비록 신적 행위와 인간의 응답 사이의 정확한 관계를 결코 온전히 정의 내릴 수 없다 하더라도 응답은 결코 자동이 아니다.

2. 에스겔과 회복

에스겔서의 현재 형태 속에서 회복이라는 희망의 요소는 이미 첫 부분의 심판 신탁 가운데 기록되어 있다.[30] 심판의 의로움을 받아들이고, 그들에게 심판을 가하시는 하나님의 의를 인정함으로써 심판을 수용하는 자들이 바로 약속의 수령자다. 다른 접근법은 에스겔 20:32-44에서 찾아볼 수 있는데, 흩어졌던 열방에서 온 백성을 다시 모으는 주제는 새로운 출애굽 경험이라는 관점에서 제시되고 있다.[31] 비록 에스겔의 정신 사상 안에 수정이 가해지지만, 원래의 출애굽 사건을 연상하는 관점에서 미래를 서술한다.[32] 백성은 그 땅이 아니라, 성전산으로 입성하기 위해 '여러 나라의 광

---

[30] 비교. 예컨대, 겔 11:14-21.

[31] W. Zimmerli, "Le nouvel 'Exode' dans le message des deux grands prophètes de l'exil," in *Maqqédl shâqédh. Hommage à W. Vischer* (Montpellier, 1960), pp. 216-27=*Gottes Offenbarung*, pp. 192-204. 다음도 참조하라. Y. Kaufmann, *op. cit.*, p. 440.

[32] 예컨대, Zimmerli는 겔 20:33의 "분노를 쏟아"가 열방이 아니라, 이스라엘을 향한 것임을 보여

야'(겔 20:35)에서 심판하시는 하나님과 다시 만나게 된다. 에스겔 40-48장에 상술된 회복이라는 중심 주제는 여기에 분명히 드러난다.

심판과 약속의 관계는 현재의 자료 형태에 뚜렷이 드러난다. 이것은 에스겔서 후반부의 약속과 회복에 대한 보다 확대된 주해를 예비한다. 모든 적대적인 세력을 능가하는 하나님의 탁월성을 제시하는 열방 신탁 뒤에, 이스라엘을 위한 하나님의 회복 계획의 다양한 측면이 펼쳐진다. 현재 배열된 자료에 따르자면, 이것은 부분적으로 전체 에스겔서의 양식을 반복한다.

에스겔 33-37장은 경고와 회복의 일반 원칙이라고 부르는 것에 더 관심을 기울이고 있다. 이는 심판 요소를 배제하지 않으며, 통치자와 백성의 실패를 상기하고, 백성이 처한 현재 상황을 암시한다. 이 속에서 백성의 회복과 정화와 육신에 새로운 마음을 제공하려는 야웨가 정당한 이유는 바로 신적 이름에 대한 모욕 때문이라고 진술한다(겔 36:16-32).

그러나 회복에 대한 전체 조직을 세밀하게 묘사하기 전에, 악의 세력의 파멸의 축소판인 마곡의 곡의 맹공격이 끼어든다(겔 38-39장).[33] 그러나 우리가 살펴볼 것처럼, 이는 회복에 보다 넓은 배경을 제공하는 역할을 한다. 그 다음으로 에스겔 40-48장은 신적 행위를 상술하는데, 이로써 회복의 효력이 발생한다.[34] 그러나 이 양식은 자체의 논리를 지니고 있다. 그러나 에스겔 전반부에 나타나는 세 가지 주제를 취하고, 그 의의를 도출하는 것이 본 연구의 목적을 위해 좋다고 본다. 이 세 가지는 성전, 제의, 땅-백성이다.

준다(op. cit., p. 219=Gottes Offenbarung, p. 195).
[33] 야웨의 날에 관한 사상과 묘사의 관계는 다음을 참조하라. G. von Rad, JSS 4 (1959), pp. 502f.
[34] 겔 40-48장의 통일된 형태는 다음을 참조하라. H. Gese, op. cit., pp. 1ff.

1) 성전[35]

방금 살펴보았듯이 하나님이 취하시는 행동은 스스로가 행하시는 바에 기초한다(겔 36:16f.). 또한 회복의 중심은 하나님의 임재를 나타내는 그의 처소다.[36] 계약 공식은 그들 가운데 하나님의 거하심으로 갱신된다.

> 내가 그들과 화평의 언약을 세워서
> 영원한 언약이 되게 하고
> 또 그들을 견고하고 번성하게 하며
> 내 성소를 그 가운데에 세워서 영원히 이르게 하리니
> 내 처소가 그들 가운데에 있을 것이며
> 나는 그들의 하나님이 되고 그들은 내 백성이 되리라(겔 37:26-27).[37]

이것은 에스겔 40:1-43:12의 새 성전에 대한 상세한 묘사에서 정교화된다. 이스라엘의 산으로 옮겨가는 환상 속에서 예언자는 '도성 건설'과 비슷한 것을 보게 된다(겔 40:2). (묘사의 모호성은 겔 1:26에서 하나님의 등장을 묘사하는 에스겔의 조심성을 연상시킨다.) 구조의 상세 사항은 측량 과정을 통해 펼쳐지고,[38] 동쪽에서 오시는 하나님의 영광의 등장으로 절정을 맞는다. 심판 단락에서(비교. 겔 1; 10) 성전과 도성의 주인이지만, 파괴되도록 내버려 두신 하나님이 바벨론의 예언자에게 같은 모습으로 등장하셨던 것처럼, 여기에 다시 한번 오셔서 성전에서 말하는 소리를 들으시는 동일한 하나

---

[35] M. Schmidt, *op. cit.*, pp. 129-71에서 에스겔 자료의 전 영역을 검토하는데, 그의 사상에서 성전이 차지하는 중심적 위치를 강조한다. 특히 pp. 166-71에서 하나님과 성전과 이스라엘의 갱신된 삶의 관계에 대한 적절한 강조를 보라.

[36] 성전과 하늘 처소 사이의 관계는 다음을 참조하라. M. Haran, "The Ark and the Cherubim," *IEJ* 9 (1959), pp. 30-38, 89-94, pp. 91f.를 보라.

[37] G. von Rad, *Theology* II, pp. 234f.에서 렘 31:31-34을 비교한다. 다음도 참조하라. R. E. Clements, *God and Temple* (1965), pp. 105f.

[38] 비교. R. de Vaux, *Ancient Israel* (영역, 1961), pp. 322f.

님이라고 주장하신다.

> 이는 내 보좌의 처소… 내가 이스라엘 족속 가운데에 영원히 있을 곳이라(겔 43:7).

이것은 하나님 자신의 처소이며,[39] 계획의 상세 사항과 땅과 백성의 조직 전부와 다른 경계 벽에 대한 강조에서 보듯이, 이것은 부정한 손으로 만질 수 없고, 엄격하게 구분되어 있다. 침멀리는 다음과 같이 말한다.[40]

> 매우 높은 산 위에 세워진 새 성전 건축 공사에 인간의 어떤 참여도 언급하지 않는다는 것은 우연이 아니다. 언급되는 바는 백성 가운데 있는 처소에 오시는 야웨의 영광이라는 자의적 사건에 관심을 둔다.[41]

이것은 단순한 거주가 아니다.

하나님의 임재와 땅과 백성의 삶 사이의 연결(성전 이데올로기라는 고대 모티프[42])은 성전에서 흘러나와, 흐르는 곳마다 깊이가 깊어지고, 사해를 소생케 하며, 흐르는 곳마다 땅을 비옥케 하는 강에 대한 환상에 분명히 드러난다(겔 47:1-12). 도성 자체는 두 지역 사이에 레위인을 배치함으로써 성전과 구분된다(겔 48:8-20). 이는 하나님의 임재로 거룩하게 되고, 새로운 이름을 부여받는다(슥 8:3과 제3이사야 62:5뿐만 아니라, 아마도 동일하게 후대의

---

[39] 비교. T. Chary, *op. cit.*, p. 17에서 야웨는 이것과 연결되지 않는다고 언급한다. 왕상 8:27과 비교 가능한 관계의 영화(spiritualizing)가 있다.
[40] *ZAW* 66 (1954), p. 26=*Gotts Offenbarung*, p. 177; 비교. T. Chary, *op. cit.*, pp. 17f.; M. Schmidt, *op. cit.*, p. 161.
[41] 에스겔 성전 개념의 의의에 대해서는 다음을 참조하라. R. de Vaux, *Bible et Orient* (Paris, 1967), pp. 309f. (이 책은 독일어로 출판된 다음 책의 불어판이다. *Lexikon für Theologie und Kirche* IX [Freiburg, 1964], cols. 1350-8).
[42] 비교. R. E. Clements, "Temple and Land," *TGUOS* 19 (1963), pp. 16-28; *God and Temple* (1965), pp. 10f.

것으로 보이는 사 1:26에서도 찾아볼 수 있는 주제다). 이는 야웨 임재의 실체를 강조하는 것으로, "야웨가 거기 계신다"(*Yahweh-šāmmā—Yerûšālaim*이라는 이름에 대한 언어유희는 고대 이름에 대한 재해석이다[48:35].)[43]

2) 제의[44]

신적 권능을 매개하는 것은 거룩성의 보존과 연관된다. 즉 공동체의 삶이 유지되고, 정결성이 보존되는 지속적 기제를 제공하는 것이다. 지시 사항에 대한 상세한 서술은 제사장 법전(The Priestly Code)의 분위기로 몰아간다. 그리고 실상 몇 군데에서 에스겔 자료를 제사장 법전과 일치시키고자 정교화 작업이 이루어진 것처럼 보인다.[45]

이런 제의 프로젝트는 계속해서 영향력이 있었고, 후대에 발전에 필요한 수정을 거치게 되었다.[46] 제사장 문서처럼 제사와 제사장 조직에 대한 상세 사항은 정결 유지에 상당히 집중하고 있다. 제사장과 여타 관료에 관한 규율, 계층 구성, 이방의 영향으로 오염되지 말아야 하는 중심의 거룩성을 보존하는 것과 관련된 행위 영역 설정에 대해서도 동일한 점들이 제시된다.[47] 이것은 성소에서 흘러나온 생명을 주는 힘에 대한 강조의 이면이

---

[43] 이름을 다시 짓는 것에 대해서는 다음을 참조하라. E. N. B. Burrows, "The Name of Jerusalem" in *The Gospel of the Infancy and other biblical essays*, ed. E. F. Sutcliffe (London, 1941), pp. 118-23; O. Eissfeldt, "Renaming in the Old Testament," in *Words and Meanings*, ed. P. R. Ackroyd and B. Lindars (Cambridge, 1968), pp. 69-79.

[44] 비교. T. Chary, *op. cit.*, pp. 22f.

[45] 상세 사항은 예를 들어 다음의 주석서를 참조하라. G. Fohrer and K. Galling, *Ezechiel* (HAT 13, 1955), pp. X, 228 등.

[46] Y. Kaufmann, *op. cit.*, p. 443처럼, "P와 일치하는 44:17-31의 부분"만 포로기 이후 실행되었다고 확증하는 것보다 이것이 더 자연스럽다. Kaufmann은 자료 전체를 순수하게 환상으로 본다. 이상과 실제 개혁을 위한 제안 사이의 관계를 결정하는 것은 쉽지 않다. 그러나 어느 경우든 그나 그의 후계자들이 그의 말을 어느 정도나 청사진을 제시하는 것으로 보았는지를 결정하는 것보다, 에스겔의 제안 동기를 이해하는 것이 더 중요하다.

[47] 특히 제사장적 규율은 더욱 정교해진 것으로 보인다. 에스겔에 나타난 제사장직에 대해서는 다음을 참조하라. T. Chary, *op. cit.*, pp. 18ff.

다. 여기에서 받아들일 수 있는 상태에서 인간의 실패라는 신과 인간의 접촉에서 발생한 방해를 바라보는 고대의 인식(비교. 시 15; 24)은 생명을 주는 하나님의 의도라는 더 넓은 맥락에서 보아야 한다.[48] 그러나 만약 제의가 효력을 발생한다면, 백성 때문에 좌절하면 안 된다. 그리고 조직은 접근의 적합성을 표현하는 것으로 진정한 하나님 예배에 속한다.

3) 땅과 백성[49]

이것의 분명한 귀결은 땅과 백성의 정화와 조직이다. 악한 통치자에 대한 저주와 그들의 몰락이라는 측면에서 정부를 재조직하고, 이는 에스겔 34장에서 펼쳐지듯 옛 왕정 체제의 실패에 대한 반성이며, 이상적인 다윗 계열 왕으로 이어진다.[50] 이는 새로운 백성, 새로운 연합과 계약 사상이 자연스럽게 새로운 이상적 다윗 계열 목자 개념으로 이어지는 에스겔 37장의 마지막 부분을 고려하면서 살펴보아야 한다.

그러나 군주에 대한 에스겔의 수정된 견해는 보다 일반적으로 주장되는 사상과 부합된다고 볼 수 있다.[51] 여기에 다음과 같은 점이 추가된다.[52] 즉, 에스겔 자료의 연대를 여호야긴의 포로로 보는 것은 회복과 다윗 계열의 연결이 여호야긴에게서 구현된 것임을 나타낸다. 고대에 왕이 지녔던 인

---

[48] 비교. W. Zimmerli, "'Leben' und 'Tod' im Buche des Propheten Ezechiel," *TZ* 13 (1957), pp. 494-508=*Gottes Offenbarung*, pp. 178-91.

[49] 땅과 백성의 친밀한 연관성은 다음을 참조하라. G. von Rad, *Theology* II, p. 224; T. Chary, *op. cit.*, pp. 21f.

[50] 비교. G. von Rad, *Theology* II, pp. 235f.

[51] 이 전체 질문에 대해서는 다음을 참조하라. E. Hammershaimb, "Ezekiel's View of the Monarchy," *Studia Orientalia Joanni Pedersen* (Copenhagen, 1953), pp. 130-40=*Some Aspects of Old Testament Prophecy from Isaiah to Malachi* (Copenhagen, 1966), pp. 51-62; J. Coppens, "L'espérance messianique royale à la veille et au lendemain de l'exil," in *Studia Biblica et Semitica T. C. Vriezen dedicata* (Wageningen, 1966), p. 46-61, pp. 54-59를 보라. A. Caquot, "Le Messianisme d'Ezéchiel," *Semitica* 14 (1964), pp. 5-23.

[52] 비교. K. Baltzer, *op, cit.*, p. 39.

맥은 군주에게 부과된 특수 기능으로 인정되지만, 이면에는 군주와 제의 사이의 거리가 지켜졌다.

여기에서 성직자 통치는 군주를 제사장직에 종속시킨다. 비록 백성의 대표로서 예배 속에서 그는 자신의 몫인 백성과 구분된 특별한 자리를 지키고, 그에게 할당된 땅(옛 왕족의 토지와 동일)은 성소를 둘러싼 성스러운 지역과 특별히 근접해 있다.[53] 에스겔 36장의 일반적인 관점과 에스겔 47장의 신적 권능과 보다 구체적 관계에서 땅은 정화되고, 비옥함이라는 축복을 받는다. 또한 진정한 의미에서 이것은 새로운 땅, 즉, 땅은 새롭게 질서를 잡고, 고대의 영광의 회복과 올바른 관계의 수립을 모두 적절하게 표현해야 한다.[54]

새롭게 영화(靈化)된 지리학은[55] 지파들을 질서 정연하게 엄격한 위계에 따라 이상적으로 정상이 된 땅에 배치하고, 백성들의 순서를 잡는다. 유다와 베냐민은 중앙에 자리를 잡는다. 이 지파들(이론적으로나 상당히 실생활에서도)은 성전이 속한 남왕국을 형성한다(비교. 겔 45:ff.; 47-48).[56] 모든 백성의 연합이 재배치에 개입되고, 두 막대기라는 상징으로 극명하게 표현된다(겔 37:15-23).[57] 전체 윤곽은 옛 지파 질서를 재활성화하려는 소망의 표현을 대변한다.[58]

이처럼 조직화된 땅과 백성은 그들이 차지하는 위치에 어울리게 될 것이다. 주로 제의적 용어로 표현된 정결과 정의(비교. 겔 45:9-12)는 백성의

---

[53] 이것은 여기에서 옛 '암픽티오니' 형태와 연결된다. 비교. H. Gese, *op. cit.*, p. 12; M. Noth, *Das System der zwölf Stämme Israels* (Stuttgart, 1930), pp. 151-62: Exkurs III; 비교. R. de Vaux, *Ancient Israel* (영역, 1961), pp. 124ff.

[54] 비교. A. Causse, *Du groupe ethnique à la communauté religieuse* (1937), pp. 204-7.

[55] 비교. T. Chary, *op. cit.*, p. 277.

[56] 역대기의 유다와 베냐민을 참 이스라엘로 인정하는 것(예. 대하 11:1)과 비교하라. 대상 4: 8의 목록에서 다른 지파와 비교해 볼 때, 이 두 지파에 중요성이 부여되고 있음에 주목하라. 그러나 남왕국의 일부인 베냐민은 이미 왕상 11:29-36의 아히야의 상징적 행위에 나타난 다윗 가문에 (즉, 유다 외에도) 지파를 **하나 더** 할당한 것에서 암시된다.

[57] 비교. A. Causse, *Les Dspersés d'Israël* (1929), pp. 31-34.

[58] 비교. J. Bright, *History of Israel*, p. 414 n.; M. Noth, *loc. cit.*; T. Chary, *op. cit.*, p. 22.

본질적 징표다. 이는 과거에는 마음이 너무 완고하여 순종할 수 없었지만, 이제 돌 같은 마음 대신 육신의 마음이 새롭게 되고(겔 36:26), 포로라는 죽음의 상태에서 하나님으로 말미암은 삶의 새로움 속에 활기를 되찾게 되었다(겔 37:1-14).

이 모든 것은 신적 행위, 오직 신적 행위로만 가능하다. 새로운 삶은 하나님이 부여하신 것이다(비교. 겔 36; 37). 재정리된 땅은 하나님에 의해 이루어진다. 새로운 성전은 그의 건물이다.[59] 그러나 이것은 이스라엘만을 위한 것은 아니다. 행동하도록 동기를 유발하는 하나님의 속성에 초점이 맞춰 있고, 이는 또한 더 넓은 관점에서 볼 때 열방이 하나님에 대한 지식을 갖게 되리라는 전망이다. 이렇게 보다 넓은 안목이 중요하다. 왜냐하면 이것이 제2이사야와 함께 에스겔을 배치하는 것이 적절함을 보여 주기 때문이다.

에스겔 39장의 마지막 부분에 요점이 등장한다. 마곡의 곡의 적대적 힘을 물리치는 것은 회복 환상의 서막이 되고, 그들 사이의 연결점은 한 단락으로 제시된다(겔 39:21-29). 이 단락은 이스라엘이 행한 바가 무엇인지를 열방이 새롭게 이해하게 되리라는 점을 강조한다.

> (심판이 열방에 내려질 때) 내가 내 영광을 여러 민족 가운데에 나타내어 모든 민족이 내가 행한 심판과 내가 그 위에 나타낸 권능을 보게 하리니 그 날 이후에 이스라엘 족속은 내가 여호와 자기들의 하나님인 줄을 알겠고[60] (겔 39:21-22).

여러 민족은 이스라엘 족속이 그 죄악으로 말미암아 사로잡혀 갔던 줄을

---

59 재조직은 하나님의 임재의 전제 조건이 아니라, 하나님의 임재에 달려 있다. 겔 40-42의 하나님이 세운 새 성전, 겔 43:1-5의 하나님의 영광의 도래(T. Chary, *op. cit.*, p. 23과 반대하여)와 비교하라. 본질적으로 동일한 강조점을 학개와 스가랴에서 찾아볼 수 있다. 비교. 뒤의 pp. 204ff., 171ff.
60 비교. W. Zimmerli, *op. cit.* (p. 106 n. 17).

알지라 그들이 내게 범죄하였으므로 내 얼굴을 그들에게 가리고 그들을 그 원수의 손에 넘겨 다 칼에 엎드러지게 하였으되(겔 39:23).

레벤트로우(H. Graf Reventlow)는 "에스겔에 나타난 야웨의 증인들로서의 열방들"(The Nations as Yahweh's Witnesses)[61]이라는 논문에서 열방 신탁에 나타나는 "나는 야웨니라"는 특징적인 선포 구절의 등장을 언급한다. 이와 더불어 그는 "여러 나라의 목전에서"라는 구절과 의미적으로 비교 가능한 다른 구절을 연결하고, 행위에 대한 증인이라는 맥락에서 이 표현의 법적 배경을 제시한다.[62]

그는 구약의 의미에서 증인이 무관심하지 않고, 스스로 개입하고 있다는 점을 지적한다. 일어난 일에 관해서 "그들은 스스로의 입장을 평가하고자 한다."[63] 에스겔은 이런 어법의 전통에 서 있고, 그래서 증인으로서 열방이 차지한 위치는 차라리 좁은 의미에서 하나님의 행위에 대한 방관자, 불참자가 아니라,[64] 일어나고 있는 일에 스스로 개입하는 증인으로 이해해야 한다.

왜냐하면 그들은 이 일에 관하여 스스로의 위치를 평가해야 하기 때문이다.[65] 이것은 관심의 이면으로, 야웨의 이름은 열방 가운데 더럽혀지지 않아야 한다. 이집트인이 이집트로부터 구원이라는 위대한 신적 행위에 개입하였고, 재앙 시리즈의 연장으로 인해 바로가 야웨의 진면목을 알게 되었던 것처럼(비교. 출 9:15f.), 이제 곡으로 대변되는 열방과 모든 세계는 그가 누구인지를 알게 된다.

---

[61] "Die Völker als Jahwes Zeugen bei Ezechiel," *ZAW* 71 (1959), pp. 33-43.
[62] 창 23; 렘 32:12; 19:10; 43:9; 신 31:7; 느 8:3; 렘 28:1, 5, 11.
[63] *Op. cit.*, pp. 35f. 다음도 참조하라. G. M. Tucker, "Witnesses and 'Dates' in Israelite Contracts," *CBQ* 28 (1966), pp. 42-45에서 행동을 정당화하는 것으로 증언한다.
[64] 이런 해석의 협소한 유형은 옛 연구에서 찾아볼 수 있다. G. A. Cooke, *The Book of Ezekiel* (ICC, 1936), p. xxxi. 다음도 참조하라. Y. Kaufmann, *op. cit.*, p. 446.
[65] 신약성서에 있는 비유를 수용하는 것과 비교할 수 있다.

내가 내 거룩한 이름을 내 백성 이스라엘 가운데에 알게 하여 다시는 내 거룩한 이름을 더럽히지 아니하게 하리니 내가 여호와 곧 이스라엘의 거룩한 자인 줄을 민족들이 알리라 하라(겔 39:7).

그리고 이것의 확실성에 대한 강조는 바로 이어 나오는 구절에 나온다.

주 여호와의 말씀이니라 볼지어다 그날이 와서 이루어지리니 내가 말한 그날이 이 날이라(겔 39:8).

레벤트로우는 포로라는 전체 사건에 대해 말한다.

이런 하나님의 행위는… 단순히 다소간의 정치 행위가 아니라 역사와 연결된 것이다. 만약 그렇다면 백성의 총체적 파멸이 유일하게 가능한 결과가 될 것이다. 오히려 야웨의 행위는 전적으로 야웨 자신의 기본 존재와 속성에서 기인한다. 그러나 이 존재는 속성상 세상의 열방, 고임(gōyim)의 인지를 요구한다. 야웨의 이름은 여러 나라의 목전에서 더럽혀지지 않아야 한다.[66]

에스겔은 이로부터 정확한 결과를 도출하지 않는다. 그의 관심사는 이스라엘의 재조직을 보여 주는 것이다. 왜냐하면 이를 통해 야웨의 이름이 드러나기 때문이다. 그러나 그는 세계적 맥락 속에 이스라엘의 경험을 두고, 그래서 포로의 결과는 하나님의 목적에 대한 전체적 이해 속에서 이해될 수 있다. 그러므로 우리는 포로의 경험에 대한 이 같은 강조점을 이해하게 된다. 과거를 바라보고 "아브라함은 오직 한 사람이라도 이 땅을 기업으로 얻었나니 우리가 많은즉 더욱 이 땅을 우리에게 기업으로 주신 것

---

[66] *Op. cit.*, pp. 40f.; 비교. G. von Rad, *Theology* II, p. 236.

이 되느니라"(겔 33:24)고 생각하면서 위로를 얻는 팔레스타인에 있는 자들을 부정적으로 보고 거부하면서, 에스겔은 오직 포로를 통해서만, 이스라엘의 삶과 본질에 속했던 것으로 보였던 모든 것을 상실하였음을 받아들임으로써, 하나님의 이름과 속성에 대한 변호가 이루어질 수 있다고 자신의 신념을 표현한다. 파괴 자체가 "나는 야웨니라"를 분명히 한다. 회복도 동일하게 이를 선포한다. 그의 생각의 한 가지 핵심은 "이스라엘과 이스라엘 너머 온 세상에서 야웨의 영광을 보여 주는 것"이다.[67]

---

[67] W. Zimmerli, *ZThK* 48 (1951), p. 261=*Gottes Offenbarung*, p. 147; 비교. G. von Rad, *Theology* II, pp. 236f..; T. Chary, *op. cit.*, p.23. 에스겔에 대해서는 다음도 참조하라. S. Herrmann, *op. cit.* (p. 61 n. 49), pp. 241-91; W. Zimmerli, "Planungen für den Wiederaufbau nach der Katastrophe von 587," *VT* 18 (1968), pp. 229-55에서 하나님의 행위와 겔 40-48장에 펼쳐진 미래를 위한 계획 사이의 관계에 대한 W. Zimmerli의 많은 생각을 한 데 모아 두고 있다.

제8장

포로기의 예언과 회복에 대한 이상(계속)

B. 제2이사야

이사야 56-66장의 통일성 여부에 관해서는 동의가 이루어지지 않고 있다. 그러나 종종 '비평적 정통'(critical orthodox)이라고 일컬어지는 이론은 이사야 40-66장을 제2, 3이사야, 즉 이사야 40-55장과 이사야 56-66장으로 세분화하여 이사야를 세 개의 주요 단락으로 구분한다.

우리는 원이사야 부분이 있음을 알고 있다. 이 부분들은 이사야 40-66장과 매우 유사하다. 그리고 이 책의 구조는 단지 세분화하는 것만으로는 적절히 설명되지 않는다.[1] 특히 원이사야와 제2이사야 사이의 구분은 종종 이사야 40장에서 이루어지지만, 이사야 35장과 아마도 이사야 34장과 제2이사야를 연결하기 위한 구분은 이루어져야만 한다. 이사야 36-39장의 '역사적 부록'이 연결을 가로막고 있다.[2]

또한 토레이(Torrey)와 스마트(Smart)는 이사야 40-55장과 이사야 56-66장의 세분화에 문제를 제기하는데,[3] 이 장들 자체 내에 다른 구분 체계가

---

1 J. H. Eaton, "The Origin of the Book of Isaiah," *VT* 9 (1959), pp. 138-57에서 이사야 전승의 속성에 대한 신중한 진술을 제시하며, 또한 매우 보수적인 학자들이 전체를 이사야 저작권이라고 주장할 수 있는 책의 특징을 충분히 다루고 있다.
2 이런 견해는 다음을 참조하라. C. C. Torrey, *The Second Isaiah* (Edinburgh, 1928); J. D. Smart, *History and Theology in Second Isaiah* (Philadelphia, 1965).
3 F. Maass, "'Tritojesaja'?" in *Das ferne und nahe Wort* (*Festschrift L. Rost*), ed. F. Maass (BZAW 105, 1967), pp. 153-63에서 최근 저작을 검토한다. 사 56-66장과 앞 장들과의 관계를 지나치게 단

있을 징후도 있기 때문이다.[3a] 그러나 비록 반드시 혹은 아마도 저작권에 대한 것은 아닐지라도, 이사야 40-55장과 이사야 56-66장 사이의 많은 접촉점은 전승의 밀접한 통일성을 보여 주기에, 구분을 해야 하는가에 대해서는 문제가 제기되고 있다. 그러나 중요하게 다루어야 할 차이점이 있다는 점 역시 염두에 두어야만 한다.[4]

그리고 이사야 56-66장 자료의 적절한 배경을 찾아 내고자 할 때 너무나 불확실한 것이 많기 때문에, 고려 대상의 시기에 대한 증거를 찾아 내고자 특별히 자료 연대를 추정하는 오류를 쉽게 범하게 된다.[5] 몇몇 측면에서 이사야서의 이 부분의 문제점은 예레미야와 에스겔 부분과 유사하다. 예레미야는 특별하고 다소 일관성 있는 단락이라기보다는 후대에 많은 부분의 전승을 재구성했다는 징후를 드러낸다. 에스겔은 40-48장의 일관성 있는 단락을 담고 있는데, 이것은 분명 후대에 기원한 것일 것이다.

그러나 에스겔을 분리하는 것은 전혀 적절치 않고, 이것은 회복이라는 전체 문제에 속한다. 제3이사야는 훨씬 일관성이 없고, 기원이 다른 자료를 지니고 있다. 따라서 보수적인 입장에서 제2이사야를 보통 인지하는 그대로 다루고, 다음으로[6] 그들의 연대가 여전히 불분명하다는 점을 인지

순화하는 경향을 비판하고, 이 장들 중에서 몇몇 구절을 지적한다. 그가 보기에 이 구절들을 제2이사야로 보면 안 될 타당한 이유가 없다. N. H. Snaith, *VTS* 14 (1967), pp. 135-264, 특히 pp. 139-46, 177-200, 219-43에서 사 40-66장의 상호 관계를 보여 주는 상세한 분석적 논점을 제시한다.

[3a] B. O. Banwell, "A Suggested Analysis of Isaiah xl-lxvi," *ExpT* 76 (1964/5), p. 166에서 일부 주석서에 언급된 한 가지 양상에 주목한다. 즉, 사 48장과 사 57장은 모두 동일한 표제로 주석을 끝맺고, 사 66:24은 종결 구절로 유사한 양식을 지닌다. 나아가, 그는 사 40장이 세 부분(사 41-48; 49-57; 58-66)으로 형성된 단락의 서두라고 제안한다. 제의적 구절에 대한 다른 설명이 가능하지만, 이 제안은 분명히 흥미롭다.

[4] 예컨대, K. Elliger, *Die Einheit des Tritojesaja* (BWANT 45, 1928); idem, "Der Prophet Tritojesaja," *ZAW* 49 (1931), pp. 112-41. 다른 문헌으로는 다음을 참조하라. O. Eissfeldt, *Introduction*, pp. 341ff.

[5] 이것의 위험은 다음을 참조하라. D. R. Jones, *Isaiah 56-66 and Joel* (TBC, 1964); *JTS* 14 (1963), pp. 17-22.

[6] 비교. p. 227ff.

하면서, 제3이사야의 일부분이나 특정 측면을 간략하게 논평하는 편이 가장 현명하리라고 본다.

이미 언급했던 토레이의 관점(엠슬리[A. L. Elmsile][7]와 시몬[U. E. Simon]이 이미 추종하듯이)[8]을 전면에 다시 부각시키고, 게다가 다양한 다른 저자에 대한 전면 공격을 감행한 스마트의 연구는 방법론적으로 많은 점에서 임의적이며, 해석에 있어서 종종 오류가 있다고 본다.[9] 통상적으로 수용된 입장에 대한 비판은 접근 방식에 관한 질문을 제기할 수 있어야 하는데, 예언자의 사역 전반에 대한 만족스러운 설명을 제시하지 못하고 있다.

이것은 이사야 66장과 관련하여 학개와 스가랴에 대한 논평에서 분명하게 드러날 것이다.[10] 본격적인 논의는 상세한 구절별 주석을 필요로 하는데, 이는 본 연구의 목적이 제시하고자 하는 바가 아니다. 특별히 역사와 예언적 사역 사이의 연관성 이해와 관련하여, 또한 예언자의 사상에서 성전이 차지하는 바와 관련하여, 이런 부족함이 여실히 드러난다.

스마트 역시 이 예언자의 위치에 대한 질문을 다시 제기한다. 사실상 바벨론에 그다지 관심을 두지 않았던 예언자를 바벨론에 있었던 자라고 볼 분명한 증거가 없다는 점에 근거하여, 팔레스타인에 있었던 것으로 본다.[11] 분명히 그의 입장은 개연성이 없다. 포로로부터 놓여 나서 귀향(이 점이 초점인지는 결코 분명하지 않다)하는 것과 출애굽과의 유사점에 매우 집중하고 있음을 고려할 때, 바벨론 배경이 여전히 유리한 것 같다.[12]

제2이사야의 통일성 역시 만족스럽게 해결될 수 없는 문제다. 전승의

---

7   W. A. L. Elmslie, *How Came our Faith* (Cambridge, 1948), p. 191 n.
8   U. E. Simon, *A Theology of Salvation* (London, 1953).
9   다음의 서평을 살펴보라. C. R. North, *ExpT 78* (1966/7), pp. 334f.; F. Holmgreen in *Interpretation* 21 (1967), pp. 105-10.
10 비교. p. 156 n. 15.
11 *Op. cit.*, p. 23; 비교. O. Eissfeldt, *Introduction*, pp. 332f.; A. S. Kapelrud, "Levde Deuterojessaja in Judea," *NorTT* 61 (1960), pp. 23-27에서 제2이사야는 예루살렘의 관점에서 귀환을 보고 있다고 본다. 그러나 백성의 삶의 중심점을 예루살렘에 두는 이사야 전승의 측면을 고려해야 한다.
12 비교. pp. 128ff.

통일성은 분명 존재한다. 인위적으로 소위 '종의 노래' 같은 구절을 분리하는 것보다 전체 단락을 하나로 취급하려는 경향이 점차 형성되고 있다.[13] 이사야 44장의 우상에 대한 긴 공격은 거슬리기도 하지만, 나머지 부분과 밀접하게 연결된다.

제2이사야의 장들에 나타나는 풍부한 사상을 다루려는 어떤 시도라도 내용을 분석하는 데 완전히 만족스러운 방법을 찾는 것이 쉽지 않다는 문제에 곧바로 직면한다. 이는 텍스트와 해석의 상세 사항과 관련하여 야기되는 불확실성에도 불구하고, 주요 주제를 쉽게 파악할 수 없다는 것이 아니다. 이는 논리적 주해를 생산하려는 어떤 시도도 사상의 복잡성 때문에 좌절한다는 것이다. 다양한 주제가 서로 너무 밀접하게 연결되어 있어서, 일부 주제는 거의 모든 지점에서 동시에 등장한다.

또 예언자 사상의 한 측면을 예시하기 위해 특정 구절을 인용하다 보면, 동시에 여러 다른 측면도 예시한다는 점을 발견하게 된다. 전체적인 복잡성은 매우 깊이 엮여 있고, 사상의 풍성함은 너무 풍부하여 어떤 제시라도 여기에서 열정적으로 펼치고 있는 바를 결코 시적으로 진술할 수 없다.[14]

이 간략한 제시를 통해 명확하게 포로기 상황을 밝히는 것으로 한정하고자 한다. 예언자에 대한 회고와 전망을 나누어서 보는 것이 가장 좋다고 본다. 이 방식은 에스겔의 재앙에 대한 이해와 구원 전망을 고려하는 것에 상응한다. 여기에서 분명한 상호 관련성에도 불구하고, 예언자가 어떻게 백성이 지금 있는 자리에 있게 되었는지를 이해하는 것과 예언자가 사건 속에서 하나님이 행동하시고 그의 목적으로 이루고자 계속해서 행동하시는 바를 보여 주는 전망 사이를 구분해야 한다.[15]

---

13 비교. pp. 126ff.
14 예컨대, 제2이사야의 신학에 대한 다음의 논의를 참조하라. "Poet or Prophet" in C. R. North, *The second Isaiah* (Oxford, 1964), pp. 22-28, pp. 12-22; C. Westermann, "Sprache und Struktur der Prophetie Deuterojesajas," *Forschung am Alten Testament* (ThB 24, 1964), pp. 92-170; J. Muilenburg, *IB* 5 (1956), pp. 386-93.
15 제2이사야 신학의 개요는 다음을 참조하라. C. Westermann, *Das Buch Jesaja. Kap 40-66* (ATD

1. 그 백성의 현재 상황

본 장에서 이스라엘의 현재 상황의 원인을 대충 얼버무리지 않으려고 한다. 이것은 죄와 실패의 결과라는 것을 확증하고, 이 점에서 제2이사야가 예언 전승에 서 있으며, 예레미야와 에스겔에 가장 근접하며, 이들의 발언과 제2이사야의 발언이 많은 접촉점을 지니고 있다.[16] 맨 처음에 희망의 메시지는 이러한 실패를 배경으로 삼고 있다.

> 그 노역의 때가 끝났고
> 그 죄악이 사함을 받았느니라[17]
> 그의 모든 죄로 말미암아
> 여호와의 손에서 벌을 배나 받았느니라(사 40:2).[18]

하나님의 진노와 이스라엘의 상황 사이의 직접적 연관성은 반복해서 명확하게 밝혀진다. 약탈자와 강도에게 이스라엘을 의도적으로 넘겨 주신 자는 바로 "우리가 범죄를 저지른 야웨" 그분이시다(사 42:24).

> 내가 잠시 너를 버렸으나…
> 내가 넘치는 진노로 내 얼굴을 네게서 잠시 가렸으나(사 54:7f.).

19, 1966), pp. 11-25.
[16] 예컨대, Morna D. Hooker, *Jesus and the Servant* (London, 1959), pp. 25-40에서 Hooker 박사는 사 40-55장과 렘 30-33장, 겔 34-37장 사이의 밀접한 연관성을 추적한다.
[17] 여기에서 '청산하다'(to pay off)로 간주(비교. *KBL*, p. 906)되는 *nirṣā*는 레 26:34, 41, 43과 동일한 의미의 문제를 제시한다(비교. pp. 89f.). 히브리어 *rṣh*의 두 가지 어근을 (*KBL*처럼) 구분한다면, 어느 정도 의미의 결합이 있다고 느끼지 않을 수 없다. 특히 *'āwōn*이 '죄'와 '벌'이라는 의미를 모두 지닌 것으로 인지한다면, '청산하다'라는 의미는 '받아들여지다'라는 함축을 지니는 듯하다. 후자는 어떤 식으로 보면 *ṣābāʿ*('부역')에 대한 더 나은 평행을 제시한다. 번역은 다음을 참조하라. C. R. North, *The Second Isaiah*, pp. 32, 70. 이런 해석은 뒤의 pp. 241f. 참조.
[18] G. von Rad, *ZAW* 79 (1967), pp. 80-82.

하나님의 손 안에 통제권이 놓여 있음을 강조하는 것은 다음과 같은 진술에 나타난다.

> 너희는 너희의 죄악으로 말미암아 팔렸고
> 너희의 어미는 너희의 배역함으로 말미암아
> 내보냄을 받았느니라(사 50:1).

이것은 수사적 질문의 맥락에 나온다.

> 내가 너희의 어미를 내보낸 이혼 증서가 어디 있느냐?
> 내가 어느 채주에게 너희를 팔았느냐?(사 50:1)

하나님이 백성을 부인하는 것도 아니며, 심각한 빚 청산을 위해 백성을 이용한 것도 아니다. 백성의 현 상황에 대한 책임은 전적으로 백성 자신에게 있다.

그러므로 백성의 현 상황은 분명히 신적 심판의 정당성이라는 측면에서 표현된다. 에스겔만큼 이 점을 공개적으로 반복하지 않는 것은 시간 때문이라고 설명할 수 있다. 예언자는 신적 심판의 속성과 정당성을 상술해야 할 필요도 동일하게 느끼지 않았을 것이다. 왜냐하면 길어지는 포로기를 통해 백성에게 심판이 임했다는 점이 충분히 확증되었기 때문이다.[19] 또한

---

[19] 예상한 대로, 정보의 부족으로 인해 이 논점을 정확하게 판단할 수 없다. 우리는 거의 동시대의 신명기 역사가가 심판을 강조하고 있음을 인지하고, 그들의 관심사나 상황의 필요를 이해하기 때문에 그런 강조를 할 필요가 있었다고 추정한다. 또한 제2이사야의 행동이나 예언 모음집의 정확한 방법에는 알려지지 않은 다른 요소가 있었을 것인데, 이것이 현재의 강조에 원인이 되었을 것이다. 어느 경우든, 제2이사야의 많은 부분은 심판을 해석하고 있기 때문에, 문제는 상대적일 뿐이다. 그러므로 즉각적으로 보이는 것보다 더 큰 관심사를 암시한다. 제2이사야의 심판 신탁은 다음을 참조하라. H.-E. von Waldow, *Der traditionsgeschichtliche Hintergrund der prophetischen Gerichtsreden* (BZAW 85, 1963), pp. 42-53.

지속되는 신적 행위의 명백한 부재를 설명할 분명한 관심사도 있고,[20] 신앙을 결여한 자의 불평과 우상 숭배하는 자의 반역도 상대해야 한다.[21]

신명기적 역사와 제사장적 저작에서 결과에 대한 망설임과 불확실성의 요소를 찾아볼 수 있다. 왜냐하면 하나님의 목적에 대한 어떤 분명한 징후도 나타나지 않고 너무 많은 세월이 흘러 갔기 때문이다. 그래서 제2이사야에도 사실상 탄원시의 주제에 속하는 요소가 많고,[22] 실제로 사용하지는 않지만, 익숙한 'ad-mātay('얼마나')를 표현하고 있다. 믿음 없는 자들은 백성의 현 상황에서 하나님이 숨어 계신다고 상상한다. 이에 대해 창조주의 권능에는 한계가 없다는 점을 상기시킨다(사 40:27-31). 하나님이 말씀하지 않고 계신다는 불평에 대한 대답은 혼란 중에 생생하게 표현된다.

이제 오랜 침묵 끝에 하나님은 눈먼 자를 인도하고자, 또 그를 반역하고 우상 숭배를 하는 자들을 부끄럽게 만들고자 그 땅에 오실 것이다(사 42:14-17). 여기에서 하나님의 종이라 불리는 백성은 눈먼 자와 귀머거리로 묘사되고, 하나님이 하시는 바가 무엇인지를 이해하게 된다(사 42:18-20). 그리고 동일한 주제와 유사한 언어가 또 다른 구절에서 계속되는데, 눈이 있으나 보지 못하는 자와 귀가 있으나 듣지 못하는 자를 강조하면서 신적 행위의 절대성을 제시한다(사 43:8ff.).

예언자 사상과 연관된 특징은 여기로부터 우상 숭배와 그것의 어리석음에 대한 진술(예, 사 40:18-20; 41:6f.; 46:5-7[23])로 쉽게 이어지는 것을 자연스

---

20 K. Galling, *Studien*, p. 53. 이 논점은 다시 슥 1:12에 나온다. 비교. p. 231.
21 비교. O. Kaiser, *Der königliche Knecht: Eine traditionsgeschichtlich-exegetische Studie über die Ebed-Jahwe-Lieder bei Deuterojesaja* (FRLANT 70, 1959), p. 127.
22 비교. R. Press, "Der Gottesknecht im Alten Testament," *ZAW* 67 (1955), pp. 67-99.
23 사 44:9-20은 종종 제2이사야에 끼어든 것으로 간주된다. (다음의 요약 논의를 참조하라. C. R. North, *The Second Isaiah*, pp. 139-40). 그러나 이것이 예언자에게서 직접 나온 것이 아니라 할지라도, 이 설교조 구절은 예레미야(예. 렘 10:1-16)와 에스겔(예. 겔 4-7장의 상징 해석)의 확장된 주석 구절이 존경받는 예언 전승에 속한 것과 동일한 방식으로 그의 가르침에 적절하게 연결된다는 점은 분명하다(비교. P. R. Ackroyd, *JTS* 14 [1963], pp. 385-90; J. W. Overholt, "The Falsehood of Idolatry: an Interpretation of Jer. X.1-16," *JTS* 16 [1965], pp. 1-12). 예언자 자신과 그의 후계자들이 만든 원래 예언과 예언 주석 사이의 구분선은 조심스럽게 이루어진 것이다 (비

럽게 하고, 역으로 하나님의 창조적 구원 행위를 강조하는 것과 밀접하게 연결되도록 한다. 우리는 이 점을 다시 살펴볼 것이다. 또 다른 구절은 다른 종류의 연결 고리를 제시한다. 시온의 불평은 다음과 같다.

여호와께서 나를 버리시며
주께서 나를 잊으셨다(사 49:14).

이로써, 그의 손금에 새겨진 바(사 49:16) 예루살렘은 영원하리라는 하나님의 끝없는 신실하심에 대한 확증이 시작된다. 그리고 다시 다른 강조점으로 황폐했던 도성의 재건 위에 세워질 다가올 장소의 회복이라는 구원 주제로 나아간다.

하나님의 행위의 실재성을 의심하고, 그로부터 돌아서서 다른 신들을 숭배하는 불신실한 백성은 신적 창조와 구원에 관한 일련의 전체적인 확실한 진술을 통해 다시 확인받게 된다(예, 사 43:1ff.; 44:24f.). 오랫동안 지속된 좌절과 황폐에 대한 대답은 주로 희망의 말 속에서 찾아볼 수 있다. 그러나 여기에서도 예언자 사상은 다른 부분과 연결되어 하나님의 회복 목적에서 이스라엘이 차지하는 부분에 대한 상호 참조를 제시할 정도다. 그러나 포로 이해에는 또 다른 측면이 있고, 이를 우선 언급하는 것이 적절할 것 같다.

우리가 이미 고찰한 바,[24] 이 언급은 여호야긴 석방에 관한 것인데, 이는 다윗 왕조의 회복이라는 희망과 엮인 미래에 대한 성찰이 있었음을 시사한다. 이것은 신명기 사가 계열 내에서 뿐 아니라 학개와 스가랴에서도 찾아볼 수 있다. 포로 후기의 상대적으로 소박한 다윗 계열 희망에 대한 진술에 영향을 미친다.[25] 그리고 이후 사라지지는 않았지만, 이것은 수년 동

교. P. R. Ackroyd, *ASTI* 1 [1962], pp. 7-23, 특히 pp. 20f.).
[24] 비교. pp. 115ff.
[25] 학 2:20-23; 슥 3:8-10; 6:9-15.

안 정치사상의 중요한 요소가 되지 못한 것으로 보인다.[26] 그러나 예레미야와 에스겔 자료 모두에서 공고하게 찾아볼 수 있다. 그러나 이것이 원래부터 얼마나 거기에 있었는지, 그리고 여호야긴의 석방이 불러 일으킨 종류의 희망이 어느 정도의 반향을 불러 일으켰는지 불확실하다.[27]

제2이사야 내에서도 이런 소박한 반향을 찾을 수 있는데, 여기에서 다윗 계열에 대한 언급은 직접적으로 영원한 계약 확증에만 나타나며, 이는 "다윗에게 허락한 확실한 은혜"(ḥasdē; 사 55:3)로 묘사된다.[28] 하나님이 다윗에게 보여 주셨던 지속적 은혜 전승, 즉 왕족과 세운 계약은 내세울 것조차 없이, 결코 흐지부지될 수 없다는 암시가 있다.[29] 우리는 아마 이것을 전체 백성에게 재적용할 수 있는 약속으로 볼 수 있다.[30]

이것은 어느 정도로 그 시대의 경험에 대한 깊이 있는 이해를 보여 줄 수 있는가?

유다의 합법적으로 인정받던 왕인 여호야긴은 석방되기까지 36년 동안 투옥되었다. 이 관점에서 볼 때, 597년 이후 백성의 사로잡힘은 이 왕의 사로잡힘과 일치한다. 그리고 이런 의미를 깨닫게 하는 왕의 위치를 과장할 필요는 없다. 구약의 왕권에 대한 더욱 터무니없는 이론을 입증할 필

---

26 후대에 이것의 재등장은 다음의 논의를 참조하라. S. Mowinckel, *He that Cometh* (영역, 1956), pp. 286ff. 또한 많은 예언서에서 다윗 신탁이 나타난다는 사실(비교. 사 9:1-6; 11:1-9; 32:1-8; 호 3:5; 암 9:11f.; 슥 12:7ff.)과 이것의 연대가 불확실하다는 점을 인지해야 한다. 이 중에서, 특히 슥 12:7ff.는 포로기와 포로 후기에 속하는 것 같다.

27 렘 23:5; 30:8; 33:14-26; 겔 34:23f.; 37.24f. 특히 에스겔에서 40-48장의 다윗 자료 부재는 34장과 37장의 미래 다윗 계열 지도자에 대한 언급과 선명하게 대조를 이룬다(비교. pp. 113f.). 그러나 제사장과 제의적 규율과 관련하여 나타나는 것처럼, 이 점에서 40-48장의 청사진과 실제 포로 후기 상태는 어느 정도 일치할지도 모른다(비교. p. 113).

28 비교. G. von Rad, *Theology* II, p. 240; O. Eissfeldt, "The Promises of Grace to David in Isaiah 55.1-5," in *Israel's Prophetic Heritage*, ed. B. W. Anderson and W. Harrelson (1962), pp. 196-207.

29 삼하 7:15. wᵉḥasdīlō᾿ yāsūr mimmennū, "나의 ḥesed는 그를 떠나지 않을 것이다." 또한 사 16:5은 영원할 다윗 계열 왕조를 다음과 같이 언급한다. wᵉḥūkan baḥesed kissē᾿, "왕위는 ḥesed 안에 세워질 것이다."

30 비교. G. von Rad, *loc. cit.*; B. W. Anderson, "Exodus Typology in Second Isaiah," in *Israel's Prophetic Heritage*, ed B. W. Anderson and W. Harrelson (1962), pp. 177-95, p. 191을 보라. 비교. J. Coppens, "L'espérance messianique royale à la veille au lendemain de l'exil," in *Studia Biblica et Semitica T. G. Vriezen dedicata* (Wageningen, 1966), pp. 46-61, pp. 59f. 비교. 뒤의 pp. 172, 324.

요는 없다. 무엇인가를 더 제시해야 하는 이론 없이도 왕의 특별한 지위에 대한 증거는 충분하다.[31]

백성과 왕은 신명기적 심판의 증인으로 같이 간다. 양자는 모두 같이 포로가 된다. 포로와 방면은 수치와 규율이라는 측면에서 포로기를 이해해야 한다는 점을 시사한다. 다시 정교한 이론을 펼칠 필요는 없기에, 시편 89편 같은 시편을 시사할 수 있고, 이를 통해 왕과 백성의 수치가 의미하는 것에 대한 표현을 찾아볼 수 있다.[32]

이 지점에서 제2이사야의 '종'[33] 구절 해석에 대한 논의를 시작하게 된다면, 필요이상의 지면을 차지하게 되고, 불가피하게 미완으로 그리고 미결로 남게 될 것이다.[34] 그러나 특히 스칸디나비아 학파에서 이루어진, 'ebed

---

[31] 예컨대 증거를 위해서는 다음을 참조하라. S. Mowinckel, *He that Cometh* (영역, 1956), pp. 155-86; A. R. Johnson, *Sacral Kingship in Ancient Israel* (Cardiff, 1955, ²1967).

[32] 비교. E. N. B. Burrows, "The Servant of Jahweh in Isaiah: An Interpretation," in *The Gospel of the Infancy and Other Biblical Essays* (London, 1941), pp. 59-80에서 접근은 지나치게 문자적이어서 제2이사야의 시를 공정하게 다루지 못한다. N. W. Porteous, "Jerusalem-Zion: The Growth of a Symbol," in *Verbannung und Heimkehr*, ed. A. Kuschke (Tübingen, 1961), pp. 235-52, 또한 애 3장과 비교하는 p. 245를 보라. O. Kaiser, *op. cit.*, pp. 132f.; J. Coppens, "Nieuw Licht over de Ebed-Jahweh-Liederen" in *Pro Regno Pro Sanctuario*, ed. W. J. Kooiman and J. M. van Veen (Nijkerk, 1950), pp. 115-23; A. R. Johnson, *op. cit.* (1955), pp. 22ff. 그리고 시 89편에 대한 97ff.를 보라. 시 89편과 제2이사야, 특히 사 55:1-4 사이의 관계는 다음을 참조하라. O. Eissfeldt, *op. cit.* (n. 28). 다음의 상대적으로 소박한 해석이 상세하게 세운, 매우 정교한 구성보다 더 적절해 보인다. G. W. Ahlstrom, *Psalm 89: Eine Liturgie aus dem Ritual des leidenden Königs* (Lund, 1959).

[33] 이 자료의 논의 대상인 종을 대문자 'S'로 사용하는 것은 즉각적으로 신원 확인이 이루어질 수 있는지 혹은 이 형태의 사용을 상황과 관련해서 살펴보아야만 하는지가 주요 질문 대상이다. 유사하게 불충분한 논리는 쿰란의 *môrē ṣedeq*에 대한 논의에 영향을 미쳤다(비교. J. Weingreen, "The Title Môreh Ṣedek," *JSS* 6 [1961], pp. 162-74). 또한 특히 사 53의 '이상적인 ṣaddiq'에 대한 개념은 다음을 참조하라. J. Coppens, "Le serviteur de Yahvé: vers la solution d'un énigme," *Sacra Pagina* (Bibliotheca Ephemeridum Theologicarum Lovaniensum XII, XIII, 1959) I, pp. 434-54; H. M. Orlinsky, "The So-called 'Servant of the Lord' and 'Suffering Servant' in Second Isaiah," in *Studies on the Second Part of the Book of Isaiah* (*VTS* 14, 1967), pp. 1-133에서 *'ebed*의 전문적 사용에 강력하게 반대하여 논증한다. 이 논점의 타당성을 인지하기 위하여 그의 결론을 전부 받아들일 필요는 없다.

[34] 충분한 참고 문헌은 다음을 참조하라. C. R. North, *The Suffering Servant in Deutero-Isaiah* (Oxford, 1948, ²1956); H. H. Rowley, *The Servant of the Lord* (London, 1952), pp. 3-57 (Oxford, ²1965), pp. 3-60; V. de Leeuw, *De Ebed Jahweh-Profetieen* (Assen, 1956), pp. 5-106, 332-40.

*Yahweh*와 왕을 연결시키는 모든 해석을 수용할 수는 없다. 죄와 실패로 인해 이스라엘과 왕이 수치를 당하였고, 여호야긴의 석방으로 한 줄기 빛이 생겼다고 보는 인식을 한 가지 요소, 그것도 매우 중요한 한 가지 요소로 간주하는 것은 적절해 보인다.

이와 더불어 여기에 제시된 왕족이면서 예언자인 종 개념은[35] D와 P의 연결 고리인 모세에게 양도된 역할로써, 새 출애굽과 입성을 하는 새 백성을 전형적으로 보여 준다.[36] 열방의 삶이라는 맥락을 배경으로, 하나님의 전적 목적과의 관계성이라는 측면에서 포로기 상황에 대한 이해가 발전해 가는 것(사 52:13-53:12)은 예언자 자신의 위임의 본질에 대한 민감성과 더불어(비교. 특히 사 49:1-7), 바로 이 요소로부터 비롯된 것 같다. 동시에 포로는 이스라엘이 과거에 저지른 바에 대한 적절한 처벌이며, 미래를 보장받을 수 있는 훈육 행위다.

그러나 보다 더 깊은 차원에서 이것은 하나님의 궁극적 목적과 연결되며, 재앙을 이처럼 받아들일 때, 하나님이 진정한 관계성 속에서 보시고자 하시는 이스라엘은 하나님의 뜻의 실현을 고취하게 된다.[37] 여기에서 다시 받아들임에 대한 언급을 찾아볼 수 있고, 이는 신명기적 역사서에서 찾아볼 수 있다. 그리고 실상 제사장적 저작과 에스겔에서도 찾아볼 수 있는데, 받아들임이 없다면, 그의 백성과 나아가 온 세상을 향한 하나님의 지속적인 역사하심은 수포로 돌아가게 된다. 그러나 받아들임을 통해 하나님의

---

[35] Sheldon H. Blank, *Prophetic Faith in Isaiah* (London, 1958), p. 77.
[36] 비교. G. von Rad, *Theology* II, p. 261; J. R. Porter, *Moses and Monarchy* (Oxford, 1963); H. Ringgren, *Israelite Religion* (영역, London, 1966), pp. 293f.
[37] 사 40-55장을 어떤 점에서 초기의 예전적 형태를 다시 제시하는 것으로 묘사하는 중요한 해석 유형을 여기에서 찾아볼 수 있다(비교. I. Engnell, "The 'Ebed Yahweh Songs and the Suffering Messiah in 'Deutero-Isaiah,'" *BJRL* 31 [1948], pp. 54-93, pp. 56f.를 보라. H. Ringgren, *op. cit.*, pp. 289ff.). 이 장에서는 알려지지 않았지만 추정된 예전까지 반박하는 것은 위험하다. 그러나 더 오래된 양식의 실현과 의미의 확대를 고려한 것에는 진실이 있다. 사 43:22-25을 하나님이 초래한 속죄 사상의 발전을 나타내는 것으로 보는 것에 대해서는 다음을 참조하라. K. Koch, *EvTh* 26 (1966), pp. 232f. 그리고 유사하게, 사 53장에 대해서는 pp. 234ff.를 참조하라.

뜻이 영향력을 발휘하게 된다.[38] 이러한 제2이사야의 사상적 측면은 매우 광범위한 해석이 가능하기 때문에, 어떤 도출된 결론에 부분적으로 동의하는 것 이상을 바랄 수는 없다. 그러나 동일한 용어가 예언의 다른 곳에서도 사용되고, 네 개의 단독 구절 속에서 생각의 순서를 찾아 내려는 매우 비현실적인 논의를 시작하였다는 사실을 차치하더라도, 보다 엄중한 사실은 소위 네 개의 '종의 노래'를 자료의 나머지 부분에서 분리할 경우, 예언자의 메시지를 이해하는 데 큰 손상을 끼칠 것이라는 점이다.

제2이사야 사상의 상호 교차성을 고려할 때 따로 떼어서 다루는 것은 바람직하지 않다. 이 네 구절을 주요 논의에서 완전히 분리할 필요가 있을 정도로 독립적이라고 간주하는 지나친 독선을 부려서는 안 된다.[39] 오히려 이것은 예언자 사상의 중심 맥락에 자리 잡고 있으며, 이에 대한 해석은 그의 메시지를 온전히 이해하는 데 달려 있다. 제2이사야 자료 거의 전체의 시적 속성과 시편과의 많은 유사성을 인식하지 못하는 것 역시 해석에 도움이 되지 못한다. 그래서 언어의 상세 사항을 볼 때, 특히 일종의 문자적 해석을 통해 이사야 53장의 진술을 사건에 대한 정확한 묘사라고 보는 것은 허용될 수 없다.[40]

포로가 되었다가 방면된 여호야긴 왕은 진정한 의미에서 백성의 대표자였다. 포로가 되어 백성에게 넘겨졌고,[41] 수치를 당하였으며, 비록 눈이 멀고 귀가 멀게 되었다고 묘사되지만(사 42:19), 그럼에도 불구하고 백성은 그

---

[38] M. Noth (*RHPhR* 33 [1953], p. 102, 영역, p. 280)에서 이 논점은 여호야긴 석방으로 인해 부상한 희망에 대한 그의 부정적인 평가에서 강조된다. "이스라엘은 새로운 미래를 위한 어떤 출발점에 대한 인간적 희망 없이, 신적 심판을 온전히 견뎌야만 한다."

[39] 이런 예는 G. von Rad, *Theology* II, pp. 250ff.에서 제2이사야를 비현실적으로 해석하는 방식에서 볼 수 있다. 여기에서 제시된 보다 통합적인 관점은 점차 소위 노래에서 구분하는 것에 맞서서 지지를 받고 있다. L. G. Rignell, *A Study of Isaiah Ch. 40-55* (LUÅ, 52.5, 1956).

[40] 비교. G. von Rad, *Theology* II, pp. 257f.

[41] 비교. H. G. May, "The Righteous Servant in Second Isaiah's Songs," *ZAW* 66 (1954), pp. 236-44. 예레미야의 '고백'을 '억압받는 의로운 자의 탄식'으로 연결한다. 이런 예레미야의 후자의 측면은 다음을 참조하라. H. Graf Reventlow, *Liturgie und Prophetisches Ich bei Jeremia* (Gütersloh, 1963), pp. 205ff.

를 통하여 하나님이 자신의 뜻을 실현하신다고 보았다. 새 출애굽의 대표자요 중재자로서 모세 같은 인물이다.[42]

제2이사야 스스로 자신의 소명에 대하여 깊이 의식하며, 긴장감을 민감하게 인식하는 예언자이며,[43] 예언자적 소명에 속해 있었다. 이는 시대 상황을 제시하는 본질적으로 예언자적 접근 방법으로 여겨지는 요소다. 오랫동안 포로가 되어 버린 백성에게 희망은 사라지고 있었다(사 53장과 겔 37장을 비교). 메시지는 받아들임과[44] 실현에 관한 것으로서, 이는 시편 탄원시처럼 하나님이 현실 속에서 역사하심이 분명히 실패로 보이는 바로 그 순간이다. 그러므로 이스라엘은 하나님의 보다 넓으신 목적 가운데 위치하며, 미래의 희망은 신적 구원 행위와 더불어 이스라엘이 감당할 역할 가운데 있다.[45]

2. 미래 희망[46]

포로에 대한 이해가 종종 시편의 탄원시를 연상시키는 측면이 있다면,[47] 미래를 향한 희망이 발생하는 배경은 시편의 찬양시 측면이 있다. 이는 야

---

[42] 모세라는 실제적 인물은 밀접하게 연관된 구절인 사 63:11ff.에 나타나지만, 제2이사야에는 등장하지 않는다. 그러나 사 51:9-11에서 가장 강력하게 묘사된 새 출애굽 사상은 예언자의 이해에 나타난 그런 요소를 인지하는 것을 적절하게 한다. 또한 다음과 같은 과도한 견해에 동의할 필요는 없을 것 같다. E. Sellin, *Mose und seine Bedeutung für die israelitisch-jüdische Religionsgeschichte* (Leipzig, 1922)는 모세를 순교자 유형으로 만들고자, 호세아를 위험하게 수정하고 해석하는 데 의존한다. 그럼에도 불구하고, 우리는 모세 전승이 대속적 고난의 요소를 담고 있음을 인지할 수 있다(출 32:32; 비교. 롬 9:3).
[43] 예레미야와 에스겔에도 있는 이 요소를 참조하라.
[44] 비교. P. A. H. de Boer, *Second-Isaiah's Message* (OTS 11, 1956), pp. 116f.; *Revelation* (Lousiana, 1956), pp. 491-515.
[45] 비교. Millar Burrows, *op. cit.* (p. 98 n. 73), p. 123; E. Voegelin, *Israel and Revelation* (Lousiana, 1956), pp. 491-515.
[46] G. von Rad, *Theology* II, pp. 243ff.
[47] 이것에 대해서는 다음을 참조하라. 특히 예레미야애가를 참조하라. 비교. 앞의 p. 45ff.

웨의 왕적 통치와 그 통치가 선포되는 창조적 행위를 선언한다.[48] 이 양식은 신적 구원 선포에서 기인한다.[49] 이 중에서도 구원 행위가 가장 생생하고 중심 진술 방식으로 선포된다. 이 측면에서 창조와 과거와 미래의 역사 가운데 나타나는 하나님의 행위 사이의 관계를 고전적 양식으로 압축해서 보여 준다.

> 여호와의 팔이여
> 깨소서 깨소서 능력을 베푸소서
> 옛날 옛시대에 깨신 것 같이 하소서
> 라합을 저미시고 용을 찌르신 이가
> 어찌 주가 아니시며
> 바다를, 넓고 깊은 물을 말리시고
> 바다 깊은 곳에 길을 내어
> 구속 받은 자들을 건너게 하신 이가
> 어찌 주가 아니시니이까
> 여호와께 구속 받은 자들이 돌아와
> 노래하며 시온으로 돌아오니
> 영원한 기쁨이 그들의 머리 위에 있고
> 즐거움과 기쁨을 얻으리니
> 슬픔과 탄식이 달아나리이다(사 51:9-11).[50]

---

48 비교. R. Rendtorff, "Die theologische Stellung des Schöpfungsglaubens bei Deuterojesaja," *ZThK* 51 (1954), pp. 3-13; P. B. Harner, "Creation faith in Deutero-Isaiah," *VT* 17 (1967), pp. 298-306.

49 비교. J. Begrich, "Das priesterliche Heilsorakel," *ZAW* 52 (1934), pp. 81-92=*Ges. Stud.* (ThB 21, 1964), pp. 217-31; H.-E. von Waldow, *Anlass und Hintergrund der Verkündigung des Deuterojesaja* (Diss, Bonn, 1953)에서 이 자료의 제의적 상황을 강조한다(특히, pp. 64ff.).

50 사 51:11의 "그들의 머리 위에"라는 히브리어 관용구를 보존하고 있다. 이것은 "결코 사라지지 않은 기쁨으로 관을 씌운"보다 선호된다(C. R. North, *The Second Isaiah* [1964], pp. 61, 213). 왜냐하면 이 히브리어는 기쁨의 (기름) 바르는 것을 암시할 가능성이 더 크기 때문이다.

현 상황 속에서 창조와 구원 사건의 실현은 이곳에서 가장 분명해진다. 이사야 51:9-10에 나타나는 일련의 분사구문은 종종 과거 시제와 동일한 것으로 잘못 번역되는데,[51] 이는 찬양시와 같은 경우로서 하나님의 속성을 표현한 것이고 하나님의 능력을 언급한다. 역사의 동시대성에 대한 지각이 여기에서 가장 극명하게 나타난다. 하나님이 지금 여기에서 행하시는 것은 그가 창조 때 행하셨던 것이다.

창조 갈등 신화[52]가 이를 표현하고, 그가 이집트에서 이스라엘을 이끌어 내실 때 행하셨던 바이다. 여기에 미래 사건이 담겨 있다. 왜냐하면 포로민이 기쁨으로 시온으로 돌아오는 것은 노예되었던 이스라엘을 구출하고, 적대적인 태고의 혼돈 세력을 물리치는 것에 대한 대응물이기 때문이다.[53]

미래 희망의 전 영역이 여기에서 같이 도출된다. 종교 전승 내에서 제2이사야의 위치를 이해하려는 관점에서 볼 때, 희망 표현은 야웨 속성의 역사적이며 창조적인 개념과 밀접하게 밀착되어있다는 점이 매우 의미심장하다. 제2이사야는 구원사(Heilsgeschichte) 전승의 중심에 서 있고,[54] 특히 이는 시편에 표현된 것과 같다.[55] 일련의 사상 계보 속에서 이를 추적할 수 있다.

침멀리처럼, "진정한 출애굽 사건이… 미래에 놓여있다"라는 것을 깨닫게 된다.[56] 포로민이 회복되는 사건은 출애굽 사건에서 선포된 것의 실재임

---

51 RSV, C. R. North (*loc. cit.*) 등. 분사 형태에서 임박한 미래라는 의미를 찾아볼 수 있다. 비교. R. Rendtorff, *op. cit.*, p. 13.

52 *yām*과 *tᵉhōm*은 고유 명사, '바다'(Sea)와 '깊음'(Deep)으로 볼 수 있다.

53 본문 전체에 대해서는 다음을 참조하라. A. Lauha, *Die Geschichtsmotive in den alttestament-lichen Psalmen* (1945), pp. 15f.; L. Köhler, *Hebrew Man* (영역, 1956), p. 140; G. von Rad, *Theology* II, pp. 240ff.; Millar Burrows, *op. cit.* (p. 98 n. 73), pp. 121ff.; B. W. Anderson, *op. cit.*, pp. 193f.; R. Rendtorff, *op. cit.*, pp. 5f.

54 비교. G. von Rad, *Theology* II, p. 253; C. Stuhlmuller, "The Theology of Creation in Second Isaias," *CBQ* 21 (1959), pp. 429-67.

55 제2이사야와 제왕시의 유사성과 궁중 문체의 용례는 다음을 참조하라. M. Haran, "Cyrus in the Prophetic Glass," *El-ha·ayin*, No. 39 (Jerusalem, 1964), pp. 43-54.

56 "Ich bin Jahwe" in *Geschichte und Altes Testament* (*Festschrift A. Alt, Tübingen*, 1953), pp. 179-209, p. 201=*Gottes Offenbarung*, pp. 11-40, p. 33을 보라. 비교. J. Kahmann, "Die Heilszukunft in ihrer

을 반복하는 주제다.⁵⁷ 그래서 이사야 43:14-21에서 야웨가 행하실 '새로운 것'은 사실상 이전 사건을 통해 행하셨던 것을 갱신한다는 뜻이다.⁵⁸ 이제 이것은 더 이상 기억되지 않는다. 왜냐하면 이제 야웨가 행하시는 것이 그것을 대체할 것이기 때문이다. 예배를 통한 과거의 실현은 더 이상 불필요하다. 왜냐하면 과거는 삶 속에서 현실이 될 것이기 때문이다. 예레미야 23:7-8의 기대는 여기에서 받아들여진다. 새로운 고백적 진술은 '북쪽 나라'에서 오는 구원을 선포한다. 그러한 포로 후기의 고백적 진술에서 사실상 정확한 변화를 찾아볼 수 없다는 점이 이 주제의 타당성에 영향을 끼치지 않는다.⁵⁹

왜냐하면 스가랴의 시작 장에서 분명히 드러나는 것처럼, 정확하게 예레미야 구절의 용어로 표현하지는 않았지만, 그럼에도 불구하고, 포로로부터 구원은 후대 평가에서 찾아볼 수 있는 포로 이해를 보여 주기 때문이다. 옛 이스라엘이 출애굽 사건의 이스라엘이었던 것처럼, 새 이스라엘도 이러한 경험을 하게 될 이스라엘이다. 포로지를 떠나는 것은 첫 번째 출발

Beziehung zur Heilsgeschichte nach Isaias 40-55," *Biblica* 32 (1951), pp. 65-87, 141-72; B. W. Anderson, *op. cit.*, pp. 185ff. 특히 p. 188; E. M. Prevallet, "The Use of the Exodus in Interpreting History," *Concordia Theol. Monthly* 37 (1966), pp. 131-45, pp. 139ff.를 보라. F. M. Cross, "The Divine Warrior in Israel's Early Cult," in *Biblical Motifs*, ed. A. Altmann (1966), pp. 28ff.

57 여기에서 출애굽 전승에 대한 풍부한 암시는 다음을 참조하라. W. Zimmerli, "Le nouvel 'Exode' dans le message des deux grands prophètes de l'exil," in *Maqqél Shâqédh. Hommage à W. Vischer* (Montpellier, 1960), pp. 216-27, pp. 220-4를 보라=*Gottes Offenbarung*, pp. 192-204, pp. 197-201을 보라.

58 비교. C. R. North, "The 'Former Things' and the 'New Things' in Deutero-isaiah," *StOTPr* (1950), pp. 111-26은 이 구절에서 출애굽 언급과 유사한 것을 찾아낸다. 필자는 그가 보다 최근에 일어난 사건에 대한 언급을 다른 구절에서 찾아내는 것이 옳다고 보지는 않는다. 비교해서, 이 견해에 대한 다음 논평을 참조하라. B. W. Anderson, *op. cit.*, pp. 187f. 비교해서, 다음도 참조하라. M. Haran, "The Literary Structure and Chronological Framework of the Prophecies in Isa. 40-48," *VTS* 9 (1963), pp. 127-55. 특히 p. 137ff. 참조. 그는 *ri'šōnōt*에서 '성취된 예언'을 찾는다(p. 137). 또한 그의 다음 책을 참조하라. *Between RI'SHONŌT (Former Prophecies) and HADASHŌT (New Prophecies) and A Literary-Historical Study in the Group of Prophecies Isaiah XL-XLVIII* (Hebrew) (Jerusalem, 1963).

59 예컨대, 느 9장에서 여전히 출애굽이 중심이 된다. 후에 유딧서 5장에서도 그러하다(비교. 뒤의 p. 309).

제8장 포로기의 예언과 회복에 대한 이상(계속)

을 다시 하는 것이다. 그러나 이번에는 도망가거나 서두르지 않고, 하나님의 임재의 확신을 갖고 떠난다(사 52:11f.).⁶⁰

구약 예언의 특징처럼 예견된 사건은 허공 중에 남겨지지 않고, 정치적 상황이라는 현실에 제한받지도 않지만 연관이 있다.⁶¹ 아마도 예언이나 예언자의 영감으로 촉발된 정치적 사건이 그 사건을 나타내는지 여부를 여기에서 다시 추론하는 것은 부질없는 일일 것이다. 예언과 사건 사이의 상호 연관성은 사실 단순한 시간의 연속보다 더 민감한 문제다.⁶²

고레스의 등극과 바벨론의 패망에 대한 전망을 통해, 다른 예언(비교. 사 13-14장과 렘 50-51장)⁶³이 보다 일반 용어로 다루는 바를 자세히 다루어 보고자 한다. 한때 신의 심판 도구였던 바벨론이 이제 심판 아래에 놓인다는 것은 예언적 진술을 통해 분명해진다. 초기 예언에서 이스라엘이나 유

---

60 비교. B. W. Anderson, *loc. cit.*
61 이것이 이 장들에 대한 C. C. Torrey의 논지다(*The Second Isaiah* [Edinburgh, 1928]; *idem*, "Isaiah 41," *HTR* 44 [1951], pp. 121-36). 이것은 또 다음에서도 채택된다. U. E. Simon, *A Theology of Salvation* (1953), 특히 pp. 15ff. 다음에서 가장 약하게 나타난다. W. A. L. Elmslie, *How Came Our Faith* (1948), p. 191 n. (또한, J. D. Smart, *op. cit.*, 특히, pp. 18f.). 고레스가 예언자가 기대한 대로 행하지 않았기 때문에, 예언은 상징적이어야 하고 훨씬 후대에 속한 것이라고 주장하는 것은 예언이 역사와 연결되는 방식을 공정하게 다루지 않은 것이다. 역사를 사실이라는 관점에서 볼 필요가 없다. 고레스는 성전 재건을 허락했다(스 6:3-5 칙령의 아람어 형태를 의심할 정당한 근거는 없다). 후대 관점인 역대기 사가는 이것을 근본적인 의미를 지닌 사건으로 보았다. 그 사건 속에서 살았던 예언자는 하나님의 행위에 대해 최고의 확신을 갖고 말한다. 정확하게 실현되지 않았던 다른 예언자의 메시지가 무효화되지 않는 것처럼, 그의 메시지도 상대적으로 불충분한 추이로 인해 무효화되지 않는다. 사실상 뒤의 제10장, 제11장에서 제안하는 것처럼, 초기 회복기에 대한 평가를 지나치게 낮게 매길 필요가 없다. 동시에 다음의 비난을 참조하라. C. R. North, "The Interpretation of Deutero-Isaiah," in *Interpretationes ad V.T. pertinentes S. Mowinckeil sepluagenario missae*, ed. N. A. Dahl and A. S. Kapelrud (Oslo, 1955), pp. 133-45에서 제2이사야 자료에 나타난 유형론적 요소의 인식에는 거의 공감하지 않는다. 다음도 참조하라. U. E. Simon, "König Cyrus und die Typologie," *Judaica* II (1955), pp. 83-88. 다른 곳에서 언급했던 것처럼, Torrey의 접근법은 역사적으로 부적절하지만 종종 신학적 통찰력을 보인다.
62 비교. M. Noth, *History of Israel*, p. 301; J. Begrich, *Studien zu Deuterojesaja* (BWANT 77, 1938)=ThB 20, 1963), 특히, ch. 5; E. Jenni, "Die Rolle des Kyros bei Deuterojesaja," *TZ* 10 (1954), pp. 241-56. 다음도 참조하라. S. Smith, *Isaiah XL-LV: Literary Criticism and History* (1944), M. Haran의 p. 130 n. 58의 언급을 참조하라. W. B. Stevenson, "Successive Phases in the Career of the Babylonian Isaiah," *BZAW* 66 (1936), pp. 89-96.
63 비교. pp. 219ff.

다의 패망이 이집트[64] 혹은 앗수르[65] 혹은 정확한 정체가 밝혀지지 않은 자[66]의 손아귀에 놓인 것으로 묘사되었던 것처럼, 바벨론에게 다가올 심판에 대한 정확한 묘사는 상당 부분 사소한 문제로 남는다. 제2이사야에게는 심판의 확실성과 하나님의 행위의 정당성이 주된 관심사였다.

그러나 이것은 고레스를 부르신 것에서 확고해진다(41:1ff., 25ff.; 44:28; 45:1ff.). 그는 이름이 거명되거나 충분히 명확하게 정체가 드러나고 있다.[67] 고레스에 관한 진술이 정확하게 성취되었는지를 찾아보거나,[68] 예언자가 고레스의 실패로 너무 비통하게 환상이 깨어져서 그의 행위를 사실상 통제하시는 이가 바로 야웨이심을 깨닫지 못하게 된다고 상상하는 것은 신적 사건과 인간 대리인 간의 관계의 속성을 간과하는 것이다.[69] 바벨론은 무너졌다. 고레스는 승리자였고, 제국을 넘겨받았다.

더욱 정확한 성취를 찾으려 하는 것은 예언자가 줄 것이라고 공언하지 않은 바를 달라고 그에게 요구하는 것과 같다. 정치적 측면에서 하나님의

---

[64] 비교. 사 7:18; 렘 2:16; 호 11:5.
[65] 비교. 사 7; 암 5:27; 6:14.
[66] 비교. 렘 6; 습 1.
[67] 사 44:28과 사 45:1에서 고레스의 이름을 삭제하는 것은 다음에서 이루어진다. J. D. Smart(*op. cit.*, pp. 23f., 115ff.)는 텍스트를 읽을 때, 매우 문자적으로 논의한다. 다음도 마찬가지다. C. C. Torrey, *op. cit.*, pp. 24f, 35ff.; U. E. Simon, *op. cit.*, pp. 119ff.에서 유형론적 접근은 훨씬 더 심각하게 전승에 나타난 고레스의 지위에 직면한다. 비교. 대하 36:22f. 예컨대, J. D. Smart(*op. cit.*, pp. 121f.)처럼, 고레스의 이름을 보존하는 것은 예언자의 정신을 혼란하게 한다고 주장하는 것 역시 많은 구약 예언의 특별한 속성을 인지하지 못하는 것이다(예레미야에 대한 pp. 55f. 참조). 고레스 자료에 대한 다음의 언급을 참조하라. E. Jenni, *Die politischen Voraussagen der propheten* (ATANT 29, 1956), pp. 100-3.
[68] 랍비 문헌에 나타난 고레스 언급에 대한 해석과 이것을 아브라함에 적용한 것은 다음을 참조하라. F. Mettzer, "The attitude of 'Hazal' (The Rabbis of the Talmud) to Cyrus," *El-ha&ayin* No. 39 (Jerusalem, 1964), pp. 55-61. 또한 희망과 제한된 실현에 대해서는 다음을 참조하라. M. Zerkavod, "Cyrus, King of Persia: Vision and Authority in the Bible," *ibid.*, pp. 69-85. 특히 중세의 기독교 주석서는 종종 '고레스'를 단순하게 '그리스도'로 읽는다. 아브라함 해석은 C. C. Torrey (see *HTR* 44 (1951), pp. 121-36) 와 U. E. Simon, *op. cit.*, pp. 68ff., 120ff.이 부활시켰다.
[69] m^{e}šiah yahweh를 '야웨의 전권대사,' 즉 기름 부음을 상징적으로 이해하는 해석은 다음을 참조하라. E. Kutsch, *Salvung als Rechtsakt* (BZAW 87, 1963), p. 61에서 슥 4:14의 스룹바벨과 여호수아를 비교한다. E. Jenni, *TZ* 10 (1954), pp. 254f.

행위에 대한 확신이 숨어 있기 때문이다. 진정으로 모든 사건을 시작하시는 이는 하나님이시다. 역사성이 의심스럽지만, 출애굽 내러티브에서 바로가 하나님의 영광을 보게 된 자로 묘사되는 것처럼, 고레스는 깨닫지 못한 채 그를 부르신 하나님의 목적을 사실상 이루게 된다.[70]

예언자의 해석의 근거는 결코 정치적 가능성을 능수능란하게 가늠해서가 아니다. 이사야 45:9ff.에서 나타나는 암시된 불평이 사실은 이방 통치자를 목적의 도구로 선택하신 하나님에 대한 경건한 자의 당혹감을 표현한 것이라면, 그 대답의 근거는 분명 모든 만물의 창조주로서 통제하는 이는 바로 하나님이시고, 회복 목적을 위해 결과의 수단을 결정하는 이도 바로 하나님이시라는 점은 분명하다.[71] 그 이상의 동기는 없다. 사건의 통제자 되시는 창조주 하나님에 대한 이러한 확언과 더불어, 에스겔과 성결법전에서 찾아볼 수 있는 것과 동일한 토대 위에서 일어난 일에는 타당한 이유가 있다. 이것은 그가 야웨이시기 때문이며, 그가 바로 자신의 이름을 위해 행동하시는 분이시기 때문이다.

침멀리는 "나는 야웨니라"(*'anī Yahweh*)라는 표현 사용을 검토하고,[72] 이 표현만 나오든지 혹은 이를 선포하는 하나님의 속성을 보다 길게 표현하여 확장을 하든지 간에, 이 표현은 예언자 자료에서 상당히 자주 등장하고 있음을 제시한다. 이에 더하여 밀접하게 연관된 것으로 보이는 구절의 사용을 추가해야 한다. *'anī hū*("내가 곧 그니라"; 비교. 41:4; 43:10; 48:12) 혹은 *'ānōkī hū*(43:25) 구절은 신명(神名)을 인칭 대명사에 해당하는 것으로 보고 이에 대해 신학적으로 설명하려고 애썼음을 강하게 암시한다. 그래서 출애굽기 3:14에서 *'ehey*(I am) 해석을 제시한 것처럼, 제2이사야도 신명 야웨

---

[70] 비교. K. Gallings, *Studien*, pp. 61ff.
[71] 비교. H. L. Creager, "The Grace of God in Second Isaiah" in *Biblical Studies in Memory of H. C. Alleman*, ed. J. M. Myers, etc. (New York, 1960), pp. 123-36.
[72] "Ich bin Jahwe" in *Geschichte und Altes Testament* (*Festschrift A. Alt*, Tübingen, 1953), pp. 179-210=*Gottes Offenbarung*, pp. 11-40.

를 '그,' 즉 '바로 그분' 혹은 '그니라'로 이해하는 것 같다.[73]

사건의 유일한 창시자이신 하나님을 향한 호소의 절대성은 제2이사야의 우상 숭배 문제에 대한 깊은 관심을 분명히 보여 준다. 이사야 44:9-20 산문체 조롱조의 설교는 차치하고,[74] 여기에 관한 언급이 반복적으로 나온다. 하나님이 고레스를 부르는 맥락에서, 그와 그만이 그것에 대하여 알 수 있음을 분명히 한다. 왜냐하면 그가 스스로 그 일을 행하셨기 때문이다. 가치 없는 우상과 달리 하나님은 일하신다. 짐승의 등에 태워져 운반되는 인간 역사의 전수자도 아니고, 그들을 태운 짐승에게 힘든 짐이 되며 무력하게 포로로 끌려가게 되는(사 46:1f) 벨이나 느보와 달리, 하나님은 통제하

---

[73] 이것이 제2이사야의 의도라면, 네 자음의 발음을 Yahweh보다는 Yahu로 하는 것을 선호하는 추가 증거를 제2이사야가 제시하는지 여부에 대해 적절하게 질문해야 한다. 그러나 출 3:14과 호 1:9은 분명히 Yahweh를 더 선호한다.

이 논점의 논의는 1950년경 M. B. Dagut의 제안에 근거한다. 이것은 이제 매우 독립적으로 다음에서 찾아볼 수 있다. S. Mowinckel, "The Name of the God of Moses," *HUCA* 32 (1961), pp. 121-33. 그리고 추가 검토는 다음을 참조하라. H. Kosmala, "The Name of God (YHWH and HU·)," *ASTI* 2 (1963), pp. 103-6. (비교. 또한 E. C. B. MacLaurin, "The Origin of the Tetragrammaton," *VT* 12 [1962], pp. 439-63, pp. 454ff.를 보라). 신 32:39-43; 사 52:6; 시 102:28은 의미 있는 추가 구절로 언급된다.

Mowinckel이나 Kosmala는 모두 호 1:9의 매우 중요한 진술을 이용하지 않는다. 이 구절의 마소라 텍스트는 일반적인 '계약' 공식구를 보여 주고자 빈번하게 수정되지만, 실제는 다음과 같이 말한다. "나는 네게 있지 않다"(I am to you a Not Ehyeh), 즉 비존재다(비교. P. R. Ackroyd, "Hosea," *New Peake's Commentary*, ed. M. Black and H. H. Rowley [Edinburgh, 1962], p. 605). 또한 렘 5:12의 부정적 제의 공식구 *lō' hū*'를 참조하라. Kosmala도 이에 대해 동일한 노선의 논평을 전개한다. 즉, 저자는 이 강의의 원래 형태에서 여기에서 하나님의 이름을 '존재'(하나님은 '존재하는 이'시다)에 대한 표현으로 이해한 징후를 찾을 수 있다고 제안한다. Mowinckel과 Kosmala는 이런 설명이 신의 이름의 원래 의미를 제시한다고 보고, 증거를 사용하여 히필 형태라는 설명을 논박하는 것 같다. (간결한 문헌 검토는 다음을 참조하라. F. M. Cross, Jr., "Yahweh and the God of the Patriarchs," *HTR* 55 [1962], pp. 225-60, pp. 250ff.; O. Eissfeldt, *Introduction*, pp. 183 n., 743.)

후자의 견해는 훨씬 개연성이 없어 보인다. 호; E; 신 32장; 시 102편; 제2이사야에서 추상적이라고 묘사되지는 않더라도(비교. F. M. Cross, Jr., *op. cit.*, p. 253 n.), 구약에서 흔히 인정하는 것보다는 훨씬 더 추상적인 철학적 진술에 가까운 어떤 유형의 설명을 볼 수 있다는 추정이 오히려 개연성이 있어 보인다. 물론 이 논의는 그 이름의 기원과 원래 의미라는 문제와는 직접 연관성은 없다.

[74] 비교. p. 123 n. 23.

시고, 모든 것을 존재하게 하는 자이시며, 태초에 그를 낳았을 때부터 이스라엘 가문을 강력하게 감당하시는 자이시다.

이 주제의 반복은 예언자의 동시대인들의 특수한 필요성에 부응하는 것임에 틀림없다. 길어지는 포로 생활이 의심의 여지없이 한 가지 원인이 된다. 왜냐하면 바벨론의 탁월성과 계속되는 권력의 압력 아래, 조상의 믿음을 져버리고자 하는 유혹이 틀림없이 강했을 것이기 때문이다. 또한 이어 후대에 보다 심각한 압력, 즉 능력 있는 통치자가 분명한 열정을 갖고 추구한 종교 정책 때문에 발생한 압력에 대해서는 나보니두스 치세 동안의 특수 상황을 살펴보아야 한다.[75]

제2이사야의 예언은 귀환과 회복 자체의 상세 사항보다는 현 상황에 대한 이해와 새로운 구원 행위에 대한 전망이라는 더 큰 문제에 더욱 관심을 기울인다. 그러나 에스겔처럼 그 역시 새 땅이라는 관점에서 생각하였으며, 회복된 땅 사상은 자연 질서의 온전한 쇄신이라는 사상을 포함하고 있음을 보여 주는 암시가 충분히 있다. 그 땅의 비옥함이 확증되고, 물 공급이 풍부하여 광야에 꽃이 피게 된다(사 40:1ff.; 41:17-20, 비교. 사 35; 49:19ff.; 51:1ff.; 55:12f.). 이들은 새 백성이 될 것이며(지파가 다시 구성될 것이다. 비교. 사 49:6), 하나님과의 새 계약 관계 속에서 다시 정립된다(비교. 사 55:3-5; 54:9-10; 42:6; 49:8).

예루살렘은 위로를 받고, 재건되고, 건축 대리자인 고레스와 함께 (사 45:13) 오랫동안 황폐되었던 유다의 성읍은 회복될 것이다(사 44:24-28). 재건된 성읍에서 인구가 증가할 것이며, 귀한 돌로 건축될 것이며(사 54:11-14), 의의 도성은 모든 공포에서 벗어날 것이다.[76] 여기에서 새 도성

---

[75] 비교. 앞의 pp. 36ff. 다음도 참조하라. A. W. F. Saggs, *The Greatness that was Babylon* (1962), pp. 145ff. 이 상황과 2세기 상황의 평행의 유사점은 전승과 이야기의 사용을 이해할 수 있게 한다. 이들은 부분적으로 포로기 상황에 대한 순수 회상을 담고 있고, 다니엘서는 분명히 안티오쿠스 4세 에피파네스 시대에 속한다.

[76] 제2, 제3이사야의 "위로받은 예루살렘"(*Gerusalemme consolata*) 주제는 다음을 참조하라. E. J. Tinsley, *The Imitation of God in Christ* (London, 1960), p. 47; N. W. Porteous, "Jerusalem-Zion;

의 정결에 대한 묘사와 백성을 향한 하나님의 계속되는 축복과 더불어 새 백성을 찾아볼 수 있다(비교. 사 52장).[77]

이 주제는 모든 점에서 하나님의 행위에 대한 더 큰 관심사와 얽혀 있다. 그래서 물리적 의미에서 백성의 회복과 내적 생활의 회복 사이의 상호 관계성은 결코 사라지지 않는다. 구조가 거의 언급되지 않지만, 새롭게 정립되고 회복된 백성의 지속되는 의는 확증된다.

하나님의 새 백성으로서 그 땅에서 재건된 이들은 적절하게 "내 종 야곱"(사 44:1f.)이라고 묘사되고, 스스로 하나님에게 속하였음을 안다. 그래서 그들은 스스로 그에 따라 새롭게 이름을 짓는다(사 44:5). 과거에 속했던 영광과 축복은 갱신되고(사 51:1ff.), 미래에는 야웨가 구원하신 백성에게 더 이상 수치가 없다(사 45:17). 그리고 이것은 보다 넓은 맥락에 놓여 있다. 에스겔에서 그 나라가 일어난 일의 증언이 된 것처럼,[78] 제2이사야에서도 야웨의 이름은 영광스럽게 되고, 야웨의 목적은 이스라엘을 통해 알려진다.

이스라엘의 회복에서 하나님의 목적이 달성된 것이 아니라, 하나님의 목적은 땅 끝까지 구원의 능력을 확장하는 데 있다(사 49:6). 야웨가 이스라엘을 다시 선택한 것을 열방이 보고 좌절할 것이다. 여기에서 그들이 신적 행위의 정의를 볼 것은 분명해진다(사 49:7). 하나님의 종은 높아지고, 열방은 하나님이 행하신 것에 경탄하면서 증인이 될 것이다(사 52:13-53:12). 완벽하게 운명이 역전됨으로써, 열방은 하나님의 백성인 자녀를 돌려 놓게 될 것이다. 포로된 자는 놓이고, 억압자에게 재앙이 가해질 것이다(사

---

the Growth of a Symbol," in *Verbannung und Heimkehr*, ed. A. Kurschke (Tübingen, 1961), pp. 235-52, pp. 246ff.; 참조=*Living the Mystery* (Oxford, 1967), pp. 93-111, pp. 105ff. 탈굼(Targum)은 여기에서 구체적으로 예루살렘을 확인한다(비교. K. L. Schmidt, *Eranos-Jahrbuch* 18 [Zurich, 1950], p. 224).

[77] 성전 재건을 여기에 포함하는 것은 다음을 참조하라. E. Hammershaimb, *Some Aspects of Old Testament Prophecy* (1966), p. 104; M. Schmidt, *Prophet und Tempel* (1948), pp. 191f., 217. 'ir (city)=성전 구역(temple quarter)에 대해서는 다음을 참조하라. L. R. Fisher, *JSS* 8 (1963), pp. 39f.

[78] 비교. pp. 115ff.

49:22-26). 그 결과 구원자이신 야웨를 인정하게 된다.[79]

예언자가 깊이 있게 체험한 이스라엘의 운명은 하나님의 보다 더 크신 목적의 일부로 이해된다. 이스라엘의 회복은 시온을 다시 찾는 것이다. 시온은 하나님의 처소이며, 세상의 삶의 중심이다(비교. 사 2:1-4=미 4:1-4).[80] 제3이사야의 사상 계보의 추가 발전 속에서 이 사상의 정점을 얼마간 찾아볼 수 있고, 분명 초기 회복 기간에 대한 예언에서 시온 중심 개념이 실현되고 있음을 볼 수 있다.[81] 여기에서 회복된 공동체의 실현이라는 희망을 아직까지 표현하지 못하고, 여전히 포로를 배경으로 삼고 있음을 볼 수 있다.

다음 단계로 회복 현실을 고찰하고, 그 상황 속에서 살던 자들에게 이것이 의미했던 바가 무엇인지를 그 시대의 실제 정치적, 경제적 상황이라는 배경을 고려하여 평가하고자 한다. 포로기의 신학적 사고에서 사건의 의미에 대한 평가와 하나님이 누구이시며 무엇을 하시는지에 대한 개념을

---

[79] 비교. A Causse, *Les dispersés d'Israël* (1929), pp. 34-45; *idem, Israël et la vision de l'humanité* (1924), pp. 38-58. 다음도 참조하라. W. Zimmerli, "Der Wahrheitserweis Jahwes nach der Botschaft der beiden Exilspropheten," in *Tradition und Situation*, ed. E. Würthwein and O. Kaiser (Göttingen, 1963); P. A. H. de Boer, "Second Isaiah's Message," *OTS* 11 (1956), pp. 80ff.에서 제2이사야의 '보편적' 개념을 제안하는 많은 구절의 찬양 자료를 제대로 강조하고 있다. 또한 그는 이스라엘의 구원이 중심을 차지하고 있음을 제대로 시사한다. 그러나 그가 "제2이사야의 유일한 목적은 유다 백성을 향하여 구원을 선포하는 것이다"라고 말한 것은 과장이다(p. 90). 이런 협소한 견해를 다음에서도 언급한다. N. H. Snaith, "The Servant of the Lord in Deutero-Isaiah," *StOTPr*, pp. 187-200. 다음 논문에서 더 발전한다. "Isaiah 40-66. A Study of the Teaching of the Second Isaiah and its Consequences," in *Studies on the Second Part of Isaiah* (*VTS* 14, 1967), pp. 135-264, 특히, pp. 154-65과 244ff.를 보라. Snaith는 보편주의와 민족주의의 대조를 지나치게 단순화하고, 그 결과 이들이 상관 명사라는 것을 인식하지 못한다. 예컨대, 열방은 야웨의 주권을 인정한다. '선교적' 사상(과 여기에서 de Boer와 Snaith는 이 장에 대해 쓴 많은 글을 제대로 비판한다)을 포함하지는 않지만, 이것은 열방을 암시한다(de Boer는 효과적으로 이것을 pp. 100f.에서 인정한다. 이 주제에 대한 균형 잡힌 진술로는 다음을 참조하라. R. Martin-Achard, *A Light to the Nations* (영역, Edinburgh, London, 1962), pp. 8-31.

S. Herrmann, *Die prophetischen Heilserwartungen im Alten Testament* (BWANT 85, 1965), pp. 291-305에서 제2이사야 신탁의 마지막 제시에 나타난 이스라엘의 희망의 보편화를 논증한다.

[80] A. Causse, *Du grape ethnique à la communauté religieuse* (1937), pp. 207-10에서 제2이사야의 종말론적 이상화 요소를 강조한다(특히, p. 209 n. 3을 보라). 그는 이 장의 역사적 부록을 과소평가 한다.

[81] 비교. pp. 155ff., 171ff.

실재에 비추어 보고자 하는 시도를 찾아볼 수 있는 것처럼, 실제 상황에 대한 평가와 그 안에 놓인 의미에 대한 이해가 비슷하게 연결되고 있음을 볼 수 있다. 우리는 아마도 몇 가지 방식으로 회복기의 이상주의를 더 평가할 수 있을 것이다. 왜냐하면 현실과 맞닥뜨리는 것이 바로 이상주의이기 때문이다. 회복기에 관한 신탁과 다음 세대에 관한 신탁은 모두 그 시기가 이상주의의 점멸이, 좌절된 희망에 대한 자연스러운 반응인 시기였음을 보여 준다.

제9장

회복과 해석

A. 서론: 회복기의 역사적 문제

쿡(S. A. Cook)은 "스룹바벨의 시대"(The Age of Zerubbabel)라는 논문에서[1] 포로 후기 예언서의 문제를 일부 언급한 후에 다음과 같이 말한다.

> 학개, 스가랴, 말라기의 비평이 최종 발언이라는 점은 믿기 힘들다.… 그리고 에스라-느헤미야와 예언서의 다양한 전승과 비평의 복잡성을 고려할 때, 구약 역사와 종교의 많은 문제가 여전히 수용 가능한 해결책을 회피하고 있다는 것은 놀랍지 않다.[2]

다음 장들은 예언 자료, 주로 학개와 스가랴 1-8장의 자료에 대한 이해를 넓히기 위한 시도다.[3] 그러나 역사적 문제를 명확히 하는 것은 난이하고

---

[1] *StOTPr*, pp. 19-36.
[2] *Op. cit.*, p. 31.
[3] 일반 주제에 대한 언급은 다음을 참조하라. 비교. R. E. Clements, *God and Temple* (1965), pp. 123ff. 하나님의 임재 사상에 대한 포로 후기의 발전에 대한 논의에서 Clements는 이상과 현실 사이의 긴장을 올바르게 강조하고, 그 결과에 따른 종말론적 언급에 보다 주목한다. 그러나 그는 '실현된 종말론'(이 용어 사용을 허용할 수 있다면)을 충분히 살펴보지 않는다. '실현된 종말론'에 따르면, 예언자가 돌아오고, 역대기 사가가 동시대 공동체의 실제 종교 생활 속에서 신적 약속이 현실화되는 것을 볼 수 있게 한다.

불확실한 문제로 남아 있다.[4] 역대기 사가가 활용한 자료의 가치에 대한 회의가 오늘날에는 많이 줄었기에, 우리는 에스라서 시작 장의 상당 분량의 유용한 증거를 기꺼이 인정하고자 한다.

그러나 역대기 사가가 해석의 원칙에 따라 매우 명백하게 배열한 일종의 연대기적 순서를 정하려는 시도 때문에, 당장에 간단한 해결책이 없는 주요 문제에 직면한다. 역대기 사가가 자신의 원칙에 따라 자료를 배열하였다는 점은 분명해 보인다. 에스라 4:(6)7-23(24) 단락(제1에스드라 2:16-30)은 아닥사스다 1세 치세에 속하지만, 확실히 무질서해 보인다. 그러나 이 단락은 성전 건축자가 맞닥뜨린 반대와 유사한 상황을 시사하고 있으며, 동일하게 근본적인 원칙을 예증하는 것으로 평가되기에, 현재 위치인 다른 두 맥락에 자리 잡고 있다.[5]

에스라의 주요 내러티브의 순서도 유사한 변위를 겪게 된 것 같다.[6] 역대기 사가가 느헤미야 자료를 포함한 것이라면, 이 역시 분명히 무질서하다. 이는 어느 경우든 에스라의 내러티브 평가에 더 복잡한 문제를 제기한다.[7] 연대기보다 원칙에 의해 배열된 다수의 다윗 자료와 관련해서는 평행

---

4 Galling의 개정판에 다시 나타나는 몇 가지 주제를 참조하라. K. Galling, *Studien zur Geschichte Israels im Persischen Zeitalter* (Tübingen, 1964). 이 책 서문의 해석 문제에 대한 일반적 언급을 참조하라(p. v). 이 문제에 대한 검토도 참조하라. M. W. Leesberg, "Ezra and Nehemiah: A Review of the Return and Reform," *Concordia Theological Monthly* 33 (1962), pp. 79-90(논문의 요약); F. Michaeli, *Les Livres des Chroniques, d'Esdras et de Néhémie* (Commentaire de l'Ancien Testament 16, Neuchâtel, 1967), pp. 253-6. 초기 문학에 대한 언급과 논의는 다음을 참조하라. G. A. Smith, *The Book of the Twelve Prophets* II (1898, 1928), pp. 198-221. 이어지는 내용은 여러 근거를 참조했으나, 주요 참고 자료는 다음과 같다. J. de Fraine, 'La communauté juive au temps des Perses,' *Bible et Terre Sainte* 39 (1961), pp. 14-16; P. Auvray, 'Les débuts de la période perse,' *Bible et Terre Sainte* 38 (1961), p. 2. 모두 단순한 글로서 일부 논점에 대해서는 확실하게 단순화하여 이 시기를 서술한다. H. Lignée and G. Bourbillon, 'Le Temple Nouveau,' *Évangile* 34 (1959), pp. 5-79 (비교. *IZBG* 7, No. 1582)는 아직 입수하지 못했다.
5 비교. W. Rudolph, *Esra und Nehemia* (HAT 20, 1949), p. 40; O. Eissfeldt, *Introduction*, p. 551.
6 느 8장의 율법 낭독은 스 9-10장에 묘사된 사건에 앞서는 것이 틀림없다. (비교. O. Eissfeldt, *Introduction*, p. 548).
7 이 문제는 방법에 대한 예시가 아니라면 현재 논의에는 적절하지 않다. 느헤미야 자료가 따로 보존되었다가 후에 추가되었다는 제안은 에스라-느헤미야 내러티브의 연대기적 문제를 해결하는데 흥미로운 방식을 제시하는 것이다. 참고 자료는 다음을 참조하라. p. 305 n. 13.

본문이 존재하기에, 보다 더 확실성을 갖고 동일한 점을 언급할 수 있다.[8]

역대기 사가의 관점은 포로와 회복에 관한 이해의 일부분이다.[9] 그러나 역대기 사가의 저작 자료는 사건을 재건할 때 주로 중요한 원천 자료를 제공한다. 나중에 역대기 사가의 전반적인 묘사를 조금 더 찾아볼 것이지만, 증거가 제시하는 문제의 해결을 위해 역대기 사가의 방법과 의도와 관련해서 비판의 일부 결론을 추정해 보아야 한다.[10]

우리는 고레스가 바벨론 제국을 패망시킨 일련의 사건에 대한 개요를 미룰 필요가 없다.[11] 이 사건은 나보니두스의 패배와 바벨론을 평화적으로 차지하는 것으로 막을 내리게 된다. 이 상황에 대한 관심은 고레스 칙령에서 볼 수 있는 페르시아 정책에 대한 암시에서 시작된다. 이것은 역대기 사가가 에스라 6장의 아람어와 에스라 1장의 히브리어에 포함했던 칙령에 반영되었다. 다리오 시대의 다른 페르시아 증거를 볼 때, 이 칙령 진술의 일반적 개연성은 확증된다.[12] 페르시아에게 예루살렘 성전 재건은 포로가 되어버린 신(神)을 다시 정착하도록 지원하는 것일 뿐 아니라,[13] 궁전 성소

---

[8] 예컨대, 삼하 24장과 대상 21장을 비교하라.
[9] 비교. 뒤의 pp. 305f., 309f.
[10] 비교. P. R. Ackroyd, "History and Theology in the Writings of the Chronicler," *Concordia Theological Monthly* 38 (1967), pp. 501-15.
[11] 간략한 개요는 다음을 참조하라. W. Rudolph, *Esra und Nememia* (HAT 20, 1949), pp. XXVIf. 다음의 논의도 참조하라. K. Galling, *Studien* (1964), pp. 5ff.
[12] 고레스의 정책은 다음을 참조하라. K. Galling, *Studien* (1964), pp. 34ff. 그리고 칙령의 형태에 대한 보다 상세한 논의는 pp. 51-77 참조. 고레스가 유다인을 방면한 것이 아니라, 다리오와 스룹바벨 사이의 협상 결과로 니딘투-벨(Nidintu-Bel)의 반역 시기에 실제 귀환이 이루어졌다는 견해는 다음을 참조하라. 'Die Politik de Perser und die Heimkehr aus Babel' in *Proc. XXII Congress of Orientalists, Istanbul, 1951*, II (Leiden, 1957), p. 583. 학개와 슥 1-8장의 예언 자료에 신빙성을 부여하고, 역대기 사가를 뒤로 물리치는 경향이 예전 연구의 특징이다. 이에 대한 적절한 평가 자료는 다음을 참조하라. E. Bickermann, "The Edict of Cyrus in Ezra 1," *JBL* 65 (1946), pp. 249-75; F. I. Andersen, "Who built the Second Temple," *ABR* 6 (1958), pp. 1-35. 그러나 최근의 연구는 역대기 사가를 더 인정한다. F. I. Andersen이 그를 단순히 역사가로 묘사하는 것은 정확하지 못하다(p. 6). 그는 분명히 신학자이기 때문이다. 그러나 F. I. Andersen이 예언 자료에서 나온 역사적 증거를 재건하는 것이 위험하다고 지적한 것은 옳다. 이것은 똑같은 절차가 초기 예언서에 적용될 때 일어나는 경우의 위험만큼이나 위험한 일이다.
[13] 고레스 칙령의 다음의 말들과 비교하라. "… 그의 처소가 그들 가운데 있는 신들. 나는 그들의 장소로 돌아가서 영원한 처소에 그들을 모셨다. 나는 그들의 모든 주민을 모으고 (그들에게로)

가 있는 예루살렘 왕족 혈통의 계승자로서 페르시아 통치에 대한 지지를 보내는 것으로 보일 수 있다.[14]

그러나 이 특별한 지역에 대한 페르시아의 관심사는 보다 넓은 정치적 관심에 더 근거를 두고 있다. 고레스의 계승자인 캄비세스가 보여 주었던 것처럼, 이집트와의 입장을 분명히 밝히는 것은 미룰 수 없었다. 다음 세기에 느헤미야와 에스라를 지명한 것은 부분적으로 제국 서쪽의 정치적 불안의 배경을 고려해서 설명할 수 있다.[15] 그래서 이 시기에 분명히 연속되는 두 명의 관리, 세스바살과 스룹바벨의 임명은 보다 일반 상황과 연관되었을 개연성이 높아 보인다.[16]

팔레스타인 지역이 효과적으로 페르시아 통제 하에 들어갔는지는 분명하지 않다. 명목상으로 나보니두스가 패한 순간부터 제국 전체는 그의 후계자에게 속하게 되었다. 그러나 명목상 굴복이 완전한 통제는 아니다. 올브라이트(W. F. Albright)는 6세기 중반으로 추적되는 벧엘의 엄청난 파괴가

그들의 처소를 회복시켰다"(33-34행)(*DOTT* p, 93에서 인용; 비교. *ANET* pp. 315ff.). 이 구절에 대한 언급은 다음을 참조하라. K. Galling, *Studien* (1964), pp. 35; L. Rost, in *Verbannung und Heimkehr*, ed. A. Kuschke (Tübingen, 1961), p. 302. 이 연구들은 느부갓네살의 행위에 대항한 고레스의 역전을 강조하고, 특히 성전 기구를 회복할 것을 강조한다. 느부갓네살의 행위는 다음을 참조하라. K. Galling, *Studien* (1964), pp. 78-88. 고레스 역사 기록의 선동적 측면은 다음을 참조하라. 비교. G. G. Cameron, "Ancient Persia," in *The Idea of History in the Ancient Near East*, ed. R. G. Dentan (New Haven, 1955), pp. 79-97, pp. 82ff.도 보라.

14 비교. M. Noth, *The History of Israel*, pp. 307-8; K. Galliing, *Studien* (1964), pp. 35f. '궁전 성소'라는 표현은 왕국의 생활과 복지와 연관되어 있다는 뜻이며(비교. 암 7:13), 사적인 '궁전 예배실'이 아니라는 것이다(다음의 논평을 참조하라. R. de Vaux, *Ancient Israel* [영역, 1961], p. 320; R. E. Clements, *God and Temple* [1965], pp. 67f. 그리고 다음에 인용할 문헌을 참조하라).

15 비교. O. Eissfeldt, *Introduction*, pp. 554f. 그리고 특히 H. Gazelles, "La mission d'Esdras," *VT* 4 (1954), pp. 113-40, 특히 pp. 139f.; L. Rost, *op. cit.*, p. 303.

16 Josephus, *Ant*. XI, 1은 고레스 행위에 대해 상세한 자료를 제공한다. 유사하게 XI, 2와 XI, 4에서 그는 역대기 사가의 내러티브와 특히 제1에스드라의 자료를 활용한다. 그는 때로는 과도하게 단순화하고, 때로는 상술하면서, 기타 자료에 근거하지만 상상력을 발휘한다. 그의 반사마리아 경향성(역대기 사가의 경향성의 확장)이 여기에 분명히 드러난다. G. G. Tuland, "Josephus, *Antiquities*. Book XI. Correction or Confirmation of Biblical Post-Exilic Records," *Andrews University Seminary Studies* 4 (1966), pp. 176-92는 매우 단순화된 논의지만, 요세푸스 자료의 가치에 크게 주목한다.

고레스의 서쪽 점령 과정에서 일어났을 수 있다고 제안한다.[17] 그러나 그는 기원전 553년 나보니두스에 맞서 일어났던 시리아 폭동과 연결될 수도 있음을 인정하였다.

그리고 재앙에 대한 보다 지역적 원인을 상정해 볼 수 있다. 왜냐하면 포로기와 그 이후 시기의 일반적 불안에 대한 징후가 있기 때문이다(비교. 슥 8장). 페르시아 통치에 대한 서쪽의 제대로 된 복종은 감비세스 치하에서나 가능해졌던 것 같다.[18] 다른 많은 문제로 바빴던 고레스는 지방 관리의 불성실한 충성을 용인해야 했다.

바벨론이 임명했던 사마리아 총독은[19] 아마도 옛 앗수르 통치 집단의 직계 후손으로 페르시아 지배를 받아들였음을 알 수 있다. 그러나 그가 지배를 적극적으로 환영했는지는 알려지지 않는다. 이 시점에서 예루살렘에 특별한 관리를 보낸 것은 현명한 정책으로 보인다. 작지만 이집트와의 최종 소통과 통제를 위해 중요한 지역에서 삶의 질서를 새롭게 수립하는 것은 서쪽 지역에서 보다 나은 상황을 창출하는 데 도움이 되기 때문이다. 이런 배경을 볼 때 첫 번째 임무의 분명한 실패는 이해할 수 있다. 한 세기 후 느헤미야와 동시대인이었던 산발랏에게 그랬던 것처럼, 예루살렘이 완벽하게 부흥하는 것은 당시 사마리아 총독에게도 바람직하지 않은 일이었다.[20]

---

17 W. F. Albright, *Archaeology and the Religion of Israel* (Baltimore, ³1953), pp. 172f.
18 비교. K. Galling, *Studien* (1964), p. 25는 실제로는 감비세스가 수행한 이집트 공격 계획을 고레스에게 돌리는 헤로도토스(*Hist.* III, 34)를 언급한다. Galling은 서쪽 지역 통치자들이 고레스에게 굴복한 것에 대한 언급(고레스 칙령 II, 28b-30a)은 특히 베두인 족장들(beduin sheiks, "장막에 거하는 서쪽 나라의 모든 왕들")의 공식적 항복을 제안하는 것이 틀림없다고 강조한다(pp. 27ff.와 pp. 36ff.). 그러나 즉각적인 서쪽 정벌은 나타나지 않는다. pp. 39ff. 추가 참조. 페니키아 도시는 526년 감비세스에게만 항복했다(비교. *Herodotus* III, 19).
19 바벨론인과 심지어 바벨론에서 임명한 관리직의 계속에 대해서는 다음을 참조하라. 비교. K. Galling, *Studien* (1964), p. 42. Galling은 지방 관리 채용에 대해서도 언급한다(p. 47). 미드르닷(스 4:7)은 페르시아인이었을 것이고, 반면에 르훔(스 4:8), 산발랏(느 2:19)과 그의 아들 들라이야와 셀레마야(엘레판틴 파피루스, 비교. *DOTT*, p. 264)는 모두 지방 인사로 보인다. 비슷하게, 유다의 느헤미야는 유다인 출신이었던 반면 바고아스(엘레판틴 파피루스, 비교. *DOTT*, p. 262)는 아마도 페르시아인이었던 것 같다. (비교. Galling, *op.cit.*, pp. 149ff.).
20 비교. K. Galling, *Studien* (1964), pp. 40, 133.

에스라 6장에서 볼 수 있는 성전 재건을 허락하고 재정 및 여타 지원을 확언하는 칙령은 역대하 36장 끝 부분에 암시되어 있듯이 회복의 실제 속성에 대한 개념에 어울리도록, 에스라 1장에서 역대기 사가에 의해 다시 쓰인 것이다.[21] 그의 이름과 정체성이 모두 불확실하지만 세스바살의 임명은 왕의 지시 사항을 수행할 만한 인물을 선택한 것으로 볼 수 있다. 그를 '유다의 군주'(개역개정은 "총독"으로 번역-역주)로 묘사한 것과 역대기 사가가 다윗 계열 후손으로 명시하지 않는 점은 세스바살을 다윗 계열 세낫살(대상 3:18)과 같은 인물로 보는 제안에 대한 강력한 반증으로 보인다.[22]

---

[21] 비교. R. de Vaux, "Les décrets de Cyrus et de Darius sur la reconstruction du Temple," *RB* 46 (1937), pp. 29-57=*Bible et Orient* (Paris, 1967), pp. 83-113. 영역은 *The Bible and the Ancient Near East* (London, 1972), pp. 63-96; O. Eissfeldt, *Introduction*, p. 556; W. Rudolph, *Esra und Nehemia* (HAT 20, 1949), p. xxvi는 1장이 귀환을 허락하는 후대의 칙령을 담고 있다고 제안한다. 그러나 텍스트의 유사성을 볼 때, 이것은 개연성이 없는 것으로 보인다. 비교. K. Galling, *Studien* (1964), pp. 40f., 127ff. 다음도 참조하라. "Surubbabel un der Wiederaufbau des Tempels," in *Verbannung und Heimkehr*, ed. A. Kuschke (Tübingen, 1961), pp. 67-96. 성전 회복 허락에 대한 페르시아의 관심은 다음을 참조하라. 비교. J. Liver, "The Return from Babylon, its time and scope" (히브리어, 영어 요약) *Eretz-Israel* 5 (1958), pp. 114-19, 90.* Liver는 귀환이 점차적인 것으로 보고, 특별한 승인이 필요하지 않았다고 본다. 비교. I. Ben Zvi, "Cyrus King of Persia and his Edict to the Exile," *El ha'ayin* No. 39 (Jerusalem, 1964), pp. 33-39; Y. Kaufmann, *History of the Religion of Israel* (*Toledoth ha-emunah ha-yisra'elith*), Vol. 8 (Tel Aviv, 1956), p. 164. 도성이 아니라 성전 건축을 승인하는 고레스에 대해서는 다음을 참조하라. (*El ha'ayin* No. 39 [Jerusalem, 1964], p. 10의 관련 구절에 대한 영어 번역). 역대기 사가가 스 1장의 수정과 해석에 책임이 있다고 해서 완전히 잘못된 정보를 소개했다고 볼 필요는 없다. 역대기 사가가 귀환한 포로민을 강조한 것은 과장된 것으로 보인다. 그러나 성전을 회복하고자 하는 추동력은 페르시아 당국 앞에서 자신들의 입장을 펼칠 수 있었던 포로에서 돌아온 자에게서 나왔다는 것이 분명하다. 회복 승인은 귀환 허락 중에서 일부 조치였을 것이다(비교. E. Hammershaimb, *Some Aspects of Old Testament Prophecy* [1966], p. 100). H. H. Grosheide, "Twee Edicten van Cyrus ten Gunste van de Joden (Esra 1,2-4 en 6,3-5)," *Gereformeerd Theologisch Tijdschrift* 54 (1954), pp. 1-2 (필자가 볼 수는 없었다)는 칙령의 두 형태를 모두 옹호한다(비교. *IZBG* 3, No. 181).

[22] 비교. W. F. Albright, "The Date and Personality of the Chronicler," *JBL* 40 (1921), pp. 104-24, pp. 108f.를 참조하라. 그는 두 이름이 모두 원래 바벨론어 *Šin-ab-uṣur*에서 유래했다고 주장한다. 이 주장은 다음 학자의 글에서 수용되었다. D. N. Freedman (nn. 24ff. 참조); J. M. Myers, *I Chronicles* (Anchor Bible 12, New York, 1965), p. 18; H. Gese, *Der Verfassungsentwurf des Ezechiel* (BHT 25,1957), p. 118은 *nāśî*가 다윗 계열을 나타내는 것이라는 관점을 뒷받침하고자 다음 글을 인용한다. O. Procksch, "Fünst und Priester bei Hesekiel," *ZAW* 17 (1940/1), pp. 99-133. 그러므로 *nāśî*에 대한 제한된 견해는 타당하지 않다.

동일 인물로 보는 것은 이미 70인역처럼 제1에스드라와 요세푸스에 나타나고 있다.[23] 아마도 그는 예레미야 26:10에서 나타나는 '유다의 고관'(*sārê*) 같은 부류의 상류층 가문에 속한 자였던 것 같다.[24] 다리오와의 서신에는 "세스바살이 하나님의 성전 지대를 놓았고"(스 5:16)라는 진술이[25] 나오는데, 이는 다른 곳에서는 확인되지 않는다.

그러나 일반적으로 아람어 문서 자료는 신뢰할 만하다는 인상과 내러티브를 생산하는 자는 어느 누구라도 확증되지 않는 진술을 남기지 않으리라는 사실을 고려해 볼 때, 그가 사실상 일을 시작했음을 제안하는 것 같다. 역대기 사가가 사용하는 자료는 성전의 실제 완공까지 이어지고, 스룹바벨이 주요 인물이었음을 분명히 보여 준다. 우리가 분명히 추정하는 것처럼, 세스바살이 부딪힌 실패를 추정하는 것은 매우 모호할 수밖에 없다.[26] 그러나 위에서 대략적으로 제시한 일반적인 정치적 상황을 보면, 세스바살은 사마리아 총독이 돕는 데 주저하고, 아마 심지어 적대감마저 갖고 있다는 사실에 부딪혔을 것이다. 페르시아의 권력이 어디까지 미치고 있었는지, 사마리아 총독이 얼마나 위험을 무릅쓴 것인지는 불확실하다.

---

[23] 비교. M. Noth, *The History of Israel*, pp. 309f. 와 310.
[24] L. Rost, *op. cit.*, p. 302는 에스겔 전승과 이 호칭을 연결한다(비교. 겔 45:7 등). 그는 스룹바벨이 다윗 계열이었던 것처럼, 세스바살(세낫살과 동일인인지 여부와 무관하게) 역시 그랬을 것으로 볼 수 있다고 추측한다. 비교. K. Galling, *Studien* (1964), p. 81; D. N. Freedman, *CBQ* 23 (1961), p. 439; J. M. Myers, *Ezra-Nehemiah* (Anchor Bible 14, New York, 1965), p. 9.
[25] 이 연관성 속에서 *yāsad*가 의미하는 바가 무엇인지에 대해 전반적으로 유용한 논의는 다음을 참조하라. A. Gelston, "The Foundations of the Second Temple," *VT* 16 (1966), pp. 232-5. 그는 이 말이 "지대를 놓았다"는 것보다 더 광의의 의미를 포함하고 있다고 본다. 이것은 '수리, 회복, 재건'을 의미한다. Gelston이 언급하지 않았던 *yāsad*에 대한 보다 일반적인 논의는 F. I. Andersen, "Who built the Second Temple?," *ABR* 6 (1958), pp. 1-35에서 이미 진행되었다. Andersen은 이 단원의 원형이 등장하는 곳을 전부 검토한 후, 실제로 그 의미가 얼마나 광범위한지를 제시한다(pp. 10-22). 뒤의 학개와 스가랴에 대한 논의를 참조하라(pp. 207, 225). C. G. Tuland, "*Uššayyā* and *Uššarnā*: A Clarification of Terms, Date, and Text," *JNES* 17 (1958), pp. 269-75는 그 형태가 '지대부터' 재건축했음을 보여 준다고 주장한다. 그러나 이 논문은 *yāsad*의 용례를 검토하지 않는다.
[26] 비교. K. Galling, *Studien* (1964), pp. 135f.는 고레스의 위임을 받은 세스바살의 사역이 실패로 돌아갔다는 사실이 어느 누구의 관심사도 되지 못했음을 강조하고 있다.

세스바살은 내러티브에서 그대로 사라졌다. 그가 재소환 되었는지, 수명이 다해서 죽었는지, 유다 공동체가 발전해 나갈 때 적극적 역할을 하지 못한 채 그저 예루살렘에 살았는지를 확인할 방법은 전혀 없다. 이 세 질문 중에 첫 번째 질문이 가장 개연성이 있어 보인다. 만약 그가 구체적 역할을 위해 임명되었다면, 나중에 느헤미야가 그랬던 것처럼 일정 기간 관직을 맡았을 가능성은 있다.[27]

그러므로 최초 귀환 시기는 팔레스타인에서 협조를 받지 못해 좌절되었기에, 다소 비효과적인 회복 시도로 특징지어진다.[28] 이미 추정했던 것처럼, 비록 숫자와 면적에서는 포로기 이전보다 훨씬 적지만 이미 그곳에 상대적으로 견고한 공동체가 존재했다면, 이 시기에 포로지에서 상당한 숫자가 귀환했다고 추론할 근거는 없다.[29]

회복의 두 번째 단계는 스룹바벨과 여호수아, 학개와 스가랴의 사역 행위로 특징지을 수 있다.[30] 두 권의 예언서에는 도합 네 명의 이름이 등장한다. 에스라 5장까지 언급이 되지는 않는다. 그러나 네 명의 이름은 역사적 내러티브에서도 등장한다. 에스라 3:1-4:5 자료의 역사적 의의를 평가할

---

27 비교. 느 2:6; 비교. W. Rudolph, *Esra und Nehemia* (1949), p. XXVI. J. de Fraine, *op. cit.* (p. 138 n. 4). 세스바살의 정확한 지위는 불분명하다. 그는 *peḥâ* (스 5:14)로 묘사되지만, 그 용어는 '총독'이라는 협의의 의미만 있는 것이 아니다. '고등판무관'(commissioner)이 더 어울릴 것이다. 70인역은 스 1장의 영향을 받아 '재정 관리자'로 본다. K. Galling, *Studien* (1964), pp. 79, 81, 132f. 그를 '강 건너'의 총독이라고 보는 A. G. Welch의 견해는 전적으로 추론일 뿐이다(*Post-exilic Judaism* [1935], pp. 98ff).
28 비교. J. D. Smart, *History and Theology in Second Isaiah* (1965) pp. 281ff.에서 사 66장을 성전 재건 계획에 대한 반대로 해석한다. 비교. p. 156 n. 15.
29 스 1장의 역대기 사가가 전하는 칙령은 아마도 귀환에 대한 보다 광범위한 반응을 전하고 있는 것 같다. 또한 이것은 역대기 사가가 출애굽의 평행을 보았음을 제시하는 모티프로 분명하게 상술되었다(비교. 출 12:35; 비교. 사 51:9ff.). 그러나 나중에 바벨론 유다인을 향한 호소(비교. 슥 2:10ff.; 스 7-8장), 이 시기와 이후 예루살렘과 그 주변부 공동체가 직면했던 어려움에 대한 암시를 볼 때, 대규모 귀환은 일어나지 않았음이 분명하다. K. Galling, *Studien* (1964), esp. pp. 61-77.
30 비교. O. Eissfeldt, *Introduction*, p. 556은 Torrey를 비롯한 이들의 견해에 반박한다. 나아가 K. Galling, *Studien* (1964), 특히, pp. 41ff.는 고레스의 귀환 허락이 야기한 정치적 문제를 논의한다.

제9장 회복과 해석

때, 분명한 한 가지 난점은 정확한 연대기 자료가 없다는 점이다.[31]

"일곱째 달에 이르러"라는 에스라 3:1의 진술은 고레스 제1년 외에는 그 해의 언제인지에 대한 다른 표시 없이, 1장에 기록된 세스바살의 귀환이라는 마지막으로 기록된 사건에 바로 이어지는 후속 사건으로 보인다. 에스라 3:8은 "그들이 온 지 2년"을 언급하는데, 에스라 3:1의 후속으로 추정된다. 추가 연대가 등장하지 않다가, 에스라 4:4-5, 6과 4:24의 연결 절로 보이는 구절에 가서야 나온다.

지금 다른 곳에 나타난 역대기 사가의 정책(에스라의 연대에 기대어, 지체 없이 70년 혹은 120년 이상을 넘어가는 스 7장)[32]과 신명기 사가의 문체와 유사한 특징(상당한 시간이 지났을 때, 단순하게 'āz['그때에']로 사건을 연결한다)[33]에 대해 알고 있는 바를 고려할 때, 우리는 사건의 연속성을 추정할 수 없다. 이 구절에서 스룹바벨을 세스바살의 젊은 동시대인이라고 논증할 수는 없다.[34]

에스라 1장과 3장 사이의 간격은 고레스 제1년과 다리오 제2년까지 거의 20여 년으로, 학개와 스가랴의 압박 때문에 공사가 시작되었다(비교. 스 5:1; 4:24). 이 경우에 에스라 3:1-4:5의 히브리어 내러티브와 에스라 5:1-6,

---

[31] 이름의 순서는 다음을 참조하라. 비교. T. Chary, op. cit., p. 138. Chary는 페르시아의 관점에서 스룹바벨을 먼저 언급하는 것은 총독의 보다 큰 중요성을 나타내는 것이라고 주장한다. 그러므로 그 순서대로 학개와 스 3:8; 4:3; 5:2에 나타난다. 그러나 스 3:2에서 순서가 뒤집히고, 여호수아가 먼저 나온다. 스 5:2은 아람어 자료이고, 그래서 보다 고대 자료이며, 학개와 정확하게 일치하는 것으로 보인다. 그러나 역대기 사가가 어떤 일관성 있는 정책을 따르지 않는다는 징후가 있고, Chary가 이 증거를 통해 많은 것을 읽어 내는 것이 옳은지에 대해서는 의심의 여지가 있다. 여기에서 유일한 다른 가능성은 히브리어 단락에 나타난 순서의 변형이 스룹바벨-여호수아 순서를 따르는 자료를 사용하지만, 언급을 할 때는 순서를 뒤집은 역대기 사가의 자료를 사용하기 때문이라고 설명할 수 있다. 이런 추측은 역대기 사가의 원자료를 체계화하려는 경향성을 고려할 때 불필요하다고 본다.

[32] 비교. K. Galling, Studien (1964), pp. 76 n. 4. Galling은 다리오 제6년 성전 봉헌(스 6:15)과 아닥사스다 제7년 에스라(스 7:7)의 연대를 제시하면서, 역대기 사가가 두 명의 통치자를 확인했다고 생각한다. 분명히 그는 그 간격이 길지 않았다고 보았다.

[33] 비교. 예. 왕상 11:7; 왕하 16:5. 비교. J. A. Montgomery, "Archival Data in the Book of Kings," JBL 53 (1934), pp. 46-52, p. 49를 보라; J. A. Montgomery, The Book of Kings, ed. H. S. Gehman (ICC, 1951), p. 204는 'āz가 공문서의 성격을 지녔고, 원래 정확한 연대를 대체하는 것이라고 제시한다.

[34] 예를 들어, W. Rudolph, Esra und Nehemia (1949), p. XXVI에서 암시된다.

12의 아람어 내러티브는 거의 평행하거나³⁵ 적어도 동시대의 두 가지 다른 측면을 포함한다.

첫째, 제단의 건립과 종교 축제를 성전 건축의 시작과 연결하고, 끝 무렵에 반대에 직면했다는 언급이 나온다. 역대기 사가의 제시 스타일의 특징이 많이 나온다.

둘째, 성전 건축과 반대를 연결하고, 그 반대를 다른 상세 사항으로 이어가며, 다리오에게 문의하고, 고레스의 원래 칙령으로 말미암은 재건축의 권리를 확인하는 언급이 나온다.

이 자료들이 평행하다면, 역대기 사가는 고레스 칙령과 성전의 실제 완공 시기 사이의 간격을 메꾸는 데 사용하고, 스룹바벨의 내러티브를 세스바살 내러티브 다음으로, 그들 사이의 관계를 규정하지 않은 채, 암묵적으로 배치한다.³⁶ 반대의 속성에 대한 묘사가 추가 모티프가 되었던 것 같고, 이것은 이제 에스라 4장과 5장의 서두뿐만 아니라 에스라 4:(6)7-23(24)의 분명히 끼어든 아닥사스다 단락에서도 서술되고 있다.

이것은 이미 본 대로 역대기 사가(혹은 후대의 그를 확장한 자)가 얼마나 연대기 문제에 관심이 없었는지를 드러내고 있다. 그 결정은 추가의 막연한 요소, 즉 스룹바벨의 임명 연대에 달려 있다.³⁷ 다리오 궁전의 근위병 세 명에 대해 제1에스드라 3-5:6에 나오는 긴 내러티브는 이제 스룹바벨의 임명을 소개하기 위해 매우 부자연스럽게 사용된다.³⁸ 그래서 임명은 다리오 통치 시작이나 니딘투-벨(Nidintu-Bel, 느부갓네살 3세)의 압제 직후에 이루

---

35 O. Eisssfeldt, *Introduction*, pp. 543, 551.
36 비교. W. Rudolph, *Esra und Nehemia* (1949), p. 29. O. Eisssfeldt, *Introduction*, p. 543.
37 비교. P. R. Ackroyd, *JNES* 17 (1958), p. 20. W. Rudolph, *Esra und Nehemia* (1949), p. XXVI.
38 스룹바벨은 뜻밖에 제1에스드라 4:13의 제3근위병으로 파악된다. 하지만 이 이야기는 A. T. Olmstead, *History of the Persian Empire* (Chicago, 1948), pp. 136ff.가 재구성 작업에 사용한다. 비교. P. R. Ackroyd, *JNES* 17 (1958), pp. 19-21에 나오는 논평을보라.

어진 것으로 사료된다.[39]

다리오가 스룹바벨의 임명과 동시에 아마도 재빠르게 서쪽 지역을 통치하는 조취를 취한 것이나 다양하게 여러 수단을 동원하여 자신을 위협하고 있는 위험을 이미 인지하고 있었던 것은 놀랄 일이 아니었다. 그는 넘쳐나는 반역을 더 이상 번지지 않도록 처리해야만 했고, 스룹바벨은 아마도 믿을 만했을 것이다.[40]

그러나 이것이 옳다면, 다리오에게 보낸 보고서(스 5:6-17)에서 그가 한 임명에 대해 어떤 언급도 하지 않는다는 점은 매우 특이하다. 스룹바벨에 대한 언급은 에스라 5:2 이후에는 전혀 나오지 않는다. 이 점으로 인해, 페르시아인의 손에 놓인 그의 운명에 대한 과도한 이론이 조금 생겨났다.[41] 다리오에게 보낸 보고서의 전체 내러티브가 잘못 배열된 것이라고 가정하지 않는다면, 이는 불필요할 정도로 임의적으로 보이는데, 스룹바벨이 이 일에 줄곧 개입하였다고 확실히 추정할 수 있다.

이것의 효과는 스룹바벨의 임명을 다소 뒤로 미루었던 것 같다. 이 경우에 그가 팔레스타인과 이집트에서 감비세스의 사역과 평행하는 시대에 병참선을 강화하고자 임명되었거나, 고레스 말년에 왔던 것처럼 보인다. 둘 중에 전자가 더 선호되는 것으로 보인다.[42] 세스바살 시대 이후 재건축에

---

39 연대에 대해서는 다음을 참조하라. P. R. Ackroyd, *JNES* 17 (1958), p. 14. 다리오는 522년/521년 초기에서 521년 9월에, 521년 12월/520년 1월에 분명히 바벨론에서 인정받은 자였다. 정치적 배경은 다음을 참조하라. K. Galling, *Studien* (1964), pp. 48ff., 56ff. 베히스툰 비문의 선전적 언어에 대해서는 다음을 참조하라. G. G. Cameron, *op. cit.*, pp. 86ff.; R. T. Hallock, "The 'One Year' of Darius I," *JNES* 1 (1960), pp. 36-39.

40 비교. K. Galling, *Studien* (1964), pp. 58f.; E. Hammershaimb, *op. cit.*, p. 101.

41 비교. P. R. Ackroyd: "Two Historical Problems of the Early Persian Period," *JNES* 17 (1958), pp. 13-27에서 이 이론에 대해 몇 가지 논평을 하였다. L. Rost, *op. cit.*, p. 302는 스룹바벨이 다윗 계열의 마지막 후손으로 정치적 권력을 위임받았음을 강조했다. 다리오 정책은 다음을 참조하라. 비교. G. G. Cameron, *op. cit.*, p. 92.

42 개입된 논제의 논의는 다음을 참조하라. 비교. P. R. Ackroyd, *JNES* 17 (1958), p. 21; 비교. K. Galling, "Syrien in der Politik der Achämeniden bis 448 v. Chr.," *Der Alte Orient* 36 (1937), pp. 40ff.에서 Galling은 Alt의 논지를 따른다. Alt, "Die Rolle Samrias bei der Entstehung des Judentums," in *Festschrift Otto Procksch* (Leipzig, 1934), pp. 5-28, p. 25를 보라=*Kl. Schr.* 2 (Munich, ³1964), pp. 316-37, p. 335를 보라. 그리고 Galling은 감비세스의 이집트 원정과 연

대해서는 다소 미온적이지만 비효율적 시도가 이루어졌다(스 5:16).

스룹바벨이 도착해서, 제대로 시작하자 제단의 올바른 건축(스 3:2f.)과 다른 조치가 따랐다. 그러나 적절한 때에 이 사역은 그의 통치 제2년 다리오에게 보낸 문의로 인해 중단된다. 다른 말로 하자면, 학개와 스가랴의 예언 행위가 이루어지는 동안 혹은 그 후에 현재 형태로 기록되었다. 다음으로 에스라 6:13ff.에서 보여 주듯, 평화로운 건축 완공에 대한 권한이 부여되었다.

이것은 스룹바벨과 연관하여 학개와 스가랴의 위치에 대한 다양한 가능성을 제시한다. 그들은 스룹바벨이 임명되자 그와 함께 왔거나, 다리오 통치 시작 시기에 바벨론에서 정치적 상황에 의해 촉발되어서 왔던 것(비교. 슥 2장)으로 추정된다.[43] 스룹바벨과 예수아와 함께 귀환한 제사장과 레위인 목록이 느헤미야 12장에 보존되어 있다. 이 목록은 학개나 스가랴를 언급하지 않지만, 스가랴의 아버지로 보이는 잇도(동명이인이 개입되지 않는 한)를 언급한다. 예수아의 아들이자 계승자인 요야김 시대를 다루고 있는 추가 목록(느 12:10)에서 스가랴는 잇도 가문의 '족장'이자 제사장으로 언급되고 있다(느 12:16).

이것을 볼 때, 스가랴가 얼마 후에 자신의 아버지를 따라 왔을 가능성도 있지만, 스룹바벨과 같이 도착했다고 결론 내릴 수 있다. 어느 쪽이 더 개연성이 있는지 알려 줄 증거는 없다. 스가랴의 경우, 바벨론 활동을 알려 주는 몇 가지 징후가 있고, 그곳에서도 설교를 한 기간이 있었을 것 같다.[44]

관성을 논증하고자 한다. 비교. "The 'Gōlā-List' according to Ezra 2 // Nehemiah 7," *JBL* 70 (1951), pp. 149-58, pp. 157f.를 보라; 비교. *Studien*, pp. 89-108. 후속으로 *ZDPV* 69 (1953), pp. 4-64, 70 (1954), pp. 4-32=*Studien* (1964), pp. 58ff. 여기서 그는 후대 연대를 주장한다. 비교. H. W. Wolff, *Haggai* (BS I, 1951), p. 10은 525년을 주장한다.

[43] K. Galling, *Studien* (1964), pp. 56ff.는 학 1장에 암시된 상황 얼마 전에 귀환이 있었다고 논증한다. K. Elliger, *Das Buch der zwölf kleinen Propheten* II (ATD 25, ²1951), pp. 104f.에서 슥 5:1ff.는 매우 최근에 재정착하게 된 포로민의 사회적, 경제적 문제를 직시하고 있다. 203ff.를 더 참조하라.

[44] 비교. 뒤의 pp. 226, 257f. 비교. K. Galling, "Die Exilswende in der Sicht des Propheten Sacharja," *VT* 2 (1952), pp. 18-36; *Studien* (1964), pp. 109-26은 개정판.

그러나 그가 도착한 시기에 대한 정확한 표지는 없다. 많은 경우 학개와 스가랴의 예언 활동에 추동된 결과 다리오 통치 초기에 추가 귀환이 있었다고 보는 생각은 알려진 사실과 부합되며 합리적 묘사를 제시한다.

한 가지 더 추가 사항을 간략하게 짚고 넘어갈 것은 재건축 반대의 성격이다. 에스라 5:3-5의 내러티브는 충분히 분명하다. 우리는 어떤 인물들이 개입되었는지를 정확히 알 수 없다. 그러나 조사는 공식적인 것으로 '강 건너' 관구와 다양한 지역의 총독이 수행한 것이다. 조사의 이유를 보여 주는 것은 없다.

에스라 5:5은 고위 관료들이 적대적이지 않았음을 암시하고 있다.[45] 아마도 그들은 자신들에게 제시된 고레스 칙령의 권위에 관한 자료를 신뢰했기 때문일 것이다. 또한 아마도 그들이 어떤 부적절한 일이 진행 중이라는 것을 암시하는 자료를 신뢰하지 않았기 때문이기도 했을 것이다. 재건축에 개입된 자들의 이름에 관한 조사(스 5:4)는 갈링에 따르면,[46] 에스라 2장과 느헤미야 7장에 나오는 귀환 포로민 명단을 살펴보는 것으로 진행된다.

여기에 두 번 등장하는 문제에 대해 상세한 논의는 하지 않겠다.[47] 목록이 정부 조사에 속한다고 보는 갈링의 견해는 매우 합리적이지만, 기원이 무엇이든지 간에 이것은 귀환한 포로민을 구분된 독립체로 묘사한다. 역대기 사가의 경우, 회복된 공동체[48]가 주로 포로민으로 구성되었다고 보는 갈링의 견해를 지지한다. 에스라 5-6장의 전체 내러티브는 역대기 사가가 다른 곳에서도 주장하는 요지, 즉 페르시아 당국은 하나님 아래에서 유다 공동체의 재정착에 호의를 갖고 있었음을 보여 주고 있다. 역대기 사가가 에스라를 다룰 때, 계보는 고레스부터(대하 36:22-23; 비교. 스 1:1ff.), 이 관료들과 다리오를 거쳐, 아닥사스다(II)로 이어진다. (유사한 강조점은 느헤미야

---

[45] 비교. 이 점을 A. C. Welch, *Post-exilic Judaism* (1935), p. 145에서 강조한다.
[46] *Studien* (1964), pp. 89-108.
[47] 비교. O. Eissfeldt, *Introduction* (1965), pp. 550f.; S. Mowinckel, *Studien zu dem Buche Ezra-Nehemia* I. *Die nachchronische Redaktion des Buches. Die Listen* (Oslo, 1964), pp. 62-109.
[48] 비교. 뒤의 pp. 314f.

내러티브 서두에서도 발견된다.) 에스라 4:1-5은 반대를 다루고 있는 또 다른 구절이다.[49] 적대자들은 "유다와 베냐민의 대적"(스 4:1)으로 묘사되고, 나아가 "그 땅의 백성"('am hā'āreṣ)으로 파악한다.[50]

그들의 행위가 문제를 야기하기 위한 음모에 가담한 것으로 보이기에, 느헤미야의 적대자들의 행위와 전혀 다른 것은 아니었다. 그들이 동일한 하나님을 섬기는 자이며 앗수르 왕 에살핫돈이 끌고 온 자들의 후손이라

---

[49] 비교. A. T. Olmstead, *History of the Persian Empire* (Chicago, 1948), pp. 136f.; R. J. Coggins, "The Interpretation of Ezra 4.4," *JTS* 16 (1965), pp. 124-7.; K. Koch, "Haggais unreines Volk," *ZAW* 79 (1967), pp. 52-66. pp. 64f.에서 여기에 언급된 반대를 역대기 사가가 재건축이 오랫동안 지연된 것을 설명하기 위해 창작한 것이라고 본다.

[50] R. J. Coggins, *op. cit.*, p. 126에서 'am hā'āreṣ를 포로기 이전에 민족주의 정책과 연루된 집단과 동일 집단으로 간주할 수 있다고 주장한다. 그들의 전임자들이 앗수르나 이집트의 개입에 분노했던 것처럼, 이들도 페르시아가 유다 문제에 개입하는 것에 분노했다. 그는 학개와 스가랴(학 2:4; 슥 7:5)가 당시 성전 재건축을 도울 것을 격려했다고 제안한다. (이 구절에 대해서는 다음을 참조하라. 비교. F. I. Andersen, *ABR* 6 [1958], pp. 1-35, 비교. pp. 27-33.) 그러나 E. Würthwein, *Der 'Am Ha'arez im Alten Testament* (BWANT 17, 1936) 등이 이 집단을 명확한 독립체라고 너무 쉽게 추정하는 것은 아닌가? (보다 극단적인 견해는 다음을 참조하라. M. Bič, *Das Buch Sacharja* [Berlin, 1962]. pp. 92f. 그리고 그는 체코슬로바키아에서 쓴 학위 논문에서 충분히 논의하였다. [*Bethel, das Knigliche Hiligtum*, 1946.] Bič은 'am hā'āreṣ를 이전 국가의 제사장직과 동일시한다.) 언급한 학 2:4과 슥 7:5의 두 절처럼, 이 용어는 분명히 훨씬 더 광범위하게 사용되고 있다. Würthwein(pp. 51-57)은 이 용어가 후대에 기술적으로 사용되면서, 이방인 '상류층'을 지칭하게 되었다고 주장한다. 어떤 경우든 문제는 분명 실상 기술적 의미가 있었는지에 관한 것이다. 설득력 있는 비평에 대해서는 다음을 참조하라. R. de Vaux, "Le sens de l'expression 'Peuple du Pays' dans l'Ancien Testament et le rôle politique du peuple en Israël," *RA* 58 (1964), pp. 167-72(참고 문헌이 훌륭하다); E. W. Nicholson, "The Meaning of the Expression *am hā'āreṣ* in the Old Testament," *JSS* 10 (1965), pp. 59-66; J. L. McKenzie, "the 'People of the Land' in the Old Testament," *Akten de XXIV Interantionalen Orientalisten—Kongrress, Müchen, 1957* (Wiesbaden, 1959), pp. 206-8. 보다 초기의 결론도 참조하라. E. Klamroth, *op. cit.*, pp. 99-101. McKenzie는 이 용어를 이스라엘 사람이 아닌 민족에게 적용할 수 있고(비교. 창 23:7ff.; 42:6; 민 14:9), 예하브밀크 비문(Inscription of Yehawmilk)에서 이 용어의 등가물이 있다는 중요한 결론을 도출했다. Andersen(*op. cit.*)도 다음 논문을 언급한다. I. D. Amusin, "Narod Zemli," *Journal of Ancient History, Academy of Sciences, USSR* (1955, No. 2), pp. 14-36에서 "이 용어의 적용은 다양하고, 지배적인 사회 구조에 달려 있다"라고 제시한다(Andersen, p. 32 n.) "그 땅의 백성"의 반대와 관련하여, J. D. Smart, *History and Theology in Second Isaiah* (1965), p. 285에서 역대기 사가는 여기에서 성전 재건에 대한 제2이사야의 반대(비교. 사 66장)를 공유했던 자들의 반대라는 '희미한 추억'을 지니고 있고, 이들은 "포로민이 귀환했을 때, 그 땅에 있었던 자들"이라는 다소 기이한 생각을 제시한다. 물론 이것은 그의 제2이사야와 특히, 사 66장에 대한 견해를 기반으로 한다. 비교. pp. 118ff., 156 n. 15.

는 진술은 기원전 722년 앗수르 정복 이후 사마리아 성에 정착한 자들에 관한 열왕기하 17장의 이야기와 비교할 수 있다. 역대기 사가는 이 이야기와 연결시키지 않는다. 그러나 그가 자신이 포함하지 않은 이야기와 상호 참조를 자주 사용하는 것을 볼 때, 동일한 상황을 언급하지만, 사마리아 함락 시대의 앗수르 왕과 후대의 에살핫돈을 혼동한 것으로 보는 것이 가장 타당할 듯하다. 만약 그렇다면 이 '대적들'은 사마리아의 통치자 집단으로 야웨 숭배를 받아들이지만, 예루살렘 공동체가 보기에는 음모에 가담한 자들로서, 다음 세기에 산발랏과 그의 부역자들처럼 예루살렘을 다시 발전시키는 것을 방해하고자 하는 자들이라고 주장한다.

역대기 사가는 이어 나오는 에스라 내러티브에서 매우 중요한 주제인 이방인 거부를 강조함으로써, 이 사건을 약간 왜곡한다.[51] 반대자들이 유다의 백성을 좌절하게 하고, 건축을 두려워하게 만든 것(스 4:4)은 충분히 이해할 만하다.[52] 그들이 백성을 더욱 좌절하도록 "관리들을 고용하였다"(yŏaṣim)는 것은(스 4:5) 에스라 5장의 다른 반대 내러티브와 논리적으로 연결된다. '관리'라는 용어는 조언 기술을 지닌 자가 자신이 원하는 행동 방향으로 사람들을 설득하고자 하는, 압살롬의 궁정에서 아히도벨이나 후새의 역할 같은 것을 지칭하는 것일 수도 있지만,[53] 그들이 위협할 뿐만 아니라 고위 관리에게 문제를 보고하였다는 것을 제안하고 있기 때문이다.

그런 반대와 비교할 만한 암시는 에스라 3:3에 나오는데, 이는 (새 제단이 기존 제단을 대체한다는 얀센의 제안에도 불구하고)[54] 예루살렘에 제대로 제의를

---

51 yaḥad='닫힌 공동체'(스 4:3)에 대해서는 다음을 참조하라. 비교. S. Talmon, VT 3 (1953), pp. 133ff.
52 K. Koch, op. cit., p. 65에서 다음과 같이 질문한다. "귀환한 포로민은 소수 집단으로서 그 땅의 상황에 익숙하지 않은 상태에서, 지방 당국의 반대에 맞서서 일을 수행해야 했다고 추정하는 것이 타당한가?" 그러나 필자가 제안한 것처럼, 팔레스타인에서 누가 실제로 권력을 지니고 있었는지에 대한 전반적 질문은 이 단계에서 충분히 분명하지 않다.
53 삼하 17:5ff. 비교. P. A. H. de Boer, "The Counsellor," VTS 3 (1955), pp. 42-71, 특히 p. 44; W. McKane, Prophets and Wise Men (1965), 특히 pp. 55ff.
54 비교. E. Janssen, op. cit., pp. 94f.

재건하고자 하는 자들이 부딪히게 된 반대의 속성을 깨닫고 있었음을 보여 준다. 왜냐하면 그들은 세스바살 시대의 초기 시도가 실패했음을 인지했기 때문이다.

새 성전 봉헌 이후 유월절 연회에 참석했던 귀환 포로민뿐만 아니라 "자기 땅에 사는 이방 사람의 더러운 것으로부터 스스로를 구별한 모든 사람들"(스 6:21)을 말할 때, 매우 다른 점이 언급된다. 이것은 역대기 사가의 특징적인 주장의 예시로, 예루살렘의 정화를 받아들이는 자들이 공동체의 일원이 될 가능성이다.[55]

이는 그의 선교적 호소력에 속한다. 이 사건 중에서 후에 사마리아인과 동일할 수 있는 종교 집단의 반대에 대한 언급은 전혀 없다. 궁극적으로 어떤 다른 요소들이 사마리아 종교 공동체를 구성했든지 간에, 핵심은 유다 공동체의 중심에서 온 것으로 보인다. 그것은 오경을 공유하며,[56] 종교적 보수주의에 필적할 만했다. 그러나 이 주제는 여기에서 다루고 있는 시대를 벗어난다.

그러므로 이 시대의 불확실성은 명백하다. 예언자의 활동과 역사적 사건 사이의 관계에 대한 교조주의는 부적절하다.[57] 그들의 의미를 평가하고자 예언자의 메시지를 설명하려는 시도가 뒤따른다. 먼저 학개를 다루고,

---

[55] 왕국의 분열(대하 11:13-17)과 히스기야 개혁(대하 30장)에 관한 내러티브와 비교하라. K. Galling, *Studien* (1964), p. 59에 이 점이 혼재되어 있다. 비록 Galling이 스 6:16(아람어)에서 귀환한 포로민이 봉헌한 점을 인지하고, 이어 그들에게 가담하고 "스스로 구별한"(스 6:21, 히브리어) 자를 언급하고 있지만, 역대기 사가의 진술이 매우 현실적인 의미에서 '열린' 공동체를 그리고 있다는 점을 분명하게 도출하는 데는 실패한다. 귀환한 포로민과 지역 주민이 날카롭게 분리되지 않았다는 사실은 학개와 스가랴에서 분명히 나타난다(뒤의를 참조하라). 스 5:1-6:18의 아람어 자료는 그 자체로 이미 구성물이며, 순수한 역사 기록물은 아니다.

[56] L. Rost, *op. cit.*, p. 303에서 이것의 '정치적' 측면에 주목한다. 에스라(스 7:25f.)의 위원회에서 보여 주듯이, 페르시아 당국이 율법의 수용을 유다 공동체 일원의 근거로 파악한 것은 사마리아인 역시 자신들의 정치적 지위의 근거를 율법에서 찾고 있었음을 제시한다.

[57] 비교. P. R. Ackroyd, *JNES* 17 (1958), pp. 13-27; *JJS* 2 (1951), pp. 163-76; 2 (1952), pp. 1-13; C. G. Tuland in *JNES* 17 (1958), pp. 269-75에서 연대에 대해 상당히 철저하게 정의를 내린다. 이것은 해석상의 정밀성에 지나치게 의존하는데, 거의 실현할 수 없는 것이다. 그의 요세푸스 자료에 대한 논의도 참조하라. "Josephus, *Antiquities*. Book XI. Correction or Confirmation of Biblical Postexilic Records," *Andrews University Seminary Studies* 4 (1966), pp. 176-92.

제9장 회복과 해석

다음으로 스가랴를 다루고자 한다.[58] 비록 초기 자료의 증거와 후대의 재적용이 있었다 해도, 사실상 이 예언자들을 회복 시기에 두는 것이 확실하다는 점에 근거해서 다른 예언 자료를 간략하게 언급하고자 한다.

---

[58] 완전히 활용되지는 않지만, 이어지는 매우 중요한 연구에서 몇 가지 언급이 이루어지고 있다. W. A. M. Beuken, *Haggai-Sacharja* 1-8 (Studia Semitica Neerlandica 10, Assen, 1967). 특히 저자는 이 예언 모음집이 역대기 사가의 집단과 유사한 집단에서 최종 형태에 도달하였고, 회복 시기에 대하여 특별한 관점을 제시하고 있음을 인지하고 있다. 그러므로 Beuken의 연구는 필자의 초기 연구에서 제안하였던 사상 체계를 추종하고, 훨씬 더 상세하게 검토한다. Beuken(pp. 216-29에서 학개, pp. 230-330에서 스가랴)의 연구는 원래의 맥락에서 예언자 이해를 제시한다.

제10장

회복과 그 해석(계속)

B. 학개

역대기 사가는 역대상 36장과 에스라 1-6장에서 포로기 동안 그 땅의 안식년 휴식은 이제 완료된 것으로 보고, 역사적 관점에서 볼 때 옳건 그르건, 바벨론 멸망에 따라 포로기가 끝나고 이상적으로 회복이 뒤따른다고 추정할 수 있었다. 귀환과 회복과 새로운 시기가 시작된다. 그는 장기적 관점에서 이를 예레미야의 70년 예언의 성취라고 보고,[1] 첫 번째 귀환과 성전 봉헌 사이의 시간 경과는 정확하게 연대기적으로 제시되지는 않지만, '유다와 베냐민의 대적'인 자들의 행위로 인한 좌절이라고 설명한다.[2]

몰락 후 70년이라는 동일한 시간상 논점은 스가랴 1:12과 7:5에도 나온다. 스가랴는 새로운 시대가 이미 왔지만, 직접 알려지지 않은 행위로 인해 지체되고 있음을 인지한다. 그래서 이런 황폐가 영원히 계속되도록 버려두지 말고, 조치를 취해 달라고 하나님께 호소한다. 동일한 긴박감이 학개에서도 발견된다. 학개 2:6에는 *'ôd 'aḥat me'aṭ hî*[3]라는 다소 모호한 구

---

[1] 비교. P. R. Ackroyd, "Two Historical Problems of the Early Persian Period. B. The 'Seventy Year' Period," *JNES* 17 (1958), pp. 23-27과 참고 문헌은 뒤의 p. 311 n. 27 참조.

[2] 스 4:1.

[3] 시 37:10도 악인을 빠르게 끝장내는 것을 표현하기 위해 *we'ôd me'aṭ* 구절을 사용한다. 70인역은 καὶ ἔτι ὀλίγον으로 제시한다. 또한 사 10:25과 렘 51:33을 참조하라. 학 2:6에서 70인역은 *me'aṭ hî*에 상응하는 번역 없이, ἔτι ἅπαξ='ôd 'aḥat를 제시한다. MT는 두 가지 대안적 번역 *'ôd*

절이 나온다. 문자적으로 '그러나 조금, 조금만 있으면'(yet one, and it is only a little one)은 아마도 이 맥락에서 사건이 조만간 일어나리라고 예상하고 있음을 의미하는 것 같다. 이러한 긴박감이 이 예언자들의 특징이다. 그들을 위한 신적 행위의 현실은 사건과 상황에 대한 어떤 종류의 해석을 받아들이게 한다.

하나님이 무엇을 하시는지 인지하고, 이에 대한 적절한 반응을 보이는 데 지체할 수 없게 한다. 환멸적 상황 속의 요소들, 좌절된 희망, 연기된 기대는 신적 행위라는 맥락에서 이해되는데, 이것을 이제야 감지할 수가 있다. 새 시대의 여명은 어떤 인간적 실패로도 멈출 수 없다. 하나님이 역사하신다는 확신으로 인해 백성이 반응한다.

학개와 스가랴가 이해한 대로, 새 시대는 신적 임재와 축복을 향한 기대로 특징지을 수 있다. 포로기 이전과 포로기 동안 초기 사상에서 기대한 대로 신적 임재는 성전을 신적 자기 계시의 선택된 장소라고 표현한다.[4] 신적 축복은 새로운 삶과 조직을 지닌 새로운 백성을 통해 알려진다. 이 두 상관관계의 조건은 받아들이는 백성의 적합성, 즉 그들의 수용 가능성이다.

학개와 스가랴의 신탁 자료를 세 가지 주요 논점에서 살펴보는 것이 용이하다. 즉, 성전, 새 공동체와 새 시대, 백성의 응답이다. 또한 그들이 동시대에 같은 의미로 생각한 것은 아니기 때문에, 일부 반복되는 점이 있다 할지라도 두 예언자를 구별하는 것이 적절하다.[5] 역대기 사가의 전승에서

---

me'aṭ와 'ōd 'aḥat의 융합을 대변할 가능성이 있다. 비교. T. H. Robinson and F. Horst, *Die zwölf kleinen Propheten* (HAT 14, ²1954), p. 206. Horst는 *me'aṭ hī'*를 삭제하고, F. Delizsch, *Die Lese und Schreibfehler im AT* (Berlin, Leipzig, 190), § 153과 비교한다.

4 비교. R. E. Clements, *God and Temple* (1965); "Temple and Land," *TGUOS* 19 (1963), pp. 16-28.
5 비교. G. Sauer, "Serubbabel in der Sicht Haggais und Sacharjas," in *Das ferne und nahe Wort*, ed. F. Maass (1967), pp. 199-207에서 스룹바벨이라는 인물과 관련하여 그들 사이의 차이점을 강조한다. 학개는 다윗 계열을 향한 약속에 강조점을 둔다(특히 2:20-23 참조). 스가랴가 보기에, 그는 성전의 건축자다. Sauer가 보기에, 학개는 왕족에 가까운 예언자. 그러나 스가랴는 제의와 제사장직에 더 가깝다. 이 논의는 흥미롭지만, 지나치게 단순화되었고, 예언자의 행위를 지나치게 범주화하려는 시도로 보인다.

그들이 함께 자리 잡고 있다는 사실(스 5-6장)과 두 개의 예언 모음집이 하나의 전승 계열 내에서 편집되었을 가능성을 보아,[6] 이들이 매우 밀접하게 연결되어 있었고, 하나를 해석하면 다른 하나의 해석에도 영향을 끼치게 됨을 쉽사리 이해할 수 있다. 그럼에도 불구하고, 이들이 매우 밀접하였지만 이들이 각자 말한 것을 살펴봐야 한다.

1. 성전[7]

학개 예언의 상당 부분은 성전 사상에 따라 결정된다. 성전은 '황폐'(*hārēb*)하였고, 예언자는 이를 그 땅의 상황과 연결한다.

백성은 다음과 같이 말한다.

> 이 백성이 말하기를
> 여호와의 전을 건축할 시기가 이르지 아니하였다 하느니라(학 1:2).[8]

백성의 말을 인용한 것은 예언자가 논평을 하고 명령하게 된 이유를 제시한다. 뒤이어 오는 구절에는 일련의 짧은 담화가 나오는데, 이는 동일한 일반적 주제와 연관된다. 즉, 백성과 땅의 상황, 성전의 상황, 재건축의 필요성이다.

---

6 P. R. Ackroyd, *JJS* 3 (1952), pp. 151-6; K. Elliger, *Das Buch der zwölf kleinen Propheten* II (ATD 25, ²1951, ⁴1959), p. 94; M. Bič, *Das Buch Sacharja* (Berlin, 1962), p. 9; W. A. M. Beuken, *op. cit.*, 특히 pp. 10-20, 331-6.
7 비교. M. Schmidt, *Prophet und Tempel* (1948), pp. 192-7.
8 텍스트가 손상된 것 같다. '*et-bō*' '다가오는 시간'은 따라오는 문자 '*et-bēt*의 잘못된 복사일 것이다. 정확한 독법은 *lō' 'attā bā'*다(비교. 70인역, 시리아어, 라틴어; F. Horst, *op. cit.*, p. 204; D. W. Thomas, *IB* 6 [1956], p. 1041을 포함한 많은 주석서를 참조하라). 그러나 종교적 의례를 언급(예. 시 95:6)하는 동사 어근 *bō*'(다가온다)의 사용과 학개 신탁의 시적 리듬의 증거를 볼 때, 그 구절의 삭제는 주석의 전체적 효과를 파괴하는 것임을 보여 준다. "이것은 종교적 축제를 위한 시간이 아니요, 재건을 위한 시간도 아니다." 시적 구조는 G. Fohrer, *Introduction*, p. 458 참조.

> 너희가 이때에
> 판벽한 집에
> 거주하는 것이 옳으냐?(학 1:4)

일부 주민의 부유함과 집의 장식[9]과 성전의 상황 사이의 대조는 충분히 분명하지 않다. 이 구절과 이와 연결된 학개 1:9에서만 ḥārēb 단어가 성전에 분명하게 적용된다.[10] 예레미야 33:10-13에서 '이 장소'(māqôm)에 적용하는 유사한 구절을 찾아볼 수 있다. māqôm이 빈번하게 기술적 의미를 지닌다는 징후가 있고, 이 구절에서도 주요 언급은 성전에 관한 것임을 보여 준다.[11] 예레미야 7장에서 유사한 상황을 찾아볼 수 있다.[12] 두 구절 모두에서 성전과 그 상황이라는 중심 사상은 그곳에서의 위치와 그 땅에서의 위치를 연결하는 데까지 해석 자료에서 확장된다. 제사장 저작과 에스겔에서 어느 정도 이미 보았던 사상이 나타난다. 전체 땅은 거룩한 장소이며, 성전의 중심성은 협소한 지역성이라는 측면이 아니라, 하나님의 땅인 전체 땅이라는 측면에서, 사실상 백성 가운데 하나님이 거주하신다는 것을 의미한다.

---

[9] sepûnim은 '지붕을 올린'보다는 '판을 붙인'을 뜻한다(D. W. Thomas, IB 6 [1956], p. 1041). J. Gray, I and II Kings (1964), p. 152(gēbôt를 gēbîm [bis]로 읽어야 하는 곳)와 p. 157을 참조하라. Gray는 gēbîm을 궤, 즉 오목한 판자로 번역한다. P. 157의 왕상 7:3과 p. 169의 왕상 7:7 주석을 참조하라. 학개의 구절의 강조점은 단순히 지붕을 올리는 것이 아니라 장식, 가정집 치장으로 보인다.

[10] ḥārēb에 대해서는 다음을 참조하라. F. I. Andersen, "Who built the Second Temple?" ABR 6 (1958), pp. 1-35, pp. 22-27에서 건축 상태가 용어에 담겨 있지만, 보다 일반적 의미에서 황폐나 예배자에 의해 버려짐이 그 의미의 일부로 간주된다고 적절하게 제안한다.

[11] māqôm=성소에 대해서는 다음을 참조하라. 스 8:17에 대해서, L. E. Browne, "A Jewish Sanctuary in Babylonia," JTS 17 (1916), pp. 400-1. (그러나 또한 R. de Vaux, Ancient Israel [영역, 1961], p. 339와 p. 291과 비교). 성서 구절에서 māqôm=성소에 대해서는 KBL p. 60a를 참조. 시 96:6에는 miqdāšô가 나온다. 대상 16:27의 평행 본문에는 meqômô가 나온다. 어떤 구절에서나 그것이 성소만 언급하는지, 전체 '장소'를 언급하는지는 다소 의문이 있다. 학 2:9에 대해서는 다음을 참조하라. S. Talmon, "Synonymous Readings in the Textual Traditions of the Old Testament," Script. Hier. 8 (1961), pp. 335-83, p. 359 참조. 어법과 의미에 대한 전반적인 문제를 검토하기 위해서는 TWNT 8/4 (1966), pp. 194-99 참조. 나아가 '성소'가 아닌, 'îr('도시')의 어법도 비교해야 한다. 비교. L. R. Fisher, "The Temple Quarter," JJS 8 (1963), pp. 34-41.

[12] 특히 6f.절에서 māqôm은 사실상 10절의 bait와 대응하는 것으로 보인다. 12절에서 māqôm은 분명히 실로의 성소를 암시하며, 이것은 강력하게 6-7절의 성소라는 뜻을 확증한다.

재건축 상황 속에서 이것은 분명히 물리적 조건을 언급하지만, 그럼에도 불구하고 황폐(폐허 혹은 적어도 건축 재개를 위해 도성 주변 언덕에서 목재를 운반해야 할 상황, 8절)는 동시에 부정, 불결이라는 의미도 전달한다. 시편 74:3의 "영구히 파멸된 곳"(*maššuʾōt neṣaḥ*)[13]은 문자적으로만 해석해서는 안 된다. 이는 어떤 형태로든 다가올 재앙을 표현하거나, 예배를 불가능하게 할 제의적 불결에 대한 표현이다.[14]

그래서 학개 상황에서 재건 실패는 한 건물의 재건축 문제 그 이상의 것이다.[15] 이것은 성전의 재질서이며, 이로써 예배에 적합한 장소가 된다.[16] 그러므로 재건축은 하나님을 섬기기 위한 백성의 상황과 연결된다.

두 개의 추가 구절에서,[17] 이 중심부 불결의 효과는 분명히 나타난다.

> 너희는 너희의 행위를 살필지니라
> 너희가 많이 뿌릴지라도 수확이 적으며[18]
> 먹을지라도 배부르지 못하며
> 마실지라도 흡족하지 못하며

---

13 혹은 '완전한 황폐'가 더 낫다. 비교. D. W. Thomas, "The Use of *nēṣaḥ* as a Superlative in Hebrew," *JSS* 1 (1956), pp. 106-9.
14 비교. F. Willesen, "The Cultic Situation of Psalm 74," *VT* 2 (1952), pp. 289-306.
15 J. D. Smart, *History and Theology in Second Isaiah* (1965), pp. 284f.에서 학개와 스가랴는 사 66장에서 비판받는 관점을 대변한다고 본다. 그러나 그 구절을 해석하는 문제와는 완전히 별도로(비교. pp. 229f.), 학개 메시지의 진정한 속성을 이해하는 데 실패한다. Smart는 다음과 같이 말한다. "그들이 성전을 재건하기만 한다면, 학개는 하나님의 이름으로 공동체의 일원에게 더 나은 시간을 약속한다!"(p. 284). 그리고 그는 스가랴에 대해서도 유사한 언급을 한다. 그러나 이것은 이 예언서에서 이해하는 것 같은 성전의 진정한 속성을 간과하고 있다. G. Buccellati (*Bibbia e Oriente* 2 [1960], pp. 199-209)는 보다 더 현실적 관심을 보여 준다. 애가에 나타난 파괴 이후 예루살렘의 열정적 야웨주의자 집단과 팔레스타인에서 성전을 재건할 때 귀환한 포로민과 협력한 자들에 대한 그의 추적은 상상이지만, 종교적 상황의 복합성과 풍성함에 대한 논평은 무척 타당하다.
16 비교. T. Chary, *op. cit.*, p. 127.
17 K. Koch, "Haggais unreins Volk," *ZAW* 79 (1967), pp. 52-66에서 양식 비평 분석으로 1:2-7; 2:1-7; 2:11-19을 더 큰 단락에서 다루고 있다. 뒤의 n. 23과 비교하라.
18 신 28:38과 비교하라.

제10장 회복과 그 해석(계속)

> 입어도 따뜻하지 못하며
> 일꾼이 삯을 받아도 그것을 구멍 뚫어진 전대에 넣음이 되느니라(학 1:5-6).
>
> 그러므로 너희로 말미암아
> 하늘은 이슬을 그쳤고[19]
> 땅은 산물을 그쳤으며
> 내가 이 땅과
> 산과 곡물과 새 포도주와 기름과
> 땅의 모든 소산과 사람과 가축과
> 손으로 수고하는 모든 일에 한재를 들게 하였느니라(학 1:10-11).

하나님의 임재와 축복, 그리고 그의 부재와 벌어지는 재앙 사이의 긴밀한 관계가 도출된다.[20] 성전이 신적 주거지로 부적절한 상황에서 헌물을 바치는 것은 불가피하게 재앙을 낳게 된다.

> 너희가 많은 것을 바랐으나
> 도리어 적었고
> 너희가 그것을 집으로 가져갔으나[21]
> 내가 불어 버렸느니라
> 나 만군의 여호와가 말하노라 이것이 무슨 까닭이냐
> 내 집은 황폐하였으되

---

19 *miṭṭāl*을 *ṭallām* 혹은 *ṭal*로 읽어라. *šāmaim* 다음에 중복 오사(dittography)로 인한 실수로 나타난 듯하다.
20 비교. R. T. Siebeneck, "The Messianism of Aggeus and Proto-Zacharias," *CBQ* 19 (1957), pp. 312-28. 특히 축복을 상기시키고 영광스러운 미래 전조인 성전에 대해서는 p. 323 참조. 그러나 Siebeneck는 이것을 미래지향적 측면에서 표현한다.
21 비교. F. Peter, "Haggai 1.9," *TZ* 2 (1951), pp. 150f.

너희는 각각 자기의 집을 짓기 위하여 빨랐음이라(학 1:9).[22]

앞으로 살펴볼 학개 2:10-14과 내용상 학개 1:2-11의 일반적 상황에 속하지만, 분명히 바로 앞의 심판의 말들과 대조를 이루기 위해 현재의 위치에 자리 잡은 학개 2:15-19에서도 동일한 논점이 거론되고 있다.[23]

> 너희는 오늘부터 이전 곧
> 여호와의 전에 돌이 돌 위에 놓이지 아니하였던 때를 기억하라
> (너희 형편이 어떠하였느냐?)[24]
> 그 때에는 이십 고르 곡식 더미에 이른즉[25]
> 십 고르뿐이었고
> 포도즙 틀에 오십 고르를 길으러[26] 이른즉
> 이십 고르뿐이었었느니라
> 만군의 여호와가 말하노라[27]
> 내가 너희 손으로 지은 모든 일에
> 곡식을 마르게 하는 재앙과 깜부기 재앙과 우박으로 쳤으나
> 너희가 내게로 돌이키지 아니하였느니라

---

22 문자적으로 "그 자신의 집으로… 달려가라." 비교. *KBL* p. 882ᵇ. *bait*는 여기에서 동시에 '집'으로 번역할 수 있고, 아마도 '일'로 표현할 수도 있다.
23 그 자료의 순서는 다음을 참조하라. P. R. Ackroyd, *JJS* 2 (1951), pp. 163-76; 3 (1952), pp. 1-13; "Haggai" in *New Peake's Commentary* (1962), p. 643. 그러나 K. Koch, *op. cit.*에서 2:11-19의 구조 통일성을 논증한다. 그러나 책 전체의 형식화된 구조는 더 큰 단락의 고의적 창작임을 시사한다.
24 이 부분은 개역개정에 없고, 새번역에 나오는 번역이다(역자주). *miheyōtām*을 *ma-heyîtem*으로 읽어라. 비교. BH³.
25 혹은 *bō*(부정사 절대형)='너희가 오게 되리라.'
26 *pūrā*를 *mippūrā*로 읽어라(*ḥamiššîm* 다음에 중자탈락).
27 어법을 볼 때, 아모스에게서 나온 해설(비교. P. R. Ackroyd, *JJS* 7 [1956], pp. 163-7)이나 논평 방식으로 잘 알려진 예언 자료의 한 구절을 의도적으로 사용했을(슥 6:15와도 비교) 가능성이 있다. 그러나 학개에 해설이 있다는 것을 인정할 때, 학개를 과도하게 건조하게 다룰 필요는 없다. 이런 시도는 다음을 참조하라. F. S. North, "Criticism Analysis of the Book of Haggai," *ZAW* 68 (1956), pp. 25-46.

제10장 회복과 그 해석(계속)

> 너희는 오늘 이전을 기억하라
> 아홉째 달 이십사일
> 곧 여호와의 성전 지대를 쌓던 날부터[28] 기억하여 보라
> 곡식 종자가 아직도 창고에 있느냐 포도나무,
> 무화과나무, 석류나무, 감람나무[29]에 열매가 맺지 못하였느니라
> 그러나 오늘부터는 내가 너희에게 복을 주리라 (학 2:15-19).

이를 그 백성의 응답을 조금 더 살펴본 것(학 1:12-14의 산문체 내러티브에 묘사된 바)이라고 간주하는 것이 타당하다. 학개 1:10-11의 가르침은 이제 명백해진다. 성전 상황을 볼 때, 신적 심판으로 보이는 재앙을 여기에서 다시 한번 깨닫게 된다. 흉년으로 인한 좌절, 계속되는 수확물의 부족은 성전 상황의 결과다. 예언자가 청중에게 상기시키는 경험은 신적 심판의 결과이며, 그 목적은 이를 통해 백성이 배워야 한다는 것이다. 학개 2:17에서 암시된 아모스 시대처럼, 백성은 자연 재앙을 통해 반복적으로 경고를 받았고, 비록 하나님이 보여 주신 과거의 구원 사역과 관련해서 이를 이해하는 데 실패하였다 해도, 상황의 의미를 깨달아야 했다(비교. 암 2장).

그러나 그들은 듣기를 거부하고 야웨에게 돌아서기를 거부했다. 분명히 그 변화가 아직 백성에게 명백하지 않지만, 곧 상황은 변할 것이다. 학개 2:19a의 의미는 분명히 자세하지 않다. 아마도 다음을 의미할지도 모르겠다.

> 너희는 여전히 예전처럼 물자가 부족하여, 상황이 변화되리라는 어떤 징조도 찾지 못하고 있느냐?
> 너희는 틀렸다. 아직 볼 수는 없겠지만, 하나님은 이미 복을 주고 계신다.

---

[28] 비교. A. Gelston, *VT 16* (1966), pp. 232-5.
[29] ʿad를 ʿōd로 읽어라.

혹은 다음을 의미할지도 모른다.

> 너희는 더 이상 씨뿌리기를 기다리지 말라. 이제 이것은 심겨졌고, 자라고 있다. 과실 나무는 더 이상 열매를 맺지 못하지 않고, 열매를 맺거나, 열매를 맺게 될 것이다.

전반적으로 볼 때, 전자가 더 선호된다.[30] 그 백성의 마음 속 불확실성과 성전과 신적 축복 사이의 관계를 분명히 하고자 하는 예언자의 자연스러운 불안감을 보여 주기 때문이다. 논점을 보다 분명히 하고자, 학개 2:18은 문제를 성전 재건의 날과 연결하고, 여기에 보다 더 정확을 기하고자 날짜를 추가한다.

신적 축복의 정밀성을 보여 주고자, 역사서에서, 그리고 역대기 사가에서는 더욱 더 예언과 사건, 신적 의지와 발생 사이의 대응의 정확성을 강조하는데, 이처럼 주석가가 특정 순간과 이에 연결될 수 있는 행동과 반응 사이를 상관관계를 맺게 하는 듯하다. 어떤 상황에 연루된 자들에게 그 상응 관계는 신앙의 문제이며, 과거의 경험과 연결된다. 후에 그 의미를 해석하고자 하는 자들은 그 상응 관계에 더 큰 정확성을 부여하게 된다.[31]

학개의 여러 곳에서 축복과 복지를 위해 성전 재건과 백성의 삶의 중심에 하나님을 두는 것 사이에 관계가 있다는 사실이 나타난다.

> 너희는 산에 올라가서 나무를 가져다가 성전을 건축하라
> 그리하면 내가 그것으로 말미암아 기뻐하고 또 영광을 얻으리라[32] 여호

---

30 논평을 위해 T. Chary, *op. cit.,* p. 130 n. 참조. 논의를 위해 L. E. Browne, *Early Judaism* (1920), pp. 56ff. 와 주석서를 참조하라.
31 T. Chary, *op. cit.*, pp. 130f.; P. R. Ackroyd, *JJS* 7 (1956), pp. 163-7.
32 *we'ekkābedā*("내가 영광을 받으리라")는 니팔의 재귀 용법을 보여 주지 않는다. "나는 스스로 영광스러울 것이다"도 역시 제한적이다. 허락을 나타내는 의미로 "나는 스스로 영광을 받으리라"가 문맥상 가장 적절해 보인다.

제10장 회복과 그 해석(계속)

와가 말하였느니라(학 1:8).

'받아들임'은 하나님의 인정에 대한 기술적 용어인데, 이는 마땅한 희생제의라는 의미이다. 이는 성전에 대한 신적 호의에 인장을 찍는 것이다.[33] 그래서 "내가 영광을 얻으리라"는 "내가 나의 영광에 이바지하는 예배를 받아들이리라"는 의미다. 제대로 지어진 성전, 즉 하나님을 예배하기 위한 제의적으로 올바른 장소가 없다면, 그런 예배는 불가능하다. 이것은 하나님이 성전에 국한된다고 생각해서가 아니라, 그가 선택한 곳이기 때문이다.

신명기 사상(또한 에스겔, 제2이사야, 제사장적 저자)과의 연결은 분명하다. 하늘과 땅의 주인이신 하나님은 건물에 담을 수 없고,[34] 그럼에도 불구하고 스스로를 겸허히 드러내고, 그의 임재를 국한시킴으로써, 복이 흘러나오게 된다. 성전은 하나님의 임재와 상관관계가 있고, 이곳은 하나님이 선택하신 곳이기 때문에 임재의 조건이다. 이런 가정 하에 황폐와 불결의 장애물을 제거하고자 재건을 요구하는 것은 하나님의 속성을 인지한 것이며, 이를 위해 예배자의 편에서 받아들임은 본질적이다. 그럼으로 인간의 노력이 아니라, 거룩의 임재에 부주의하게 들어오는 식별 가능한 위험을 강조한다.[35]

학개 2:3-5에서 재건을 격려하는 맥락에서 동일한 강조점이 나타나는데, 현재의 상황과 영광스러운 과거의 기억 간의 비참한 대조는 낙담과 복을 장담하는 것에 대한 불확실성을 초래하였다.

---

[33] G. von Rad, *Theology* II, pp. 281f.
[34] 비교. 왕상 8:27. 비교. M. Haran, *IEJ* 9 (1959), pp. 91f.
[35] 아모스의 "이스라엘아 네 하나님 만나기를 준비하라"(암 4:12)는 말씀은 재앙에 대한 경고에 주의를 기울이지 않은 이스라엘의 상황에서 이루어진다. 이 말씀은 이스라엘이 하나님의 백성이 되라는 부르심이다. 그렇지 못하면 이들은 파멸을 맞이할 것이다. "겸손하게(D. Winton Thomas, *JJS* 1 [1948/9], pp. 182-6도 같다) 네 하나님과 함께 행하라"(미 6:8)는 하나님과의 관계를 가볍게 여길 수 없음을 보여 준다. "하나님과 걷는다"는 특별하게 구별된 개인에 대한 표식이며(예. 에녹, 노아), 다윗 계열 왕권에 대한 신적 축복과 연관된다(예. 왕상 2:3; 왕하 20:3). 하나님이 부여하신 관계의 체계를 제대로 고려하지 않고는 불가능하다.

> 그러나… 스스로 굳세게 할지어다… 일할지어다
> … 내가 너희와 함께 하노라 만군의 여호와의 말이니라
> … 나의 영이 계속하여 너희 가운데에 머물러 있나니
> 너희는 두려워하지 말지어다(학 2:4-5).

주석가는 이 보장을 강조하는데, 이런 약속과 바다를 건넌 경험 사이의 관계와 하나님과 백성 사이의 관계 설립에 주목하게 한다.

> 너희가 애굽에서 나올 때에 내가 너희와 언약한 말(학 2:5a)[36]

이스라엘이 바닷가에 섰을 때, 하나님의 임재의 실재를 발견하였다. 이 말의 반향을 역대기 사가의 설교에서 다시 찾을 수 있다.[37] 인간은 가만히 서있고, 하나님의 임재를 발견하는 것이 적절하기 때문이다.

이는 학개에서 열방의 보물을 성전으로 들이는 것과 연결되며, 관점은 확대된다. 세상이 흔들리는 것은 하나님에게 영광을 돌리는 것의 전조가 된다.

> 또한 모든 나라를 진동시킬 것이며
> 모든 나라의 보배[38]가 이르리니
> 내가 이 성전에 영광이 충만하게 하리라 만군의 여호와의 말이니라
> 은도 내 것이요 금도 내 것이니라 만군의 여호와의 말이니라
> 이 성전의 나중 영광이
> 이전 영광보다 크리라 만군의 여호와의 말이니라

---

36 비교. P. R. Ackroyd, *JJS* 7 (1956), pp. 163-7.

37 예. 대하 20:15-17. 비교. G. von Rad, "Die levitische Predigt in den Büchern der Chronik," *Festschr. O. Procksch* (Leipzig, 1934), pp. 113-24=*Ges. Stud.* (Munich, 1958), pp. 248-61. 영어번역은 "The Levitical Sermon in I and II Chronicles," in *The Problem of the Hexateuch and other Essays* (London, 1966), pp. 267-80.

38 *ḥemdat*. 복수 동사를 고려할 때, 복수형으로 대안이 되는 모음 부호로 *ḥamūdōt*를 선호하지만, 아마도 단수형은 집단적 의미를 전달할 것이다(70인역 τὰ ἐκλεκτά).

내가 이곳에³⁹ 평강을 주리라

만군의 여호와의 말이니라(학 2:7-9).

하나님의 임재의 결과는 분명해진다. 하나님의 처소인 성전의 중심성은 절대적이다. 열방이 '보물'을 들고 오기 때문이다.[40] 사실상 이 모든 부는 이미 그에게 속한 것이다. 그러나 이제 그는 이를 자신의 것이라고 주장하고, 그의 처소를 영화롭게 하고자 적절하게 사용해야 하는 대로 사용한다. 하나님의 임재는 그에게서 흘러나오는 삶의 충만함, šālōm, 번영을 이 단어들의 완전한 의미에서 가능하게 한다.[41]

2. 새 공동체와 새 시대

학개가 이해하는 새 시대는 성전에 초점을 맞추고 있다. 그곳은 하나님이 거하시고, 복을 드러내고자 선택하신 장소이기 때문이다. 특정 결과가 뒤따르고, 그중 일부는 이미 앞의 논의에서 분명해졌다. 이것은 이들의 삶 속에서 현실이 된 공동체의 속성과 그 공동체로 존재하는데 필수적 상관관계에 있는, 관련 종류의 반응과 상황 문제에 관심을 둔다.

학개의 틀과 내러티브 자료는 백성에 대해 '남은 자'라는 단어를 사용한다(학 1:12, 14; 2:2). 그러나 예언자는 실제로 말에서는 공동체를 '이 백성'이라고 부른다[42](학 1:2과 2:14도 만약 이 구절에 대한 가장 자연스러운 해석을 받아

---

39 māqōm의 사용에 대해서는 p. 205 n. 11 참조. 여기에서 '성전'으로부터 '땅'으로 의미의 확장이 분명히 드러나는 다른 구절을 볼 수 있다.
40 K. L. Schmidt, "Jerusalem als Urbild un Abbild," *Eranos-Jahrbuch* 18 (Zurich, 1950), pp. 207-48에서 사 60-62장과 겔 40장 ff.를 비교한다. 이 구절들과 스가랴처럼 우주적 대격변이 일어나고, 생존자들이 예루살렘을 영화롭게 할 것이라고 언급한다.
41 G. von Rad, *Theology* II, pp. 281f.; M. Schmidt, *Prophet und Tempel* (1948), p. 197; T. Chary, *op. cit.*, p. 132; 비교. W. A. M. Beuken, *op. cit.*, pp. 27-49.
42 비교. E. Janssen, *op. cit.*, p. 119 n. 학개의 어법에 대해서는 다음을 참조하라. F. I. Andersen,

들인다면, 이는 동일한 공동체를 언급하는 것이다).[43] 이것은 또한 '그 땅의 모든 백성'으로 묘사된다(학 2:4에서 일부 주석가가 제안한 "남은 자"에 대한 수정은 불필요하다).[44] 그리고 아마도 후자의 구절이 어떤 기술적 의미를 지니고 있었든지 간에,[45] '그 백성'에 상응하는 것으로 보인다.[46]

이 다른 어법은 '남은 자'라는 용어를 직접적으로 예언자가 아니라 편집자에게서 나온 것이라고 제안한다. 그러나 편집자는 예언자 전승과 매우 밀접하게 연관되고, 학개에서 암시된 바를 분명히 드러나게 한다. 성전을 재건함으로써 백성이 신적 축복을 받을 수 있는 길을 열게 되고, 스스로 축복을 받게 될 하나님의 새 백성이 된다면, 그들은 진정한 의미에서 '남은 자,' 재난 중에 신적 선택을 받은 생존자, 과거의 약속이 현실이 되는 정결해진 공동체가 된다. 스가랴에서 이런 사고방식이 보다 뚜렷하게 드러나는 것을 볼 수 있다.[47] 그리고 학개의 '남은 자' 용어의 적용이 부분적으로 그의 동시대인에 의해 대표되는 종류의 사고에 영향을 받았다고 보는 것이 자연스럽다.

그러나 학개는 새 공동체의 속성을 인지한다. 그의 재건을 촉구하는 호소에는 그들이 마땅히 되어야 하는 것에 대한 인식이 나타난다. 그들의 현재를 재건에 적절한 때로 보지 못한 실패는 다양한 재앙, 즉 그들에게 임한 심판으로 귀결된다. 그러나 이것은 책임을 져야 하는 백성의 위치를 무효화하는 것이 아니다. 유사하게, 과거를 돌아보고 그들의 조상에게 속했음을 자각하는 자들은 과거를 현재와 비교할 수도 없는 황금기로 볼 것이 아니라, 현재의 현실 속에서 표현될 신적 행위와 약속으로 바라보라는 권

ABR 6 (1958), pp. 27ff.
[43] 비교. 뒤의 p. 219와 n. 71.
[44] Cf. BH³.
[45] 비교. p. 150, n. 50의 언급.
[46] 예. G. Buccellati, *Bibbia e Oriente* 2 (1960), p. 207; E. Janssen, *op. cit.*, p. 119 n. 3은 이 구절과 *hā'ām hazze* (1:2)에서 "그 백성의 특정 집단과 대조"를 볼 수 있다고 주장하는데, 이에 반대한다.
[47] 비교. 뒤의 pp. 229ff.

면을 받는다.⁴⁸ 신적 축복이 임하는 곳은 바로 그들, 즉 성전의 기초를 놓은 세대다.⁴⁹ 하나님의 뜻을 실행하는 자로서, 스룹바벨이 다스리게 될 자가 바로 그들이다.

학개의 마지막 부분인 학개 2:21-23에는 몇 가지 측면에서 학개 2:6-9의 성전 영화와 관련된 메시지와 평행을 이루는 스룹바벨을 향한 메시지가 나온다. 땅의 왕권을 폐위하는 것과 결합된, 동일한 땅의 지진이 새로운 상황을 여는 막을 올린다. 그 사건들은 반드시 군사적 관점이 아니라, 오히려 스스로를 그들 자신의 권위로 세우는 세력이 신적 의지에 종속된다는 관점에서 보아야 한다.⁵⁰

다리오에 맞서는 반역의 경우는 원인이 아니라, 예언의 배경을 제시한다. 전통적인 군사 용어는 시편 46편에서도 발견되는데, 주요 강조는 인간의 사건보다 신적 행위다.⁵¹ 초기 예언서에서 신적 행위의 순간을 표시하는 것은 바로 '그날에'다. 우리가 어떻게 '그날'이 야웨 현현의 어두운 면을 표현하는 예루살렘과 왕국의 참혹한 함락과 연결되는지를 보고 있다.⁵²

스룹바벨은 두 개의 호칭으로 위엄을 갖추게 된다. 하나는 그를 '내 종'으로 부르는데, 이는 왕의 권세에 대한 명칭이다.⁵³ 다른 하나는 그를 인장 반지로 부르는데, 이는 영광과 탁월함의 표시이며, 보다 중요한 것은 대표자의 기능을 나타낸다는 것이다. 인장을 소유한다는 것은 다른 이를 대신하여 행위를 할 수 있다는 것이다. 벤 시라는 의심의 여지없이 이것을 '오

---

48 특히 학 2:3-5, 6-9. M. Schmidt, *op. cit.*, pp. 195f.에서도 동시대 상황 속에서 하나님의 행위의 의미에 대한 강조점과 비교하라.
49 슥 8:9-10의 의미 있는 구절과 비교하라. (뒤의 pp. 229, 277f. 비교).
50 시편(예. 시 2);겔 38-39; 슥 14:1ff.의 이미지 사용과 비교하라. '거룩한 전쟁'과 이 언어의 연관성은 다음을 참조하라. G. von Rad, *Der heilige Krieg im alten Israel* (1951), pp. 65f.
51 동일한 군사 용어의 사용은 종종 후대 묵시 문학과 가장 상세하게는 쿰란의『전쟁 두루마리』에서 발견된다. 물론 종교적 표상, 신약과 후대 교회의 찬송가와 알레고리에서도 찾아볼 수 있다.
52 비교. pp. 48f.
53 이 용법과 수많은 탁월한 구약 인물, 특히 다윗(예. 삼하 3:18)과 다윗 계열에 대한 언급과 비교하라. W. Zimmerli and J. Jeremias, *The Servant of God* (SBT 20, 1957), pp. 20f.; (개정판, 1965), pp. 22f.=*TWNT* 5 (1954), pp. 662f.; R. Press, "Der Gottesknecht im Alten Testament," *ZAW* 67 (1955), pp. 67-99.

른손의 인장'으로 확장한다.[54] 특히 예레미야 22:24에서도 왕에 대한 언급이 나타난다.[55] 새 공동체는 지도자와 우두머리로서 왕의 충실한 대변자로 행동할 자를 갖게 된다.[56]

이는 학개의 '메시아' 기대의 속성에 대해 질문을 제기한다. 이 질문은 부분적으로 정치적 속성을 갖고 있다.[57] 스룹바벨과 그의 공모자들에게 무슨 일이 일어났는지를 알기 위해, 때로는 설득력 없는 제안도[58] 중요하게 살펴야 한다.

스룹바벨에 관한 이런 주장들은 어느 정도로 페르시아에 대한 정치적 예속과 일치하는가?[59]

이어질 행위를 페르시아인이 용납할 가능성은 얼마나 되는가?

에스라의 시작 장은 주변의 일부 집단이 이 시기 유다인의 행위를 의심하였다는 것을 제안한다. 그런 의심은 부분적으로 사리사욕으로 인해 발생하였지만, 총독과 피지배 민족의 지위가 늘 미묘했음은 분명하다.[60]

용어가 매우 제한적이지만, 그 구절의 해석이 주로 비정치적임을 강하

---

[54] 벤 시라 49:11.
[55] 비교. 창 41:42; 에 3:10.
[56] 비교. 다윗에 대한 약속의 발전에 대해 R. T. Siebeneck, *op. cit.,* pp. 316ff. 참조. K. Koch, *op. cit.* 는 다윗에 대한 학개의 소망을 주장하지만 학개 외에 대제사장을 말한다. 하지만 이것도 스가랴만큼 분명한 것은 아니다.
[57] 비교. O. Eissfeldt, *Geschichtliches und Übergeschichtliches im Alten Testament* (*ThStKr* 109/2, 1947), pp. 16f.에서 스룹바벨과 여호수아와 더불어 예언자는 그들이 독립적이며 강력하고 진정한 국가를 창설할 수 있으리라 믿었다고 주장한다. 이런 결론을 입증할 분명한 증거는 없다.
[58] P. R. Ackroyd, *JNES* 17 (1958), pp. 13-22의 언급과 비교하라.
[59] 여기에서 다시 동일한 행위가 매우 다르게 보일 수 있다는 중요한 논점을 보게 된다. 페르시아의 정책은 그 자체의 판단 기준을 갖고 있다. 유다 공동체나 공동체의 일부는 그들의 자체 전승에 따라 신학적 해석을 적절하게 시도했을 것이다. 성서 자료와 외부 자료에서 이를 빈번하게 볼 수 있다(비교. B. S. Childs, *Isaiah and the Assyrian Crisis* [1967]). 그러나 유다 공동체 귀환의 비밀스러운 의미에 대해 말하는 것(Y. Kaufmann, *History of the Religion of Israel* [Hebr.] Vol 8 [Tel Aviv, 1956], pp. 161-3에서도 그러하다)은 아마도 다양한 해석 유형 사이의 관계 문제를 충분히 인지하지 못한 탓일 것이다(관련 구절 영역은 다음을 참조하라. *El ha'ayin* No. 39 [Jerusalem, 1964], pp. 11f.).
[60] 비교. G. von Rad, *Theology* II, p. 283ff. 스 5장에 기록된 비난은 스룹바벨의 이름을 언급하지 않는다. K. Koch, *op. cit.*, p. 65에서 세계 지배를 기대하는 갱신된 민족 국가를 건립하려는 희망을 논증한다.

게 제시하는 세 가지 논점이 있다. 스룹바벨은 페르시아에 의해 임명되었는데, 이들은 그가 다윗 계열 후손이라는 점을 모르지 않았고, 오히려 아마 바로 그 이유 때문에 스룹바벨을 선택했을 것이다. 그는 예루살렘을 중심으로 하는 공동체를 재수립하고자 몇 가지 조치를 취하였고, 이것을 가능하게 하고자 할 때 다윗 계열 후손은 분명히 다른 인물보다 상당한 이점을 갖고 있었을 것이다.

위험이 있었다 할지라도, 이는 계산된 위험이었다.[61] 나아가 에스라의 기록은 조사가 이루어졌을 때, 다리오는 그의 전임자 고레스의 행위를 확증하고자 하였음을 보여 준다. 이것은 부분적으로 스스로를 합법적인 자가 되게 한다. 그러나 다른 성스러운 장소를 호의적으로 대하는 것에서 드러나는 그의 화해 정책을 대변한다는 점에는 의심의 여지가 없다.[62]

예루살렘은 이제 페르시아 제국의 일부로서 왕권의 중심지이며, 이곳의 통치자는 어떤 의미에서 다윗의 축복을 물려받은 자라고 할 수 있으며, 페르시아도 이를 재건하고자 한다. 따라서 세 번째로 후에 성전 재건의 중단에 관한 어떤 징후도 없다. 공사는 평화롭고 행복하게 진행되어서, 마침내 삶과 예배를 세울 수 있게 되었다. 스룹바벨의 주장을 의심쩍은 눈으로 보았다면 예상할 만한 어떤 정책의 변화나 유다인에 가해진 폭력 행위 같은 것의 흔적을 찾아볼 수 없다.[63]

이로부터 도출할 수 있는 결론은 어떤 정확한 미래 상황을 그리고 있었다 할지라도, 학개는 하나님의 주권과 온 세상에 대한 하나님의 통치를

61　비교. K. Baltzer, "Das Ende des Staates Juda und die Messias-Frage," in *Studien zur Theologie der alttestamentlichen Überlieferungen*, ed. R. Rendtorff and K. Koch (Neukirchen, 1961), pp. 33-43. 예레미야의 여호야긴 신탁에 대한 학개의 거부(학 2:23)는 p. 38 참조. Baltzer는 또한 렘 52장의 부기는 "고의적 수정이라는 인상을 준다"라고 언급한다. 비교. T. Chary, *op. cit.*, pp. 134f.; L. Rost, "Erwägungen zum Kyroserlass," in *Verbannund und Heimkehr*, ed.. A. Kuschke (1961), pp. 301-7, 302 참조. 그러나 후에 Rost는 스룹바벨 이후 다윗 계열 후손은 어느 누구도 임명되지 않았다고 언급한다.

62　비교. 앞의 p. 187.

63　비교. D. N. Freedman, "The Chronicler's Purpose," *CBQ* 23 (1961), pp. 436-42, p. 441 참조.

즉각적으로 주장하고자 한다는 점이다. 이 점에서 예루살렘 성전은 중심에 있었다. 이와 더불어 스룹바벨을 세운 것은 하나님의 직접 통치를 가능하도록 하는 대리자의 선택을 보여 주는 것이다.[64] 여기에서 진정한 주연은 하나님 자신이다. 발처(Baltzer)가 예레미야 22:24ff.의 부정적 신탁에 대한 대답으로 여호야긴의 후손으로 '학개의 스룹바벨의 합법화'를 언급할 때,[65] 이 구절에 대한 협의의 정치적 해석을 따르지 않는다. 진정한 논점은 이전 심판에 대한 역전, 그래서 새 시대 도래의 현실이다.[66]

3. 백성의 응답

성전 재건 임무에 부름받고, 스룹바벨 신탁에서 그의 백성과 사실상 그의 백성을 넘어서서 온 세상을 향한 하나님의 마음을 진실로 표현할 지도자를 약속받은 공동체의 상황은 학개 2:11-14에서도 나타난다. 이 구절에서 학개 메시지의 다른 두 가지 논점이 도출된다. 백성의 상황과 응답의 속성이 그의 관심사이다. 이 구절의 해석의 난점은 잘 알려져 있고, 이는 마소라 텍스트의 현재 형태에 나타나는 대로 학개 예언의 연대기적 순서를 지나치게 따라가기 때문이다.[67] 학개 2:1-9의 격려와 축복은 다음 구절의 경고와 비난으로 이상하게 이어지는 듯한데, 어떤 이들은 재건을 위임받는 공동체와 동일한 공동체를 언급하는 것이 아니라고 본다.[68] 연대에 지

---

64 비교. S. Mowinckel, *He that Cometh* (영역, 1956), pp. 119ff.; W. A. M. Beuken, *op. cit.*, pp. 49-64에서 재건과 관련한 지도자의 지위에 대한 이해를 돕는 진술을 제시한다. 학 2:20-23에 대해서는 pp. 78-83 참조.
65 K. Baltzer, *loc. cit.* (n. 61을 참조).
66 역사적 경험과 마지막 세대의 관련성에 대해서는 다음을 참조하라. E. Jenni, *Die politischen Voraussagen der propheten* (ATANT 29, 1956), pp. 103f.
67 비교. P. R. Ackroyd, *JJS* 2 (1951), pp. 163-76; 3 (1952), pp. 1-13. 특히 pp. 171-3을 참조하라. A. G. Welch, *Post-exilic Judaism* (1935), p. 162 n. 그리고 이 문제에 대해서는 W. A. M. Beuken, *op. cit.*, pp. 21-26과 비교하라.
68 비교. J. W. Rothstein, *Juden und Samaritaner* (BWAT 3, 1908), pp. 5-41에서 원래 이 견해를

나치게 매이지 않고 메시지를 말하는 대로 받아들인다면, 이런 난점은 더 이상 발생하지 않는다.

그러나 그 연대를 받아들인다 할지라도, 왜 수행에 개입하는 백성의 속성에 관하여 이와 같은 논평을 하는지 타당한 이유를 여전히 찾을 수 없다. 예언서는 하나님의 백성의 실제 속성과 관련된 대비로 가득 차 있다. 동시에 하나님이 부르셔서, 순종하여 그의 목적을 이룬 백성이 있고, 또한 응답하지 않고, 불순종하여 하나님의 백성으로 마땅히 해야 할 바를 하지 않는 백성도 있다.[69] 그래서 학개 1:12-14의 내러티브가 제시하듯이, 재건하라는 부름에 응답한 공동체와 동일한 공동체를 향하여 말하고 있다. 신탁이 발화되는 경우는 제사장적 *tōrā*인데,[70] 이는 다른 곳에서는 분명하게 나타나지 않는 예언 활동의 구조를 제안하고, 그 자체로 흥미롭다.

> 너는 제사장에게 율법(*tōrā*)에 대하여 물어 이르기를
> 사람이 옷자락에 거룩한 고기를 쌌는데 그 옷자락이 만일 떡에나 국에나
> 포도주에나 기름에나 다른 음식물에 닿았으면 그것이 성물이 되겠느냐
> 하라 학개가 물으매 제사장들이 대답하여 이르되 아니니라 하는지라

제안했다. 그리고 이 견해를 수용한 학자 중에 다음을 참조하라. L. E. Browne, *Early Judaism* (Cambridge, 1920), pp. 55f, 61f.; D. W. Thomas, "Haggai," *IB* 6 (1956), p. 1046; 비교. G. von Rad, *Theology* II, p. 283 n.에서 이스라엘에 대한 제한을 둔다. 다음도 참조하라. M. Schmidt, *op. cit.*, p. 269 (n. 547); K. Koch, *op. cit.* (p. 157 n. 17)에서 Rothstein의 해석의 부적절함을 분명하게 설명한다. 이 단락에 대한 다음의 유용한 논문을 참조하라. H. G. May, *VT* 18 (1968), pp. 190-197; W. A. Beuekn, *op. cit.*, pp. 64-77.

[69] 이런 동일한 모순은 제2이사야에서 사용된 '종' 개념과 관련하여 고찰된다(비교. pp. 126ff.). 비교. Janssen, *op. cit.*, p. 51. "학 2:14의 백성에 대한 언급은 1:2과 분리할 수 없다." Janssen은 이런 사상을 신실한 자와 불신실한 자로 백성을 구분하는 것과 연결하고, 사 56:9-57:13과 비교한다. 신실한 남은 자라는 사상이 이 모호성을 해결할 것으로 사료된다. 어떤 의미에서 그럴 수 있다. 그러나 사실상 교회의 속성에 대한 후대의 가르침이 보여 주듯이, 신실한 남은 자는 하나님의 참된 백성과 이론적으로 동일시될 수 있으며, 어떤 인간적인 유기체로 남게 되고, 비슷하게 부르심을 받은 대로 되지 못할 경우 맹비난을 받는다. 하나님의 선택을 받은 백성은 늘 심판 아래 놓인 백성이라는 점을 동시에 강조하지 않는 교회 교리의 경우에는 약점이 있다.

[70] 비교. J. Begrich, "Die priesterliche Tora," *BZAW* 66 (1936), pp. 63-88, pp. 79f. 참조= *Ges. Stud.* (ThB 21, 1964), pp. 232-60, pp. 249ff.를 보라.

학개가 이르되

시체를 만져서 부정하여진 자가 만일 그것들 가운데 하나를 만지면 그것이 부정하겠느냐 하니 제사장들이 대답하여 이르되 부정하리라 하더라 이에 학개가 대답하여 이르되

여호와의 말씀에 내 앞에서 이 백성이 그러하고 이 나라[71]가 그러하고 그들의 손의 모든 일도 그러하고 그들이 거기에서 드리는 것도 부정하니라 (학 2:11-14).

이 구절의 해석을 제시할 때, 제사장의 가르침을 지나치게 문자 그대로 백성의 상황에 적용하지 않도록 주의해야 한다. 이 둘 사이에는 일반적인 관계가 있다. 그러나 각각의 가르침의 구절을 상상되는 상황에 반드시 구체적으로 적용할 수는 없다. 두 가지 상호 연관된 해석이 가능하다. 학개의 백성을 향한 메시지의 강조점은 성소에서 드리는 제물의 부정에 집중된다. 그들의 제물이 부정하다면, 즉 받아들일 수 없는 것이라면, 그들의 전체 삶과 상황 역시 그러하다. 하나님의 임재 가운데 받아들일 수 없다는 것은 그들이 하나님의 백성으로 적절하지 않다는 것을 의미한다는 논점을 예언자가 백성에게 보여 준다.[72] 이에 대한 추론은 받아들인다는 것은 관점의 전적 변화를 요구하는 것임에 틀림없다.

우리가 이런 사상 체계를 더 구체화하고자 한다면, 예언자의 의미를 정확하게 옮아맬 수 없다는 것을 인정해야 한다. 시작하는 장에서 그의 말의 의

---

[71] '*am*(학 1:2 처럼)이 여기서는 *gōy*와 병치되어 사용된다. 이 표현은 시문적이거나 반(半)시문적으로 보인다. S. Talmon, 'Synonymous Readings in the Textual Traditions of the Old Testament,' *Script Hier*. 8 (1961), p. 343은 본문은 여기서 두 가지 독법이 가능하며, 이 어구들이 정확히 대응을 이루면서 본문에서 짝을 이루는 것으로 본다. '*am*을 유다인으로, *gōy*를 비유다인으로 볼 정당한 근거는 전혀 없다(같은 견해로 E. Hammershaimb, *Some Aspects of Old Testament Prophecy* [1966], p. 106). 더욱이 두 어구에 경멸적인 의미는 전혀 없다(비교. 이 마지막 논점에 대한 명쾌한 진술로 K. Koch, *op. cit.*, pp. 61f.).

[72] T. Chary, *op. cit.*, pp. 136f.에서 포로기에 드린 예배의 부정을 강조하고, 사 57:3-10; 65:3-7의 유사한 내용과 비교한다. 받아들일 수 없음에 대해서는 다음을 참조하라. E. Würthwein, "Kultpolemik oder Kultbescheid?" (비교. p. 5 n. 11).

미는 백성의 상황이 성전 재건에 실패한 것과 직접적으로 관련이 있다. 즉, 올바른 예배는 성전을 바른 질서 가운데 있기를 요구하고, 이 일에 실패할 때, 그들의 전체 삶에는 복이 내리지 않는다. 그래서 학개는 이런 실패가 전체 상황에 미치는 영향 때문에, 보다 협소하게 적절한 예배의 필요성을 강조한다.[73] 이 점에서 학개는 초기 예언과 시편에서 찾아볼 수 있는 종류의 사상을 발전시킨다. 이는 이사야가 생생하게 말하듯이, 드리는 예배를 "너희의 손에 피가 가득하기"(사 1:15) 때문에 받아들일 수 없다는 것이다.[74]

이런 강조는 두 번째 노선의 해석과 밀접하게 연결된다. 예언자는 '거룩한 몸'이나 '부정한 몸'에 대한 언급을 성전 자체에 대한 언급으로 간주했다고 제안함으로써, 이것이 보다 정확하게 명령의 언어를 택한다. 성전이 제대로 질서를 잡지 못하는 한, 불결에 접촉하면 백성의 전체 상황이 부정하게 될 것을 암시한다. 그들 삶의 중심이 잘못되면 그 자체로 전체를 받아들일 수 없게 된다. 그러나 이제 이것의 이면을 강조할 수 있고, 그 구절을 조금 더 이해할 수 있다. 이것이 성전을 의미한다면, '거룩'은 그들 삶의 중심에서 매우 적절해야 한다.

그러나 거룩한 성전의 현존은 그 자체로 백성의 상황을 보증하는 것이 아니라는 점을 분명히 한다. 즉, 학개 2:6-9에서 매우 생생하게 확언하는 하나님의 임재와 축복 때문에, 자동적으로 백성이 예배드리기에 적절한 상황에 있다고 보장하는 것은 아니다. 그럼에도 불구하고, 새 시대의 공동체로 부르심을 받은 백성은 그들의 상황 때문에 새 시대를 좌초시킨다. 성

---

[73] E. Hammershaimb, *op. cit.*, p. 106에서 S. Mowinckel로 돌아가서 언급하며, 누추한 현재의 제단 위에 제사 드리는 것을 언급한다. A. C. Welch, *Post-exilic Judaism* (1935), pp. 167ff.에서 유사한 해석을 한다. 그는 학 2:11-14를 느 10장에서 찾아볼 수 있는 남쪽 사람과 북쪽 사람이 연합한 집단에 의해 포로기 동안 사용된 제단의 받아들일 수 없음을 언급하는 것으로 본다(비교. pp. 67-86의 이에 대한 그의 연구와 비교하라). 이런 견해는 어떤 근거도 없다. Welch는 *ʿam*과 *gōy*를 두 개의 구별된 집단으로 묘사되는 공동체 구성을 나타내는 것이라고 제안함으로써 이 견해를 지지하지만, 이는 히브리어 시적 언어를 고려하지 못한 것이다.

[74] 사 1:15. 비교. 시 15; 24; 사 33:14ff.; 겔 18:5ff. 등. 유사한 해석에 관해서는 다음을 참조하라. 비교. H. Frey, *Das Buch der Kirche in der Weltwende* (BAT 24, ⁴1957), pp. 28ff.

전에는 자동적인 효험이 없고, 그 존재 자체로 구원을 확증하는 것도 아니다. 성전과 예배의 효과는 예배드리는 자의 상황에 의해 결정된다. 즉, 그들이 하나님의 축복을 받기에 적합한지 아닌지에 달려 있다.

이런 노선의 해석은 제사장에 대한 두 번째 질문의 문자적 적용을 요구하지 않는다. 그리고 이런 해석은 예언자의 발화가 정확한 소통을 요구하는 것이 아니라 백성에 대한 선포라고 봄으로써 잘 이해되게 한다. 학개는 그들에게 말한다.

"너희는 응답하라. 너희는 성전을 건축하라. 너희는 이 모든 것이 제대로 되었는지 살펴보라.

그러나 어떻게 너희는 스스로 불결하면서 하나님의 복을 받을 것을 기대하는가?"

불결이 의미하는 바는 시편 15편이나 24편 같은 곳에서 제시되고, 초기에 이 구절에 다음과 같은 해석을 도출하는 해설을 덧붙였다.

> 그들은 뇌물을 받았기에, 악한 행실로 고통을 겪게 되리라
> 그리고 무리가 성문에서 책망하는 자를 미워하며(비교. 암 5:10).

언제 해설이 붙었는지 알 방도는 없다. 다만 다양한 시기에 이런 해설이 히브리어 텍스트에 덧붙여졌고, 헬라어로 번역되었을 것이고, 그래서 적어도 70인역보다 이른 시기로 거슬러 올라갈 것이라고 추정할 수 있다.[75] 제시된 해석이 올바른지 확신할 수는 없지만 그럼에도 불구하고 존중받을 가치가 있다. 이것은 우리가 찾아볼 수 있는 가장 초기의 주석이다. 그리고 이는 백성의 부정은 예언서와 시편에서 제시된 대로, 예배를 받아들일 수 없게 만들고, 더 이상 하나님의 백성으로 적절하지 못하게 만들 만큼 일종의 강력한 도덕적 실패다.

---

[75] 비교. P. R. Ackroyd, *JJS* 7 (1956), pp. 163-7과 저작에 대한 언급을 참조하라.

제10장 회복과 그 해석(계속)

성전 존재 자체가 복을 보장한다고 믿는 자들에게(예레미야의 동시대인들처럼),[76] 예언자는 그런 자동적 효과가 없다는 점을 매우 분명히 언급한다. 하나님의 축복은 하나님의 백성에 진정으로 적합한 백성에게만 허용될 수 있다. 그리고 학개 시대의 공동체가 올바르지 않다면, 이들을 향한 하나님의 뜻을 좌절시키는 것이다.[77]

이처럼 통합된 전체로 묶인 간결한 예언 담화 모음집에서 회복된 공동체에 관한 묘사를 보게 된다. 이 공동체는 성전을 중심으로 삼고, 스스로를 하나님의 백성으로 인지할 필요가 있다. 한 백성이 그 지위에 수반하는 신적 축복을 얻기 원한다면, 정결할 필요가 있다. 그리고 그 지위는 협소하거나 지엽적인 것이 아니다. 그 중심에 성전이 있고, 이는 하나님이 스스로를 드러내시는 곳, 그래서 세상의 삶과 하나님의 전체 행위의 중심이 되기 때문이다.[78]

---

[76] 비교. 렘 7:4; 사 66:1ff.
[77] 학개가 미래와 성전과 제의를 연결한다는 점에서, '옛 심판 예언자'라 불리는 자들과 결정적으로 다르다고 보는 것은, 학개에 대한 흔한 오해다. (예컨대, E. Hammershaimb, *Some Aspects of Old Testament Prophecy* [1966], p. 105) 그러나 학 2:10-14의 마지막 구절을 어떻게 해석할지라도, Hammershaimb이 언급하듯이 "모든 윤리적 고려를 결여하고 있다"라고 말할 수 있을지 의심스럽다. 이것은 인위적으로 구분하고, 예언자, 즉 히브리적 종교 사상의 한 측면을 지나치게 강조하기 때문이다. 문제는 하나님과의 관계다. 학개와 스가랴에 동일하게 관련 있는 언급으로서, Dentan의 말라기 주석을 참조하라. "제의에 대한 경멸은 그 자체로 중요해서가 아니라, 하나님을 향한 전반적인 무관심을 상징하기 때문이다"(R. C. Dentan, *IB* 6 [1956], p. 1119).
[78] 비교. T. Chary, *op. cit.*, p. 138; G. von Rad, *Theology* II, p. 282. 다음의 논문을 참조로 추가하는 것이 적절하다. F. Hesse, "Haggai," in *Verbannung und Heimkehr*, ed. A. Kuschke (Tübingen, 1961), pp. 109-34. 이 논문은 기독교의 구약성서 해석 방법론 문제에 주로 관심을 두며, 특히 H. W. Wolff, *Haggai* (BS 1, 1951)를 겨냥한다. 그가 자료를 무비판적으로 변증하는 등 해석에 비난을 퍼붓는 것에 동의하지만, 지나치게 단순한 묘사를 통해 학개가 예수와 적대적이라고 규정되는 유대교로 나아가는 노선에 서 있다고 추정하는 것은 불만족스럽다. "학개는 결코 예수 그리스도의 전조가 아니며, 그는 오히려 유대교의 아버지 중 하나다"(p. 129). 지나친 단순화는 전반적으로 포로 후기를 호도하며(비교. 학 1장), 신약 시대 종교 사상의 복잡성에 대한 판단을 흐리게 한다. K. Koch, *op. cit.*, 특히 p. 66에서 Koch는 학개와 초기 사상의 연결성을 강조하고, 학개에서 유대교적 요소를 찾기를 거부한다.

제11장

회복과 그 해석(계속)

C. 스가랴 1-8장

학개 주석에서 추적할 수 있는 세 가지 주제는 스가랴의 예언에 다시 나타난다. 즉, 성전, 새 공동체와 새 시대, 그리고 백성의 응답이다. 이 구분은 협소하게 한정된 체계 안에서 예언자의 활동을 정의 내리는 것이 아니라, 개략적인 안내를 위한 것임을 강조하고 싶다.

1. 성전[1]

성전 재건 언급은 스가랴 예언의 극히 일부만 차지하지만, 그 논점이 중요하다. 스가랴 4:6b-10a에는 예언적 단편이 있다. 이제 정교한 환상 가운데 서있다. 그리고 백성의 삶에서 하나님이 차지하는 중심성과 두 명의 지도자, 스룹바벨과 여호수아의 지위를 다룬다. 단편은 그 자체로 다양한 단편 담화로 구성되고, 성전이 성공적으로 재건될 것이라는 확신에 차있다.

---

[1] 비교. T. Chary, *op. cit.*, pp. 139ff.; M. Schmidt, *Prophet und Tempel* (1948), pp. 198-213에서 스가랴 자료의 논의는 성전을 중심으로 삼지만, 예언자의 행위의 의미에 대한 다소 일반화된 속성을 더 많이 포함한다. 성전과 관련한 학개와 스가랴와 관련한 J. D. Smart의 해석에 대한 언급은 앞의 p. 205 n. 15 참조. 다른 접근법은 다음을 참조하라. W. A. M. Beuken, *op. cit.*, pp. 258-74.

제11장 회복과 그 해석(계속)

여호와께서 스룹바벨에게 하신 말씀이 이러하니라
　만군의 여호와께서 말씀하시되
　　이는 힘으로 되지 아니하며 능력으로 되지 아니하고 오직 나의
　　영으로 되느니라

큰 산아 네가 무엇이냐 네가 스룹바벨 앞에서
　평지가 되리라
그가 머릿돌을 내놓을 때에 무리가 외치기를
　은총, 은총이 그에게 있을지어다 하리라 하셨고[2]

여호와의 말씀이 또 내게 임하여 이르시되
스룹바벨의 손이 이 성전의 기초를 놓았은즉
　그의 손이 또한 그 일을 마치리라 하셨나니[3]
(만군의 여호와께서 나를 너희에게 보내신 줄을 네가[4] 알리라 하셨느니라)

작은 일의 날이라고 멸시하는 자가 누구냐
사람들이 스룹바벨의 손에
　다림줄이 있음을 보고 기뻐하리라(슥 4:6b-10a).[5]

2　K. Galling, *Studien*, p. 138에서 'Glück zu'=good luck(행운), Godspeed(성공)로 해석한다.
3　비교. A. Gelston, *VT* 16 (1966), pp. 232-5.
4　Galling, *Studien*, p. 144에서 히브리어 남성 단수 동사, *yāda'tā*를 '남은 자'로 본다. 맥락상 복수 동사가 보다 적절하다고 제안하지만, 전체 구절은 매우 분명히 삽입구이기에, 필수적으로 맥락과 관련되기보다, 논평으로 간주할 수 있다(비교. 슥 2:15에서 마소라 텍스트는 여성 단수 형태인 *yāda'at*, 슥 2:13과 6:15은 복수 형태인 *yeda'tem*을 지니고 있다). 목적은 예언자의 위임의 실제를 강조하는 것으로 볼 수 있다. 그리고 이 점에서 에스겔(예. 겔 2:5)과 학개(비교. 학 1:13)에 나타난 것처럼, 이는 확증의 필요성을 대신하는 것이다. 이 구절은 초기 예언자의 소명 설화와 일치하며, 예언자의 발언을 확증하는 것으로도 볼 수 있다. 다음도 참조하라. J. Bright, "The Prophetic Reminiscence," in *Biblical Essays (Proc. of Die Ou-Testamentiese Werkgemeenskap in Suid-Afrika*, 9, 1966, Potchefstroom, 1967), pp. 11-30.
5　이 구절의 텍스트는 정확한 번역을 어렵게 만드는 특이점이 많다. *har haggādōl*(4.7)는 *hāhār haggādōl*의 중자탈락으로 인한 오류로 볼 수 있다. *et-hā'eben habbedīl*(4.10)도 이상하다. 이것은

등잔 환상의 맥락에서 이 담화군의 배경(완공되고 회복된 성전을 상상하는 환상)은 스가랴의 다른 예언처럼, 부분적으로 예언자가 주장하는 바의 권위를 보강하기 위해서 초기 예언신탁을 수집하였음을 보여 준다.[6] 성전의 완공이 기회가 되어, 이로 인해 사람들은 스가랴를 신이 보낸 자임을 알게 된다. 즉, 학개처럼 스가랴에게 성전의 재건은 새로운 상황과 연관된다.

이 구절의 담화는 성전 재건과 관련하여 두 가지 논점을 강조한다.

첫째, 성취되는 것이 하나님의 영적 힘에 달려 있다는 확신이다.[7]

이것은 효과적으로 모든 장애물을 제거한다(슥 4:7—아마도 지나치게 문자적으로 해석하지 않아야 할 것 같다).[8] 이는 재건을 과거와 비교하면서, 좌절한

---

habbādûl('set apart,' 구별하다)인가? *hammabdîl*('which sets apart,' 구별하는)인가? 이 논점은 논의의 핵심이 아니다. 왜냐하면 어떤 특별한 돌을 의미하는 것이 분명해 보이기 때문이다. 대상으로 삼은 건축 단계를 정확하게 알지 못한다면, 그것이 의미하는 바를 알 수 없다. 또한 이 텍스트는 원래 슥 4:7의 *'et-hā'eben hārō'šā*('the headstone,' 머릿돌)를 다시 언급한 것일 수 있다. 정확한 속성은 분명하지 않지만, 절정에 달하는 그 자리는 텍스트를 통해 나타난다. *habbedîl*이라는 단어는 일부 주변 자음(*bydzrbbl*)을 잘못 쓴 것일 수 있다. '주춧돌'(아마도 중심 돌)에 대해서, 70인역은 대안으로 '상속의 돌'(τὸν λίθον τῆς κληρονομίας=히브리어 *yerušā*)를 제안한다. H. Frey, *Das Buch der Kirche in der Weltwende* (BAT 24, ⁴1957), p. 73. 그러나 이것은 해석적 표현을 대변하는 것 같다. K. Galling, *Studien*, p. 143(Galling은 이 견해를 다음에서 인용한다. H. Junker, *Die zwölf kleinen Propheten* II [HSAT VIII 3.2, 1938], p. 137).

다음도 참조하라. T. Chary, *op. cit.*, pp. 140f.에서 8-10a + 6b-7절로 순서를 재배열한다. 그리고 전승에서 스룹바벨 자리의 후속 발전에 대해서는 스 3장과 제1에스드라 6:18의 비교를 제안한다. 재배열은 거의 도움이 되지 않는다. 독립된 요소의 결합을 인지하는 것이 더 간단하다.

K. Galling, *Studien*, pp. 138f.에서 7b절에서 70인역의 일인칭 형태를 따르는 것을 선호한다. 읽기의 어려움(*lectio difficilior*)처럼, "나는 데리고 나갈 것이다." 즉 하나님 스스로 성전의 묻힌 토대를 드러낼 것이고, 재건축이 시작될 수 있다. pp. 144f.에서 그는 두 번째 돌을 제사장 여호수아와 스룹바벨을 통해 그의 제도와 연결된 것으로 해석한다. 이것은 입증할 수 없는 것으로 보인다.

[6] 비교. K. Galling, "Die Exilswende in der Sicht des propheten Sacharja," *VT* 2 (1952), pp. 18-36, pp. 26ff.를 보라. *Studien*, pp. 109-26, pp. 117f.를 보라. 그리고 추가로 다음을 참조하라. "Zerubbabal und der Hohepriester beim Wiederaufbau des Tempels in Jerusalem," *ib*. pp. 127-48, pp. 137ff., 144를 보라; L. G. Rignell, *Die Nachtgesichte des Sacharija* (Lund, 1950), p. 152.

[7] 비교. G. von Rad, *Theology* II, p. 285; *Der heilige Krieg im alten Israel* (ATANT 20, 1951), p. 66. 하나님의 역동적 '바람'에 대해서는 다음을 참조하라. K. Galling, *Studien*, pp. 141f. 다음을 참조하라. M. Schmidt, *op. cit.*, pp. 201f.

[8] '산'의 정체 규명은 쉽사리 과도한 해석으로 이어진다. 그래서 예컨대, 적대적인 정치 세력

자들을 격려한다(비교. 학 2:3-5). 이것은 하나님의 임재를 통해서 효력이 발생하는 완벽한 회복을 약속한다.[9] 에스라 5-6장에 나타난 상황 역시 암시된 바의 일부가 된다.

둘째, 다른 한편 실제 완공이 약속되고, 이는 이 사건이 제공하는 기쁨과 연결된다.

공사 완공의 약속(슥 4:9)은 두 가지 순간과 연결된다. 불확실한 언급 때문에, 정확한 의미는 그다지 분명하지 않다. 그러나 스가랴 4:7은 재건의 정점인 머릿돌을 놓는 것을 언급하는 듯하다. 스가랴 4:10은 덜 분명하다. 임시방편으로 '선택된 돌'로 해석된 구절은 결코 의미가 확실하지 않기 때문이다. 이 번역은 *habbedil* 단어에 속한 것처럼 보이는 구분, 구별이라는 사상을 도출하고자 하는 시도다.[10] 그러나 사실상 이 용어는 기술적인 건축 용어일 가능성이 있고, 이 언급은 공사의 정점을 보여 주는 스가랴 4:7과 동일한 돌을 언급하는 것일 수 있다. 그래서 이 두 담화는 그 정도로 복사본으로 볼 수 있다.

성전 재건을 다루는 다른 구절은 스가랴 6:9-14이다. 이는 다양한 담화로 구성된 것으로 보이고, 이제 중요한 예언을 수행하는 특정 사건과 연루된다. 스가랴 4장처럼, 스가랴 6:12과 6:13의 두 담화에서 재건이 완성되리라는 약속을 다시 언급한다. 첫 번째 담화는 다음과 같다.

에 대해서는 렘 51:24ff. 참조. (탈굼과 다음을 참조하라. E. Sellin, *ZAW* 59 [1942/3], p 70). L. Rost, "Bemerkungen zu Sacharja 4," *ZAW* 63 (1951), pp. 216-21에서 페르시아 세력(p. 220), 정치적 방해(G. Adam Smith, *The Book of the Twelve Prophets II* [1898, 1928], p. 299), 성전 자리의 돌무더기(E. Sellin, *Das Zwölfprophetenbuch* [KAT 13, 1922], p. 503), '사마리아' 당국의 반대(K. Elliger, ATD 25, p. 118), 직접적인 군사 행위의 난점과 유혹 목록을 언급한 것이라는 점은 의심의 여지가 없다. 비교. H. Frey, *op. cit.*, pp. 74f. 다른 논평은 다음을 참조하라. L. Rignell, *op. cit.*, pp. 155f.에서 이제는 무력해진 세상 권력에 대한 언급을 여기에서 찾는다. K. Galling, *Studien*, p. 140에서 사 40:4과 비교하고, 기적적으로 치워진 실제 돌무더기 산을 나타낼 수 있다고 여긴다. T. Chary, *op. cit.*, p. 142에서도 사 40:4과 비교한다.

9 비교. S. Mowinckel, *He that Cometh* (영역, 1956), p. 137.
10 비교. T. Chary, *op. cit.*, p. 141, p. 225 n. 5.

> 보라 싹이라 이름하는 사람이
> > 자기 곳에서 돋아나서
> 여호와의 전을 건축하리라(슥 6:12).

> 그가 여호와의 전을 건축하고
> > 영광도 얻고
> 그 자리에 앉아서 다스릴 것이요
> > 또 제사장이 자기 자리에 있으리니
> 이 둘 사이에 평화의 의논이 있으리라 하셨다(슥 6:13).

스가랴 6:13에 대한 제대로 된 해석은 후반부에서 논의할 것이다.[11] 당분간 동일한 논점을 밝히는 두 가지 담화만 언급하고자 한다.

첫 번째는 '싹'이 삶과 안녕의 중재자라는 확신과 연결된다.
두 번째는 성전 건축자인 그의 역할을 이해할 수 있다.[12]

이 두 논점이 나란히 설 수 있는 이유는 동사적 연결이라는 점에 틀림없다. 그리고 계속해서 공동체를 위해 결과를 설명한다. 이 두 가지 담화와 더불어, 의미의 새 논점을 소개하는 스가랴 6:15에 또 다른 것이 나온다. 여기에서 인용되지 않은 스가랴 6:15의 마지막 구절은 나중에 다시 살펴보아야 한다(p. 205 참조).

---

[11] 비교. 뒤의 pp. 254ff.
[12] 이 발언은 스룹바벨이라는 이름의 해석, 즉 zēr-bābili('offspring, or shoot, of Babylon,' 바벨론의 후손 혹은 싹)의 해석에 의존하고 있는 것으로 보인다. 비교. J. J. Stamm, *Die akkadische Namengebung* (Leipzig, 1939), pp. 269f.; S. Mowinckel, *He that Cometh* (영역, 1956), pp. 160f.

먼 데 사람들이 와서
  여호와의 전을 건축하리니
(만군의 여호와께서 나를 너희에게 보내신 줄을 너희가 알리라, 슥 6:15).

이 구절은 스가랴의 다른 구절과 학개 2:14과 유사하다. 여기에서 다시 한번 스가랴 4장처럼 성전의 재건은 예언자의 메시지의 진정성과 연결된다. 재건은 또한 멀리 있는 자들을 모으는 것과도 연결된다. 재건은 예언자적 상징을 정교하게 하는 역할을 하며, 포로에서 돌아온 자들을 참여시킨다(슥 6:10-11).

성전의 재건과 새 시대 수립 사이의 상호 연관성은[13] 스가랴 1:16에서 언급되고, 스가랴 8:9ff.에도 나온다. 스가랴 8:9ff.은 분명히 원래의 예언 자료를 담고 있다. 그러나 신탁 자료의 일부라기보다는 학개와 스가랴의 예언적 메시지의 의의에 대한 일반적 논평으로 간주되어야 한다고, 필자는 다른 곳에서 제안했다.[14] 메시지의 지속적 의의에 대한 일반적 반향의 경우를 위해서, 신탁 자료에서 인용한다. 이런 상호 연관성은 또한 다른 단락에서도 암시된다. 거기에 보면, '싹'의 자리가 나타나거나, 예루살렘의 회복은 70년 예언의 성취에 뒤따라 오는 운명의 변화의 시작으로 약속된다(이것에 대해 슥 8장의 서두에서 볼 수 있다).

---

13 비교. L. Rost, *ZAW* 63 (1951), p. 221.
14 비교. *JSS* 3 (1952), pp. 151-6; W. A. M. Beuken, *op. cit.*, pp. 156-73.

2. 새 공동체와 새 시대[15]

새 시대에 대한 사상, 즉 현 상황과 대조를 이루는 완벽한 운명의 변화는 스가랴의 첫 장에서 언급되고 있다. 스가랴 1:8ff.의 첫 번째 환상에서 새 시대의 도래를 벌어지는 정치 사건과 혼동하면 안 된다는 논점에 집중하는 듯하다.[16] 전달자는 기병인데, 이 환상의 특징에는 페르시아의 통신 제도에 대한 회상이 들어 있다.

그러나 환상의 구성에서 보다 더 근본적인 요소는 욥기 1장과 2장처럼, 수행자인 '하나님의 아들'($b^e n\bar{e}$ '$el\bar{o}h\bar{\imath}m$)과 함께 하는 천상 보좌에 대한 개념이라는 점이 더 개연성 있어 보인다. 둘의 묘사는 동일하지 않다. 모든 전달자는 세상을 '순찰한다'($hithall\bar{e}k$). 반면 욥기에서 구체적으로 이런 일을 하는 자로서 등장하는 자는 사탄밖에 없고, 다른 이들의 임무에 대해서는 아무 것도 이야기하지 않는다. 둘 모두 하급의 신적 존재에 대한 보고를 회상하는 것처럼 보이는데, 이들에게 감독의 임무가 부여된다(비교. 단 10:13, 20f.; 원래는 만신전의 열등한 신들[비교. 시 82편과 신 32:8]의 $yi\acute{s}r\bar{a}$'$\bar{e}l$을 '$\bar{e}l$ [비교. 70인역]로 읽기). 그들은 이제 세상이 평온을 되찾게 되었다는 메시지를 가져왔다.

> 우리가 땅에 두루 다녀 보니
> 온 땅이 평안하고 조용하더이다 하더라

---

15 다음의 해석과 논평에서 이런 주제가 특히 강조된다. M. Bič, *Das Buch Sacharja* (1962), pp. 13-107; *Die Nachtgesichte des Sacharja* (BS 42, Neukirchen, 1964).

16 다리오 1세 통치 초기의 변동 속에 나타난 이에 대한 정치적 배경은 다음에서 논의된다. K. Galling, *Studien* (1964), pp. 48f. 다음도 참조하라. P. R. Ackroyd, *JNES* 17 (1958), pp. 13ff.; M. Bič, *Das Buch Sacharja* (1962), p. 22에서 그가 보기에, 신년 축제와 연결된 신화적 요소의 존재, 즉 화석류나무 자리에 깊숙이 들어가 있는 적대 세력을 변형하는 것을 강조한다(비교. 느 8:15). 이런 요소를 추적할 수 있다면, 이들은 옛 사상에서 남아 있는 비유로 보아야 한다. 그러나 비유와 생생한 믿음 사이를 자신 있게 구분할 수 없다. 이 환상에 대해서는 다음을 참조하라. W. A. M. Beuken, *op. cit.*, pp. 239-44.

여호와의 천사가 대답하여 이르되 만군의 여호와여 여호와께서 언제까지
예루살렘과 유다 성읍들을 불쌍히 여기지 아니하시려 하나이까
이를 노하신 지 칠십 년이 되었나이다 하매(슥 1:11-12).

신적 행동이 분명히 지연되고 있다는 불평에 대해, 야웨는 직접적인 말씀으로 천사에게 대답한다. 직접성은 환상의 진실로 의미 있는 순간과 해석에 대한 강조점을 드러내는 것이다.

여호와께서 내게 말하는 천사에게 선한 말씀, 위로하는 말씀으로 대답하시더라
내게 말하는 천사가 내게 이르되
(선포)너는 외쳐 이르기를
만군의 여호와의 말씀에 내가 예루살렘을 위하며 시온을 위하여 크게 질투하며
안일한 여러 나라들 때문에 심히 진노하나니
나는 조금 노하였거늘 그들은 힘을 내어 고난을 더하였음이라[17]
(슥 1:13-15).

열방을 향한 하나님의 진노는 또한 두 번째 환상의 주제이며, 첫 번째와 두 번째 제시 사이의 평행을 보여 준다.

첫 번째 환상과 해석은 바로 추가 선포로 이어진다. 이는 아마도 다른 시기에 나온 것으로 야웨의 위로하는 목적과 열방을 향한 태도의 선포에

---

[17] zr II = 많다(to be copious; 아랍어, *ghazura*). I. Eitan, *A contribution to Hebrew Lexicography* (New York, 1924), pp. 8f.에서 히필 *hēm heʿzirû lʾrāʾā*를 제안하는데, 이는 마소라 텍스트와 동일한 자음이며, *le*를 목적격 표시로 보는데, 이는 전통적인 '돕다'(help on) 혹은 G. R. Driver의 제안대로 의미가 충분히 강하지 않은 *zārʿû* 'sow, plot (evil)'(씨를 뿌리다, [악]을 꾀하다)보다 더 나은 것으로 보인다(*JTS* 41 [1940], p. 173).

대하여 논평을 하는 예언의 일부일 것이다.

> 그러므로 여호와가 이처럼 말하노라
> 내가 불쌍히 여기므로 예루살렘에 돌아왔은즉
> 내 집이 그 가운데에 건축되리니
> 예루살렘 위에 먹줄이 처지리라
> 만군의 여호와의 말이니라(슥 1:16).

성전의 회복을 가능하게 한 것은 바로 야웨의 귀환이다. 이 점에서 스가랴는 학개와 다소 다른 논점을 보여 주는 것 같다.[18] 그러나 사실상 두 가지 접근법은 동전의 양면이다. 학개의 강조점은 재건축의 필요성이다. 재건이 이루어질 때, 공동체는 복 주고자 하시는 하나님의 뜻을 이룰 수 있기 때문이다. 스가랴의 강조점은 하나님의 의지의 현실화에 있다. 그의 뜻을 가능하게 하는 것과 재건축은 상관관계가 있다. 예언자는 성전 재건축이 인간 노력의 결과로 이루어지는 것처럼 보일지라도, 사실상 하나님의 영의 역사를 통해 이루어진다는 근본적인 진실을 망각하지 않고 있다.[19]

우리가 이 점을 스가랴에서 "이는 힘으로 되지 아니하며 능력으로 되지 아니하고 오직 나의 영으로"(슥 4:6) 혹은 학개에서 업무에 부딪칠 때 두려워하지 말라는 공동체를 향한 권고(학 2:4-5)에서 찾아보게 될 때, 하나님으로부터 예언자를 통하여 그런 추동력이 나오게 됨을 깨닫게 된다. 에스라 5장과 6장에서, 역대기 사가 역시 동일한 점을 강조한다. 스가랴 1:16의 성전과 도성의 재건축은 다음 절의 평행 진술로 이어진다.

---

18 비교. 앞의 pp. 204ff.
19 우리는 이런 사상의 발전 단계를 추적할 수 있다. 왕상 6:7에서 장인들의 행위가 성전 지역에 나타나지 않는 것을 강조한다. 겔 40ff.에서 재건은 암묵적으로 하나님과 그의 신적 대리인의 일이다(비교. 40:2ff.; 43:10ff.). 시 127:1은 신학적 형식에서 동일한 논점을 말한다.

그가 다시 외쳐 이르기를
만군의 여호와의 말씀에
나의 성읍들이 넘치도록 다시 풍부할 것이라[20]
여호와가 다시 시온을 위로하며
다시 예루살렘을 택하리라 하라 하니라(슥 1:17).

예루살렘의 회복은 그와 더불어 온 땅에 축복을 가져다 준다. 여기에서 성전을 언급하지는 않지만, 예루살렘을 의미 있게 하는 것은 바로 성전이 차지하는 중심성이라는 것은 분명하다(비교. 슥 8장).[21] 전체 도성은 사실상 그 안에 성전을 소유함으로써 거룩하게 된다. 거룩한 성전, 거룩한 도성, 거룩한 땅('장소'라는 모호한 용어 사용은 이 세 가지의 가능성을 모두 허용한다[22]) 은 모두 사실상 하나님이 그의 처소로 선택한 성소에서 나오는 중심 축복의 확장이다.

두 번째 환상(슥 2:1-4)은 평행 구조로 제시된다. 환상 자체는 스가랴 1:15의 열방을 향한 야웨의 진노라는 사상과 평행을 이룬다. 이 일반적 진술에, 보다 구체적이지만 동시에 보다 보편적인 '네 열방'에 대한 심판을 추가한다. 예컨대, 다니엘과 다니엘 해석자들이 보여 주는 것처럼, 정체를 파악하려는 주석 행위는 대중적이지만,[23] 여기에서 중요한 것은 아니다. 하늘의 바람과 실제로 연결되는 스가랴 6:1ff.의 '네 병거'처럼, 아마 '네 열방'도 적대적인 세상의 모든 열방을 의미하는 것 같다.[24] 여기에 스가랴

---

[20] 이 구절의 해석에 대한 논의는 다음을 참조하라. Rignell, *op. cit.*, pp. 53ff. Rignell은 "나의 도성은 여전히 많은 것을 상실당하고 있다"라는 해석을 선호하는데, 이것도 동일하게 신적 개입을 강조한다.
[21] 비교. R. E. Clements, *God and Temple* (1956), pp. 124f.
[22] 비교. 앞의 p. 205 n. 11.
[23] 단 2:36-43; 7. 이 논점에 대해서 다음을 참조하라. Rignell, *op. cit.*, pp. 61f.
[24] 또한 M. Bič, *Das Buch Sacharja* (1962), p. 27.

8:20-23의 모든 열방을 향한 구원의 메시지에 대한 기대가 있다. 제왕시와 제2이사야에서 찾아볼 수 있는 열방에 미치는 야웨의 주권 사상은 당면한 정치적 상황과 관련을 맺지만, 여기에 국한되지는 않는다. 억압하는 자들(슥 2:10ff.의 주석은 바벨론을 언급함으로써, 상술하고 보다 정확하게 한다)은 모두 그들에게 맞서는 야웨의 힘에 의해 진압당하고, 위협을 받고, 놀라게 된다.

세 번째 환상이 연결 논평 없이 이 환상 다음으로 뒤따라 온다. 이런 이유는 스가랴 1장처럼 열방에 영향을 미친 '외부' 행위와 예비된 예루살렘을 향한 '내부' 행위 사이에 평행점이 있기 때문인 것으로 보인다. 예루살렘을 향한 약속은 대단히 생생하고 강조된다.

> 내가 또 눈을 들어 본즉 한 사람이 측량줄을 그의 손에 잡았기로
> 네가 어디로 가느냐 물은즉 그가 내게 대답하되
> 예루살렘을 측량하여 그 너비와 길이를 보고자 하노라 하고 말할 때에
>
> 내게 말하는 천사가 나가고
> 다른 천사가 나와서 그를 맞으며
> 이르되 너는 달려가서 그 소년에게 말하여 이르기를
> 예루살렘은 그 가운데 사람과 가축이 많으므로 성곽 없는 성읍이 될 것이라 하라
> 여호와의 말씀에 내가 불로 둘러싼 성곽이 되며 그 가운데에서 영광이 되리라(슥 2:1-5, MT 2:5-9).

원래는 직접적으로 연결된 것은 아니지만, 이제 열방을 진압하는 것은 이에 대한 적절한 전조가 된다. 예루살렘 성벽을 재건하려는 시도에 반대

하는 비판은 없는 것처럼 보인다.²⁵ 그러나 그 도성(그의 거처인 성소)에 계시는 하나님 자신의 임재를 통한 보호와 그 땅에 넓게 뻗어 나갈 새 도성의 속성을 알리는 메시지를 통해, 그 도성에 영광을 부여한다. 즉, 그는 그 도성을 자신의 임재의 영광을 알리는 장소가 되게 한다.²⁶

스가랴 6장처럼 이후 예루살렘과 재건 약속은 여전히 흩어져 있던 백성을 고향 공동체와 연합하라는 부름과 연결한다. 예루살렘에 대한 약속은 완전히 새로운 삶의 전망을 통하여 풍요로워진다.

> 오호라 너희는 북방 땅에서 도피할지어다²⁷
>   여호와의 말씀이니라
> 이는 내가 너희를 하늘 사방에 바람 같이²⁸
>   흩어지게²⁹ 하였음이니라 여호와의 말씀이니라
> 바벨론 성에 거주하는 시온아³⁰
>   이제 너는 피할지니라(슥 2:6-7절, MT 2:10-11절).

---

25 이 논점에 대해서는, 다음의 논의를 참조하라. T. H. Robinson and F. Horst, *Die zwölf kleinen Propheten* (HAT 14, ²1954), p. 225에서 Horst가 스가랴의 '배타적인 종교적' 심판과 스룹바벨의 정치적 관심사의 대조를 암시하는데(비교. 4:6b), 이는 텍스트에서 분명히 드러나지 않는다. 보다 정치적 해석은 다음을 참조하라. P. Haupt, "The Visions of Zechariah," *JBL* 32 (1913), pp. 107-22, pp. 109f.를 보라. D. Winton Thomas, *IB* 6 (1956), p. 1064; 비교. W. A. M. Beuken, *op. cit.*, pp. 244-8.

26 비교. 겔 40-48(비교. 앞의 pp. 151f.).

27 '도피'에 대해서는 다음을 참조하라. K. Galling, Studien (1964), p. 55; R. Bach, *Die Aufforderungen zur Flucht und zum Kampf im alttestamentlichen Prophetenspruch* (WMANT 9, 1962), pp. 19f. 에서 그 텍스트와 예레미야의 유사한 발언에서 찾아낸 형태를 나란히 둔다.

28 마소라 텍스트가 그러하다. 70인역은 *mĕʾarbaʿ*='네 바람으로부터'(from the four winds)라고 제안한다.

29 비교. G. R. Driver, *JTS* 32 (1931), p. 252에서 *prs*에서 '흩어지다'(spread out)라는 의미를 끌어낸다. 유사한 번역은 다음을 참조하라. Rignell, *op. cit.*, p. 80.

30 마소라 텍스트는 *yōšebet bat-bābel*을 제시한다. *bat*(딸, daughter)라는 단어는 *yōšebet*의 마지막 두 자음을 중복해서 쓴 탓이다. 그러나 우리가 긴 텍스트를 읽든 짧은 텍스트를 읽든 이 구절은 본질적으로 동일한 의미를 지니고 있다. 렘 46:19; 48:18에는 '지역 인구'를 나타내는 유사 구절이 나온다. *KBL* p. 159를 참조하고, 또한 슥 2:14의 *bat-ṣiyyōn* 사용과 비교하라. *bat-ṣiyyōn*과 동격 소유격으로 이와 같은 다른 구절은 다음을 참조하라. W. F. Stinespring, "No daughter of Zion: A Study of the Appositional Genitive in Hebrew Grammar," *Encounter* 26 (1965), pp. 133-41.

바벨론의 포로지에서조차 공동체의 소속감이 강력하게 표현된다. 그래서 포로민이 '바벨론에 거주하는 시온'으로 묘사되고 있다는 점에는 특별히 의미가 있다. 이것은 동일하게 재수립과 재건축의 불완전성을 암시하는 것으로 멀리서 와서 재건을 돕고자 하는 자들을 불러 모으는 것으로 그려진다(슥 6:15).

> 만군의 여호와께서 이같이 말씀하시되
> (영광을 위하여 나를
> 너희를 노략한
> 여러 나라로 보내셨나니)³¹
> 너희를 범하는 자는 그의 눈동자를 범하는 것이라
>
> 내가 손을 그들 위에 움직인즉
> 그들이 자기를 섬기던 자들에게 노략거리가 되리라 하셨나니
> (너희가 만군의 여호와께서 나를 보내신 줄 알리라)(슥 2:8-9, MT 2:12-13).

여기에서 이중 후렴구는 예언자가 신의 위임(비교. 학 1:12ff.)을 받아 활동하고 있음을 강조한다(비교. 슥 6:15 등). 이 진술의 첫 번째 본문의 일반적

---

31 이 골치아프기로 유명한 절은 만족스럽게 설명할 수 없다. 'aḥar kābōd를 "kābōd 단어 뒤에 와야만 한다." 즉, 슥 2:9에 와야 한다는 Vriezen의 기발한 제안(*OTS* 5 [1948], p. 88f.)은 입증하기가 무척 어렵다. 완전히 추정적인 ašer kebōdō '그의 영광이 나에게 왔다'는 텍스트에 근거하여 설명하기가 쉽지 않다. 아마도 'ōraḥ kābōd는 가장 기발하고(비교. BH³ 'num legendum'), 유사한 제안이 이루어진 시 73:24과 즉각적 비교를 제안할 수 있다(비교. D. Winton Thomas, *The Text of the Revised Psalter* [London, 1963], p. 30). 불행히도 동일한 본문 오류의 이중 발생 때문에, 제안의 정확성에 대한 확신은 커지지 않는다. 그러나 '영광의 길'에 대한 암시는 여기에서 매우 적절하다. 포로민이 돌아오는 것은 바로 '영광의 길,' 즉 위대한 행진 경로를 통해서다(비교. 사 35:8; 40:3). 비교. S. Mowinckel, *The Psalms in Israel's Worship I* (영역, Oxford, 1962), pp. 170f. 'aḥar=with라는 설명(비교. *KBL* p. 32. R. B. Y. Scott, *JTS* 50 [1949], pp. 178f.에서 이 구절을 포함시킨다)은 매력적이다. M. Dahood, *Biblica* 43 (1962), pp. 363f.에서 우가릿 평행을 제시하는데, 이는 가능하지만, 확실하지 않다. 비교가 된 구절의 'aḥar는 '~와 함께'(in company with) 이상의 의미를 지니고, 이는 kābōd와는 그다지 어울리지 않는다.

제11장 회복과 그 해석(계속)

의미는 분명하지만, 정확한 의도가 무엇인지는 불행히도 여전히 의문스럽다. 다리오 1세 통치 초기의 바벨론 상황과 직접적으로 관련하여 포로민의 보호와 적대 세력의 굴복은 입증할 수 있다. 아마도 그들의 현 상황을 보고, 예언자나 다른 누군가를 통해 이 말들이 전해지는 순간, 다리오의 호혜 정책과 성전 재건 속에서 이것이 완성됨으로써, 예언자의 위치의 견고성은 인정을 받기 때문이다.

> 시온의 딸아 노래하고 기뻐하라
> 이는 내가 와서 네 가운데에 머물 것임이라(슥 2:10, MT 2:14).

야웨의 도래에 적절한 제의적 외침을 통해, 야웨를 환영하는 것은 이제 나타날 새 시대에 대한 묘사 속에서 시편에서 자주 찾아볼 수 있는 신현현 사상이 역사적이며 초역사적 맥락을 갖추게 된다는 것을 시사한다. 즉각적으로, 하나님이 소유물 속으로 입성하심을 인정하는 것은 그의 백성뿐만 아니라, 그가 행하신 일을 통해 그가 누구이신지를 인정하게 될 열방을 포함한다는 깨달음으로 확장된다.

> 그날에 많은 나라가 여호와께 속하여
> 내 백성이 될 것이요[32]
> 나는 네 가운데에 머물리라[33]
> (네가 만군의 여호와께서 나를 네게 보내신 줄 알리라)(슥 2:11, MT 2:15).

---

[32] 또한 이 구절(슥 2:1로 잘못 인용)과 슥 1:12f., 16; 8:3에 대해서는 다음을 참조하라. K. L. Schmidt, *op. cit.*, (p. 161 n. 40), p. 226.
[33] 70인역은 $w^e šāk^e nū$ '그리고 그들은 거할 것이다'(and they shall dwell)를 제시한다. 각 독법은 동일하게 적절해 보인다.

여기에서 "너"와 "네"는 여성 단수이고, 스가랴 2:14의 인접 맥락은 이것이 '시온의 딸'임을 뜻하기 때문에, 야웨를 인정하고자 모여드는 엄청난 열방의 무리의 중심을 형성하게 되는 시온에서 야웨 주변에 모여든 백성이라는 표상을 갖게 된다.

> 여호와께서 장차 유다를 거룩한 땅에서
> 자기 소유를 삼으시고
> 다시 예루살렘을 택하시리니(슥 2:12, MT 2:16)

함축하는 바는 야웨 스스로 시온의 성전에 임재하시고, 전체 땅(실제 땅)이 거룩해진다는 것이다. 성소는 그 자체로 더 이상 충분히 크지 않다. 거룩성은 전염되는 것이 아니라(비교. 학 2:10ff.), 야웨가 거기 계시기 때문에, 성전이 놓인 전체 땅은 거룩의 성질을 갖게 된 것이다.[34]

> 모든 육체가 여호와 앞에서 잠잠할 것은
> 여호와께서 그의 거룩한 처소에서 일어나심이니라 하라 하더라
> (슥 2:13, MT 2:17).

이 단락의 마지막 말은 제의적 후렴구를 담고 있다.[35] 하나님의 임재는 실제다. 이것의 실현은 이제 모든 세계 위에 만들어지거나 부가되었고, 그가 누구이신지에 대하여 경외심을 불러일으킨다.

유사한 유형이 스가랴 6장에 제시된다. 여기에서 네 대의 병거 환상은 상징적 행위에서 소개되고, 우리가 본 것처럼[36] 성전 재건과 밀접하게 연결

---

[34] 여기에서 다시 사상의 단계를 추적할 수 있다. 왕상 8:64에서 궁전의 중심은 거룩하다. 왜냐하면 제단은 너무 작고, 슥 14:20-21에서 그 땅 곳곳에서 솥이 거룩해야 하기 때문이다. 비교. 뒤의 pp. 320f.
[35] 합 2:20; 습 1:7. 전체 구절은 다음을 참조하라. W. A. M. Beuken, *op. cit.*, pp. 317-30.
[36] 비교. pp. 227f. 이 환상은 다음을 참조하라. W. A. M. Beuken, *op. cit.*, pp. 249-52.

된다. 환상 자체가 모든 점에서 분명한 것은 아니다. 특히 병거의 기능은 스가랴 6:6-7 본문의 복잡성과 스가랴 6:8 어법의 모호성으로 인해 불분명하다.

> 검은 말은 북쪽 땅으로 나가고 흰 말은 그 뒤를 따르고[37]
> 어룽진 말은 남쪽 땅으로 나가고
>
> 건장한 말은 나가서 땅에 두루 다니고자 하니
> 그가 이르되 너희는 여기서 나가서 땅에 두루 다니라 하매
> 곧 땅에 두루 다니더라
>
> 그가 내게 외쳐 말하여 이르되
> 북쪽으로 나간 자들이
> 북쪽에서 내 영을 쉬게 하였느니라 하더라(슥 6:6-8).

검은 말과 흰 말이 북쪽 땅으로 가는 것으로 묘사된 의도가 무엇인지 확실하지 않다. 아마도 본문에 오류가 있는 듯하고, 거기로 간 것은 검은 말뿐이고, 흰 말은 서쪽으로 간 것 같다.[38] 순서를 완벽하게 하고, 네 번째 병거에 대한 언급을 추가하고 싶은 유혹이 있다. 동일한 종류의 불확실성이 스가랴 6:8의 번역에 영향을 끼친다. 여기에서 절정에 도달하는 것은 분명하다. 땅 정찰에 대한 일반적 묘사는 모든 열방에 미치는 하나님의 주권을 제시하는 것이다. 그러나 특별한 관심사는 북쪽, 즉 바벨론으로 가는 병거와 말(검은색과 흰색 혹은 검은색)과 관련해서 강조되는 메시지다.[39]

---

[37] 혹은 '그들과 함께'(with them). 비교. R. B. Y. Scott (*op. cit.*, p. 180 n. 31).
[38] *'el-'aḥᵉrēhem*의 일반적으로 선호되는 수정인 *'el-'aḥᵉrē hayyām*('바다를 향해,' towards the sea)을 수용한다.
[39] N. H. Snaith, *VTS* 14 (1967), pp. 247f.에서 그가 '북'='이스라엘, 팔레스타인 유다인'과 '남'='유다인, 바벨론인, 귀환한 포로민'이라고 논증하는 것을 따르기 힘들다. 그의 논증은 공동체 내 분

'쉬게 한다'라는 것은 문자 그대로 '그것을 쉬도록, 안주하도록 한다'를 의미하는 것인가 아니면 '그것에게 평화, 만족을 준다'는 의미인가?

후자가 이 점을 강조한다면, 이는 검은색 말에 대한 것으로 적절해 보이는데, 바벨론을 향한 심판을 시사한다. 하나님의 분노는 재앙을 불러일으킴으로써 달래지고, 이는 귀환한 포로민을 위한 길과 스가랴 6:9-15에 나오는 상징 수행을 예비한다. 대안으로 하나님의 영이 포로민 자체에 임한다는 것을 의미한다. 그래서 그들은 영감을 받고 돌아가게 된다.[40] 뒤따르는 구절과의 분명하고 이해 가능한 연결 고리가 여기에도 제시되고, 두 구절의 상호 관계에 대해서는 어떤 논쟁도 일어나지 않는다. 마소라 텍스트가 현재 암시하는 대로, 검은 말과 흰 말이 모두 북쪽으로 간 것이라면, 8절의 동사 형태의 모호성은 고의적이며, 심판과 약속 모두가 의도적일 가능성이 있다.[41] 이런 당찬 교묘함은 예언자가 아니라, 후대 필사가에서 비롯된 것이다. 이들이 둘 다를 암시하는 현재 본문에 책임이 있다고 사료된다.

그럼에도 불구하고, 스가랴 6:9-15과의 연결성은 분명하고, 둘 중의 하나의 해석과 평행하는 것은 다른 곳에서도 찾아볼 수 있다(예컨대, 슥 2:1-4, 2:5ff., 1:10-17). 이 유형은 첫 두 장을 닮았다. 스가랴 6:9-15에서 재건 사상은 보다 직접적으로 공동체 생활의 재질서와 연결되고, 이에 대한 준비를 다루고 있는 단락 위에 세워진다. 스가랴 3장과 4장의 다소 다른 강조점 속에서 동일한 종류의 사상도 발견할 수 있다.

이 두 장의 자료는 더 풍부해진다. 새 시대와 질서에 대한 사상과의 분

열의 속성에 대한 전체 견해에 의존하고 있고, 그는 이것을 슥 1-8장의 다른 구절의 분석에서 추적한다. 스가랴에서, 스룹바벨과 여호수아가 함께 나타나지 않는다는 그의 주장(이것을 수정하고자 하는 편집 작업이 있었다는 것을 그가 인정하지만, p. 247 n.)은 주장의 초기 상태를 추정하는 것으로 이어지고, 학개에서 그들이 함께 등장하는 데 반영된 **관계 회복**으로 이어진다. 이것은 텍스트에 상당한 폭력을 가하고, 매우 부자연스러운 해석을 하는 것으로 보인다.

[40] 비교. T. Chary, *op. cit.*, p. 143에서 슥 6:15과 연결되고, 아래와 같은 해석을 제시한다. "그들은 야웨의 영이 쉬게 할 것이다." 즉, 성전 재건을 촉진한다.

[41] 비교. M. Bič, *Das Buch Sacharja* (1962), p. 77.

[41a] 전체 장에 대해서는 다음을 참조하라. W. A. M. Beuken, *op. cit.*, pp. 282-303.

명한 연결점이 있지만, 두 단락 모두 새 시대의 속성과 이것이 세워지는 구조에 대한 추가 정보를 제시하고, 또 다른 요소, 즉 공동체의 정화와 수용을 소개한다.

스가랴 3:1-7의 해석은 더 많은 논의의 주제가 되어왔다.[41a] 그러나 실제 강조는 스가랴 3:2에 있다는 점이 분명히 드러난다.

> 대제사장 여호수아는 여호와의 천사 앞에 섰고
> 사탄은 그의 오른쪽에 서서 그를 대적하는 것을 여호와께서 내게 보이시니라
>   여호와께서 사탄에게 이르시되
>   사탄아 여호와께서 너를 책망하노라
>   예루살렘을 택한 여호와께서 너를 책망하노라
>   이는 불에서 꺼낸 그슬린 나무가 아니냐 하실 때에(슥 3:1-2).

다시 한번 이 점에서(비교. 슥 1:13), 여호수아에게 가해진 비난이 지속될 수 없다는 점을 분명히 하고자 환상 속에 개입하시는 이가 있다. 이는 바로 하나님 자신이다. 비난의 속성에 대해서 알려진 바는 없기 때문에, 그 상황에 대한 정확한 결론을 도출할 수는 없다. 그러나 스가랴 3:2에서 하나님의 말씀은 바른 방향을 지시하는 데 도움이 된다. 여기에서 사탄에 대한 질책, 즉 사탄의 고발이 정당하든 아니든, 재판정에서 허용될 수 없다는 것은 구체적으로 '예루살렘을 선택하셨던 야웨'에 의해 이루어진다. 이 표현력 넘치는 구절이 환상의 주요 강조점을 포함하지 않는다면, 논점을 상실하게 된다. 스가랴 1-2장에서 시사한 대로, 도성을 회복하고 그곳에서 처소를 다시 차지하고자 하는 의도를 선언한 이는 바로 하나님이시다. 그래서 여호수아를 향한 비난은 개인적인 차원이 아니라, 전체 공동체의

대표자로 해석해야 한다는 점은 분명하다.[42]

다음 구절은 동일한 방향을 제시한다. '불'(鬱)은 분명히 포로민의 재앙을 지칭하고, 또한 아모스 4:11의 평행구와 비교는[43] *śᵉrēpā* 단어가 사용된 다른 구절과 더불어,[44] 일상적인 불보다는 완전한 황폐라는 의미를 제시한다. 여호수아의 구원은 개인적 문제가 아니다. 이것은 일어났고, 여기에서 보다 분명하게 선포된 회복 공동체의 구원의 문제다. 환상의 사건은 이것을 추가로 확정한다.

> 여호수아가 더러운 옷을 입고 천사 앞에 서 있는지라 여호와께서 자기 앞에 선 자들에게 명령하사
>> 그 더러운 옷을 벗기라 하시고
> 또 여호수아에게 이르시되
>> 내가 네 죄악을 제거하여 버렸으니 네게 아름다운 옷을 입히리라 하시기로
> 내가 말하되
>> 정결한 관을 그의 머리에 씌우소서 하매

---

[42] 다른 유형의 해석은 주석서를 참조하라. 간결한 요약은 다음을 참조하라. L. G. Rignell, *op. cit.*, p. 107; J. D. Smart, *History and Theology in Second Isaiah* (1965), p. 285에서 신화적 유형의 해석의 개요, 특히 아다파(Adapa) 신화와의 비교는 개인적 해석에 머물고 있다. 그는 여호수아의 아들들이 이방 여자들과 결혼했다는 전승에 대하여 스 10:18을 지적한다. 그러나 스 10:18-22이 동일한 죄 때문에 비난을 받았던 다양한 제사장 가문의 많은 인사를 포함한다는 점을 언급하지 않는다. 슥 3장을 이것과 관련해서 좁게 해석한 것은 확실히 잘못이다. 나아가, "621년 이전, 여호수아가 제2이사야에게 비난을 받은 혼합주의적 관행에 개입되었을 가능성이 있다"(*ib.*)라고 말하는 것은 부당한 추측이다. 또한 A. C. Welch, *Post-exilic Judaism* (1935), pp. 172-84에서 포로기에 대한 일반적 이해와 연결된 추정적 해석을 제시하는데, 587년 이후 종교 생활을 살아나게 한 제사장적 질서에 따르면 여호수아는 받아들일 수 없는 자로 묘사된다.

[43] 아모스 구절은 속담 같은 구절로 보이는 것에 대해서 다른 어법을 제시한다. 암 4:11, *'ūd muṣṣāl missᵉrēpā*; 슥 3:2, *'ūd muṣṣāl mēʾēš*. 교환 가능한 유의어 명사가 사용되는 다른 구절의 사례는 다음을 참조하라. S. Talmon, "Synonymous Reading in the Old Testament," *Script. Hier.* 8 (1961), pp. 335-83, pp. 359-62를 보라.

[44] 예컨대, 레 10:6; 민 19:6; 사 9:4; 64:10; 렘 51:25.

곧 정결한 관을 그 머리에 씌우며 옷을 입히고 여호와의 천사는 곁에 섰더라 (슥 3:3-5).⁴⁵

여기에서 규범적인 제의로 해석할지의 여부를 결정하는 것은 이 구절의 의미에 대한 논의와 사실상 관련이 없다. 이에 대한 유비는 다소 멀리 아다파(Adapa) 신화에서 찾아볼 수 있다.⁴⁶ 옷을 갈아입는 것은 자연스러운 상징으로, 분명히 제의 관습과 밀접하게 연결된 것이다. 오염된, 즉 황폐한 순간에 어울리는 애곡 의복으로부터 깨끗한 옷으로 갈아입는 것은 축제 의복에 대한 스가랴 3:4의 *maḥalāṣôt* 사용에서 제시된다. 이는 하란(Haran)이 제시한 것처럼,⁴⁷ 대단한 의미를 지니고 있는 대제사장의 제복에 적절한 것이다.

제사장과 백성의 수용 가능성은 하나님 앞에서 적절한 의복과 관련되는데, 이는 드리는 예배를 표현하는 것이다.⁴⁸ 다음으로 특별한 강조점을 두는 것은 관이다. 물론 스가랴 3:5의 1인칭 동사 형태는 3인칭에 대한 오류라고 제안하는 것은 어려운 일이 아니다. 70인역에서 이 단어의 삭제는 전혀 유용한 증거가 아니다.

마소라 텍스트의 단어 선택이 다소 이상하거나, 3인칭 형태가 반복적이기 때문에, 삭제가 쉽게 이루어질 수 없다. 마소라 텍스트가 보여 주는 것 같은 1인칭 형태는 눈에 띈다.⁴⁹ 이것은 갑자기 환상에 새로운 요소, 즉 이

---

45 5절의 마지막 구절은 70인역에서 삭제되고, 그 결과 다른 주석가들도 삭제한다. 이것을 6절의 서두로 보는 것이 더 낫다. 비교. 뒤의 p. 244.
46 비교. 앞의 n. 42.
47 M. Haran, "The Complex of Ritual Acts performed inside the Tabernacle," *Script. Hier.* 8 (1961), pp. 272-302, pp. 279-85를 보라.
48 R. de Vaux, *Ancient Israel* (영역, 1961), p. 399; 비교. M. Bič, *Das Buch Sacharja*, pp. 46f.에서 참회 의식을 제시한다. 이 의식에서 사실상 포로 후기 대제사장은 포로기 이전의 왕의 기능을 이어받는다. 그러므로 여기에서 여호수아의 대리인적 기능을 동일하게 강조한다.
49 비교. L. G. Rignell, *op. cit.*, pp. 116f. 일인칭 개입이 있는 슥 2:6을 참조하라. Rignell의 논의가 사실상 지지할 수 없는 주장인, 마소라 텍스트가 모든 점에서 정확한 것으로 입증되리라는 가정하에 이루어지고 있다는 점을 인지할 때, 그의 논증은 약화된다. 어느 경우든 그가 사실상 텍스트의 현재 형태를 잘 설명하고 있는지 혹은 그의 보수적인 견해에 상당히 영향을 받고 있는지

사건에 예언자 자신의 개인적 개입을 도입하는 것이다. 다른 곳에서 하나님의 개입을 강조하는 것처럼,⁵⁰ 여기에서는 1인칭으로의 변화에 강조점을 두는 것처럼 보인다. 본문이 옳다면, 관을 씌우는 것은 분명히 특별한 의미를 갖게 되는 순간이다.

이는 스가랴 3:8-10의 후속 구절로 증명된다. 여기에서 죄와 죄책감을 제거하는 사상과 연관된 돌에 대한 언급이 나온다. 출애굽기 28:36ff. 대제사장의 관에 대한 묘사는 죄책감과 성화와 관련이 있음을 보여 준다. 사실상 금으로 새겨진 판으로, 이와 관련된 대제사장의 이마 위의 관에 부착된다. 그러나 분명히 이것을 파생적으로 관과 연결할 수 있다. 하란이 언급한 것처럼, 이것은 "신의 기억을 불러일으키는 것이 아니라, 신의 은혜를 불러일으키는 것이다."⁵¹

이 환상은 대제사장과 그의 기능, 그리고 싹이라는 인물과의 관계에 관하여 추가적인 일련의 신탁 발화와 연관된다. 이들을 동일한 일반적 사고방식과 연결된 독립된 단위로 취급하는 것은 적절하지만, 여기에 관한 정확한 논평을 제시할 수는 없다. 사실상 스가랴 3:5의 1인칭 형태를 받아들인다면, 이 환상을 그와 같이 해석하는 것은 전혀 놀랍지 않다(슥 5장의 환상에 대해서도 마찬가지이다). 예언자는 동행하는 천사에게 질문을 하는 대신, 스가랴 2:6에서 측량줄을 지닌 남자가 무엇을 하는지 질문한 것처럼, 스스로 논평을 하면서 개입을 하고 있다. 아마도 이것은 상징주의가 충분히 분명하다는 점을 제시하는 것 같다. 분명히 전체 공동체에 적용될 수 있는 의복을 갈아입는 것, 즉 용서의 선언은 관 씌우기라는 궁극적인 요구를 환기시키고, 이것 없이 제의는 행해질 수 없다.

이어서 나오는 신탁은 부분적으로 대제사장의 기능에 관한 것으로 보다 개인적이며, 부분적으로는 새 시대라는 더 큰 주제와 연관되고, 의심의 여

여부를 결정하기는 어렵다. 물론 그가 수정을 받아들이는 데 조심하는 점은 환영할 만하다.
50 비교. 슥 3:2; 1:13.
51 M. Haran, *Script. Hier.* 8 (1961), p. 285.

지없이 이러한 정화 상징과 연관된다. 첫 번째로 대제사장에 대한 메시지가 나오는데, 그의 기능의 속성과 조건을 선포한다.

> 여호와의 천사는 곁에 섰더라 여호와의 천사가 여호수아에게 증언하여 이르되
>> 만군의 여호와의 말씀에
>> 네가 만일 내 도를 행하며 내 규례를 지키면
>> 네가 내 집을 다스릴 것이요 내 뜰을 지킬 것이며[52]
>> 내가 또 너로 여기 섰는 자들 가운데에 왕래하게 하리라(슥 3:5b-7).

7절의 조건문에서 조건절과 귀결절이 어디에서 구분이 이루어져야 하는지가 불확실하기 때문에, 해석은 더욱 더 어려워진다. 첫 네 절을 모두 조건문으로 보고 다음과 같이 간주할 수 있을 것 같고, 주석적으로 정당화될 수도 있을 것 같다.

"만약 너희가 내 도를 행하며, 내 규례를 지키며, 내 집을 다스리며, 내 뜰을 지키면, 그 때…."

이것은 조건의 확대와 그에 따른 천상 뜰에 대한 접근 허용과 더불어, 대제사장의 다양한 활동을 강조하는 것이다. 이런 대안이 더 선호될 것이다. 세 번째 절은 매우 강조하면서, *wegam-'attā tādīn*으로 시작한다. 이것은 *'im*의 계속으로 볼 수 있지만, 확고한 약속을 소개하는 것으로 보는 편이 더 낫다.[53] 제의 수행에 있어서 순종과 신실은 성전의 통치자로서 대제사장을 세우는 것과 관련이 된다.[54] 이것은 에스겔의 정신에 따라, 성전 업무의 운영에 세속 권력의 개입을 배제하고자 고안된 강력한 진술이다. 다

---

[52] 복수형이다. 비교. T. Chary, *op. cit.*, p. 148 n.은 포로기 이전이라면 회귀했을 이 형태가 에스겔이 한계를 강화함으로써 순결을 세운다는 관념이 미친 영향을 시사하고 있다고 본다.
[53] 해석의 차이는 이미 판본들에서 찾아볼 수 있다. 비교. L. G. Rignell, *op. cit.*, pp. 122f.
[54] 비교. 겔 45; 출 28:29f.의 P, 민 27:18ff.

른 곳에서 공동체의 이중 지도력이 나타나는 것을 고려한다면, 이것은 중요하다.⁵⁵

그러나 추가로 강조되고 있다. 대제사장은 천상 뜰에 접근할 수 있다. 이것은 P에서 백성을 대신하여 중재자로 활동하는 대제사장의 다양한 기능과 병행되는 강조점이다. 또한 여호수아의 무죄 선고가 이루어지는 천상 뜰과 하나님이 스스로 선택한 처소인 성전의 뜰 사이의 중요한 상관관계를 소개한다.⁵⁶

나아가, 초기 예언자에서 찾아볼 수 있는 개념으로, 단순히 환상이나 청각적 경험의 측면이 아니라, 천상 회의, 즉 야웨의 *sōd*로 직접 입장함으로써, 그들을 향한 신적 의지의 계시와 연관이 있다.⁵⁷ 시편 99:6은 (모세와) 아론을 제사장 가운데 탁월한 자로, 사무엘을 중재자(특별히 예언자적 기능을 염두에 두었을 것이다) 가운데 탁월한 자로 제시한다.⁵⁸

그러나 계속해서 모세, 아론, 사무엘은 모두 부름을 받을 때 하나님의 말씀을 듣는 중재자로 알려졌다고 제시한다. 서술 목적에 용이하도록 구분한 제사장과 예언자의 기능은 사실상 결코 완벽하게 분리될 수 없다. 역사적 발전은 두 인물과 연관된 두 가지 유형의 기능이 밀접하게 합쳐져 있음을 보여 준다. 특히 포로 후기를 표시하는 제사장에 대한 더 큰 강조는 예언의 소멸이 아니라, 보다 밀접하게 기존 질서에 통합되고 있다는 암시를 드러낸다. 경직되고 무미건조해져 가는 것이 기존 질서의 본질이기에, 후대 '예언' 운동은 다소 비판적으로 등장하여서, 새롭고 살아 있는 종교적 신앙의 영성을 가능하게 하였다는 것은 놀라운 일이 아니다.

3장의 환상에 대한 두 번째 신탁의 추가는 스가랴 3:8에 나타난다.

---

55 비교. 3:8; 4; 6에 대해서 pp. 247ff.
56 비교. R. E. Clements, *God and Temple* (1965), 특히, ch. 1.
57 비교. 렘 23:22; 암 3:7. 또한 천상 궁전 입장에 대한 일반적 묘사는 왕상 22; 사 6장 참조.
58 그래서 *bᵉkôhᵃnāw*와 *bᵉqōrᵉʾē šᵉmô*를 *beth essentiae*, 즉 우선권을 표현하는 것으로 번역한다. 비교. A. R. Johnson, *Sacral Kingship* (Cardiff, 1955), p. 62 n. 4; (²1967), p. 71 n. 2.

대제사장 여호수아야 너와 네 앞에 앉은 네 동료들은 내 말을 들을 것이니라
이들은 예표의 사람들이라(슥 3:8).

이것과 유사한 표현이 이사야 8:18에도 사용되는데, 여기에서 예언자와 그의 '자녀들'은 기호와 예표로 묘사된다. 이 구절의 해석은 스가랴와 관련이 있다. yelādîm 용어가 문자적 의미에서 '자녀' 혹은 '제자들'을 뜻하는지에 달려 있기 때문에, 두 가지 이해 방식이 이사야 발화에 사용될 수 있다. '자녀' 즉, 이사야 7장과 8장에서 언급된 예언자와 두 자녀[59]인 스알야숩과 마헬살랄하스바스는 다가올 일에 대한 기호다. 여기에서 유일하게 확실한 것은 두 번째 자녀가 분명히 재앙을 지칭한다는 것이다.

그러므로 우리는 첫 번째 역시 원래는 이것을 시사한다고 합리적으로 추론할 수 있다. 남은 자는 긍정적이라기보다는 부정적 측면에서, 재앙의 속편임에 틀림없다. 만약 '제자'를 의미한 것이라면, 메시지는 여전히 재앙을 포함하지만, 스가랴 구절과 밀접한 유비를 지니고 있다. 앞 절처럼 예언적 메시지의 보존에 대한 암시가 있고, 아마도 그것이 지칭하는 사건이 일어날 때, 그 관련성을 이해할 수 있다(비교. 사 8:1ff.; 30:8).[60] 또한 제자들과 그들의 스승은 미래의 확약이 된다. 우리는 여기에서 재앙보다는 다른 어떤 것에 대한 암시, 말하자면 약속이라는 측면에서 재앙에 대한 속편을 보게 된다.

스가랴 발화는 이것과 평행을 이룬다. 제사장 질서의 존재는 이제 하나님이 그의 백성에게 보여 주고자 하시는 은혜에 대한 신적 기호다. 노왁(Nowack)[61]은 스가랴 3:7과 3:8 사이에 스가랴 4:6b-10을 삽입시킴으로써,

---

[59] 슥 7:14의 임마누엘 역시 예언자의 자녀라는 견해를 수용한다면, 그 역시 세 번째 자녀로 추가할 수 있다(예. N. K. Gottwald, "Immanuel as the Prophet's Son," *VT* 8 [1958], pp. 36-47). 이 질문에 대한 충분한 논의는 사 7장과 8장의 해석에 관한 다른 문제처럼 여기에서도 부적절하다.

[60] 비교. D. R. Jones, "The Traditio of the Oracles of Isaiah of Jerusalem," *ZAW* 67 (1955), pp. 226-46, pp. 230-7을 보라. P. R. Ackroyd, *ASTI* 1 (1962), pp. 7-23, 특히, pp. 14ff.

[61] W. Nowack, *Die kleinen Propheten übersetzt und erklärt* (Göttingen, ³1922), p. 342.

여호수아와 그의 동료들이 성전 건축 기호라고 제안한다. 그러나 그런 자리바꿈을 하는 것은 불필요하다. 제사장직의 존재는 분명히 성전의 존재와 회복과 연관된다. 스가랴 3:6-7의 환상 및 신탁과 이 구절을 나란히 두는 것은 동일하게 일반적 논점을 보여 준다. 스가랴 3:8b 9-10에서 보다시피, 백성과 땅의 전체 회복을 지칭하는 것이며, 그런 은혜를 대변할 인물을 소개하는 것과 연결된다.

리그넬(Rignell)은 제사장들을 예언자의 초기 말씀의 증인이라고 제안한다.[62] 제사장들은 싹에 관하여 예언자가 말한 바를 증언할 수 있다. 그 발화가 전달되었을 때, 스룹바벨은 아직 활동하지 않았기 때문이다. 여기에는 이사야 구절과의 유비가 있다. 그러나 이것이 *mōpēt*('전조')라는 단어를 사용한 의미의 전부인지는 질문해 보아야 한다. 그들은 스스로 자신들의 존재 자체로 인해서, 일어날 어떤 것에 대한 기호가 된다. 그것이 무엇인지에 대해서는 다음의 두 개의 발화로부터 알 수 있다.

> 내가 내 종 싹을 나게 하리라(슥 3:8b).

> 만군의 여호와가 말하노라 내가 너 여호수아 앞에 세운 돌을 보라 한 돌에 일곱 눈이 있느니라[63] 내가 거기에 새길 것을 새기며 이 땅의 죄악을 하루에 제거하리라(슥 3:9)

이에 대하여 확고한 언급을 한다.

> 만군의 여호와가 말하노라 그날에 너희가 각각 포도나무와 무화과나무 아래로 서로 초대하리라 하셨느니라(슥 3:10).

---

62 *Op. cit.*, p. 126.
63 A. E. Rüthy, "'Sieben Augen auf einem Stein,'" *TZ* 13 (1959), pp. 523-9에서 *'awōnim* 즉, 유죄, 완벽함을 나타내는 일곱 배를 제시한다. 그러나 이것은 단순히 기발한 것으로 보인다.

이들이 분리되든지, 혹은 해석에 거의 영향을 미치지 않든지 간에 첫 번째 두 구절은 스가랴 4장과 6장에 분명하게 서술된 공동체의 이중 지도력을 언급한다. 여호수아와 그의 동료의 존재는 왕적 인물 임명의 전조가 된다. 종이라는 용어는 분명히 기술적 용어이며, ṣemaḥ, 싹이라는 단어의 사용[64] 역시 왕적 위엄을 나타낸다. 스룹바벨과의 동일시는 여기에서 이루어지지 않는다.

그러나 스가랴 6:12f.과 4:6b-10a의 연어(collocation)로 볼 때 분명하다. 이것과 학개 2:20-23의 신탁을 평행해서 볼 수 있고, 다른 용어를 사용하면서 스룹바벨의 실제 목적의 속성을 그에게 분명히 하였을 것이라고 본다. 페르시아 정부가 스룹바벨을 권좌에 임명한 것은 이중적으로 볼 수 있다. 한편으로 유다 공동체 회복은 이런 책임 중 하나로, 이것은 분명히 페르시아인과 다른, 공동체 자체에게 무언가를 의미하였을 것이다. 페르시아인에게 이는 질서 회복, 피지배 백성의 화합, 이집트로 가는 길에 유용한 전초기지를 세우는 문제였다. 그러나 공동체 자체에게 이것은 신적 약속의 성취로 보였을 것이며, 해석의 색채는 다르지만, 그의 백성과 세상을 향한 하나님의 목적을 이루는 수단으로 보였을 것이다.[65] 보다 큰 맥락은 스가랴 신탁, 특히 스가랴 8장에서 매우 분명히 나타난다.

스가랴 3:8의 첫 번째 발화는 즉각적으로 두 번째로 이어지고, 대제사장 여호수아의 등극을 언급한다. 그리고 일곱 개의 면을 지닌 돌에 대한 다소

---

[64] 렘 23:5; 33:15은 모두 미래를 언급하는 왕과 관련한 구절이며, 사 11:1의 대안적 용어인 ḥoṭer 와 평행을 이룬다. 사용된 단어에 나타난 차이점을 얼마나 많이 강조해야 하는가? S. Talmon 의 유의어 논의인 Script. Hier. 8 (1961), pp. 335-83에서 유의어가 대체될 수 있음을 평행 구절을 통해 제시한다. 여기에 인용된 구절들이 절대적으로 평행한 것은 아니다. 그러나 이 구절들은 의미의 차이가 없다고 보는 것이 합리적이기에 충분히 관련되어 있다. 암 4:11; 슥 3:2(비교. p. 184)처럼, 속담 같은 표현은 자료의 현재 형태의 기저를 이루고 있다. 다음도 참조하라. S. Mowinckel, He that Cometh (영역, 1956), pp. 19f., 160f.

[65] 비교. S. Mowinckel, He that Cometh (영역, 1956), pp. 119ff. 우리는 느헤미야와 에스라의 임명과 비교할 수 있다. 페르시아인이 보기에, 건전한 정치적 움직임은 없었다. 유다 공동체에게, 하나님의 손은 분명히 활동하고 계신다. 비교. H. Cazelles, "La mission d'Esdras," VT 4 (1954), pp. 113-40, 특히 pp. 139f.의 요약(비교. 앞의 pp. 215f.).

모호한 암시 속에서, 그의 기능은 죄책감 제거와 연관된 것으로 제시된다. 돌에 대한 많고 다양한 해석을 여기에서 논의할 필요는 없다.[66] 의미 있는 논점은 분명히 죄책감을 제거하는 것이다. 대제사장이 돌과 관련이 있는 것처럼, 대제사장의 관에 있는 돌을 암시하는 것이라고 제시한다(출 28:36-38). 이 돌 위에 새김(야웨에게 성결 혹은 간단하게 야웨에게)은 죄책감에서 정화와 연결된다. 레위기 4:6, 17, 16:14ff.에서 숫자 7이 유사한 맥락에 나온다.[67]

두 예언 모두 스가랴 스가랴 3:10에 언급된다. 이것이 제시하는 싹의 출현과 여호수아 앞에 속죄의 돌을 두는 것의 결과는 새 시대를 세우는 것이다. 기술적인 '그날'은 이것을 지시하며, 포도나무와 무화과나무에 대한 언급 역시 그러하다. 이것은 열왕기상 5:5과 미가 4:4에서 한 시대의 행복에 대한 기호다. 한 경우에는 솔로몬 시대의 행복을, 다른 경우에는 미래의 행복을 나타낸다.[68] 모든 사람이 평화와 번영 속에 살게 되고, 영원한 가을 축제 예배처럼 보인다. 새 시대는 이를 세우신 하나님에 대한 영원한 예배 중에 하나다.[69]

스가랴 4장에서 이런 발화와 바로 이어지는 속편은 이미 보았듯이 삽입된 구절인 스가랴 3:6b-10a의 성전 재건축에 대한 언급의 정밀함 때문에 복잡해진다. 스가랴 4장의 주요 부분, 즉 환상과 해석은 새 시대의 특정 측면에 집중한다. 신적 임재와 만물을 꿰뚫어 보는 힘이라는 면에서, 대리인을 통한 하나님의 축복의 중재라는 측면에서 표현된다.[70]

---

66 요약은 다음을 참조하라. L. G. Rignell, *op. cit.*, pp. 130ff.
67 비교. M. Haran, "The Complex of Ritual Acts inside the Tabernacle," *Script. Hier.* 8 (1961), pp. 272-302, 신적 은혜를 불러일으키는 상징은 pp. 284f.를 보라. 비교. T. Chary, *op. cit.*, pp. 149f.
68 또한 요 1:48, 50에서 무화과나무 사용은 나다나엘이 어떤 점에서 새 시대를 기다리는 이스라엘의 열정을 대변하는 것으로 볼 수 있다고 제안한다.
69 이것의 랍비적 확장(*Str. Bill.* 2, p. 371의 언급)에 따르면, 율법 연구, 즉 그 자체로, 유다인의 삶의 중심이 되는 예배 행위는 "포도나무와 무화과나무 아래에서" 행해져야 한다는 것을 나타낸다.
70 비교. L. Rost, "Bemerkungen zu Sacharja 4," *ZAW* 63 (1951), pp. 216-21, p. 219.

제11장 회복과 그 해석(계속)

내게 말하던 천사가 다시 와서 나를 깨우니 마치 자는 사람이 잠에서 깨어난 것 같더라 그가 내게 묻되

    네가 무엇을 보느냐

내가 대답하되

    내가 보니 순금 등잔대가 있는데 그 위에는 기름 그릇[71]이 있고 또 그 기름 그릇 위에 일곱 등잔이 있으며 그 기름 그릇 위에 있는 등잔을 위해서 일곱 관이 있고[72]

    그 등잔대 곁에 두 감람나무가 있는데 하나는 그 기름 그릇 오른쪽에 있고 하나는 그 왼쪽에 있나이다 하고

내게 말하는 천사에게 물어 이르되

    내 주여 이것들이 무엇이니이까 하니

내게 말하는 천사가 대답하여 이르되

    네가 이것들이 무엇인지 알지 못하느냐 하므로

내가 대답하되 내 주여 내가 알지 못하나이다 하니

그가 내게 대답하여 이르되[73]

    이 일곱은 온 세상에 두루 다니는 여호와의 눈이라 하니라

내가 그에게 물어 이르되

    등잔대 좌우의 두 감람나무는 무슨 뜻이니이까 하고

(다시 그에게 물어 이르되

    금 기름을 흘리는 두 금관 옆에 있는 이 감람나무 두 가지는 무슨 뜻이니이까 하니)

그가 내게 대답하여 이르되

---

71 *gullāh*—옳다면, 이것은 소유격 접미어를 지닌 *gōl*로 이해되어야 한다. 그렇다면, *gōl*은 3절에 나타나는 *gullā*의 남성 형태다. 그 대신에, 여기에서는 *gullā*('그리고 그 위에 주발') 혹은 *gullātā*('그것의 주발,' 여성형)로 읽어라.
72 여기에서 상세 사항은 복잡하지만, 텍스트에 몇 가지 중복이 없으면, 실생활에서는 거의 볼 수 없는 종류의 등잔대를 가정할 수 있다.
73 여기에서 슥 4:6b-10a이 삭제된다.

네가 이것이 무엇인지 알지 못하느냐 하는지라
내가 대답하되 내 주여 알지 못하나이다 하니
이르되
이는 기름 부음 받은 자 둘이니[74] 온 세상의 주 앞에 서 있는 자니라 하더라(슥 4:1-6a, 10b-14).

환상과 해석에는 두 가지 요소가 있고, 후에 원래의 의미에 영향을 미치게 되는 세 번째 요소의 첨가로 인해 정교해졌다고 보는 것이 가장 간단해 보인다. 환상의 기본 요소는 일곱 등잔을 지닌 등대와 나란히 서 있는 두 감람나무다. 스가랴 4:12은 새로운 요소를 소개하는데, 단어를 어떻게 이해해야 할지 불확실하기에 모호하다. 그러나 분명히 주요 환상에서 제시된 것과는 다른 감람나무의 기능을 제시한다.

스가랴 4:10b은 처음으로 해석 진술을 제시한다. 부분적으로 불완전한 이 구절은 신적 임재의 상징으로 등대를 언급한다. 일곱 등잔을 지닌 등대(일곱 가지 혹은 심지어 일곱 가지 일곱 개씩을 지닌 복잡한 형태의 등대로 묘사되고 있다)는 세상을 관통하는 야웨의 눈을 대변한다. 어떤 것도 숨길 수 없다. 환상의 기초는 성전에서 익숙한 물체라고 추정하는 것이 합리적이기 때문에 성소에서 야웨의 임재는 이 중심 장소로부터 온 세상과 일들을 둘러볼 수 있음을 의미한다.[75] 첫 번째 환상에는 하나님의 사자의 기능을(슥 1:8ff.), 세 번째 환상에서는 하나님의 임재에 대한 확신을 묘사한다. 이런 상징과 결합된 두 감람나무는 스가랴 4:14에서 두 인물을 나타낸다.

스룹바벨과 여호수아라는 인물이 의도되고 있다는 것은 의심의 여지가

---

[74] M. Bič, *Das Buch Sacharja* p. 57에서 *yiṣhār*는 '새 기름'을 뜻한다고 강조하고, 이런 '새로움' 사상은 예언자에게 중요하였다고 제안한다. 비교. P. A. H. de Boer in *Words and Meanings*, ed. P. R. Ackroyd and B. Lindars (1968), p. 36.
[75] H.-J. Kraus, *Worship in Israel* (영역, 1966), p. 233에서 촛대(포로기 이전 성전의 성스러운 기구)는 신적 임재와 솔로몬 성전과의 연속성의 상징으로서 성소 안에 안치되었다고 제안한다. 그러나 그런 제안은 추론일 뿐임을 강조한다.

없다. 그들의 기능은 정확하게 언급되지 않는다. 그러나 스가랴 3장 마지막 구절처럼, 그들은 축복의 상징인 기름을 통해 분명히 새 시대의 건설과 연결된다.[76] 스가랴 6장 후반부에서, 그들이 어떻게 연합하여, 서로 조화를 이루어 다스릴 것인지에 대한 추가 사항이 제시된다. 해석이 주어지기 전에, 예언자와 천사 사이의 반복되는 질문과 대답을 통해, 스가랴 4장에서 이 두 논점을 강조한다.

스가랴 4:12에 덧붙여진 해석적 요소는[77] 분명히 감람나무, 여기에서는 감람나무 가지로 대변되는 지도자들과 감람나무가 기름을 공급하는 등대 사이의 일종의 연관성을 그리고 있다. 환상의 원래 의미와 만족스럽게 부합되지 않는 전환이 이루어진다. 지도자들이 하나님을 대신할 것이라고 제안하는 것은 적절하지 않다. 다른 한편, 공동체에게 신적 삶과 축복을 중재하는 세속적이면서도 종교적인 지도자들의 기능은 전적으로 적절하다. 스가랴 4:12의 의미는 하나님의 임재를 상징하는 등대와 삶을 중재하는 것이라기보다 백성과 관련하여 지도자의 기능을 상술하고자 하는 것이다.

이것은 자연스러운 확장이다. 감람나무의 상징은 그 열매에서 나오는 축복을 제시한다. 감람나무 기름과 기름부음을 연결하는 것은 신적 권능과 축복을 중재하는 것으로 볼 수 있다. 스가랴 4:12의 명확한 해석은 이것이 등대의 공급을 지칭하는 것이다. 그러나 사실상 본문은 기름이 등잔으로 흘러들어간다고 언급하지 않기 때문에, 축복의 중재에 대한 보다 일반적인 언급을 하고자 하는 것으로 볼 수 있다.

지도자의 기능은 스가랴 6장에서 다시 한번 하나님의 목적을 선포하는 것과 연결된다. 스가랴 3장처럼, 다수의 신탁은 지도력과 새 시대와 관련된 상징 행위와 함께 수집된다. 이 모든 것은 이미 간략하게 살펴본 스가

---

[76] 비교. R. de Vaux, *Ancient Israel* (1961), p. 399; E. Kutsch, *Salbung als Rechtsakt* (BZAW 87, 1963), p. 61에서 페르시아의 궁전 위원인 스룹바벨의 지위를 고려할 때, 그를 위한 예전은 '의식'으로 수행되지 않았다 할지라도, 슥 4:14에는 스룹바벨과 여호수아가 '기름부음 받은 자'로 인정받았음을 인지한다고 본다.

[77] 비교. T. Chary, *op. cit.*, p. 153.

랴 6:1-8의 환상에 이어 나온다.**78** 이 환상에서, 열방과 바벨론 포로지에 있는 백성을 향한 하나님의 행위는 다시 시작된다. 아직 살펴보지 않은 스가랴 6:9-15 부분을 이제 보다 상세히 살펴보아야 한다.

관련 구절의 본문상 상당한 어려움 때문에, 상징적 행위는 불행히도 전혀 불분명하다. 그 결과, 해석은 불가피하게 잠정적일 수밖에 없다.

> 여호와의 말씀이 내게 임하여 이르시되
> 사로잡힌 자 가운데**79** 바벨론에서부터 돌아온 헬대와 도비야와 여다야가 스바냐의 아들 요시아의 집에 들어갔나니 너는 이 날에 그 집에 들어가서**80** 그들에게서 받되 은과 금을 받아 면류관을 만들어 여호사닥의 아들 대제사장 여호수아의 머리에 씌우고
>> 말하여 이르기를
>>> 만군의 여호와께서 이같이 말씀하시되
>>>> 보라 싹이라 이름하는 사람이
>>>> 자기 곳에서 돋아나서
>>>> 여호와의 전을 건축하리라
> ...
> 그 면류관은 헬렘**81**과 도비야와 여다야와 스바냐의 아들 헨을 기념하기

---

78 비교. pp. 239f.

79 부정사 절대형은 명령형 '취하라'(take)를 나타내지만, 목적어가 없다. 여기에서 번역은 동사형 명사 개념을 제안하려는 시도다. "취하는 것이 있다"(There is to be a taking).

80 텍스트는 과부하된 것으로 보이지만, 이런 반복은 학개와 스가랴의 다른 곳, 예컨대 학 1:2에서 찾아볼 수 있다.

81 10절에서 *Heldai*를 여기에서 *Hēlem*으로 나타내는 것은 매우 이상하다. 시리아어는 이 둘을 합친다. 70인역의 τοῖς ὑπομένουσιν은 불분명하지만, 동사 어근 *ḥdl*에서 유래한 단어를 사용하는 것으로 보인다. (비교. D. Winton Thomas, "Some observations on the Hebrew Root *ḥdl*," *VTS* 4 [1957], pp. 8-16, pp. 14f.를 보라.)

L. G. Rignell, *op. cit.*, p. 235에서 Heldai=두더지이기 때문에, 이것은 일종의 별명이고, Helem이 그의 올바른 이름으로 나타난다고 논증한다. G. R. Driver의 축약형에 대한 논의와 맥을 같이하여(*Textus* 1 [1960], pp. 112-31; 4 [1964], pp. 76-94), 두 번째 경우는 (아마도 *ḥl*로) 축약되었고 잘못 확대되었다고 제안하고 싶은 유혹이 있을 수 있다. 그러나 이것은 그렇게 하였던 서기

위하여 (그리고 은총의 기호로써-저자)⁸² 여호와의 전 안에 두라 하시니라 (슥 6:9-12, 14).

스가랴 6:12-13은 내용과 관련하여 다른 논점이 곧 제기되어야 하지만, 이미 성전 재건축과 관련하여 살펴보았다. 나머지 자료는 분명히 이중 상징을 그리고 있다. 스가랴 4장의 추가 상술과 비교 가능한 스가랴 6:14의 두 번째 단계는 원래의 생각을 보다 정교화했을 가능성이 있다.

스가랴 6:10의 첫 단어들은 이상하고, 본문은 올바른 것처럼 보이지 않는다.⁸³ 분명한 것은 포로민이 개입되었다는 점이다. 아마도 "그들이 바벨론에서 돌아왔다"라는 스가랴 6:10b의 언급은 6:10a에서 언급된 자들과 동일 인물인 듯하다. 요시아는 금세공자로 추정되어 왔다. 그러나 스가랴 6:14에서 그는 다른 자들과 함께 오히려 공동체의 지도자급 인사 중 하나로 나타난다. 언급된 자 중 누구에 대해서라도 알 수 있다면, 무엇이 문제가 되었는지를 보다 완전하게 이해할 수 있을 것이다. 구약성서는 그들이 누구였는지, 무엇을 했는지에 대해서 감질날 정도밖에 제시하지 않는다.

귀환한 포로민에게서 은과 금을 얻어 낼 수 있었다. 이는 유다 공동체의 회복에 포로민의 공헌을 언급한 에스라의 구절을 연상케 한다.⁸⁴ 포로된 유다인 스스로 한 일이든, 정부에 의한 것이든, 이런 공헌은 페르시아의 재건 정책과 잘 부합된다. 이들은 또 이집트를 새롭게 약탈함으로써(출 12:35-36), 어떤 의미에서 새로운 출애굽이라는 귀환 개념과도 부합된다.⁸⁵

관의 특이한 정신 상태를 논증하는 것이다. 게다가 이 텍스트는 사실상 요시아를 언급하지 않고 있는데(텍스트는 ûlᵉḥēn ben-ṣᵉpaniā=그리고 스바냐의 아들 헨[은총]에게로 읽고 있다), (시리아어 번역을 따른) 번역에 나온다는 점이 특이하다. lᵉḥēn는 lᵉziggārōn과 관계가 있는 것으로 간주되어 왔다. 분명히 어떤 무질서가 있다. 완벽하게 만족스러운 해결책을 찾아낼 수는 없다.

82 비교. 81 n.
83 비교. 79 n.
84 예. 스 1:6; 7:15f.
85 D. Daube, *The Exodus Pattern in the Bible* (London, 1963), pp. 62ff. pp. 56ff.에서 이 주제를 노예 해방과 연결한다. 그는 에스라 구절을 평행구절로 제시하지 않는다. G. Gerleman, *Studien zu*

여기에서 수행되는 행위는 자연스럽게 포로민 중 일부가 유다로 귀환한 후에 이어지는 회복의 희망과 연결된다.

면류관을 만드는 것은 자연스럽게 왕에 대한 상징이다. 스가랴 6:12에서 싹의 등장에 대해서 언급하는 바, 스가랴 6:12과 6:13을 4:6b-10a과 연결함으로써 나타나는 스룹바벨과 이 인물의 동일시와 스가랴 3:8에서도 싹과 연결된 왕족 표상은 학개 2:21-23의 선포와 유사한 선포를 여기에서 보게 된다는 점을 분명히 한다. 새 시대는 왕 같은 인물의 통치를 받는다. 페르시아가 임명한 다윗 계열의 일원이 적절하게 임명된다.

이것을 보아, 스가랴 6:11 본문을 수정하는 것은 종종 바람직하게 여겨진다. 스가랴 6:12은 분명 싹을 언급하기 때문에, 실제 대관도 스룹바벨에게 행해졌으리라고 기대할 수 있다.[86] 원래의 본문은 후대 사건의 결과로 인해 수정을 거치게 된다. 스룹바벨이 총애에서 멀어진다. 그래서 예언적 신탁은 이루어져야 하기 때문에 페르시아의 개입 이론이 수용되거나, 아니면 아주 후대 대제사장직의 지위의 변화로 인한 결과로 수정을 거치게 된다. 첫 번째 이론은 위에서 제시한 것처럼 적절한 근거가 없는 것처럼 보인다.[87]

또한 스룹바벨에 대한 어떤 언급이라도 회피하고자 편집을 해야 했다면, 스가랴 4:6b-10a에서, 그리고 동일하게 그를 대신하여 명백한 주장을 하는 학개서부터, 그의 이름을 일관성 있게 제거하지 않았던 이유를 충분히 설명하지 못하는 것처럼 보인다. 페르시아의 비밀 임무가 예언서를 읽음으로써 생겨난 유다 민족주의의 기운을 조사하는 것(개연성이 그다지 없는 주장이지만)이라고 본다면, 우리는 편집에는 일관성이 있었을 것이라고 추정해야만 한다. 두 번째 이론은 좀 더 언급해야 한다. 유다 공동체 정부의

Esther (BS 48, 1966)에서 에스더와 출애굽 사이의 평행을 언급하면서, 에 9:10, 15, 16은 에스더에서 이 모티프의 고의적 회피를 드러내고 있다고 지적한다(p. 25).

[86] 이것의 정치적 측면은 다음을 참조하라. O. Eissfeldt, *Geschichtliches und Übergeschichtliches im Alten Testament* (ThStKr 109/2, 1947), pp. 16f.

[87] 비교. 앞의 pp. 214ff.

변화하는 운명을 볼 때, 후대에 대제사장의 지위와 권위에 실제 강조점이 놓여 있었다는 점을 시사한다.[88]

그러나 이 이론조차도, 스가랴 6:13에 나타나고, 4장에서도 눈에 띄는 권위의 이중 속성에 대한 예언으로 언급되는 것에는 거의 영향을 미치지 못한다. 두 번째 대안은 원래는 두 이름이 스가랴 6:11에 제시되었고, 후에 의도적으로 혹은 우연히 스룹바벨의 이름이 사라지게 되었다고 보는 것이다. 고의적 삭제는 방금 언급한 원인 중 하나 혹은 다른 것, 아니면 아마도 두 번째 원인에서 기인한 것으로 볼 수 있다.

우연한 삭제는 몇 가지 점에서 보다 쉽게 이해할 수 있다. 다른 예언 자료(분명히 학개)에서 두 지도자가 거듭하여 함께 언급되기 때문이다. 그러나 우연한 삭제를 추정해서 어려움을 설명하는 것은 결코 만족스럽지 않다. 스가랴 6:12의 "그에게"라는 단수 *ēlāw*는 후대의 본문 수정으로 설명할 수 있지만, 복수의 "면류관들" 역시 이런 추정으로 이해될 수 있어야 한다.

이런 방편이 정말로 필요한가?

리그넬은 그렇지 않다고 주장한다. 마소라 텍스트를 선호하는 그의 논증은 이미 언급한 대로 그다지 설득력이 없다.[89] 어느 경우든 그는 실제 대관식은 그 자체로 상징 행위이며, 스가랴 3:8f.과 적절하게 비교할 수 있다고 제안한다. 이미 살펴보았듯이 스가랴 3:8ff.에서 여호수아와 그의 동료들[90]은 예표의 인물이며, 우리가 여기에서 보고 있는 싹이라는 동일 인물과 정확하게 연결된다.

스룹바벨이 아직 예루살렘에 도착하지 않았을 때 일찍이 대략적으로 제시한 것처럼[91] 상징적 행위가 일어났다고 제시하는 것이 가능하지 않을까?

---

88 이 주제의 후대 발전은 『12 족장 유언서』에서 찾아볼 수 있다. 예컨대, Test. Judah 24:1-3 (비교. R. H. Charles' comment in *Apocrypha and Pseudepigrapha* II [Oxford, 1913], p. 323); Test. Levi 18.
89 비교. 앞의 p. 243 n. 49.
90 비교. 앞의 pp. 247f.
91 비교. 앞의 p. 247.

그러나 페르시아가 스가랴 6:10에 언급된 인물을 통해 그를 임명했다는 소식이 도착했고, 이곳과 스가랴 3장 두 곳 모두에서 제사장과 도래할 싹 사이의 관계를 강조한다. 싹의 주된 책임으로 명시된 성전 건축은 몇 해 전 초기 책임자였던 세스바살하에서 완공하지 못했던 임무를 완수하기 위해 스룹바벨을 보낸 주요 이유로 간주된다.

그렇지 않다면, 느헤미야 12:14과 16에 언급된 스가랴와 잇도가 예언자와 그의 아버지이고, 스가랴가 스룹바벨과 함께 여행을 했고, 그래서 스룹바벨 이전에 예루살렘에서 신탁을 선포하거나 상징 행위를 수행할 수 없었다고 결론을 내린다면, 스룹바벨을 임명할 때, 사실상 새로운 책임자에 대한 믿음과 희망의 행위로 이 상징이 바벨론에서 수행되었는지를 질문해야 한다. 스가랴 3:1-5에서 이제 여호수아와 공동체에게 부여된 확신을 위한 의의를 지니기 때문에 상기된 초기의 발화를 스가랴 3:8-10이 대변한다는 견해는 올바른 것으로 보인다.

그렇다면 조금 후 다시 살펴볼 스가랴 6:14은 후대 요소를 대변하고, 스가랴 6:10의 마지막 발언인 "바벨론에 온 자"는 사건에 비추어, 예언자 자신이 초기의 발언을 함께 묶거나 다시 설명하게 된 것이며, 후대에 첨가된 것이라고 추론하는 것이 합리적일 수 있다. 바벨론에서 스가랴의 행위에 대한 다른 표지들을 고려할 때, 느헤미야 12장의 목록이 반드시 동일 인물을 언급한다고 볼 필요는 없다는 점을 인지해야 하지만, 이런 가능성은 합리적일 수 있다.

느헤미야 12:16에서 스가랴는 요야김 시대의 제사장 잇도 집안의 수장으로 서술된다. 느헤미야 12:10f.에서 요야김은 예수아의 아들, 엘리아십의 아버지로 서술된다. 후자는 손자가 기원전 432년에 이미 결혼한 조부로서 느헤미야 내러티브에 등장한다(느 13:4, 28 등). 연대기적으로 여기에 별다른 난점이 없다. 여호수아는 500년경까지 대제사장에 머물러 있었고, 각각 30년으로 산정하여, 그의 계승자들이 430년까지 계보가 내려가기 때문이다. 스가랴가 520년에 상대적으로 젊었다고 할지라도, 그는 세기가

바뀔 즈음에 가문의 수장으로 그의 아버지를 계승할 수 있었을 것이다.[92]

상징의 원래 방향은 성전 재건축을 향해 있었던 것으로 보인다. 이것은 학개처럼 새 시대의 본질적 시작을 알려 준다. 스가랴 6:13a에서 추가 논점이 덧붙여진다. 스가랴 6:12의 시작과 끝 사이의 표현 사이의 연결 고리 때문에 이 발언이 여기에 놓이게 된 것 같지만, 그럼에도 불구하고 이것은 스가랴 3:9-10과 4장에 나타나는 공동체의 지도력 개념을 적절히 상술하고 있다.

> **그가** 여호와의 전을 건축하고
> (그리고 **그가**) 영광도 얻고
> 그 자리에 앉아서 다스릴 것이요
> 　또 제사장이 자기 자리에 있으리니
> 이 둘 사이에 평화의 의논이 있으리라 하셨다(슥 6:13).

강조는 히브리어에서 이 단어에 놓인 대단히 강조되고 있는 바를 나타내고자 하는 것이다. 공동체를 통치하는 두 지도자의 평화로운 협력에 대한 마지막 줄의 언급은 첫 두 줄이 먼저 스룹바벨(그의 기능은 성전을 건축하는 것이다)을, 다음으로 여호수아(그의 기능은 '영광을 얻고,' 이는 '그의 자리, 그의 영광스러운 자리를 차지하는 것'을 의미한다. 즉, 이제 회복될 성전에서 제사장직을 수행한다)를 나타낼 가능성을 시사한다.[93]

각자 자신의 보좌에 앉고, 함께 공동체를 통치한다. 여기에서 정치적 저의를 찾고자 하는 것은 부적절하다. 조화로운 협력에 대한 확신을 표현하

92　이것은 스가랴와 다른 이들이 반페르시아 음모에 개입하였다는 견해를 반대하는 또 다른 논증이다. 비교. 앞의 p. 165.
93　K. Baltzer, "Das Ende des Staates Juda und die Messias Frage," in *Studien zur Theologie der alttestamentlichen Überlieferungen*, ed. R. Rendtorff and K. Koch (Neukirchen, 1961), pp. 41f.에서 제사장직과 왕권의 합법성을 강조한다. 그는 이 구절을 인용하지는 않지만, 스룹바벨(p. 41)과 여호수아(p. 42 n. 51)를 언급함으로써, 그가 동일한 문제에 관심을 두고 있음을 보여 준다.

는 것은 기존의 부조화를 비난하는 것으로 볼 것이 아니라, 이 예언자에 대하여,[94] 공동체 삶의 두 가지 측면이 두 지도자라는 인물 속에서 적응해 가는 방식을 나타내는 것으로 보아야 한다.[95]

그러므로 이 구절의 논점은 스가랴 3:8-10의 논점과 매우 닮았다. 대제사장 여호수아는 상징적으로 도래하는 싹의 증거로 즉위한다. 제사장 집단이 이 동일 인물의 기호인 것과 마찬가지다. 이 구절은 성전 건축(비교. 슥 4:6b-10a)과 통치(비교. 학 2:21-23과 슥 4장—주요 환상과 또한 슥 4:6b-10a에서)에 관한 지시 사항에서 싹의 기능을 상술한다. 제사장 자신은 새롭게 회복되고 격려를 받는 공동체 내에서 직분을 수행한다.

스가랴 3:9에서 그는 중재 기능을 수행하는 것으로 보인다(슥 4장에서도 그러하다). 신적 은총과 용서는 그를 통해 선포된다. 백성의 삶의 다른 측면은 그들 사이에 존재하는 조화 속에서 함께 밀접하게 엮이게 되고, 그들 사이뿐만 아니라, 그들로부터 공동체를 향해 중재를 하였다. "평화의 의논"("^{c}ṣat šālōm, 슥 6:13)이라는 구절은 분명히 주된 목적이 그러할지라도, 단순히 상호 관계에 대한 언급으로 해석해서는 안 된다. 다른 곳에서 '$\bar{e}ṣ\bar{a}$가 사용된 것처럼, 신적 의도를 실현하기 위한 목적과 속성을 지닌 신적 영감을 받은 사람들이 수행하는 안녕, 의논을 증진하는 기능을 뜻하는 것으로 이해해야 한다.[96] 그들 사이의 안녕에 대한 의논은 그들로부터 흘러나오는 축복의 진실함이다. 여기에서 스가랴 4:12처럼 그들은 신적 권능의 중재자로 나타난다.

추가적인 지시 사항이 스가랴 6:14에서 주어진다. 이 구절은 본문에서

---

94 비교. T. Chary, *op. cit.*, p. 153에서 포로 후기의 실질적 상황 속에서 표현된 에스겔의 희망의 진화를 찾고 있다.

95 N. H. Snaith, *VTS* 14 (1967), pp. 245ff.에 나타난 이 구절에 대한 논평의 의미는 그다지 확실하지 않다. 그는 여기에 제안된 것과 유사한 번역을 제시하는 것 같다. 그러나 분명한 결론을 내릴 수는 없다. "영어 번역자는 '그들'을 삽입한다. 히브리어 텍스트에는 목적격 대명사가 없다"라는 취지의 p. 246 각주는 잘못 놓인 것 같고, 이해할 수도 없다. 확실히 이것은 슥 6:13의 번역만 언급할 수 있다. "히브리어는 *šᵉnêhem*이고, '그들 모두'로 바르게 번역되고 있다."

96 비교. P. A. H. de Boer, "The Counsellor," *VTS* 3 (1955), pp. 42-71.

난해하다. 마소라 텍스트의 일부 수정을 받아들여야 한다는 것은 분명해 보인다.[97] 분명히 우리는 왕관을 씌우는 새로운 용처를 보게 된다. 여호수아의 머리에 왕관을 씌운 후에, 다가올 축복의 보증이 되고 왕관은 야웨의 성전에서 씌워진다. 상징 행위의 원래 배경이 바벨론이라면, 이를 수행하는 것은 다소 후대였다고 추정할 수 있다. 아마도 이제 주요 사건인 스룹바벨의 임명과 도착이 일어났기 때문일 것이다. 그리고 여전히 우리가 이 예언서들의 다른 곳에서 보았던 것처럼, 대망의 새 시대는 아직 오지 않았기 때문이다(비교. 학 2:15-19).

그래서 성전 건축의 상징이었던 왕관(14절을 보고, 성전이 이제 세워졌다고 결론을 내릴 수는 없다)이 씌워지고, 기념(하나님에게 그가 약속하신 축복을 매우 간단하게 상기시키는 것으로 가장 잘 바꾸어 말한 것이다[98])과 은총의 기호(혹은 은총을 부르는 것)로 씌워진다. 약속의 완전한 성취가 다가올 것이다. 스가랴 3:10에서 제사장직이 다가오는 시대의 징표인 것처럼, 축복은 신적 행위와 은총의 갱신을 고대한다.[98a]

3. 그 백성의 응답

스가랴 1-8장 나머지 자료 대부분을 가장 잘 나타내는 것은 주저함이다. 이것은 첫 번째 환상의 해석에서 이미 나타난 주저함이다. "얼마나 오랫동안?"이라고 질문한 이는 바로 천사다.[99] 그러나 순종과 반응의 맥락에서 보다 더 완전하게 발전한다.

신적 명령으로 정화된 백성의 대표자인 여호수아에 대한 환상은 종종

---

[97] 비교. 앞의 p. 254 n. 81.
[98] 이 사상에 대해서는 다음을 참조하라. B. S. Childs, *Memory and Tradition in Israel* (1962).
[98a] 슥 6:9-15에 대해서는 다음을 참조하라. W. A. M. Beuken, *op. cit.*, pp. 275-82. 그리고 여호수아의 지위에 대해서는 pp. 303-17을 참조하라.
[99] 슥 1:12.

전체 공동체를 위한 용서와 정화를 나타내는 것으로 간주된다. 논점은 스가랴 3:9에 나오는 이 환상에 대한 논평에서 드러난다. 그러나 환상의 주요 목적은 보다 더 크고, 백성이 공개적으로 비난을 받는 한, 어떤 회복도 가능하지 않을 포로기의 황폐를 배경으로 삼고 있다.

우리는 사탄이 비난을 받는 것을 본다. 이것은 마치 백성이 자신들이 저지르지 않은 죄로 인해 여호수아를 통해 비난받는 것처럼 그런 비난이 근거가 없기 때문이 아니라, 하나님이 친히 예루살렘을 다시 선택하고 그의 백성을 구원하였기 때문이다.[100] 이 점에서 하나님은 그의 이름을 위하여 행동하시는 것으로 묘사되는 에스겔의 오직 은혜(sola gratia) 사상과 연결된다.[101] 물론 사탄이 여기에서 어떤 기능을 수행하는지는 확실하지 않다.

연대적으로 그리 멀지 않은 것으로 보이는 욥기 첫 장의 비유를 볼 때, 사탄은 천상 회의(heavenly court)의 정회원으로 간주되지만, 아직은 후대처럼, 이사야 14:12의 루시퍼 유형의 형상인 '하늘에서 떨어진 샛별'이나 에스겔 28:2-10의 비교 가능한 인물이 아니다. 그는 미가야의 환상의 천사적 존재에 더 가까워 보인다(왕상 22:19-22). 그는 이스라엘의 왕이 어떻게 파멸되어야 할지에 대해서 하나님의 비호 아래 토론한다. 그의 행위는 주체적이 아니라, 신의 명령에 따라 이루어진다. 스가랴 3장의 공동체를 향한 비난은 포로라는 재앙 속에서 제시되는 정당한 불만이다. 그러나 하나님은 그의 백성을 향해 다시 은총을 보이신다. 그들에게 응당한 재앙이 닥쳤다. 그들은 신의 불평 아래 있기에, 그들의 회복은 기대할 수 없다. 그러나 하나님의 존재에서 그 일이 일어날 것이다.

새 시대는 이로부터 온다. 그러나 스가랴는 이에 대해 할 말이 더 있고, 여기에 주저함이 엄습해 온다.

신적 행위와 인간의 응답 사이의 상관관계는 무엇인가?

---

[100] 비교. pp. 240f.
[101] 비교. p. 144.

어떻게 신적 축복을 받을 수 있을까?

정확한 정의를 내리지 않는 것이 구약적 사고의 특징이다. 신적 행위의 절대성과 인간 책임의 완전성은 이 둘이 화합할 수 있는 정확한 장치가 없어도 나란히 함께 갈 수 있다. 포로기 예언자(와 학개에서 간략하게 제시된 것과 동일한 논점)처럼,[102] 스가랴는 새 시대에 어울리는 공동체가 될 필요가 있다고 강조한다. 사회적, 종교적 생활의 정화는 하나님의 축복을 받기 위해 필수적이며, 필요한 전제 조건이다.

스가랴의 신탁과 환상은 이제 이 논점을 책의 서두에 첫 발언으로 제시한 것과 같은 방식으로 제시한다.[102a] 어떻게 초기 예언자들이 지금 세대의 조상에게서 아무런 반응을 얻지 못하였고, 그 결과 그들에게 재앙이 닥쳤는지, 과거의 경험을 언급한다. 예언자들의 발언은 포로라는 사건 속에서 완성된다.

> 여호와가 너희의 조상들에게 심히 진노하였느니라 그러므로 너는 그들에게 말하기를 만군의 여호와께서 이처럼 이르시되 너희는 내게로 돌아오라 만군의 여호와의 말이니라 그리하면 내가 너희에게로 돌아가리라 만군의 여호와의 말이니라 너희 조상들을 본받지 말라 옛적 선지자들이 그들에게 외쳐 이르되 만군의 여호와께서 이같이 말씀하시기를 너희가 악한 길, 악한 행위를 떠나서 돌아오라 하셨다 하나 그들이 듣지 아니하고 내게 귀를 기울이지 아니하였느니라 여호와의 말이니라 너희 조상들이 어디 있느냐 또 선지자들이 영원히 살겠느냐 내가 나의 종 선지자들에게 명령한 내 말과 내 법도들이 어찌 너희 조상들에게 임하지 아니하였느냐(슥 1:2-6a).[103]

---

[102] 비교. pp. 145ff.
[102a] W. A. M. Beuken, *op. cit.*, pp. 84-115에서 슥 1:2-6a을 '레위적 설교'(leviticial sermon)라고 묘사한다.
[103] 혹은 "내가 네게 돌아올 수 있도록." 동사 w^eāšûb을 단순 미래로 번역하는 것이 더 자연스럽다. 하지만 다른 해석은 인간의 반응과 하나님의 행위 사이에 밀접한 관계를 더 예리하게 강조한다.

스가랴 1:5-6a의 논점은 포로지에서 제시된 예시는 과거 역사의 문제라는 것이다. 이 일이 일어나고 있는 지금 지금 세대의 조상들은 이제 죽었다. 심판을 말했던 예언자 역시 죽었다. 그러나 분명한 것은 예언자들이 선포한 하나님의 말씀이 예언된 심판을 초래함으로써 사실이 되었다는 점이다. 예언자의 말씀(전승의 유기적 속성을 이해하는 데 있어서 중요한 논점)은 예언자 자신의 삶에 의존하지 않는다. 이것은 계속해서 효력을 지닌다.[104] 조상에게 일어났던 일은 단지 과거사의 문제가 아니라, 현실의 증언이 된다.

경고를 받은 세대로 하여금 이 일이 자신들에게 적용될 것임을 깨닫게 하라.

스가랴 1:6b은 지금 세대의 조상들에 대한 계속된 언급이 아니라, 예언자의 경고에 대한 이 세대의 반응을 언급한 것으로 이해하는 것이 가장 좋다. 그는 그들에게 "너희 조상과 같지 말라"고 말한다.

> 그러므로 그들이[105] 돌이켜 이르기를 만군의 여호와께서 우리 길대로, 우리 행위대로 우리에게 행하시려고 뜻하신 것을 우리에게 행하셨도다 하였느니라(슥 1:6).

그러므로 백성은 그들을 향한 하나님의 행위의 정당성을 인정한다. 공동체를 회복하시는 하나님의 자비와 선하심의 계시를 위한 무대 장치가 마련된다. 스가랴 1:12의 지연에 대한 불평은 백성이 아니라 야웨의 천사가 하는 것이다. 그러므로 그는 스가랴 1:13에 하나님으로부터 직접 말씀을 받아 중재하는 역할을 하고, 안심시켜 준다. 동시에 스가랴 1:6b의 언급은 귀환 세대를 역대기 사가의 작품에 묘사된 대로 이상적 세대로 지칭한다. 이들은 어려움에도 불구하고 성전을 재건축하고, 과거의 약속을 그

---

[104] 그래서 일반적으로 선호되는 수정인 'etkem('너희를')를 수용하는 것보다는 마소라 텍스트의 'ăbôtēkem. 뒤의 슥 1:6b의 논의를 참조하라. 비교. W. A. M. Beuken, op. cit., pp. 86ff., 103ff.
[105] 비교. P. R. Ackroyd, ASTI 1 (1962), pp. 7-23, 특히, pp. 15f.

들 가운데 실현하는 데 성공한 자들이었다.[106]

스가랴 5장의 여섯 번째와 일곱 번째 환상은 모두 공동체의 정화에 관심을 기울인다. 먼저 그들이 버틸 수 없는 상황에도 불구하고, 신의 맹세를 통해 죄에서 벗어나게 된다. 다음으로, 큰 항아리 속에 들어 있는 여성의 형상으로 대변되는 우상 숭배에서 벗어나게 된다.

> 내가 다시 눈을 들어 본즉 날아가는 두루마리가 있더라 그가 내게 묻되 네가 무엇을 보느냐 하기로 내가 대답하되 날아가는 두루마리를 보나이다 그 길이가 이십 규빗이요 너비가 십 규빗이니이다 그가 내게 이르되 이는 온 땅 위에 내리는 저주라(슥 5:1-3a).

잘못 맹세하는 자와 도둑질하는 자에 대한 맹세의 영향이라는 면에서 설명이 되고 있다.[107]

> 도둑질하는 자는 그 이쪽 글대로 끊어지고
> 　맹세하는 자는 그 저쪽 글대로 끊어지리라 하니[108]
> 만군의 여호와께서 이르시되 내가 이것을 보냈나니 도둑의 집에도 들어가며
> 내 이름을 가리켜 망령되이 맹세하는 자의 집에도 들어가서 그의 집

---

[106] 즉, 예언자의 동시대인을 이제 언급한다.
[107] 슥 1:6b을 포로라는 재앙에 대한 조상들의 반응을 묘사한 것으로 본다면, 유사한 논점을 밝히는 대안적 해석이 이루어진다. 이전에는 아니지만(비교. 슥 1:4), 재앙이 일어나자, 포로민 세대는 벌어진 사건이 바른 것이라고 인정하였다. 그들은 회개를 하였고, 하나님의 행위의 정당함을 받아들였다(신명기적 역사서에 나타난 동일한 사상에 대해서는 p. 78 참조). 그래서 이것은 후대 세대인 스가랴의 동시대인에게는 경고이면서 동시에 격려가 된다. 그가 말하는 바는 그들의 조상들의 것과는 다르지만, 이제 하나님의 말씀을 듣는다. 그들이 실패하더라도, 하나님의 말씀은 효력이 있을 것이다. 듣기를 거부하였던 그들의 조상들조차 결국 그들의 행위가 얼마나 어리석었는지는 알게 되었다.
[108] 비교. E. Janssen, *op. cit.*, p. 52에서 범죄자를 587년 포로민에게 속하였던 땅을 받았던 도둑이요, 가나안 제의의 추종자인 거짓 맹세자라고, 지나치게 단순하게 신원 파악을 한다.

에 머무르며 그 집을 나무와 돌과 아울러 사르리라 하셨느니라 하니라 (슥 5:3b-4).

스가랴 5:3의 번역에서 "세상"(earth)이 아닌 "땅"(land)을 선택한 것은 다음 환상을 고려한 것이다. 유다 공동체에 정화가 있으리라는 지시는 하나님의 목적을 성취하는 데 방해가 될지도 모를 모든 것을 제거함으로써, 거룩한 땅을 준비하라고 강조하는 것을 보여 준다. 그래서 이 환상에서 선포된 하나님의 (저주가 아니라) 맹세는 효력을 발생하는 것으로 제시된다. 이것은 무죄와 유죄를 구분하는 효과를 지닌 서한이다. 무죄한 자는 두려워할 필요가 없지만, 유죄인 자는 저주를 받고, 멸망하게 된다.[109]

일곱 번째 환상은 '에바 속 여인'이고, 보다 더 정교한 표상을 소개한다.

> 내게 말하던 천사가 나아와서 내게 이르되 너는 눈을 들어 나오는 이것이 무엇인가 보라 하기로
> 　내가 묻되 이것이 무엇이니이까 하니
> 　그가 이르되 나오는 이것이 에바이니라 하시고[110]
> 또 이르되 온 땅에서 그들의 모양이 이러하니라[111]
> 이 에바 가운데에는 한 여인이 앉았느니라 하니 그 때에 둥근 납 한 조각이 들리더라

---

[109] *mizze kāmōhā*라는 구절은 매우 이상하다. *mizze*는 '이때로부터' 즉, 미래를 뜻하는 것 같다. *kāmōhā*는 이것에 따라, 즉 '맹세의 말에 따라'를 뜻하는 것 같다. 그러나 이것은 그다지 분명하지 않다. 또한 제안된 수정 중 어떤 것도 완벽한 확신을 주지 못한다.

[110] 시련은 비교 가능하다. 비교. 민 5:11-31; 호 14:10. M. Bič, *Das Buch Sacharja* (1962), pp. 66f. 에서 슥 5:5-11에 나타난 것처럼, 이 환상에서 종교적 실패에 대한 강조를 보게 되는 것은 옳을 것이다. 하나님께 속한 것을 그에게서 드리지 않는 죄(도적질)와 하나님과 관련된 잘못의 사례에 대해서, 그는 행 5:1ff.을 비교한다.

[111] 히브리어 '에바,' 즉 문제가 되고 있는 것이다.

제11장 회복과 그 해석(계속)

그가 이르되 이는 악이라 하고[112] 그 여인을 에바 속으로 던져 넣고[113] 납 조각을 에바 아귀 위에 던져 덮더라
내가 또 눈을 들어 본즉 두 여인이 나오는데 학의 날개 같은 날개가 있고 그 날개에 바람이 있더라 그들이 그 에바를 천지 사이에 들었기로 내가 내게 말하는 천사에게 묻되 그들이 에바를 어디로 옮겨 가나이까 하니
그가 내게 이르되 그들이 시날 땅으로 가서 그것을 위하여 집을 지으려 함이니라[114] 준공되면 그것이 제 처소에 머물게 되리라 하더라[115] (슥 5:5-11).

이 환상은 효과적 순간에 항아리 속 여인에 관심을 기울인다. 즉, (hā) rišʿā—악이다. 그녀는 던져지고 뚜껑이 달린 항아리 속에 갇히며, 후에 동일한 인물이 바벨론에 있는 성소 받침대 위에 놓이게 된다. 이 두 가지 논점은 rišʿā가 여기에서 우상 숭배라는 기술적 용어로 사용되고 있다는 관점을 정당화한다는 점이다.[116]

---

112 마소라 텍스트는 'ēnām, 70인역은 ἡ ἀδικία αὐτῶν, 즉 'ăwōnām을 여기에서 채택한다. 마소라 텍스트는 '그들의 외양, 유사함'으로 번역될 수 있다. L. G. Rignell, *op. cit.* pp. 190f.에서 -ām 어미는 접미사가 아니라, 전체를 표현하는 형태로 추정하고, '그들이 보는 것'으로 번역한다. M. Bič, *op. cit.* p. 69에서 이전 환상에서 언급된 바를 돌이켜 언급하는 것으로 간주하면서, "이것이 그녀의 모습이다"(=그것은 그들과 닮은 것처럼 보인다)라고 유사하게 번역한다. 그는 불가타의 문자적 번역에서 이런 번역에 대한 지지를 찾는다. 즉, *haec est oculus eorum* (이것은 그들의 닮은 꼴이다). 그리고 70인역이 적절한 해석을 제시하고 있다고 본다. 그러나 이것은 오히려 다소 강요된 것으로 보인다.
113 문자적으로 "어떤 이가 그녀를 밀어 버린다."
114 wᵉhūkan. 70인역의 καί ἑτοιμάσαι는 아마도 wᵉhēkīnū의 능동형을 제시하는 것 같다. 마소라 텍스트는 wᵉhūkan의 주어가 불분명하기 때문에 어색하다. 이것은 *bait*(성전)인가?(비교. RSV)
115 wᵉhunnīḥā은 아마 *forma mixta* (GK 78c; 비교. L. G. Rignell, *op. cit.*, p. 195)일 것이다. 이는 wᵉhunniaḥ와 wᵉhunnīḥūhā를 결합한다. 70인역의 καί θήρουσιν αὐτὸ는 wᵉhunniaḥūhā를 제시한다.
116 70인역 ἡ ἀνομία, 불가타 *impietas*를 참조하라. 탈굼은 부당한 상거래라고 해석한다. 포로가 되자 우상 숭배가 그치게 되었다고 보는 랍비 견해(비교. *Str. Bill.* 3, 111; 비교. W. A. L. Elmslie, "Prophetic influences in the Sixth Century BC," in *Essays and Studies presented to S. A. Cook*, ed, D. W. Thomas [London, 1950], pp. 15-24)는 이 마지막 해석과 연결될 수 있다. 그러나 포로기 이후의 우상 숭배 관행에 대한 증거가 넘친다. 사 65:2ff.; 66:17; 말 2:11; 스 9장. J. D. Smart, *History and Theology in Second Isaiah* (1965), pp. 28f.

첫 번째 논점은 후대의 많은 전설이 암시하는 모티프를 시사한다. 즉, 항아리가 열릴 때, 밖으로 나가려고 하는 항아리 속에 갇힌 악한 영 모티프다.

두 번째 논점은 바벨론 종교를 경멸하는 언급을 시사한다. 거룩한 땅에서 우상 숭배로 간주되는 것이 거기에서는 예배 대상으로 여겨진다는 것이다.

신의 행위를 통해(비교. 슥 3:9), 공동체는 사회악과 종교적 반역에서 벗어나게 된다. 이 과정을 거쳐서, 스가랴 6장에 나오는 약속과 그 약속이 향하고 있는 새 시대를 위해 어울리도록 준비된다.

전체 환상 시리즈는 간결한 경고의 언급으로 끝을 맺는다.

> 너희가 만일 너희의 하나님 여호와의 말씀을 들을진대 이같이 되리라 (슥 6:15b).

시리즈는 과거의 경고로 시작하고(슥 1:1-6), 현 세대를 향해 그들의 아버지 세대보다 더 즉각적으로 응답하는 자들이 되라고 권고한다. 성전의 재건과 새롭게 세워진 예루살렘과 거룩하고 정화된 땅에서 축복 가운데 하나님의 시종들이 임재하는 이런 일은 백성이 즉각적으로 응답할 때, 이것을 소유하기에 적절할 때, 일어나게 될 것이다. 이 구절은 아마도 완성되지 못한 것처럼 간주될 수 있다. 그리고 그 언급은 신명기 28:1 같은 구절에서 의도하는 바처럼 보인다.

> 내가 오늘 네게 명령하는 그의 모든 명령을 지켜 행하면 네 하나님 여호와께서 너를 세계 모든 민족 위에 뛰어나게 하실 것이라(신 28:1).

그 땅으로 새롭게 입성하리라는 약속은 신명기 사가와[117] 역대기 사가가[118] 제시한 것처럼, 여기에서 백성의 순종과 관련하여 언급된다. 그들을 향한 그의 행동은 그들을 통해 소유되고, 그들에게는 축복과 삶이 될 것이다.

환상 시리즈의 빈틈없이 잘 짜인 구조는 자연스럽게 하나의 단위가 되도록 한다. 그래서 시작 부분의 논점을 끝 부분에서 반복하면서, 마무리 짓는 것을 보게 된다. 그러나 이 시리즈는 두 개의 추가 장으로 이어진다. 이 장들은 풍부한 자료집, 단편 이야기, 스가랴 1:1-6과 6:15b에 언급된 구절 같은 상당한 양의 도덕적 권고와 이전 자료와 밀접하게 연결된 일련의 담화, 새 시대의 표상에 새로운 요소를 소개하는 다른 담화를 담고 있다.

이 두 장의 전체 강조점은 주저함, 가능한 지연, 그럼에도 불구하고 인간의 응답이라는 조건에 달려 있는 약속의 확실성에 놓인 것으로 나타난다. 백성의 응답이 없다면, 하나님의 뜻은 이루어질 수 없고, 새 시대는 인간 스스로에 의해 도래하지 않을 것이다. 금식에 대한 질문으로 시작하여, 모든 애곡 제의가 기쁨으로 바뀔 것이라는 확신 속에서 진정한 대답을 찾는 예언자는 이런 희망이 지연되고 있음을 깨닫는 것처럼 보인다. 매우 개연성 있는 것처럼 보이지만, 예언자는 계속해서 재건축의 시간이라는 사건 이후에도 오랫동안 살았고, 계속해서 말라기를 통해 제시되고 있는 시대까지 (그리고 느헤미야 내러티브가 전제하는 상황까지) 살았다면, 약속의 지연은 틀림없이 그런 발언을 초래했을 것이다.

성전은 재건되었고, 그래서 우리는 스가랴 7장과 8장의 많은 언급 속에서 추측해 보아야 한다. 약속의 날에 대한 확신은 여전히 존재한다. 그러나 인간은 그날이 도래하지 않도록 깨어 있어야 한다. 하나님의 예배에 적합한 오직 거룩한 백성에게만, 약속은 실현될 수 있다.

그러므로 이 장들은 한편으로 약속과 격려를, 다른 한편으로 경고와 권

---
[117] 비교. p. 82.
[118] 비교. pp. 96ff.

고를 혼재하여 담고 있다. 혼재는 스가랴 7장 서두에 잘 나타난다. 이 부분에는 스가랴 8:18f.에 가서야 나오는 대답과 간략하게 연결된 사건이 제시된다.[119]

현재 상태의 본문에서 대답은 질문과 분리된다.

첫째, 제기된 질문에 대한 보다 일반적인 심사숙고를 통해.
둘째, 이와 연결된 일련의 경고와 신탁을 통해.

> 그 때에 벧엘 사람이 사레셀과 레겜멜렉[120]과 그의 부하들을[121] 보내어 여호와께 은혜를 구하고 만군의 여호와의 전에 있는 제사장들과 선지자들에게 물어 이르되
> 내가 여러 해 동안 행한 대로 오월 중에 울며 근신하리이까 하매 (슥 7:2-3).

> 만군의 여호와의 말씀이 내게 임하여 이르시되
> 만군의 여호와가 이같이 말하노라
> 넷째 달의 금식과 다섯째 달의 금식과 일곱째 달의 금식과 열

---

[119] 예컨대, O. Eissfeldt, *Introduction*, pp. 430f. 슥 7:4-8:17은 8:23 다음에 와야 한다는 제안(비교. O. Procksch in BH³)은 이 단락과 설화 사이의 관계를 고려하지 않은 것이다. F. S. North, "Aaron's Rise in Prestige," *ZAW* 66 (1954), pp. 191-9, p. 193 참조. 다른 견해는 다음을 참조하라. W. A. M. Beuken, *op. cit.*, pp. 138-56.

[120] 비교. D. Winton Thomas, *IB* 6 (1956), p. 1082.

[121] 이 번역에 대해서는 예컨대 다음을 참조하라. O. Eissfeldt, *Introduction*, p. 430; P. R. Ackroyd, "Zechariah," in *New Peake's Commentary* (1962), p. 650; M. Bič, *Das Buch Sacharja* (1962), pp. 87f.의 번역에 대한 검토에서, 주로 이 견해를 지지한다. F. S. North, *op. cit.*, p. 192에서 "사레셀과 레겜멜렉이 벧엘로 보냈다"라고 번역한다(비교. LXX εἰς βαι θηλ). 그 다음에(p. 195 참조), 그는 전체 텍스트에 그런 제안을 피하고자 주석을 달았다고 논증해야 했다(그의 유사한 학개 본문의 정교한 재구성은 *ZAW* 68 [1956], pp. 25-46 참조). 아론계 제사장직을 소유한 벧엘은 영도적 지위를 차지하였고, 이 단계에서 사독계 제사장직은 우월성을 회복하기 위해서 자신들을 아론계라고 인정한다. 이것은 텍스트에 대한 미심쩍은 재구성에 크게 의존한다. 판본들은 이미 경험한 해석의 문제를 드러내고 있고, 어려운 구절을 이해하려는 시도를 한다고 보는 것이 더 그럴 듯하다.

째 달의 금식¹²²이 변하여 유다 족속에게 기쁨과 즐거움과 희락의 절기들이 되리니 오직 너희는 진리와 화평을 사랑할지니라(슥 8:18-19).¹²³

이 구절의 연어(collocation)에 대한 주된 정당화는 다른 논점을 지닌 스가랴 7:2-3과 7:4ff.¹²⁴ 사이에 사상적으로는 분명히 관련이 있지만, 지속성이 없다는 점이다. 질문에 대한 대답은 주어지지 않는다. 그 대신 전체 공동

---

122 슥 8:29에서 네 번의 금식 언급이 제안하는 바는, 그 대답 자체가 원래 질의의 대상 이상을 다루기 위해서, 후에 상술되었다는 것이다. T. Chary, *op. cit.*, p. 145에서 질문이 9월에 제기되었기 때문에(슥 7:1), 재건을 하는 동안에 순서대로 각각의 금식은 지켜졌지만, 적절하게 지켜지는지에 대해서는 주저했다고 추정할 수 있다고 주장한다. 그 후 상세하게 10월 전에 지시를 받게 되었다. 학개의 문제와 유사한 스가랴 연대의 일반 문제는 별도로 하고(비교. F. Horst's comment in *Die zwölf kleinen Propheten* [HAT 14, ²1954], p. 239; P. R. Ackroyd, *JJS* 2 [1951], pp. 163-76; 3 [1952], pp. 1-13), 그런 견해는 5월의 금식을 제외한 다른 금식에 대한 언급이 슥 7:3에 나타나지 않고 있다는 점을 고려하지 않는다. 5월과 7월을 언급하는 슥 7:5에서 이미 상술이 나타난다. 이 금식이 무엇이었는지 그리고 그들이 기념하는 바가 무엇이었는지는 많은 주석가들이 추정하는 것만큼 확실하지 않다. 5월의 금식은 587년 성전 파괴를 기념하는 것으로 보인다(왕하 25:8ff.). 4월의 금식은 성전 함락을 나타내는 것으로 언급된다(왕하 25:3ff.; 렘 39:2). 7월의 금식은 그달랴 암살을 기념한다(왕하 25:24; 렘 41:1ff.; K. Baltzer, *op. cit.*, p. 37에서 이 사실이 그 달랴의 임명의 잠재력에 대하여 밝히는 바를 언급한다). 10월의 금식은 예루살렘 포위를 기념한다(왕하 25:1; 렘 39:1). 그러므로 모든 사실은 이 시기의 사건에 대한 정확한 언급으로 이해된다(R. de Vaux, *Ancient Israel* [영역, 1961], pp. 387, 일반적 언급은 p. 486 참조). 그러나 5월 금식은 제대로 설명되지만, 7월 금식이 사실은 속죄일이라는 것은 불가능한 것으로 보이지 않는다. 그리고 4월과 10월 금식은 새 시대에 희락으로 대체할 수 있는 다른 관습을 대신할 가능성을 배제할 수 없다. (T. Chary, *op. cit.*, p. 146에서 예언자가 속죄일을 알았더라면, 그는 그것을 언급했을 것이라고 논증한다. 그는 속죄일의 발전과 금식의 포기 사이에는 관계가 있으리라고 생각한다. 아마도 속죄일의 엄격한 순서는 이미 존재한 고대의 관습에 대한 정확한 정의를 대변하는 것 같다.) 슥 7:5의 7월 금식을 덧붙이는 것은 정교화의 첫 단계를 나타내는 것이다. 잘못된 관습에 대한 비난은 그 해의 위대한 금식을 다루는 것으로 확장된다. 순례자들이 예루살렘으로 여행했다는 사실에서 추론할 수 있는 것처럼(렘 41장), 사실상 그달랴의 죽음은 일반적 금식의 때와 꼭 일치한다. 아마도 그의 암살자는 그가 방심하였을 순간을 노렸을 것이다. 또한 렘 36:9에서 9월의 금식을 기념한 것을 언급할 수 있다. 그러나 이것은 아마도 특별한 경우였을 것이다.

123 지나치게 간결한 히브리어 *hāʾemet wᵉhaššālōm ʾēhābū*는 임시로 확대된 번역 이상의 설명을 필요로 한다. 두 명사의 연결은 백성의 온전한 삶을 하나님에 대한 신실한 충성으로 표현하였고, 이는 그들이 올바른 상태에 있음을 보여 준다.

124 T. Chary, *op. cit.*, p. 144, p. 146 n. 1 참조.

체를 향한 메시지가 선포된다. 스가랴 7:2-3 본문의 난해성으로 인해 문제는 복잡해진다. 상대적으로 초기 단계에 벧엘-사레셀이라는 인명은 두 부분, 즉 벧엘이라는 지명과 관련된 인명으로 구성된 것으로 이해되어 왔기 때문이다.[125]

이러한 해석은 후대의 사마리아인을 향한 반감에서 야기된 것으로 보인다. 북왕국의 주요 성소인 벧엘은 떨어져 나간 반대자 집단을 상징하는 것으로 간주되기 때문이다. 열왕기와 역대기의 내러티브처럼, 특히 사마리아 멸망 이후의 후대 상황에서, 후대 사마리아 공동체와 북왕국 간의 동일시가 이루어지고 있다는 논점은 의심의 여지없이 진실의 요소를 담고 있다.[126] 뒤이어 나오는 구절은 분열 집단의 예배에 대한 비난으로 볼 수 있다.

그러나 이것은 스가랴 시기의 것으로 볼 수 없다. 느헤미야와 에스라 내러티브를 볼 때, 사마리아의 분열은 분명히 아직 일어나지 않았기 때문이다. 예컨대, 스가랴 5:5-11에 나오는 바람직하지 않은 종교 관행에 대한 비난은 일반 주민을 향한 것이다. 바람직하지 않은 관행은 포로지에서 돌아와서 운동을 시작한 자들보다 팔레스타인에 머물러있던 자들 사이에 더욱 횡행했을 것이라는 추정이 타당하지만(여러 단계의 귀환은 종교적, 사회적 개혁으로 연결된 것 같기에, 아마도 귀환한 포로민은 종교적으로 더욱 열정적이었을 것이다), 학개와 스가랴에서는 아직 뚜렷한 구분이 나타나지 않는다.

역대기 사가는 그런 구분을 하지만, 그 땅의 가증한 것과 자신을 구별한 자들을 회복의 축복에서 배제시키는 것과 같은 엄밀한 의미는 아니다(스 6:21). 현재의 배열은 종교 준수의 위험, 즉 외형적 관행이 종교의 본질로 간주되어 버리는 위험 요소를 강조한다. 동일한 논점은 제3이사야에서도 찾아볼 수 있다.[127]

---

[125] 그러나 보다 관례적인 해석은 다음을 참조하라. T. Chary, *op. cit.*, p. 145. 스 2:28에서는 벧엘과 아이에 귀환한 포로민을 열거한다.
[126] 왕하 17장과 p. 236 n. 12 참조.
[127] 사 56:1-2; 58:1-7 참조.

본문을 레겜멜렉(Regemmelek)에서 라브-마그 함멜렉(Rab-mag Hammelek)으로 수정하는 것이 옳다면, 아마도 예루살렘 성전의 제사장과 예언자를 향한 질문은 의심의 여지없이 유다인(그리고 상상컨대, 스룹바벨의 후계자)이면서, 높은 궁중 관리로 추정되는 인물에게서 제기된 것이다. 이것은 그로부터 예언자의 약속이 현실이 될 것이라는 공동체의 기대감을 보여 준다. 성전은 재건되었다. 새 시대의 여명이 밝았다.

얼마나 더 옛 준수가 지속될 필요가 있는가?

실제 상황을 고려할 때 야기되는 어떤 주저함이 문제시되고 있는가?

분명히 새 시대는 아직 더 연기되어야 하는가?

예언자의 대답은 아마 확장된 것이겠지만, 금식 대신 즐거운 축제로 대체되며, 새 시대가 왔다는 것을 분명히 하고 있다. 그러나 또한 그 메시지는 암묵적 경고를 담고 있는 언급으로 끝을 맺고 있다.

"온전하고 신실한 삶을 이루는 것들을 사랑할지니라."

새 시대는 올바른 공동체를 만들기 위해 끝없이 요구한다. 사실 이 요구는 한층 더 집요해진다. 올바른 공동체만이 진실로 다가올 새 시대를 전유할 수 있다. 스가랴 7장과 8장의 다른 자료가 여기에 끼어드는 것은 근본적으로 충돌하지는 않지만, 경고와 격려의 말을 증폭시킨다.

> 만군의 여호와의 말씀이 내게 임하여 이르시되
> 온 땅의 백성과 제사장들에게 이르라
> 너희가 칠십 년 동안 다섯째 달과 일곱째 달에 금식하고 애통하였거니와 그 금식이 나를 위하여, 나를 위하여 한 것이냐
> 너희가 먹고 마실 때에 그것은 너희를 위하여 먹고 너희를 위하여 마시는 것이 아니냐
> 예루살렘과 사면 성읍에 백성이 평온히 거주하며 남방과 평원에 사람이 거주할 때에 여호와가 옛 선지자들을 통하여 외친 말씀이 있지 않으냐 하시니라(슥 7:4-7).

(여호와의 말씀이 스가랴에게 임하여 이르시되)
> 만군의 여호와가 이같이 말하여 이르시기를
> 너희는 진실한 재판을 행하며
> 서로 인애와 긍휼을 베풀며
> 과부와 고아와 나그네와 궁핍한 자를 압제하지 말며
> 서로 해하려고 마음에 도모하지 말라 하였으나(슥 7:8-10).

> 그들이 듣기를 싫어하여 등을 돌리며 듣지 아니하려고 귀를 막으며 그 마음을 금강석 같게 하여 율법과 만군의 여호와가 그의 영으로 옛 선지자들을 통하여 전한 말을 듣지 아니하므로 큰 진노가 만군의 여호와께로부터 나왔도다
> 내가 불러도 그들이 듣지 아니한 것처럼 그들이 불러도 내가 듣지 아니하리라
> (만군의 여호와가 말하였느니라)
> 내가 그들을 바람으로 불어 알지 못하던 여러 나라에 흩었느니라
> 그 후에 이 땅이 황폐하여 오고 가는 사람이 없었나니 이는 그들이 아름다운 땅을 황폐하게 하였음이니라 하시니라(슥 7:11-14).

스가랴 7:8-10의 구분되지만 연결된 담화의 개입 때문에 구조는 다시 복잡해진다. 분명히 스가랴 7:7의 연결 장면이 7:11에서 발견되기 때문이다. 끼어드는 구절은 단지 이 단락의 전제가 되는 주요 논점을 강조할 뿐이다. 하나님의 명령 듣기를 거부하고, 용납할 수 있는 백성이 되기를 거부하는 사람은 결국 재앙을 맞게 된다. 그래서 이제 스가랴는 축복을 얻고, 다시 패망하지 않으려면 반드시 순종해야 한다는 메시지를 다시 선포한다.[128]

---

[128] 이와 같은 구절은 후대 삽입이라고 주장되어 왔다(E. Hammershaimb, *op. cit.*, p. 107). 그러나 이 자료와 스가랴 전승의 관계는 여전히 고려할 필요가 있다. 또한 이 장의 다른 구절과 그것의 관계는 순종과 불순종에 대한 이해를 시사할 것이다. W. A. M. Beuken, *op. cit.*, pp. 118-38에서

스가랴 1:1-6 같은 주요 구절은 현재에 대한 경고로서 과거의 경험을 시사한다. 잘못된 종교 관행, 하나님의 영광이 아니라 자기 영광을 위한 금식이나 향연은 재앙을 초래한다. 이것은 초기 예언의 경고에서 깨달음을 얻을 수 있다. 그런 경고에 대한 정확한 설명은 없지만, 메시지는 백성들에게 그들이 하나님의 명예를 훼손하고 있다는 것을 보여 주고 있다.

예언자들 통해 그들에게 전달되는 하나님의 명령은 무시당했다. 하나님이 그들을 불렀을 때, 하나님 청종하기를 거부한 것은 그들이 호소할 때 하나님이 듣기를 거부하는 것으로 이어졌다. 하나님과 인간 사이의 구분은 인간의 실패로 생겨난 것이다. 하나님의 철수는[129] 용납될 수 없는 백성이 맞이하게 될 불가피한 결과다. 이 구절은 하나님의 말씀을 생생하게 직접 인용하는 듯한 것을 담고 있다. 스가랴 7:13 가운데에서 시제와 인칭이 바뀐다.[130] 맥락상 이미 일어난 포로 사건에 대한 언급을 분명하게 하는 것이지만, "그들이 불러도 내가 듣지 아니하리라… 내가 그들을 바람으로 불어 알지 못하던 여러 나라에 흩었느니라"(슥 7:13-14)는 하나님의 심판을 뚜렷이 드러낸다.

그러나 이런 생생하고 예상하지 못한 시제 변화를 통해 신적 발언의 영원성은 강조된다. 그때 진실이었던 것은 여전히 진실이다. 예언자의 세대가 응답하지 않는다면, 하나님은 이런 일을 행하실 것이라고 여전히 적절하게 말씀하신다. 새 시대의 약속은 지금도 인간의 죄로 인해 좌절될 수 있다.

하나님의 백성의 징표로 포로기 이전 예언자들이 공통적으로 강조하였던 순종의 측면을 강조함으로써, 스가랴 7:8-10은 이것을 전제로 삼고 있다. '하나님에게'가 아니라 '너희 자신에게' 향한 종교적 준수를 비난하는 것과 나란히, 제의 관행과 윤리 행위 사이의 관계를 분명히 한다. 전자를

'레위적 설교'로 이 구절을 논의한다.
[129] 비교. 호 5:6과 사 59:1f.
[130] 많은 주석가들은 그 동사를 동질화한다. 이것은 14절에서 *waw* 연속 구성을 읽어냄으로써, 쉽게 이루어질 수 있지만, 13절에 다소 보다 급격한 변화를 개입한다.

포기하지 않는다는 것은 금식을 기쁨의 축제로 바꾸는 것을 볼 때 분명하다.¹³¹ 하나님의 명령을 위반하는 자들은 종교적 준수를 할 수 없다. 성소에 서는 자들은 스스로 받아들일 수 없게 하는 죄에서 벗어나 있음을 선포해야 한다.¹³²

스가랴 8장의 다양한 신탁은 일반적 사고의 경향을 지속하고 있다. 환상 시리즈에서 찾아볼 수 있는 구절의 반복과 더불어, 여기에 새 시대가 도래했다는 논점이 반복되고 있다. 새 시대의 도래는 하나님의 목적이기 때문이다. 공동체의 믿음 없음과 불순종 가능성과 결과를 깨닫는 데 실패하기 때문에, 연기되거나 방해를 받게 된다.

여기에 권고가 등장한다. 이것은 학개와 스가랴에게 속한 구절에서 표현되고, 주로 후세대를 향한 것이다. 그러나 회복 세대의 믿음이 본받을 만한 것임이 인정된다. 이 논점을 역대기 사가는 취하였다. 그는 이것을 역사의 위대한 순간 중 하나로 보았다.¹³³

> 내가 시온을 위하여 크게 질투하며
> 그를 위하여 크게 분노함으로 질투하노라(슥 8:2).

하나님이 거룩한 도성을 향한 관심은 그 장소를 회복하고자 하는 목적에서 이를 표현하고 있다.

> 내가 시온에 돌아와
> 예루살렘 가운데에 거하리니

---

131 T. Chary, *op. cit.*, p. 146에서 기이하게도 스가랴에서 의식주의(ritualisim)에 대한 저항을 찾는다. 이것은 포로기 이전 예언의 강조를 도덕적인 것으로 보는 데 기인한다. 스가랴는 '초기 예언의 위대한 도덕적 설교의 불꽃'을 보존하고 있는 것으로 묘사된다.
132 시 15편; 24편; 욥 31장; 겔 18:5-13 등. 비교. E. Würthwein, "Kultpolemik oder Kultbescheid?" (비교. p. 5. n. 11).
133 비교. P. R. Ackroyd *JJS* 3 (1952), pp. 154-6; W. A. M. Beuken, *op. cit.*, pp. 156-83.

> 예루살렘은 진리의 성읍이라 일컫겠고
> > 만군의 여호와의 산은 성산이라 일컫게 되리라(슥 8:3).

하나님이 다시 거룩한 도성에 처소를 정한다는 사실은[134] 에스겔처럼,[135] 새로운 속성을 표현하는 이름으로 도성의 이름을 다시 짓는 결과를 낳는다. 신적 임재의 거룩성과 회복된 도성의 신실함은 새 시대의 안전과 축복에 대한 환상을 현실이 되게 한다.

> 예루살렘 길거리에
> > 늙은 남자들과 늙은 여자들이 다시 앉을 것이라
> 다 나이가 많으므로 저마다 손에 지팡이를 잡을 것이요
> 그 성읍 거리에
> > 소년과 소녀들이 가득하여 거기에서 뛰놀리라(슥 8:4-5).

고대의 장수 축복을 회복할 것이라는 약속의 성취를 통해, 새 시대가 나타난다.[136] 그래서 번영과 안전이 있을 것이며, 그곳은 아이들로 가득 찰 것이다. 그러므로 미래는 새 세대가 자라나고, 그 도성이 모든 위험에 맞서는 신적 임재로 보호받을 것이라는 깨달음을 통해 확언 받는다.

축복과 확언의 말은 주저의 말에 맞서서 적절하게 이루어지고, 하나님이 말씀하신 것이 확실하다는 추가 약속으로 강화된다. 여기에서 신앙의 결여에 대한 기조가 나타난다. 인간은 약속의 현실성을 의심한다. 이와 같은 메시지가 재건 시대에 상황을 표현한 것(학 2:3-5처럼)이라고 합리적으로 추정할 수 있다. 그러나 재건된 성전과 더불어, 예언자의 완벽한 표상

---

[134] 비교. 이에대해, L. R. Fisher, *JSS* 8 (1963), p. 40. '도성'='shrine' (*ʿîr*).
[135] 겔 48:35; 사 1:26. 비교. 이 주제에 대해, N. W. Porteous, "Jerusalem-Zion: The Growth of a Symbol," in *Verbannung und Heimkehr*, ed. A. Kuschke (Tübingen, 1961), pp. 235-52. 비교. 이 구절에 대해, K. L. Schmidt (비교. p. 135 n. 76). 또한 p. 112 n. 43, p. 249 n. 61 참조.
[136] 비교. 사 65:20.

속의 새 시대가 여전히 오지 않고 있을 때, 믿음과 희망을 계속해서 가질 필요가 있음을 동시에 표현한 것이다.

첫 번째는 신적 권능에 대한 재확신이라는 측면이다.

> 이 일이 (그날에) 남은 백성[137]의 눈에는
> 　기이하려니와
> 내 눈에야 어찌 기이하겠느냐
> 　---만군의 여호와의 말이니라(슥 8:6).

두 번째는 성전 재건이 멀리서 부름받은 자들의 협력을 통해 이루어졌던 것처럼, 새 시대 역시 백성의 완벽한 모임 없이 도래할 수 없다고 제안함으로써, 스가랴 6장의 마지막 구절과 연결하면서, 약속을 확장하는 측면이다.

> 내가 내 백성을 해가 뜨는 땅과 해가 지는 땅에서부터
> 　구원하여 내고
> 인도하여다가
> 　예루살렘 가운데에 거주하게 하리니
> 그들은 내 백성이 되고
> 　나는 진리와 공의로
> 　그들의 하나님이 되리라(슥 8:7-8).

---

[137] 슥 8:10에서 우연히 삽입되거나 본문에 생겨난 여백에 기입한 "그날에"를 삭제하는 것은(개역개정에는 "그날에"가 있음-역자주) 재건 시절에 신적 보호와 축복의 경이를 강조하고자 고안된 것이다(슥 8장에 대한 일반적 논평으로, 앞의 p. 275 참조).

계약 공식의 반향은,[138] 새 시대는 하나님과 온전히 회복된 백성 사이의 올바른 관계의 재수립을 통해 나타날 것을 시사하며, 경고를 포함한 마지막 언급이 뒤따른다. 이전의 계약 관계와 대조가 분명히 나타난다. 그들이 계약을 깨뜨렸다. 그것은 신의와 의로 지켜지지 않았다. 새 계약은 다시는 이런 일이 일어날 수 없도록 수립되어야 한다.

마지막 구절은 하나님의 계약을 지키시는 신의와 의(그 자체로 부적절한 것은 아니지만)가 아니라, 어떻게 계약 관계가 영원히 보존될 수 있는지에 대한 단호한 경고와 상기로 해석하는 것이 더 낫다. 동시에 동쪽과 서쪽, 바벨론과 이집트 공동체의 흩어진 일원을 예루살렘으로 부르는 것에 대한 언급은 보다 광범위한 약속에 대한 기대감을 나타내는 것이다. 이와 더불어, 일련의 전체 신탁에서[139] 하나님의 백성을 향한 구원 행위는 모든 열방을 향한 구원 행위로 제시된다. 하나님이 이미 그의 백성을 위해 행동하고 계신다는 사실 속에 희망이 놓여 있다.

뒤이어 오는 스가랴 8:9-10은 다른 요소를 소개한다. 학개와 스가랴의 말씀에 기초한 담화라는 것이 분명하지만, 이 시대 예언자의 직접 화법이라기보다는 일반적으로 포로 후기 상황을 반영하는 것처럼 보이는 요소다. 고통과 좌절에 대한 암시는 예언 자료의 독자에게 한 가지 예시를 제시하는데 사용된다. 이들은 믿음과 회복기에 대한 환상 속에서 자신들을 향한 길을 볼 수 있다.[140] 그러나 이것은 물리적 안녕과 국가적 운명이라는 면에서 새 시대의 운명과 속성의 역전을 강조하는 담화와 정면으로 부딪힌다.

> 만군의 여호와의 말씀이니라
> 이제는 내가 이 남은 백성을 대하기를 옛날과 같이 아니할 것인즉

---

[138] 비교. 호 1:9; 렘 7:23 등.
[139] 슥 8:20-23.
[140] 비교. P. R. Ackroyd, *JJS 3*(1952), pp. 154-6.

곧 평강의 씨앗을 얻을 것이라[141] 포도나무가 열매를 맺으며 땅이 산물을 내며 하늘은 이슬을 내리리니 내가 이 남은 백성으로 이 모든 것을 누리게 하리라(슥 8:11-12).

학개를 분명히 연상시킨다. 이 구절을 스가랴 8:9-10의 회고의 계속으로 간주할 수 있다. 그러나 동일한 본질적 강조는 스가랴에 속한다.[142] 그리고 이 장에서 물리적 안녕에 대한 확신은 예루살렘에 나타나는 하나님의 임재와 이곳으로부터 나오는 축복과 번영에 관한 이전 담화에서 언급된 바의 자연스럽고 적절한 결과다. 스가랴 8:12 서두의 난해한 표현은 여기에서 제시된 것 같은 의미를 지닌 것 같다. 그러나 현재 본문의 손상된 형태가 전체 공동체를 향한 축복을 제안하고자 하는 표현의 수정 결과인지는 모르겠다. 이것은 안녕과 번영의 공동체이다.[143] 이것은 일반적 맥락과 조화를 이루지 못하는 견해는 아니다.

현재의 희망과 과거의 경험 사이의 조화를 상술함으로써, 약속은 확장된다.

유다 족속아, 이스라엘 족속아,[144] 너희가 이방인 가운데에서 저주가 되었으나 이제는 내가 너희를 구원하여 너희가 복이 되게 하리니

---

141 kî hazzeraʿ šālôm으로 읽어라. 비교. Horst, op. cit., p. 242; D. Winton Thomas, IB 6 (1956), p. 1086에서 학 2:19과 비교한다. 70인역 δείξω εἰρήνην은 'ezrᵉʿā šālôm을 제시한다. kî harʿāh šālôm, '그 씨앗'이라는 추측(비교. Procksch, BH³)은 마소라 텍스트의 자음을 따르지만, 아마도 šᵉʿērît를 다시 언급하는 여성형 접미어는 이상하다.
142 비교. 슥 1-2.
143 zeraʿ haššālôm—(이것은) 안녕의 씨앗(= 후손으로 간주되는 '세대' 혹은 '공동체'). 많은 반증이 있지만, (포로 후기) 공동체를 엄청난 재앙 이후 구원받은 거룩한 백성이라고 시사하는, 설명적 주해로 가장 잘 이해되는 사 6:13의 결어인 zeraʿ qōdeš maṣṣabtāh와 비교할 수 있다. 이런 전체 문제에 대한 유용한 언급은 다음을 참조하라. J. F. A. Sawyer, "The Qumran reading of Isa. 6. 13," ASTI 3 (1964), pp. 111-13.
144 '이스라엘의 집'은 아마도 끼어든 것일 것이다. 그러나 이것은 유다 공동체뿐만 아니라 다시 연합된 백성의 이상에도 그 메시지가 적용되는 것을 드러내고 있다. 재연합에 대한 역대기 사가의 관심과 비교할 수 있다.

두려워하지 말지니라 손을 견고히 할지니라(슥 8:13).

포로기의 황폐는 자연스럽게 하나님의 백성을 향한 운명의 완벽한 역전이라는 인상을 심어 준다. 그들은 경고로서, 친구와 스스로에게가 아니라 대적들에게 무엇을 희망해야 할지에 대한 사례로 간주되었다.[145] 새 시대는 국가의 변화와 회복으로 나타나며, 이스라엘의 이름은 아브라함의 이야기처럼 축복을 불러온다.[146] 다시 학개를 회상시키는 마지막 발언은[147] 메시지를 듣는 독자에게 명령으로 들렸을 것이다. 이것은 원래 성전 재건 세대에게 선포된 것이었지만, 이제는 그 시대의 신앙을 상기시키는 역할을 한다. 경험에 바탕을 둔 또 다른 확언이 뒤따라 나온다.

> 만군의 여호와가 이같이 말하노라 너희 조상들이 나를 격노하게 하였을 때에 내가 그들에게 재앙을 내리기로 뜻하고 뉘우치지 아니하였으나
>   이제 내가 다시 예루살렘과 유다 족속에게 은혜를 베풀기로 뜻하였나니 너희는
>   두려워하지 말지니라(슥 8:14-15).

이것은 스가랴 1:1-6을 연상시킨다. 경험하게 된 신적 심판의 확실성은 약속된 신적 구원의 확실성의 보증이 된다. 그러나 다시 주저하는 언급이 나타난다. 약속과 백성의 받아들임은 조건부이기 때문이다.

> 너희가 행할 일은 이러하니라
>   너희는 이웃과 더불어 진리를 말하며

---

[145] 신 28:37; 왕상 9:7f.; 렘 19:8; 25:18; 29:18; 애 2:15f.; 미 6:16(대하 29:8). 다른 곳에서 동일 구절이 다른 나라의 몰락을 언급하는 것에 사용된다.
[146] 창 12:3 등 참조.
[147] 학 1:12; 2:5; 또한 슥 8:9. 8:9-13을 '레위적 설교'로 보는 것에 대해서는 다음을 참조하라. W. A. M. Beuken, *op. cit.*, pp. 156-73.

> 너희 성문에서 진실하고 화평한 재판을 베풀고[148]
> 마음에 서로 해하기를 도모하지 말며
> 거짓 맹세를 좋아하지 말라
> 이 모든 일은 내가 미워하는 것이니라 여호와의 말이니라(슥 8:16-17).

백성의 순종은 초기 예언과[149] 율법을 연상시키는 용어로 표현되고, 구원의 날의 전제 조건이다. 하나님의 확실한 의도(슥 8:14-15)는 의심의 여지가 없다. 그러나 인간이 목적을 이루는 데 방해가 될 수 있다. 심판의 뉘앙스가 아주 잘못되었다는 것이다. 하나님이 보시기에 이것은 이전의 불순종한 세대에게 가해져야 하는 것이었다. 하나님의 말씀의 이중성은 예언적 가르침에 자주 나타나듯 이러한 경고의 말씀으로 나타난다. 인간은 그들을 향한 하나님의 선하신 뜻을 쉽게 놓쳐버린다.

스가랴 7:4-8:17부터 길게 얽힌 전체 단락은 구원 시대의 불확실한 속성을 강조하지만, 대담하게 구원의 실체를 단언한다. 적절하게 금식 질문에 대한 대답이 그 다음에 따라 나온다. 이것은 완전하고, 확신에 찬 진술이다. 그러나 우리가 보았듯이,[150] 이 또한 경고의 언급으로 끝을 맺는다. 현재 구성된 것처럼, 하나님이 이루고자 하시는 바에 대한 기대감으로 전적인 기쁨을 표현하지만, 분명히 스가랴에는 항상 하나님의 행위는 그의 말씀이 인간과 만나는 것에 달려 있다는 인식이 나타난다. 반응을 보이는 공동체에게는 삶과 안녕이 있다. 불순종한 자들에게는 가차 없는 심판이 있다.[151]

진정한 금식 목적의 성취는 기쁨의 축제에서 일어나게 되고, 하나님이 그의 백성을 위해 하신 일을 통해 나타나는 보편적 구원이라는 모티프를

---

148 'ᵉmet의 두 번째 삭제. 슥 7:9 참조.
149 예컨대, 암 5:10, 12 참조.
150 비교. p. 272.
151 호 14:10 참조.

다시 택함으로써 확장된다. 그의 백성을 향한 행위는 그가 누구이신지를 열방에 선포하는 것이다. 이런 행위의 실현을 통해, 하나님의 임재는 세상의 중심, 시온에서 찾아볼 수 있다는 점을 열방에게 보여 준다. 이사야 2:1-4(5)과 미가 4:1-5에 중복된 예언적 신탁에는 다른 위대한 종교적 중심지처럼 지구의 중심부로 간주되는 뿌리 깊은 시온 중심 사상이 나타나고 있음을 상기하면서,[152] 예언자는 열방의 반응과 이런 반응의 이유를 두 개의 발화에서 보여 준다.

> 다시 여러 백성과
> > 많은 성읍의 주민이 올 것이라
> 이 성읍 주민이 저 성읍에 가서 이르기를
> > 우리가 속히 가서 만군의 여호와를 찾고
> > 여호와께 은혜를 구하자 하면
> > (나도 가겠노라 하겠으며)[153]
> 많은 백성과 강대한 나라들이
> > 예루살렘으로 와서 만군의 여호와를 찾고
> 여호와께 은혜를 구하리라(슥 8:20-22).

> 그날에는 말이 다른 이방 백성 열 명이 유다 사람 하나의 옷자락을 잡을 것이라 곧 잡고 말하기를
> > 하나님이 너희와 함께 하심을 들었나니 우리가 너희와 함께 가려 하노라 하리라 하시니라(슥 8:23).

---

[152] 비교. 뒤의 p. 314 n. 61.
[153] D. Winton Thomas: "The interjection of an enthusiastic member of the prophet's audience" (*IB* 6, p. 1088). 아마도 오히려 그곳에 있고 싶은 ('내년에는 예루살렘') 그의 열망을 표현하는 경건한 전승 전달자의 언급으로 이해할 수 있다.

구원의 새 시대는 거룩한 도성과 시온산에 다시 오셔서 그의 백성 가운데 거하시리라는 하나님의 약속을 중심으로 삼는다. 이는 전 세계를 향한 것이라는 깨달음에서 절정에 이른다. 하나님의 백성을 향한 행위에서 보다시피 열방이 하나님의 주장을 받아들이는 것은 그들에게 실제 희망을 제시하는 것이다.

그래서 스가랴는 희망과 확언에 대한 실제 근거를 제시한다. 하나님은 구원하시고, 자신의 것을 되찾으시고, 그의 백성을 향한 행위를 통해 열방에게 자신의 목적과 속성을 선포하신다. 포로 후기 직후의 어려운 시절에 포로와 재앙을 받아들이고, 신적 행위의 현실을 확신하는 것에 대해서 분명하게 설명한다.[154] 이와 더불어, 그 세대에게 하나님이 목적하시는 바를 성취하고, 방해하지 말하고 호소한다.[155]

---

[154] 비교. M. Bič, *Das Buch Sacharja* (1962), p. 15; *Die Nachtgesichte des Sacharja* (BS 42, 1964), pp. 74f.

[155] 우리가 땅에서 기대했던 사건을 천상 세계에서 성취한 것에 대해서 G. von Rad(*Theology* II, p. 288)가 사용한 의미대로 이 용어를 사용한다 할지라도, 종말론이 엄격하게 강조되지 않는 점을 강조해야 한다(비교. S. Mowinckel, *He that Cometh* [영역, 1956], pp. 121f.).

제12장

포로와 회복: 시대 사상의 다른 측면

앞의 장에서 조사를 할 때, 포로를 경험하고 묘사하는 방식을 이해하고자 구약성서 자료의 주요 모음집을 활용했다. 회복기 동안, 이 시대에 학개와 스가랴의 사역과 공동체의 삶의 부활 사이의 밀접한 관련을 고려할 때 두 예언서에 주로 치중하게 된다. 6세기를 반영하는 다른 많은 구절이 구약성서에 있다. 그러나 이런 자료에는 연대 추정이 분명하지 않고, 불가피하게 의심스러운 요소가 들어 있다.

동일 집단 내에서 논증하는 것은 분명 위험하다. 포로기의 상황을 다소 반영하는 것 같거나 페르시아 통치 하에서 공동체를 회복하고자 한 자들의 상황을 드러내는 듯한 것을 근거로 삼아서 한 구절을 특정 시기의 것이라고 할 수 있다. 그리고 시기를 밝히는 데 이를 사용하고, 이것이 제시하는 증거에 대해 부당한 추론을 하기도 한다.

이런 이유로 인하여, 본 연구에서는 부과된 모든 자료를 선택하지는 않는다. 이 짧은 장에서 소수의 구절만 간략하게 논의하고자 한다. 아마도 사건과 동시대나 동시대인의 태도,[1] 그리고 불가피하게 그런 태도에 대한 후대 발전을 조금이나마 알려 주는 것 같은 구절들을 논의할 것이다. 여기에서의 논의는 어느 정도 다음 장에서 6세기의 사건과 사상의 보다 장기적 영향을 살펴보고자 하는 시도와 겹친다. 여기에서 논의되거나 언급되

---

1 비교. J. Scharbert, *Die Propheten Israels um 600 v. Chr.* (Cologne, 1967), pp. 479-99.

는 구절을 완벽하게 다루지 못할 것이다. 또한 완벽하게 문서화하거나, 제시된 매우 다양한 해석을 검토하려는 시도도 하지 못할 것이다. 이런 일은 적절하다고 생각하는 것보다 더 많은 공간을 필요로 하기 때문이다. 또한 이는 불균형을 낳게 하고, 자료를 필요 이상으로 더 많이 강조하게 만들기 때문이다. 모든 것을 고려해 보면, 이 구절들은 다른 상황을 반영하는 것일지도 모르기 때문이다.[2] 본 주석은 이미 착수된 유사한 주제의 등장을 보여 주고자 한다.

우리의 관심사는 실제 포로의 경험과 연관된 신탁과 시편에 있으며, 후자의 경우처럼, 연대는 후대일지라도 회복을 반영하는 제3이사야와 말라기의 구절에 특별히 관심을 두고자 한다. 그러나 5세기 초의 상황은 성전 재건의 시기와 뒤따르는 다소 평범한 시기와 매우 밀접하게 연결되는 것으로 보인다.

---

2   본 연구는 이제는 흔히 반복되는 J. Morgenstern의 견해를 고려하지 않는다. 그는 과거 수년 동안 일련의 논문을 통해, 여기에서 논의되는 성문서의 매우 상당한 부분이 사실 기원전 485년의 대변동에 속한다는 것을 지속적으로 논증하였다. O. Eissfeldt, *Introduction*(색인 참조)에서 1965년까지의 이런 논문을 언급한다. Morgenstern이 구약성서의 상당한 부분을 실제로 입증되지 않은 역사적 상황과 연결시키고, 구약성서 자료의 연대 측정이라는 풀리지 않는 문제의 만병통치약을 찾아내려고 한 첫 시도도 아니며, 마지막 시도가 되지도 않을 것이다. M. Buttenwieser (*The Psalms Chronologically treated* [Cambridge, Mass, 1938; reprint New York, 1969])에서 많은 시편을 기원전 5세기로 보고, 대체로 이 시기로 연대 측정된 시편을 근거로 하여, 이 시기의 역사를 저술하였다. R. H. Kennett ("The Historical Background of the Psalms," in *Old Testament Essays* [Cambridge, 1928], pp. 119-218)를 포함한 다양한 학자들은 이 시기에 대한 상대적으로 충분한 지식에 근거하여, 혹은 부분적으로 임의적 이론에 근거하여, 대부분의 시편 혹은 전체 시편을 마카비 시기로 본다. 시편의 상세 사항에 대한 추가 언급을 통해 이 시기를 밝힐 수 있었다. 이런 절차는 그 자체의 저작에서 방어하는 것보다, 다른 저자의 저작에서 추적하고 비판하기가 항상 더 쉽다.

제12장 포로와 회복: 시대 사상의 다른 측면

1. 포로 상황을 반영하는 구절

1) 정복자 바벨론에 주로 집중하는 심판 신탁

개별 주요 예언서는 '열방 신탁'[3] 모음집을 포함한다. 그리고 매우 소규모 모음집은 예언서의 다른 곳에서 찾아볼 수 있다.[4] 모음집의 구조와 목적에 대하여 많은 논의가 있었다.[5] 그러나 그들의 기원에 대한 다양한 이론이나 제의나 공동체의 삶의 다른 장소에서 그에 맞는 상황을 찾고자 하는 시도들을 고려하기에는 이곳이 적절하지 않다. 현재 목적을 위해서, (특히 이스라엘이 포로기에 개입한 열방을 비롯하여) 열방의 파멸 선포는 6세기 공동체와 계승자들이 그 자체의 상황을 살펴보는 방식을 평가하는 데 이용할 수 있는 자료의 일부라는 점을 언급하는 정도면 충분할 것 같다.

유다에 대한 신적 심판의 도구로 간주되는 바벨론은[6] 많은 구절에서 스스로 심판 아래 놓이게 된 것으로 묘사된다. 예레미야 51:59-64에서 배경은 시드기야 제4년 바벨론에서 특사들이 행한 상징 행위를 수행할 때 선포된 것으로 묘사된다. 바벨론에 대한 맹렬한 비난(분명히 앞선 렘 50-51장에서 이 주제를 언급하고, 이 장들의 구절은 일종의 간기[刊記]를 제공한다)은 바벨론의 영원한 몰락의 상징으로써 책(sēper)에 기록되고, 유프라테스강 속에 잠기게 된다.

예레미야 46-51장은 다른 나라에 대한 많은 신탁, 특히 바벨론을 통한 나라들에 대한 심판과 연관된 일련의 신탁을 포함한다. 그러므로 이집트

---

[3] 사 13-23; 렘 46-51; 겔 25-32.
[4] 비교. 암 1:3-2:3; 옵; 습 2장; 나훔은 앗수르라는 한 열방에 집중한다는 점에서 다르다. 그리고 하박국은 자료를 해석하는 어려움과 다른 열방을 언급하는지 혹은 이스라엘을 언급하는지를 결정하는 어려움을 고려할 때, 더 문제가 된다.
[5] 비교. N. K. Gottwald, *All the Kingdoms of the Earth* (New York, 1964)과 참고 문헌, pp. 395-418.
[6] 앞의 p. 72을 참조하고, 사 23:13에서 두로에 대한 심판과 관련된 선포를 바벨론에게 적용하는 것에 대한 언급도 참조하라. 이것은 원래 신의 도구였던 앗수르가 수행해 왔던 것이다.

는 예레미야 46장에서 다루어진다(비교 가능한 파멸을 선포하는 렘 48:8-13에 묘사된 상징적 행위와 이것을 비교할 수 있다). 예레미야 47-49장은 지리적으로 유다와 밀접하게 연관되는 나라를 다룬다. 즉, 블레셋, 모압, 암몬, 에돔, 다메섹, 그달과 하솔이다(렘 27:1-11의 내러티브와 신탁 자료의 이웃 나라에 내리는 심판의 징후와 이것을 비교할 수 있다).

예레미야 전승에는 초기 단계에서 특히 아모스와 이사야에서 발전된 다른 나라에 대한 일종의 선포 자리가 분명히 있다. 차후 이런 담화는 재적용되고 실체화되지만, 비교 가능한 초기 두 예언자의 담화에서처럼, 이 신탁의 일부는 예언자와 밀접하게 연관되어 있다. 사실상 담화의 일부와 다른 예언자 자료 간의 연결성 때문에 여기에는 구체적인 문제점이 있다.[7] 따라서 현재 예언서 등장 이면의 분명히 긴 역사를 지닌 양식에는 전형화된 어법이 상당량 사용되었을 가능성을 감안한다 해도 문학적 문제는 있다.

다양한 나라에 대한 심판은 부분적으로 바벨론의 손에 놓이게 되었음을 보여 준다. 그러므로 예레미야 46장에서 이집트를 다루고 있는 몇몇 구절이 보여 주는 것처럼, 예레미야 9:28-33은 이 연결 고리를 구체적으로 보여 준다. 다른 구절들은 그만큼 분명한 역사적 연결은 보여 주지 못한다. 예레미야 모음집으로 돌리는 것과 보다 정확한 연대기적 암시를 담고 있는 구절들과 연결된 위치를 제외하고, 이 시기와 이 구절을 연결할 만큼 충분한 암시가 있는지는 불분명하다. 예레미야 49장의 마지막 구절(34-39절)은 엘람 담화를 소개하는데, 이 담화가 위치한 맥락과는 거의 무관한 것처럼 보인다.

이사야 13-23장의 비교 가능한 모음집 역시 초기 요소를 담고 있다. 재적용의 징후는 이사야 13-14장(14장[25절을 보라]은 원래 사실상 앗수르에 대한 선포였지만, 이제 13장이 제시하는 바벨론 언급으로 종속된다. 그리고 14장의 서두 구절)에서, 그리고 이미 언급했듯이 이사야 23:13에서도 찾아볼 수 있다. 게

---

[7] 오바댜와 렘 49장의 일부의 관계와 렘 49:27과 암 1:4의 관계를 참조하라.

다가, 이사야 21:1-10에는 바벨론 신탁이 있는데, 이에 대해서 앞으로 더 언급을 해야 한다. 예레미야 25장(70인역 양식에는 마소라 텍스트 46-51장의 열방 신탁을 포함한다)처럼, 이사야 13-23장은 24-27장의 보다 광범위하고, 보다 '묵시적'인 일련의 발화로 이루어진 현재의 형태에서 최고조에 이른다.[8] 에스겔 25-32장은 전통적으로 배경과 연대로 설정되는 상황에 여러모로 보다 밀접하게 속하는 것처럼 보인다.[9] 이는 유다가 개입된, 특히 유다의 이웃들이 유다와 동일한 재앙에 연루되는 한에 있어서, 보다 더 광범위한 심판 행위의 상황을 표현한다.[10]

예레미야 50-51장의 바벨론 신탁은 난해한 문제를 야기한다. 특히, 예레미야 전승의 다른 부분에 따르자면(렘 29:7), 예레미야 51:59-64의 진술에 의해 이 신탁은 바벨론의 안녕이 포로민의 안녕과 필수불가결하게 관련된 것으로 묘사되는 시점과 연결되기 때문이다. 예레미야 25:12ff.에서 원래는 반(反)유다 진술이 적대자들을 향한 심판의 말로 치환되는 듯이 보이는 것처럼, 예레미야 전승이 반(反)바벨론 사상의 다른 암시도 포함하는 것은 사실이다. '묵시적' 종류의 유사한 절정을 이 장에서 찾아볼 수 있다. 예레미야 25:15-26의 열방 선언의 간략한 요약은 예레미야 25:27-38의 보다 일반적 진술을 소개하고 있다.

이사야 13-14장처럼, 예레미야 50-51장은 심판 사상을 거대한 정복 세력에게 적용한다. 특히, 신탁 자료의 재배치를 상세하게 볼 수 있다. 북쪽에서 시온을 향해 오는 대적에게 선포하는 신탁인 예레미야 6:22-24은 예레미야 50(9):41-43에서 다시 사용되고, 바벨론에게 적용된다. 마소라 텍

---

8 '묵시'라는 용어는 여기에서 편의를 위해서, 그리고 이와 같은 구절이 실상 그와 같이 기술적 의미에서 묘사될 수 있는지 여부에 대해 어떤 선입견 없이 사용한다.
9 비교. 겔 26:1; 29:1; 30:20; 31:1; 32:1, 17.
10 여기에서 암몬(비교. 겔 21:23-26, 33-37), 모압, 에돔, 블레셋은 간결하게 다루어지고 있다(겔 25장). 두로는 보다 길게 다루어진다(겔 26-28장). 그리고 이집트(겔 29-32장; 비교. 렘 46장)도 길게 다루어진다. 놀랍게도, 에스겔은 바벨론 함락에 대한 전망을 담고 있지 않다. 겔 32:17-32의 결론은 보다 '묵시적'이고, 이는 이집트에 대한 심판과 밀접하게 연결된다. 그리고 겔 38-39장은 보다 일반적인 '묵시적' 표상을 제시한다.

스트의 제시를 보면, 바벨론 신탁이 절정을 형성한다.[11] 유사하게, 덧붙여서 이사야 21장은 다른 관점의 바벨론 몰락 신탁을 포함하지만, 이사야 13-14장은 열방 신탁 모음을 선두에 둔다.

이 모든 경우 결국 바벨론은 더 큰 명성을 얻게 되리라는 징후가 나타난다. 그리고 이것이 포로기의 구체적인 역사적 정황 이상의 것을 반영하지는 않는지 바로 질문해야 한다. 곧 논의할 시편도 마찬가지지만 에스겔에서 반바벨론 견해를 찾아볼 수 없는 이유는 대단한 명성을 얻은 바벨론을 대항하여 맹렬하게 적대적인 태도를 보이기에는 상대적으로 기회가 제한되었기 때문이다. 그리고 이사야 21장의 가능한 해석에서 볼 수 있는 것처럼, 포로 후기에 가서야 보다 신랄한 진술을 시작할 수 있었음을 암시한다. 예레미야 50-51장의 상세한 제시는 실제 역사적 조건에 빚지고 있다. 그러나 이 정교한 구조는 차라리 포로기를 점차적으로 '이상화'하는 것에 더 빚지고 있다. 그래서 이 자료의 검토는 나중에 후대 사상에서 포로기의 의미를 말하는 것과 후대 신학 사상에서 최상의 대적이라는 명성을 바벨론에게 부여한 것과 관련된다.[12]

만약 그렇다면, 주요 반바벨론 자료에 통합되지 않은 이사야 21장이 말하자면 기본 텍스트를 제시하지 않는지 검토해 보아야 한다. 이로부터 이런 보다 정교한 구절을 살펴보아야 한다. 갈링은 이사야 21:1-10을 나보니두스 시대와 연결시키고,[13] 이 구절과 바벨론 통치의 마지막 시기에 관한 입수 가능한 정보, 여기에서 주장되는 도성의 몰락 전망(9절), 기원전 545년 이후 북아라비아 지역의 정치 상황과 관련된 이사야 21:11-12, 13-15

---

[11] 다음의 논의를 참조하라. C. Rietzschel, *Das Problem der Urrolle* (Gütersloh, 1966), pp. 45ff.에서 이런 배열은 70인역보다 더 초기의 것이라고 논증한다. 70인역은 헬라 시대의 정치적 상황에 영향을 받았다. 그러나 그가 제대로 인지하고 있듯이(p. 46), 어떤 형태도 원래의 순서를 보존하지 않고 있다. 마소라 텍스트에서 바벨론 신탁의 위치는 분명히 의도적이다.

[12] 비교. pp. 243-47.

[13] "Jesaia xxi im Lichte der neuen Nabonidtexte," in *Tradition und Situation*, ed. E. Würthwein and O. Kaiser (Göttingen, 1963), pp. 49-62; E. Janssen, *op. cit.*, p. 12에서도 일반적으로 이 장을 포로기 상황으로 본다.

의 신탁 사이에 연결점이 있다고 제안한다. 이미 보았듯이 바벨론을 향한 적대감은 나보니두스 통치 시대인 후기 포로기로 보는 편이 어떤 면에서 더 나은 이해일지도 모르겠다.[14] 이사야 46:1-2을 보아 판단하건대, 훨씬 더 오래되고 전통적인 요소가 여기에서 정교화되고, 포로기의 구체적 상황에 적용되지만, 바벨론 신들을 비웃는 것(렘 50:2-3처럼)과 이 시기를 연결하는 것은 적절해 보인다.[15]

이사야 13-14장과 예레미야 50-51장의 전체 복합체는 다양한 요소를 담고 있는 정교한 구조로 보인다. 특히 후자는[16] 다른 곳과 평행을 이루는 많은 것을 담고 있다. 이사야 14장에서 계명성(사 14:12ff.) 같은 신화적 형태로 제시된 폭군의 몰락, 이미 언급한 신들을 비웃는 것(렘 50:2-3), 적대적 세력의 부상(사 13:17과 렘 51:11, 28의 메대; 비교. 사 21:2의 엘람과 메대), 혹은 자료의 다른 부분보다 더 일반적인 묘사(비교. 렘 50:9ff.), 포로 방면(렘 50:33ff.; 사 14:2)과 같은 주제를 찾아볼 수 있다.

두 군데 구절 사이사이에 바벨론에서 도망하라는 명령(렘 50:8, 28), 회개의 부름이나 그에 대한 약속(렘 50:4f.), 회복과 보호에 대한 약속(렘 50:17-20; 사 14:1-3)이 들어가 있다. 보다 더 큰, 아마도 예전적 양식으로 엮이게 된 다른 시기와 기원의 요소들도 여기에 들어 있다는 것은 의심의 여지가 없다. 특히 대적의 몰락 묘사에서 사용된 시는 매우 강력하다. 포로에서 풀려난 경험의 기쁨을 표현하고, 또 이에 대한 성찰을 대변한다. 이제 이 자료는 단순한 역사적 상황의 한계를 넘어선다.

유사하면서도, 정확한 역사적 상관관계라는 전체적 문제와 무관하지 않은 것이 에돔 신탁이다. 이미 언급한 분류에서 찾아볼 수 있는 것 외에도, 이사야 34장, 에스겔 35장, 오바댜, 말라기 1:2-5이다. 포로기 상황 때문

---

14 비교. pp. 36ff.
15 이런 요소는 많은 시편 구절에서 찾아볼 수 있다(예. 시 115:4-8). 그러나 또한 출애굽 전승(재앙 설화와 출 9:15ff.에서 암시적으로), 삼상 5-6장의 법궤 설화, 그리고 렘 2:13 같은 구절에서도 찾아볼 수 있다.
16 다음의 분석을 참조하라. O. Eissfeldt, *Introduction*, p. 362.

에 특히 많은 발화를 하게 되었을 것이다. 오바댜가 암시하는 것처럼[17] 유다가 약화된 상태로 말미암아 에돔이 이익을 얻게 된 구체적 상황은 비통한 감정을 분출시켰을 것이다.

그러나 에돔을 향한 적대감은 매우 오래된 모티프다. 포로기에서만 이런 구절을 생산할 수 있다고 확신하기에는 에돔과의 관계가 충분히 상세하게 알려진 바가 없다. 여기에서 그런 언급의 양식화를 추적할 수 있고, 에돔은 적대국의 한 '유형'이 된다. 신탁을 통해 정확한 포로기 경험을 논증하는 것은 적절하지 못하다. 에돔을 향한 적대감의 표현은 일련의 복잡한 역사적 경험에서 기원한다. 그리고 이는 하나님과 그의 목적에 반대하는 적대적 세상에 대한 이스라엘의 이해가 발전해 가고 있음을 보여 준다. 이 점에서 역사적 경험은 영향을 끼치지만, 결정적인 단 하나의 요인은 아니다.

이 자료의 연대 대부분이 불확실하기 때문에, 포로기 동안 이스라엘의 자기 위치에 대한 관점은 적대적 바깥 세상과 관련을 맺으면서 발전해 갔다는 그 이상의 말을 할 수는 없다. 이런 발전은 신적 행위의 증인으로서 열방의 위치를 인식할 수 있게 되는 등 결코 부정적인 것만은 아니었다.[18] 그러나 백성을 향한 하나님의 목적의 보다 긍정적 평가를 통해, 적대적 세상과 열방의 살육과 멸망에 대한 인식은 발전하게 된다. 이것은 훨씬 초기의 시편(예, 시 2; 46)에서 발견할 수 있는 요소이며, 묵시적 표상의 최후 전쟁에서 발전의 절정을 찾아볼 수 있다.[19]

---

17 렘 49장의 평행 구절은, 기원전 587년의 재앙을 정확하게 언급하는 것 같은 결정적인 구절인 옵 11-14을 포함하지 않는다. 비교. O. Eissfeldt, *Introduction*, p. 403; E. Janssen, *op. cit.*, pp. 18f. 오바댜에 대해서는 다음을 참조하라. G. Fohrer, "Die Sprüche Obadjas," in *Studia Biblica et Semitica T. C. Vriezen deàicata* (Wageningen, 1966), pp. 81-93.
18 에스겔과 제2이사야에 대해서는 다음을 참조하라. pp. 115ff., 136.
19 열방 신탁의 '묵시적' 절정으로 향해 가는 배열은 이미 언급했다. 또한 옵 15ff.에서도 볼 수 있다. 열방의 운명에 대한 선포는 '야웨의 날'과 연결된다. 앞의 pp. 48f. 참조. 다음도 참조하라. 오바댜에 대해서는 다음을 참조하라. O. Eissfeldt, *Introduction*, p. 403. 그리고 사 13:34과 다른 구절에 대해서는 다음을 참조하라. G. von Rad, *JSS* 4 (1959), pp. 99f.

2) 시편에 나타난 포로 암시

시편에서 바벨론 포로에 대한 유일하고 명백한 언급인 시편 137편에는 역사적 관계라는 이런 문제점들과 유사성이 있다.[20] 이미 언급하였듯이, 또한 로하(Lauha)가 강력하고 올바르게 주장하였듯이,[21] 이 시편이 암시하거나 작품 구성을 촉진하였을 경험의 정확한 순간을 포착할 수 있을 것처럼, 단순한 의미에서 역사적 언급을 살펴보는 것은 실수이다. 오히려 이것은 향수와 좌절, 그리고 복수 욕구에 대한 시적 묘사이거나 일반적인 인상으로 볼 수 있다.[22] 이것은 역사적이 아니라, 시적으로 고찰된 바벨론이다.

포로기 상황에 대한 여타 암시를 시편에서 제대로 찾아낼 수 있는지는, 확실한 진술이 아닌 것을 해석해야 한다는 불확실성에 달려 있다. 로하는[23] 시편 66:10ff., 90:15, 106:46, 136:28f., 148:14에서 포로기의 좌절에 대한 표현을 찾아 본다. D. R. 존스(D.R. Jones)는[24] 얀센(Janssen)의 시편 44, 74, 79, 89, 102편 사용을 인용한다.[25] 그리고 시편 40, 51, 69, 102편을 증거로 제시하고 제3이사야의 구절과 연결함으로, "예루살렘 제단은 새로운 제단이 세워질 때까지 기원전 586년 이후 제사를 위해 사용되지 않았다"라는 자신의 논제를 확증하고자 한다.[26] 그러나 그가 적절하게 인정했듯이,[27] 이 시편의 연대가 다르게 제기되고 있다. 여기에서 동일 계통 내 논증의 위험성이 명백히 드러난다.

J. 베커(J. Becker)는[28] 포로 방면과 열방을 향한 이스라엘의 입장 표명을

---

20 또한 pp. 57f. 참조.
21 A. Lauha, *Die Geschichtsmotive in den alttestamentlichen Psalmen* (AASF 56, 1945), pp. 123f.
22 A. Lauha, *loc. cit.*
23 *Op. cit.*, p. 124.
24 *JTS* 14 (1963), pp. 24ff.
25 *Juda in der Exilszeit*, p. 19.
26 *Op. cit.*, p. 30.
27 *Op. cit.*, p. 24 n. 1.
28 *Israel deutet seine Psalmen* (Stuttgarter Bibel-Studien 18, ²1967), pp. 41-68.

참고로 삼아, 자신이 "종말론적 재해석"이라고 부르는 것과 비교할 수 있는 언급을 추적한다. 다른 초기 주석가처럼, 그는 시편의 초기 요소와 후대 포로기에 이루어진 수정을 구분하고자 한다.[29] 그래서 그는 시편 102편에서 2-12절과 24-25a절을 본래 개인 탄원시로 구분하고, 13-23절, 25b-29절을 포로지에 있던 백성의 상황과 시온으로의 귀환을 언급하는 것으로 구분한다.[30] 또한 그는 이런 시편 자료에서 포로에서 풀려나는 것은 열방 세계와 연결된다는 견해를 찾아 낸다. 왜냐하면 결국 포로 자체는 그런 적대감에서 기인하는 것으로 간주되기 때문이다.[31]

옛 시편이 계속해서 사용될 뿐만 아니라, 새로운 상황에서 이해되고 다소 수정되었을 가능성을 인식하고 있다는 점에서 이런 시도는 흥미롭다. 베커의 연구를 한 가지 사례로 볼 수 있는데, 재해석의 논점으로 포로기에 상당한 관심을 집중하고 있기 때문이다. 그러나 이런 견해는 많은 시편 주석서에서 찾아볼 수 있다. 불행히도, 자료를 다른 좌절의 상황이 아닌 한 가지 경우의 좌절 상황에만 적용해야 할 정확한 증거를 발견할 수 없다는 점은 확실하다.

이는 부분적으로 시편이 관례적이며 전형화된 구절을 상당히 사용하기 때문이다. 또한 부분적으로 경험과 신적 행위에 대한 보다 일반적 이해, 즉 궁극적으로 역사적 회상과 '신화적' 유산을 결합하는 것과 연결된 이해의 관점에서 특별한 상황을 해석하는 경향이 있기 때문이다.

---

[29] 이 방법의 극단적 사례는 다음에서 찾아볼 수 있다. C. A. and E. G. Briggs, *The Book of Psalms*, 2 vols. (ICC, 1906/7).
[30] 그래서 시 69편에서 개인 탄원시는 유사하게 특히 시 69:34ff.에서 확장된다. 시 22:28-32에서는 포로기라고 표시한다. 시 107:2-3, 33-43; 118편은 감사 예전에서 취한 요소에 대한 재해석 때문이라고 Becker는 생각한다. 또한 유사하게, 시 66; 85; 59: 9-10; 56편; 54편; 108편; 68편. 이 목록은 완전하지 않다. 회복의 희망으로 끝나는 시 14편=53편을 비교하는 것은 당연하다.
[31] 비교. *op. cit.*, p. 42.

3) 애가의 구절

이미 간략하게 언급한 애가의 시편과 더불어, 위에서 언급한 일부 시편 (특히, 시 44; 74; 79)을 동일하게 여기에 포함할 수 있다.[32] 애가의 시편은 기원전 587년 예루살렘 함락을 반영하는 것으로 볼 수 있고, 초기에 활용되었다.[33] 일군의 시편과 이와 유사한 시편은 포로기 상황과 정확하게 나란히 놓을 만한 것을 거의 담고 있지 않다. 그래서 이 시기의 경험 속에서 새로운 의미를 갖게 된 시라고밖에 추정할 수 없다.

이런 탄식은 한 시기에만 한정되는 것이 아니고, 그런 상황에서 이해될 수 있는 것이다. 특별한 애곡 제의의 준비를 상정할 필요가 없다.[34] 심판 아래 놓인 상태에 민감하면서, 비교적 설명하기는 힘들지만 재앙을 신적 호의가 철회된 것으로 간주하는 한, 이미 존재하는 제의, 즉 애곡 양식의 확대는 새로운 강조점을 지니게 되고, 공동체의 고뇌를 적절하게 표현하게 되었을 것이라고 쉽게 추정할 수 있다.

제3이사야의 신탁 역시 이런 종류의 구절을 포함하고 있다. 이 장들은 빈번하게 추정되는 회복기 상황보다는 재앙과 이를 수용하는 문제에 관심을 두고 있기에, 구절들은 예루살렘의 함락과 상대적으로 가까운 시대에 속한 것일 수 있다. 그러므로 이사야 59:1-15a은 재앙을 초래한 죄와 백성의 현재 상황을 살펴보게 만든 믿음 없음을 숙고한다.

그러나 포로기 이후 삶의 회복의 지연과 어려움의 결과, 여기에서 고레스 정복 이후, 좌절된 희망의 징후와 하나님의 손이 "구하기에는 너무 짧아" 보이고, 하나님의 귀는 "듣기에는 너무 어두워" 보이는 상황(사 59:1)에 대한 고찰을 볼 수 있다. 70년의 재앙이 여전히 지속되고 있다고 보는 스

---

[32] 비교. pp. 74f.
[33] 비교. pp. 74ff.
[34] H.-J. Kraus, *Worship in Israel* (영역, Oxford, 1966), p. 226; *id. Klagelieder* (*Threni*) (BK 20, ²1960), pp. 8ff.

가랴 1장은 하나님의 구원 목적에 대한 신적 확언을 대답으로 듣는다.[35] 이 대답은 하나님에게서 백성을 잘려나가게 했던 실패의 기억과 구원자로 다시 오실 하나님의 행위를 확신한다는 점에서 이중적이다(사 59:15b-21).

유사하게, 이사야 63:7-64:11의 애곡의 긴 시편(구조가 애곡 시편이라고 선언한다)[36] 역시 이 암시의 일반적 속성 때문에 정확한 연대를 측정할 수 없다. 구체적인 역사적 상황에 대한 정확한 암시라고[37] 특정 진술을 해석하는 것(예컨대, 사 63:16의 문제적인 아브라함 언급)은 위험하다. 여기에 절대로 분명한 암시라고 볼 수 없는 역사적 언급이 나타난다. 그러나 종교적으로 민감해서 자신들이 속한 역사적 공동체에서 분리되었다고 느끼는 자들에게 이는 적절한 좌절 공식 중 하나였을 개연성이 매우 높다. 이런 탄원은 587년 사건에 가까울 것이다. 동일하게, 재앙뿐만 아니라 성전이 여전히 옛 영광을 회복하지 못하는 시대가 계속되고 있다는 낙담과 좌절에 대한 반응을 묘사하는 것으로 볼 수 있다.

2. 회복을 반영하는 구절

이사야서의 마지막 장들은 성전 재건에 상당히 집중하고 있다.[38] 이사야 60장의 새 예루살렘의 영광에 대한 묘사는 신적 영광의 출현, 열방의 재물 수집,[39] 세상의 삶에 대한 새롭게 명명된 도성의 중요성을 강조한다. 이것은 사실상 야웨의 도성으로, 새 시대를 표현하기 위해 새롭게 명명된 벽과 문이 있다. 성전과 도성의 재건은 제3이사야의 빈번한 주제인 하나님의

---

35 비교. pp. 231f.
36 예컨대, J. Muilenburg, *IB* 5 (1956), pp. 728f.
37 비교. 아브라함 구절에 대해서는 예컨대, L. E. Browne, *Early Judaism* (1929), pp. 70-86에서 전체 구절을 "사마리아인 예언자의 통곡"으로 묘사한다.
38 비교. T. Chary, *Les prophètes et le culte* (1955), p. 97.
39 비교. 학 2:6-9.

영광의 임재를 보여 준다.⁴⁰

다시 제3이사야는 회복, 포로의 귀환, 시온의 구원을 선포하는데, 제2이사야를 매우 강력하게 연상시킨다. 특히 새 땅과 회복된 삶이 있다. 새로운 백성은 하나님과의 관계로 돌아왔기 때문에(사 62장) 새 하늘과 새 땅에 자리를 잡는다. 여기에서 삶은 더 이상 박탈되거나 헛되지 않을 것이다. 그러나 안전할 것이고, 자연 세계의 완벽한 재질서화가 있을 것이다(사 65장).⁴¹ 새 공동체로 이방인과 고자가 들어올 것이며, 백성의 삶 속에서 그들에게 생명과 이름의 유업이 부여될 것이다. '이스라엘의 흩어진 자들'을 모으고, 이보다 더 많은 자들을 모으게 될 것이다(사 56:1-8). 모든 백성의 중심은 성전이 될 것이다(사 56:7).

회복의 희망과 더불어 또한 잠정적으로 시편 126편을 둔다. 이 시편은 원래는 보다 일반적 의미에서 회복과 관련된 것처럼 보이지만 특히 추수와 연관된(시 126:5-6) 나중에는 포로 이후 국가적 회복을 다루는 것으로 이해된다.⁴²

제3이사야의 신탁이 묘사하는 것처럼, 회복의 결과는 분명히 백성의 현 상황과 연결된다. 지도자에 대한 비판과 우상 숭배 관행에 대한 고발을 볼 때, 약속이 실현되기에는 공동체가 적절하지 않다는 점을 분명히 밝히고 있는 이사야 56:9-57:13처럼, 이 암시는 이해하기가 쉽지 않다.⁴³ 종교적 준수

---

40 비교. 사 59:19; 60:1-2, 7, 13; 64:10; 66:11, 18-19. 비교. K. L. Schmidt, *EranosJahrbuch* 18 (1950), p. 224; N. W. Porteous, "Jerusalem-Zion: The Growth of a Symbol," in *Verbannung und Heimkehr* (1961), p. 248=*Living the Mystery* (1967), p. 108. 제2·3이사야의 '위로 받는 예루살렘'(Gerusalemme consolata) 주제는 다음을 참조하라. E. J. Tinsley, *The Imitation of God in Christ* (1960), p. 47; A. Causse, *Du groupe ethnique à la communauté religieuse* (1937), pp. 210ff.; id., *Israël et la vision de l'humanité* (1924), pp. 59-67.
41 이것은 슥 8에 나타난 주제다(비교. pp. 275f.).
42 *šûb šebût*의 해석은 다음의 논의와 자료를 참조하라. W. L. Holladay, *The Root Šûbh in the Old Testament* (Leiden, 1958), pp. 110ff.; A. Lauha, *op. cit.*, pp. 124f.에서 이 시편 역시 역사적이라기보다는 오히려 종말론적이라고 견해를 밝힌다. 혹은 이것은 다른 어떤 경우를 나타낼 수 있다.
43 우상 숭배 행위는 다음을 참조하라. D. R. Jones, *JTS* 14 (1963), pp. 18f. Jones가 상기시켜 주듯이, 정확한 암시는 해석하기 힘들다. 그러나 우리가 사실상 가나안 관행의 부활에 대한 정확한 언급을 갖고 있는지, 아니면 전통적인 용어로 우상 숭배를 묘사한 잘못된 사상에 대한 암시를

의 공허함(사 58:1-12, 13f.)은 하나님의 속성, 즉 구원을 허락하는 것이 하나님의 뜻이라는 것에 대하여 잘못된 태도를 보여 준다. 유사하게, 학개 2:11-14처럼 성전 이해 역시 예레미야 시대만큼이나 제한적인 것(사 66:1-2)이 분명하다.[44] 하나님이 마치 하늘 보좌에 앉아 계시는 것이 아니라 갇혀 있다는 잘못된 개념을 갖고 있다. 하나님은 그의 영광을 성전에서 나타내 보이지만, 결코 성전에 매이지 않는다(사 64:10 등). 사실상 이와 더불어, 제사가 그 자체로 자동적 효과를 낳는다고 상상하면서, 하나님이 요구하시는 바에 응답하지 않는 자들이 드리는 제사 관행을 비난한다(사 66:3-4).[45]

제3이사야가 포로 후기 공동체의 실제적 필요에 따라 제2이사야의 가르침의 핵심 사항을 적용한 것을 대변한다는 주장이 일반적 견해다. 이는 많은 인정을 받아 왔다.[46] 예언자의 명백한 목회적 관심사(비교. 사 61:1ff.), 명령과 경고, 병행하는 위험과 약속에 대한 인식은 에스겔과 신명기 학파와의 연결 고리를 제시한다.[47] 지속되는 연기와 실망에도 불구하고 신적 행위의 실제성에 대한 확신과 약속이 실현될 수 있도록 좋은 백성이 되어야 할 필요성을 인식하고 있다. 학개와 스가랴와 더불어 제3이사야는 유사한

보고 있는지는 불분명하다.

[44] 비교. 렘 7; 26. 비교. R. E. Clements, *God and Temple* (1965), pp. 84f.; M. Haran, *IEJ* 9 (1959), pp. 91f. 주석가들이 지속적으로 거부했지만, J. D. Smart가 자연스러운 것이라고 주장한 해석(*History and Theology in Second Isaiah* [1965], pp. 281ff.)에 대해서는, 그가 제대로 인식하지 못한 학개와 스가랴의 성전 이해와 관련하여 이미 언급하였다(비교. p. 156 n. 15. 또한 학개와 스가랴에 대한 유사한 오해는 다음을 참조하라. C. Westermann, *Isaiah 40-66* [영역, OTL, 1969], p. 413). Smart가 이사야서의 다른 곳에 나타난 성전을 향한 애정적 평가를 해명하기 위해서, 사 44:28; 56:1-7; 58:13-14 같은 구절에 책임을 지닌 '정통적인 편집자'(orthodox editor)에게 의존할 수밖에 없다는 점을 추가로 언급한다(p. 282 n. 1). 비록 다소 일관성 없이 다른 곳에서(p. 25) 그는 성전을 향한 이런 사랑을 초기("이것이 하나님의 말씀을 듣기를 완고하게 거부하였던 자들의 요새가 될 때까지," p. 258)의 것으로 돌린다.

[45] 이것은 많은 질문을 남기고 있고, 실제 수행된 이방의 관행을 암시할 수도 있지만, 이 구절에 대한 가장 그럴듯한 해석으로 보인다. (다음의 논의를 참조하라. C. Westermann, *Isaiah 40-66* (영역, OTL, 1969), pp. 412f.).

[46] 비교. O. Eissfeldt, *Introduction*, pp. 342f.에서 이 논점에 대한 논의를 언급한다. 특히, 다음을 참조하라. W. Zimmerli, "Zur Sprache Tritojesajas," *Schweizerische theologische umschau* 20 (1950), pp. 110-22=*Gottes offenbarung*, pp. 217-33.

[47] 앞의 pp. 118f., 143f. 참조.

관심사와 희망을 제시한다.[48]

동일한 목회적, 설교적 어조가 말라기의 특징이다. 다시 한번 포로 후기 공동체의 실제적이며 신학적인 문제를 다루는 예언자의 징후를 찾아볼 수 있다. 관점은 다소 변했다. 성전 재건은 이미 과거가 되었고, 성전과 함께 하는 신적 임재의 확신은 지속되는 연기 때문에 열린 문제가 되었다. 야곱을 선택("내가 야곱을 사랑하였고," 말 1:2)하고, 에서를 거부했다는 사실에 기초하여(말 1:2-5), 한 미지의 예언자가 야웨와 이스라엘의 관계의 실체를 새롭게 확증하는 것이 바로 이 상황이다.

에돔에 대한 진술의 정확한 역사적 배경을 찾아보는 것은 상상할 수 있다. 그러나 단순한 역사적 상황이 그 예언자를 이해할 수 있는 근거를 제시하지는 못한다. 그러나 이미 살펴본 구절처럼,[49] 에돔은 외부의, 적대적 세상의 상징이 되었다. 대조적으로 이스라엘은 하나님의 사랑을 받았다.

예언자가 이런 선택적 사랑을 인식하는 데 두 가지 태도가 있다는 점에 주목한다.

첫째, 한편으로 신적 행위의 전유를 불가능하게 만드는, 도저히 받아들일 수 없는 상황이 있다.

제사장직의 실패가 그 핵심이고, 여기에서 에스겔, P, 학개, 스가랴 전승을 더욱 수행하고 있음을 찾아볼 수 있다. 하나님을 존중하는 장소여야 하는 중앙 성소는 하나님이 모욕받는 장소가 되어 버린다(말 1:6-2:9). 이와 더불어, 반종교적 우상 숭배 관행으로, 이방인과의 혼인으로, 야웨와 그의

---

[48] 여기에서 유사하게, 예언자의 높은 희망과 비교할 때, 실제 회복의 의의를 평가절하하는 경향을 볼 수 있다. A. Causse, *Du groupe ethnique à la communauté* (1937), p. 213. "선견자의 꿈에 견주어 볼 때, 실현하려는 시도는 얼마나 진부하고 모호하였을까." 여기에서 다음의 글도 언급할 수 있다. N. H. Snaith, *VTS 14* (1967), pp. 218-43에서 그는 사 56-66장을 분석하고 논평한다. 그러나 바벨론 유대인과 팔레스차인 유대인 사이의 분열에 관한 정확한 증거에 대한 그의 탐구는 흥미로운 '친팔레스타인'과 '친바벨론' 자료 분석으로 이어진다(전자는 느헤미야와 에스라의 편에 서는 것이고, 후자는 궁극적으로 사마리아 분열주의로 가게 된다).
[49] 앞의 p. 292를 참조하라.

소유인 공동체를 거부하는 징후가 있다(말 2:10-17).

둘째, 다른 한편, 예언자는 종교적 회의주의라는 문제에 관심을 둔다 (말 2:13-17; 3:13-15). 이와 엮어서, 올바른 반응을 통해서만 신적 의지를 차지할 수 있다는 점을 강조한다.

그러나 무엇보다도 이는 불의한 자에게는 심판을, 하나님을 두려워하는 자에게는 희망을 주는 위대한 구원 행위를 통해, 신적 행위를 재확증할 수 있는 맥락이다. 계속되는 좌절의 상황으로 인해, 백성의 계속되는 실패로 인해 명백하게 나타난다. 신적 심판과 철수의 정당성이 강조된다. 신적 행위와 개입의 실제성은 분명해진다.

이 모든 것에서 재앙에 대한 이런 이해와 신적 행위의 중심성의 그런 전유가 계속 지속되고 있음을 볼 수 있다. 이는 포로기를 특징짓고, 회복의 시기를 확신하는 진정한 근거가 된다. 지속되는 좌절과 낙담의 상황에 맞서 믿음이 지속되어야 한다.[50]

여기에 언급되는 자료에서 다시 한번 포로 경험의 전용과 그 결과로 생긴 신적 행위와 정치적 운명 사이의 관계 이해가 깊어지고 있음을 볼 수 있다. 우리는 다시 한번 이 시대의 문제를 지나치게 단순하게 보지 않았던 사상가들의 현실주의와 인간의 실패와 신적 약속에 대한 그들의 인식이 각성과 확신 속에 조화를 이루고 있었다는 점에 감명을 받는다.

---

50 원이사야(Proto-Isaiah)의 현재 구조와 관련하여, 유사한 논점을 언급할 수 있다. 사 4장; 11-12장; 34-35장 같은 장에서, 587년의 재앙에 재적용된 오래된 심판의 말씀 자체는 제2이사야와 다소 유사한 약속과 회복의 신탁으로 응답된다.

제13장

포로와 회복의 의의[1]

1. 사상의 발전

유다 백성의 구성원과 관련하여 기원전 6세기 팔레스타인과 바벨론에서 무슨 일이 벌어졌는지 고려할 때 역사적 불확실성은 여전히 남아 있다. 그러나 중심 개요에 대해서는 어떤 의심의 여지도 없다.[2] 597년, 특히 587년 재앙의 현실은 성서 기록에서 상세히 증언되며, 입수가능한 성서 외 기록에서 충분히 확증되고, 팔레스타인 자체 내의 고고학적 발견으로 풍부하게 예증된다. 미래에 발굴을 통해 이 지역의 파괴가 덜 심하였고, 지속성이 보다 분명하였음을 제시할 수 있다면, 조금이나마 더 정확해질 수 있으리라는 희망의 여지는 있다.

페르시아 시기는 단지 최근에 와서야 고고학자들에게 매우 특별한 관심사가 되고 있으며, 이들 중 많은 학자들은 헬라 시대에 관심을 가지거나, 페르시아 시대를 거쳐 그 이후와 그 아래 놓인 보다 흥미로운 시대까지 거슬러 올라가고자 하는 경향을 보이고 있다.

---

[1] 이 장의 일부는 다음 논문집에서 약간 다른 형태로 실린 것이다. *Canadian Journal of Theology* 14 (1968), pp. 3-12.
[2] 제2장 참조.

헬라의 건축 프로그램 특성은 바로 아래 놓여 있는 지층을 실질적으로 제거하였기 때문에, 그 결과 고고학적 증거 부족이 더욱 눈에 띈다. 그러나 최근에 기원전 6세기와 5세기에 대한 관심이 분명 점증하고 있고, 후속하는 포로 후기에 대한 이해가 더욱 명료해지고 높아지리라는 희망이 있다. 그럼에도 불구하고, 특히 유다의 남쪽 지역에서 보이는 재앙의 징후와 갱신을 가장 미약하게 드러내는 징후를 통해, 성서 기록에 나타나는 광범위한 황폐와 느린 회복의 정확한 제시를 찾아내는 것은 합리적이다.

이 시기의 사상은 기록을 통해 상세하게 증언되고 있다. 어떤 것이라도 있다면, 그것은 매우 상세하게 증언되고 있다. 특별히 관심을 두는 시기와 연관된 것은 아무리 희미한 것이라도 연결해 보려는 경향성은 피해야 하지만, 그럼에도 불구하고 이 시기에 합쳐진 구약성서 자료가 풍부하다. 본 연구에서 매우 간략하게 다루는 옛 예언 자료는 포로 상황 속에서 재해석되었다는 많은 조짐을 보여 준다.

옛 내러티브와 율법은 상당한 정도로 수집되었다. 그러나 이 시기의 역대기 저작과 신명기 역사서라는 두 개의 위대한 모음집은 최종적이거나, 아니면 적어도 최종적인 형태를 갖추게 되었고, 결과적으로 해석이 변화되었다. 이것은 이제 포로기를 배경 삼아 보게 되는 더 오래된 자료에서 기인한 것이었다.[3] (초기 기원에는 의심의 여지가 없는) 오래된 시편은 재해석되었고, 더 오래된 재앙에 대한 언급을 가장 최근의, 가장 강력한 재앙에 비추어 살펴보았다.[4] 시편의 역사적 해석은 늘 주관주의의 여지가 있기에, 이 역시 본 연구가 거의 다루지 않는 문제다. 그러므로 생각의 명백한 논점을 분명히 하는 편이 더 낫다.

---

[3] H.-J. Stoebe, "Überlegungen zur Theologie des Alten Testaments," in *Gottes Wort und Gottes Land*, ed. H. Graf Reventlow (Göttingen, 1965), pp. 200-20에서 옛 저작을 통해 이스라엘이 신앙의 확신에 대한 가장 심각한 공격인 포로기를 극복할 수 있도록 할 뿐만 아니라 신앙에 대한 이해를 더욱 깊어지게 한 의의를 논평한다.

[4] 시 44; 74; 79 같은 시편에서 재앙에 대한 역사적 암시를 찾아볼 수 있다. 또 다른 시편, 예컨대 106; 126은 현재 형태로 포로 귀환을 암시한다.

그러나 이 시기에 새로운 초점으로 떠오른 것은 과거의 유산만이 아니었다. 다시 생각해 볼 필요가 있는 사건은 새로운 사상 노선의 발전을 촉발하였다. 특히 이 시대의 위대한 예언자 에스겔과 제2이사야, 그리고 이들과 다른 시기의 사상을 환기하는 학개, 스가랴, 제3이사야, 말라기에서 그러하다. 사건과 회복의 속성에 대한 다양한 다른 반응은 이 시기 공동체에 얼마나 깊은 인상을 주었는지, 무슨 일이 일어났는지를 해석하고자 하는 사상이 얼마나 풍부하였는지, 그들이 사건의 결과를 어떻게 이해하였는지를 보여 준다.

재앙 자체에 대한 대부분의 즉각적 반응은 수용이라는 측면에서 고찰할 수 있다. 포로는 백성의 삶에 대한 심판으로 보인다. 그러나 그보다 더 나아가, 포로는 단순한 심판이 아니라 세상의 삶 속에서 행하는 바와 관련한 하나님의 목적 안에 놓여있는 것으로 이해된다. 이에 대한 응답은 받아들임에 대한 반응임에 틀림없다. 그러나 이것은 단순히 회개의 태도만 포함하는 것이 아니다. 회개는 적절하고 필요하지만, 재앙은 단순히 심판이나 과거에 대한 비난이 아니라, 더 큰 목적을 수행하는 하나의 단계이기 때문이다.[5] 재앙은 어느 정도 이미 일찍이 훈육이라는 측면에서 인지되었다. 재앙의 경험은 예컨대 아모스에 의해[6] 백성이 행하였고, 행하고 있던 일을 하나님이 보시고, 제시하였던 혹은 제시하고자 한 수단으로 해석되었다.

그러나 무엇보다 이것은 하나님의 속성을 드러내는 수단, 즉 그의 백성에게 행하시고, 그 행위의 증언으로 열방이 그가 누구인지를 알게 되는 과정으로 이해되었다. 이 시대 전체의 특징을 보여 주는 한 구절을 선택한다면, 그것은 분명히 '내가 야웨임을 알 수 있도록' 일 것이다. 이것은 하나님의 이름과 속성을 표현이다.

우리가 살펴보았듯이, 이와 연결된 것은 회복에 대한 생각이고, 이는 신

---

5 비교. 이 주제에 대해, A. Gamper, *Gott als Richter in Mesopotamien und im Alten Testament* (Innsbruck, 1966), 특히 Part II, sections 4와 5.
6 비교. 암 4:6-11.

적 행위의 절대적 우선권을 강조한다. 재앙의 결과와 받아들임은 하나님의 행위라는 측면에서 회복을 이해하도록 한다. 재앙이 효과적으로 받아들여지면 질수록, 인간의 삶의 조건은 더 현실적으로 이해되고, 신적 행위에만 희망이 있다는 것은 더 분명해진다. 신적 행위는 전적으로 스스로 동기를 부여한 것이며, 이를테면 백성에 대한 자기 연민, 결국 하나님이 용서할 것(그것이 그의 직업이다, c'est son métier)이라는 의식적이거나 무의식적인 믿음의 표현으로 보강될 수 없다.

이 점에서 포로기 이전 예언자의 메시지에 대한 매우 분명한 받아들임이 있다. 그들의 관심사는 백성의 받아들일 수 없는 상태와 그로 인해 하나님을 향한 그들의 접근이 철저하게 그릇되었다는 것이다. 그래서 그들 동시대의 사회적, 종교적 삶을 전적으로 비난한다. 그러나 여기에서 하나님을 당연한 것으로 받아들이고, 희생 제사 수행을 갸륵한 일로 여기고, 성전의 존재 자체를 신적 임재와 힘의 보증으로 보는 피상적 태도를 비난하는 예언자들과의 연결점을 더 찾아볼 수 있다. 종교적 배교와 우상 숭배에 대한 비난 속에서 예레미야는 다음과 같이 말한다.

> 그들의 등을 내게로 돌리고 그들의 얼굴은 내게로 향하지 아니하다가
> 그들이 환난을 당할 때에는 이르기를
> 일어나 우리를 구원하소서(렘 2:27).

그리고 분명히 제의적 형식으로 반복해서 "여호와의 성전이라, 여호와의 성전이라, 여호와의 성전이라"(렘 7:4)고 말하는 자들도 동일하게 비난한다. 이들은 하나님의 처소로 선포된 성전을 부르는 것만으로, 그들이 스스로 하나님의 도우심을 장담할 수 있다는 듯이 행동한다.

우리가 살펴보았듯이, 초기 예언서와 신명기 역사서에는 때때로 인간의 상황에 대한 지나친 단순화가 나타난다. 예언자와 역사가는 분명히 그런 회개가 거의 일어나기 힘들고, 심지어 불가능할 것이라고 보았다. 그렇지

만 그들은 올바른 선택, 진정한 회개, 하나님에게로 돌아설 가능성을 예상한다.[7] 포로와 함께 회개와 개혁의 필요성은 하나님의 새로운 행위라는 맥락 가운데 놓여 있다. 이는 신명기 역사에 암시되어 있고, 여기에서 응답하라는 호소는 출애굽과 정복 사건을 배경으로 삼지만, 분명히 후대의 상황을 겨냥하고 있다.

에스겔과 제2이사야의 예언에서 명시적으로 나타나며, 이들로부터 포로 후기 예언자의 확신으로 이어진다. 하나님의 새로운 행위와 백성의 상황 사이의 상관관계는 여기에서는 부분적으로만 전개된다. 그러나 제사장적 저작에서 보다 더 정교화되는데, 여기에 암시된 하나님의 새로운 행위는 아브라함을 향한 신적 약속이라는 맥락에서 이루어지고, 이제 구원을 받을 것이다. 순종과 정결로 응답하는 공동체는 법전의 세부 사항에서 표현된 지속되는 공동체이며, 또한 정결을 강조하는 것으로 표현된 반복되는 공동체로 인지된다.

이런 노선 역시 포로 후기 예언에서 지속된다. 새 시대의 선포는 백성을 향한 약속된 새로운 삶이라는 맥락을 강조한다. 백성의 적합성에 대한 관심사는 초기 예언, 특히 에스겔 예언이 강조하는 바를 정교화한다. 주저함을 강조하면서, 새로운 시대가 오지 않기를 원하는 사람들의 부적합성 때문에 새로운 시대가 무기한 연기될 것이라는 우려를 표현한다.[8] 따라서 열방을 향한 하나님의 더 넓은 목적도 좌절된다. 열방이 하나님을 알게 되고, 백성을 향한 행위 속에서 하나님을 알게 되는 것은 바로 갱신되고 정결해진 백성을 통해서다.

역대기 사가의 저작에는 이것에 대한 속편이 더 있는데, 여기에 대해서는 바로 뒤에 조금 더 언급하고자 한다. 역대기 사가의 신학과[9] 신명기 사

---

7 호 5:4, "그들의 행위가 그들로 자기 하나님에게 돌아가지 못하게 하나니" 참조.
8 눅 18:8, "인자가 올 때에 세상에서 믿음을 보겠느냐?" 참조.
9 이 주제의 완전한 발전에 관해서는 다음을 참조하라. P. R. Ackroyd, "History and Theology in the Writings of the Chronicler," *Concordia Theological Monthly* 38 (1967), pp. 501-15.

상 운동의 유사성을 볼 때, 옛 연구처럼[10] 그의 사상을 제사장 학파라는 측면에서 단순하게 규정하지 않는 것이 가장 바람직하다. 동시에 하나님과 백성 간의 관계의 속성에 대한 그의 이해는 제사장 학파에서 찾아볼 수 있는 것과 밀접한 관계가 있다는 것이 분명하다.[11] 역대기 사가는 자신의 저작 서두에서 출애굽 계약을 전혀 강조하지 않고, 오히려 신적 은혜와 약속의 지속성을 강조한다.

그러나 그에게 결정적 시기는 다윗 시대다. 이것은 그 시기가 이스라엘의 예배 조직이 완전히 수행되는 시기였기 때문이다. 그는 다윗이 확립한 예루살렘 예배의 합법성을 주장한다. 신명기 사가에게는 필요조차 없었던 논쟁적 언급이 나오는데, 이것은 사마리아인에게 맞서는 주장이다.[12] 동시에 히스기야, 요시야, 성전 재건, 에스라(와 원래 속한 것이라면 느헤미야)의 사역이라는 일련의 개혁 운동과 종교 생활의 재수립 속에서[13] 공동체가 정결해지고, 응답하는, 즉 정결의 필요성, 인종의 정결, 이방의 영향으로 인한 오염에서 벗어나는 것을 증언하며, 따라서 하나님의 백성으로서의 진정한 속성을 입증하는 것임을 보여 준다. 예배는 하나님의 축복에 응답하

---

10 C. R. North, *The Old Testament Interpretation of History* (London, 1946), pp. 107ff.; E. L. Curtis and A. A. Madsen, *The Books of Chronicles* (ICC, 1910), pp. 8ff.

11 O. Eissfeldt, *Introduction*, p. 539 참조.

12 R. J. Coggins, "The Old Testament and Samaritan Origins," *ASTI* 6 (1967-68), pp. 35-48에서 역대기 사가의 논쟁을 매우 협소하게 이해하면 안 되고, 오히려 다양한 노선의 사고에 맞서서, 궁극적으로 사마리아 분리의 전조로 볼 수 있는 예루살렘의 합당함을 주장하는 것으로 보아야 한다고 제안한다. 역대기 사가의 북쪽에 대한 태도는 사마리아주의(Samaritanism)를 보여 주지만, 그가 활동하던 시기에 대한 후대의 보다 엄격한 묘사가 얼마나 제대로 적절한지를 살펴보는 것이 옳다. 역대기 사가의 목적은 분명히 논쟁적이라고 할 수 있지만, '분리주의'나 '이단'과 대조를 이루는 '정통'의 대표자라기보다는 조상의 신앙에 대한 한 종류의 해석을 선호한 것으로 묘사하는 편이 더 나을 듯하다. 쿰란 시대 유대교 내 사상의 다양성은 이와 같은 묘사가 제시하는 것보다 훨씬 더 풍부한 전통을 보여 준다.

13 K. Galling, *Die Bücher der Chronik, Esra, Nehemia* (ATD 12, 1954), p. 10. 느헤미야 자료의 후대 첨가 이론은 에스라와 느헤미야 간의 관계에 관한 문학적, 역사적 주요 문제를 해결하지는 못할지라도, 상당히 수월하게 한다. S. Mowinckel, *Studien zu dem Buche Ezra-Nehemia* I. *Die nachchronische Redaktion des Buches* (Oslo, 1964); O. Eissfeldt, *Introduction*, p. 544에서 역대기 사가 스스로 느헤미야 자료를 포함시켰다고 주장한다. 밀도 있는 논의는 다음을 참조하라. K.-F. Pohlmann, *Studien zum dritten Esra* (FRLANT 104, 1970).

는 즐거운 백성을 보여 준다.

그러나 어느 정도 이러한 역대기 사가의 고려는 다음 논점을 예기하고, 이 결론 장의 나머지 부분에서 다소 광범위한 관점에서 포로와 회복이라는 전체 주제를 살펴보아야 한다.

2. '포로' 사상

본 연구는 대략 기원전 540-500년부터의 회복이라는 문제를 고려하는 것에서 기인하였다. 그러나 불가피하게 포로기의 다양한 요인에 대한 광범위한 논의로 발전하였고, 이로 인해 여기까지 왔으며, 이 논의가 없었다면 이해할 수 없었을 것이다. 또한 다른 차원에서 확대되었다. 여기에서 고찰할 수 있는 것은 사상의 중심 노선을 찾아내고자 하는 시도였지만, 제기된 질문은 단순히 기원전 6세기에 관한 것만은 아니었다. 어느 정도 이미 자료 선택에서 관련 있는 것으로 간주되는 모든 구절의 연대를 정확하게 결정하는 것이 반드시 필수는 아니라는 점이 분명해졌다.

사실상 그 선수 사항이 주장된다면 불가피하게 구약성서 역사의 거의 어떤 시대에 대한 토론이라도 지금 보이는 것보다 더욱 더 모호해지기 때문이다. 여기에서 말하는 어떤 것도 어쨌든 그것을 평가 절하하려는 의도는 아니지만, 역사적 연대가 중요하고 필요할지라도, 한 시대의 모든 자료는 아니라해도 특정 상황을 고려함으로써 발생하는 관점을 반영하는 자료를 한 곳에 모으는 것은 유용하다.

포로를 상세하고 정확하게 묘사하는 것은 매우 어려운 일이지만, 역사적 사실이다. 그러나 포로는 이스라엘의 역사적 경험으로 사실이며, 신학 사상의 발전에 거대한 영향을 불가피하게 끼쳤다. 그러므로 포로를 다루는 것은 역사 재건의 문제만은 아니다. 이것은 역사적 사실을 향한 태도

혹은 보다 적절하게는 다양한 태도를 이해하려는 시도의 문제다.[14] 예레미야에 두 번 등장하는 중요한 구절(렘 16:14-15; 23:7-8)에서 새로운 신앙고백(*confessio fidei*)의 내용은[15] 다음과 같이 나타난다.

> 여호와의 말씀이니라 그러나 보라 날이 이르리니
> 다시는 이스라엘 자손을 애굽 땅에서 인도하여 내신 여호와께서 살아 계심을 두고 맹세하지 아니하고[16]
> 이스라엘 자손을[17] 북방 땅과 그 쫓겨났던 모든 나라에서[18] 인도하여 내신 여호와께서 살아 계심을 두고 맹세하리라 내가 그들을 그들의 조상들에게 준 그들의 땅으로 인도하여 들이리라(렘 1:14-15).[19]

고백 진술 연구는[20] 여기에 사용된 맹세 공식이 출애굽이라는 위대한 결정적 순간에 야웨가 행하셨던 바에 대한 기사를 본질적으로 요약하는 것임을 분명히 보여 준다. 그래서 우리는 예언자가 기대하는 바처럼 고백 진술을 옛날의 구원을 새로운 단어로 대체함으로써 재구성하는 것임을 논리적으로 추론할 수 있다. '새 출애굽'은 이제 다시 경험하게 된 것으로 믿음의 중심 요소가 될 수 있다. 우리가 살펴보았듯이, 이것은 사실상 제2이사야가 매우 강조하는 바다.[21] 그러나 신앙고백을 다시 표현하는 후대의 구절

---

[14] 제한된 역사적 독립체와 신학적 의의의 관계에 대한 유사한 접근 방법은 다음을 참조하라. N. W. Porteous, "Jerusalem-Zion: The Growth of a Symbol," in *Verbannung und Heimkehr*, ed. A. Kuschke (Tübingen, 1961), pp. 235-52=*Living the Mystery* (Oxford, 1967), pp. 93-111; R. de Vaux, *Jerusalem and the Prophets* (Goldensen Lecture, 1965); Cincinnati, 1965); "Jérusalem et les prophètes," *RB* 73 (1966), pp. 481-509.
[15] 비교. 시 98에 대해서, H.-J. Kraus, *Psalmen II* (BK 15, 1960), pp. 677f.
[16] 렘 16:14에는 *yēʾāmēr*가 있다. 렘 23:7에는 상응하는 비인칭 형태 *yōʾmerû*가 나온다.
[17] 렘 23:8, "이스라엘 집 자손을… 인도하여 내신."
[18] 렘 23:8, "내가 그들을 몰아냈다."
[19] 렘 23:8, "그들이 자기 땅에 살리라."
[20] 비교. 예컨대, 신 26; 수 24. J. Muilenburg, "The Form and Structure of the Covenantal Formulation," *VT* 9 (1959), pp. 347-65; B. S. Childs, *VTS* 16 (1967), pp. 30-39.
[21] 비교. pp. 174ff.

인 느헤미야 9장이나 유딧서 5장을 살펴보면, 원래의 것을 대체하는 새로운 구원 행위는 없다. 포로와 그에 따른 운명의 변화를 매우 조심성 있게 언급한다.

> 열방 사람들의 손에 넘기시고도 주의 크신 긍휼로 그들을 아주 멸하지 아니하시며 버리지도 아니하셨사오니 주는 은혜로우시고 불쌍히 여기시는 하나님이심이니이다(느 9:30b-31).

> 그러나 하느님께서 명령하신 길에서 벗어나자, 그들은 많은 전투에서 무참히 패배하고 이국땅으로 끌려갔습니다.… 그러나 이제 자기들의 하느님께 되돌아간 그들은 여기저기 흩어져 살던 곳[22]에서 돌아와, 자기들의 성소가 있는 예루살렘을 되찾고 황폐해진 저 산악 지방에 다시 자리를 잡았습니다(유딧서 5:18f., 가톨릭 성경).

다른 말로 하자면, 포로와 회복의 평가는 출애굽과 새로운 구원 행위의 측면에서 이루어지는 것이 아니다. 정의는 백성과 땅의 붕괴를 요구한다는 사실에도 불구하고, 여전히 작동하는 하나님의 계속되는 자비와 은혜라는 측면에서 평가가 이루어진다.

포로는 출애굽 시기와 비교할 수 없다는 인식이 여기에 보인다. 이 점은 예레미야의 구절에서 주장되는 논점과 다르다. 출애굽 내러티브의 어느 곳에서도 이집트의 백성이 자신의 죄 때문에 굴복했다는 암시는 없다. 창세기 15:13f.의 사후 예언(*vaticinium ex eventu*)은 단지 노예 제도를 경험했다는 '사실에 기반을 둔' 진술일 뿐이다. 요셉의 형제들의 질투와 죄와 처벌로 간주되는 후속 사건을 연결하지만, 이는 인간의 악한 의도와 하나님의

---

[22] 문자 그대로는 '흩어짐.' 헬라어는 διασπορᾶς다.

압도적인 선하심을 연결한 것이다.[23]

포로는 동일한 방식으로 고찰할 수 없다. 평가는 다양하지만, 일반적으로 백성의 실패에 대한 처벌이 정당한 것으로 평가되었다는 점에 집중하는 것이 옳다. 포로를 경험한 자와 후대에 이를 고찰한 자들이 바라보는 회복은 (이 행위와 관련된 주제는 생생하게 회복을 제시하는 역할을 하지만) 단지 열방의 악을 배경 삼아 보게 되는 위대한 구원 행위가 아니다.[24] 이것은 자비 행위, 즉 그의 백성을 다시 그들의 땅으로 오게 하시는 하나님의 의지에서 나온 회복이다. 이것은 '그의 이름을 위한' 것이다.

이런 종류의 사상 발달과 더불어 회복에 대한 실제 묘사와 관련하여 보았듯이,[25] 하나님의 섭리를 깊이 인식하고 있는 역대기 사가의 사상을 볼 수 있다. 그러나 그는 또 내적 의미를 도출하기 위해 포로를 보다 정확하게 묘사하고자 한다.[26] 예루살렘에 미친 최후 재앙에 관한 내러티브는 다음과 같은 이유를 언급함으로써 강조된다.

> 그 조상들의 하나님 여호와께서 그의 백성과 그 거하시는 곳을 아끼사 부지런히 그의 사신들을 그 백성에게 보내어 이르셨으나 그의 백성이 하나님의 사신들을 비웃고 그의 말씀을 멸시하며 그의 선지자를 욕하여 여호와의 진노를 그의 백성에게 미치게 하여 회복할 수 없게 하였으므로 (대하 36:15f.).

재앙이 임하였을 때, 포로에 대해 다음과 같이 언급한다.

---

23 창 50:20.
24 비교. 회복에 나타나는 출애굽 주제는 예컨대, 학 2:6-9; 슥 2:1ff.; 스 1장.
25 비교. p. 197.
26 역대기 사가의 관점에 대한 다소 만족스럽지 못한 분석은 다음을 참조하라. E. Janssen, *op. cit.*, pp. 118-21의 관련 있는 텍스트에 대한 고찰이 충분히 신중한 것은 아니다. B. Albrekston, *History and the Gods* (1967), pp. 84f.에서 역대기 사가 이해의 '에피소드' 속성을 강조하지만, 저작을 전체적으로 충분히 살펴보지 못하고 있다.

칼에서 살아남은 자를 그가 바벨론으로 사로잡아가매 무리가 거기서 갈대아 왕과 그의 자손의 노예가 되어 바사국이 통치할 때까지 이르니라 이에 토지가 황폐하여 땅이 안식년을 누림 같이 안식하여 칠십 년을 지냈으니 여호와께서 예레미야의 입으로 하신 말씀이 이루어졌더라(렘 36:20f.).

예레미야의 암시는 사실상 "70년"이라는 단 한 구에서만 찾아볼 수 있는데, 이는 포로의 결정으로 정확해졌다.[27] 이것은 예레미야에게서 나오지

---

27 즉, 21b절. 비교. 렘 25:11; 29:10. '70년' 주제는 많은 논의를 불러일으켰다. 과거의 평가에 관해서는 다음을 참조하라. F. Fraidl, *Die Exegese der siebzig Wochen Daniels in der alten und mittlern Zeit* (Graz, 1883). 70은 관습적인 숫자로는 평범한 숫자다(비교. 삿 9:2; 왕하 10:7; 사 23:15; 시 90:10). 또한 이집트는 다음을 참조하라. H. Kees, *Ägypten* (Munich, 1933), p. 97; J. M. A. Janssen, "Egyptological Remarks on the Story of Joseph in Egypt," *Ex Oriente Lux* 14 (1955/6), pp. 63-72, pp. 71f. 정복에 관한 숫자는 다음을 참조하라. D. D. Luckenbill, "The Black Stone of Esarhaddonm," *AJSL* 41 (1924/5), pp. 165-73, pp. 166f.; J. Nougayrol, "Textes hépatoscopiques d'époque ancienne II," *RA* 40 (1945/6), pp. 56-97, pp. 64f.; R. Borger, *Die Inschriften Asarhaddons Königs von Assyrien* (Archiv für Orientforschung, Beiheft 9, Graz, 1956), p. 15; Borger는 Luckenbill의 논의를 상술하는 두 구절을 인용한다. 이것은 마르둑의 분노 때문으로 해석되는 70년의 바벨론 포로(Borger는 "위대한 주 마르둑의 심장이 그에게 분노를 일으켰던 땅과 화해를 하게 되는 그날이 이를 때까지, 70년이 지나갈 것이다"라고 본다)와 이것을 11년의 포로로 변형하는 것을 언급한다(두 숫자의 문어체 형태에 근거한 논점: 70을 거꾸로 읽으면 11이다). R. Borger, *JNES* 18 (1959), p. 74에서 적절하게 그 숫자를 전형적인 수명 기간으로 본다. 시 90:10 역시 그러하다. W. Rudolph, *Jeremia* (HAT 12, 1947), p. 157; (³1968), pp. 183ff.; C. F. Whitley, "The Term Seventy Years Captivity," *VT* 4 (1954), pp. 60-72; *VT* 7 (1957), pp. 416-18; A. Orr, *VT* 6 (1956), pp. 304-6; E. Vogt, *Biblica* 38 (1957), p. 236; P. R. Ackroyd, "Two Old Testament Historical Problems of the Early Persian Period. B. The 'Seventy Year' Period," *JNES* 17 (1958), pp. 23-27; C. Rietzchel, *Das Problem der Urrolle* (Gütersloh, 1966), p. 37; E. Testa, "Le 70 settimane di Daniele," *Studii Biblici Frnciscani Liber Annus* 9 (1958/9), pp. 5-36; Fr. Vattioni, "I settant' anni della cattività," *RivBibl* 7 (1959), pp. 181f.(필자는 이 논문을 입수할 수 없었다). 다니엘 구절은 다음을 참조하라. G. R. Driver, "Sacred Nubers and Round Figures," in *Promise and Fulfilment*, ed. F. F. Bruce (Edinburgh, 1963), pp. 62-90; P. Grelot, *Biblica* 50 (1969), pp. 169-86.
70년 진술의 정확성을 입증하고, 기원전 605년 여호야김의 '항복과 바벨론으로 제거'로부터 고레스의 방면 이후 첫 번째 유다 대표단의 팔레스타인 도착까지를 음력으로 70년이라고 보는 논의는 다음을 참조하라. G. Larsson, "When did the Babylonian Captivity Begin?," *JTS* 18 (1967), pp. 417-23. 그의 논의는 구약 연대기에서 유형을 찾아 내고자 하는 매우 기이한 시도를 하는 K. Stenring, *Enclosed Garden* (Stockholm, 1966)에 크게 의존하고 있다. 또한 여호야김이 605년 느부갓네살의 성공적 행보에 포함되며, 후에 복귀했다고 보는 타당한 추론으로 묘사되는 바에 의존하고 있다. 제시된 증거는 결정적이지 않다. 기원전 3세기 무렵 등장한 계시 사상임에는 틀림

않은 다른 인용을 동반한다.[28] "그 땅이 안식년을 누릴 때까지"는 분명히 '성결법전'의 마지막 구절에 대한 암시다.

> …내가 그들을 그들의 원수들의 땅으로 끌어갔음을 깨닫고 그 할례받지 아니한 그들의 마음이 낮아져서 그들의 죄악의 형벌을 기쁘게 받으면 내가 야곱과 맺은 내 언약과 이삭과 맺은 내 언약을 기억하며 아브라함과 맺은 내 언약을 기억하고 그 땅을 기억하리라 그들이 내 법도를 싫어하며 내 규례를 멸시하였으므로 그 땅을 떠나서 사람이 없을 때에 그 땅은 황폐하여 안식을 누릴 것이요 그들은 자기 죄악의 형벌을 기쁘게 받으리라(레 26:41-43).[29]

그러므로 역대기 사가의 포로 해석은 백성의 불순종과 연결해서 간주하는 구절에 의존하지만, 안식과 관련하여 보다 더 정확한 의미를 부여하기도 한다. 이제 '청산하다'(pay off)로 번역된 동사 원형 $rāṣā$에 대한 두 개의 가능한 해석을 살펴보고자 한다. 구약성서의 다른 맥락처럼 레위기에서 이 단어의 첫 번째 등장은 분명히 백성의 죄와 관련하여 '청산하다'를 뜻한다. 세 번째 등장도 마찬가지다. 두 번째 등장에서는 안식과 관련된 뜻으로 나타난다. 분명하게 구체화할 수는 없지만, 몇 가지 방식으로 포로 시기는 안식(혹은 안식년)으로 청산되거나, 간주될 수 있음을 뜻한다.

안식은 적절하게 지켜지지 않았고, 그 결과 이제 강요된 준수로 대체되었다. 처벌과 속죄가 강조된다. 동일한 동사 어근이 사용되는 이사야 40:2처럼, 포로를 통해 과거의 죄가 다루어진다.

없지만, 단 1:1-4과 베로수스(Berossus) 증거의 진정성이 의심스럽다. 그러나 어느 경우든 여호야김 스스로 바벨론으로 갔다고 제시하지는 않는다. 전체 논증은 기껏해야 의심스러운 절차에 불과한 성서 연대기의 절대적 정확성을 입증하기 위해 지푸라기라도 잡는 시도를 대변하는 것으로 보인다.

[28] W. Rudolph, *Chronikbücher* (HAT 21, 1955), p. 337.
[29] 비교. 제6장; 레 26:34.

그러나 대안으로 동사 원형 rāṣā를 '누리다'(to enjoy)[30]와 보다 구체적으로 (하나님에게) '받아들여질 수 있다'(to be acceptable)[31]를 뜻하는 것으로 해석할 수 있다. 이 경우 레위기 구절은 두 개의 동사 원형에 기대고 있다.[32] 백성은 자신들의 죄를 청산한다. 그들이 그렇게 하는 동안, 황폐한 나라의 땅은 안식을 누린다. 그 결과 하나님에게 받아들여질 수 있게 된다. 이는 율법의 안식년과 비교 가능한, 강요된 휴경 기간이다.[33]

역대기 사가가 레위기 문맥에서 한 어구만 인용하고 있다는 사실을 볼 때, 이것이 그가 염두에 두고 있던 해석임을 보여 준다. 그는 포로를 (비록 상황을 볼 때 충분히 그러하지만) 처벌이 아니라, 포로 후기의 새로운 삶을 위해 필요한 회복이라는 관점에서 고찰한다.

70년 율법(과 레 25:8ff.의 희년법)과의 연결 역시 다니엘 9장에 나오는 동일한 사상의 후대 사용을 위한 전제가 된다. 스가랴와 역대기 사가 모두에 의해 어느 정도 문자 그대로 취해지는 70년 기간에 대한 해석은 안식년 기간을 나타내는 연수의 주간(weeks of years)과 연결되고, 예루살렘 함락으로부터 유다스 마카비우스 아래 회복될 때까지의 전체 기간이 안식년 기간이 된다. 사실상 이것은 490년이 걸린 포로이며, 이와 더불어 우리는 6세기를 살펴보는 것을 훨씬 넘어 포로와 회복을 이해하게 된다. 포로는 더 이상 어느 한 시기로 연대를 잡는 역사적 사건이 아니다. 이것은 어떤 상태에 훨씬 더 가까이 가는 것이고, 이 상태를 통해서만 마지막 시대가 펼

---

[30] RSV 역시 그러하다.
[31] R. Rendtorff, *TLZ* 81 (1956), cols. 340f.
[32] '두 개의 동사 원형에 놓여있다'는 구절은 저자 스스로 다소 다른 방식으로 보았던 것에 조금 더 정확한 형태를 부여한 것이다. 여기에서 두 개의 히브리어 동사를 구분하는 것은 현대 언어학적 연구의 결과다(비교. *KBL* p. 906). 고대 저자에게 이 단어는 대안적 의미만 지닌 것으로 보였을 것이고, 그는 두 가지 모두 제안하기 위해 스스로 표현한 것처럼 보인다. (다음의 언급을 참조하라. J. Barr, *ExpT* 75 [1963-4], p. 242. 충분한 논의를 위해서는 다음을 참조하라. P. R. Ackroyd, "Meanings and Exegesis," in *Words and Meanings*, ed. P. R. Ackroyd and B. Lindars [Cambridge, 1968], pp. 1-12.)
[33] 레 25:1ff. 참조.

쳐진다.[34] 6세기에 실제 일어났던 포로라는 역사적 현실에 얽매이지만, 그와 같은 포로의 경험은 처벌이 아니라 약속이라는 관점에서 바라볼 수 있는 어떤 시기의 상징이 된다.

> 네 백성과 네 거룩한 성을 위하여 일흔 이레를 기한으로 정하였나니 허물이 그치며[35] 죄가 끝나며[36] 죄악이 용서되며 영원한 의가 드러나며 환상과 예언이 응하며 또 지극히 거룩한 이[37]가 기름부음을 받으리라 (단 9:24).

포로에 대한 이해는 분명히 70년, 즉 엄격한 의미에서 바벨론 포로에 포함되는 정확한 시기라는 시간적 고찰을 훨씬 넘어 확장된다. 안티오쿠스 에피파네스의 성전 훼손은 포로기에 속한 훼손의 연속으로 간주된다. 포로의 진정한 기한이 이제 설정된다.

포로 후기에 대한 해석 유형의 진실을 찾게 되는 것은 바로 이 점에서다.[38] 이는 포로는 가장 중요한 초기와 후기 사이의 위대한 분기선으로 간주되지만, 새로운 시대가 오면 가로질러 건너야 하는 것임을 보여 준다.

---

34 J. Becker, *op. cit.*, p. 42.
35 마소라 텍스트는 *kl*'을 쉽게 *klh*로 읽고, '반역을 끝내다'로 번역할 수 있다.
36 Kethîb: *laḥtōm*. Qerē: *leḥātēm*. 즉 '죄는 끝이 난다.'
37 *qōdešim qodāšim*의 해석은 매우 난해하다. N. W. Porteous, *Daniel* (OTL, 1965), p. 140에서 '거룩한 장소'=거룩한 성소 자체로 해석할 것을 강력하게 논증하고, "대상 23:13에서 그 형태는 아론을 언급하는 것이라고 생각할 수 있지만, 메시아를 언급한다고 보는 초기 교회의 견해에는 타당한 이유가 없다"라고 확언한다. 역대기의 구절은 다음과 같이 번역할 수 있다. "아론은 구별되어서, 그 자신과 그의 후손은 영원히 가장 거룩한 것을 축성하게 된다." 그러나 다니엘 구절의 해석은 이런 불확정한 비유에 의존하지 않는다. 이것은 문맥으로 결정해야 한다. 70주 기간에 포함되는 단계는 단 9:25f.에서 규정된다. 7주간 이후, 기름부음 받은 지도자(*nāgîd māšîaḥ*, 스룹바벨이나 보다 더 가능성 있게는 여호수아)가 나타난다. 그로부터 62주 후에 '기름부음 받은 자가 처단될 것이다.' 마지막 주의 세 번째 단계는 파괴자의 파괴의 서곡이 되고, 기름부음 받은 '지극히 거룩한 자'는 기름부음을 받은 한 개인, 즉 파괴의 대리인으로 보는 것이 가장 자연스럽다.
38 p. 47 n. 21에 열거된 C. C. Torrey의 저작을 참조.

실제이든 영적이든 포로를 거친 자들만이 속한 자로 간주될 수 있었다. 재건된 성전은 귀환한 포로민과 또 그 땅의 가증스러운 것을 버리고, 스스로 이들과 연합한 자들에 의해 봉헌되었다.[39] 역대기 사가 역시 과거의 반역 시기에, 왕국의 분열 때, 히스기야와 요시야 통치 때 스스로를 분리하였던 신실한 자들은 공동체에 다시 연합할 가능성이 있음을 시사한다.[40]

이것은 모인 공동체를 향한 호소다. 포로의 경험, 심판의 경험은 이를 겪어 보았기에 활용될 수 있다는 것을 인정하거나(이것의 증거는 실제 혹은 가상의 족보라는 수단을 통해 준비된다),[41] 혹은 그에 속하는 것, 즉 그 땅의 불결과 부정을 버리는 것의 의의를 수용한다.[42]

이 점에서 역대기 사가는 포로의 절대적 필요성을 강조하는 예언적 가르침의 측면을 적절하게 정교화한다.[43] 미래에 하나님이 자기 백성을 다루심은 포로를 표현하는 거부와 파괴에 의존해야 한다. 애가 속에서, 포로기 이전 예언의 주석과 재해석 속에서, 시편의 재해석 속에서 나타나는 동시대인의 포로에 대한 이해와 다시 한번 관련을 맺으면서, 포로의 경험은 야

---

39 스 6:21.
40 대하 30; 34:6ff.; 33.
41 그래서 추동력은 귀환한 포로민에게서 계속 나온다(대하 36:20의 '남은 자'). 역대기의 족보가 대단히 가치 있는 고대 자료를 간직하고 있다는 것이 분명하다. 이것은 최근의 연구에서 자주 나온다(J. M. Myers, *I and II Chronicles* 2 vols. [Anchor Bible 12/13, New York, 1965의 언급을 참조]). 그러나 사용된 자료는 스 2:59ff.에서 진정한 혈통으로 입증되지 못하는 제사장에 대한 언급으로 볼 수 있다. 그런 상황에서 공동체의 지위에 대한 증거는 만족스러운 혈통을 입증할 수 있는 자신의 능력에 달려있다. W. F. Stinespring, "Eschatology in Chronicles," *JBL* 80 (1961), pp. 209-19, p. 210; R. North, "The Theology of the Chronicler," *JBL* 82 (1963), pp. 369-81, p. 371. 포로기와 그 이후 시대의 유다인에게 "스스로를 그 당시에 사라졌거나 부활하였던 백성의 합법적 일원으로 확정하고, 그 결과 그들 각자를 알려진 조상의 지파나 부족과 연결시키는 족보법을 세우고자 한 것"의 중요성에 대해서는 다음을 참조하라. L. Gry, *Le Muséon* 36 (1923), 20f.
42 수 24장은 출애굽을 경험하지 못한 자들에 의해, 그 사건을 종교적 역사로 제시한다는 관점과도 비교하라. G. von Rad, *Theology* I, pp. 16f.
43 렘 24; 겔 33. 역대기 사가는 포로기에만 있는 희망을 강조(어쨌든 예레미야가 그다랴의 지도력을 수용하는 것에서 볼 수 있는 것처럼, 늘 일관되게 언급하는 견해는 아니다)하는 이와 같은 구절을 활용하는 것으로 보인다. 역대기 사가는 그가 믿었던(그리고 신학적으로 옳다고 확신하는) 바를 그의 백성에게 일어나야 했던 일로 투사함으로써, 포로의 속죄 기능의 해석을 역사적 묘사로 제시한다.

웨의 날 경험과 같다. 그러므로 이것은 불가피하고 수용되어야만 한다. 이 것은 심판과 약속이다. 그래서 이 둘은 서로를 필요로 한다.

이와 같은 단순한 역사적 사실이 아니라 경험으로 포로를 깊이 있게 이해하는 것은 구약성서의 다른 두 책에서도 찾아볼 수 있다. 이들의 관심사는 다른 방향에 있다. 요나서가 포로에 대한 정교화된 알레고리를 담고 있을 가능성(요나는 백성에, 물고기는 바벨론에 해당[44])은 몇 가지 측면에서 이 책의 메시지가 부여하는 단순 명쾌함을 거스르는 것처럼 보인다.

그러나 이 작은 책이 보여 주는 포로지 유다인의 경험을 볼 때, 하나님의 목적 안에서 진정한 위치에 대한 특별한 대표성에 부분적으로나마 책임을 진다는 인상을 피하기는 힘들다. 큰 물고기가 사람을 삼키고, 기적적으로 구출된다는 유명한 설화는 이야기에 다소 이상한 구조를 포함시키기에는 불충분해 보인다. 바벨론 포로라는 관점에서 경험의 현실성을 암시하는 것은[45] 완전한 버림받음과 수모의 경험을 통해 진정한 임무를 백성에게 환기하는 논점을 제시한다. 이것이 사실이라면, 니느웨로 전형화된 세상의 열방과 관련하여 백성의 기능에 대한 인식은 부분적으로 역사의 특별한 순간에서 나온다.

유사하게, 욥기에도 이러한 국가적, 역사적 해석이 부여된다.[46] 그런 관

---

44 A. D. Martin, *The Prophet Jonah. The Book and the Sign* (London, 1926). 추가 논평과 언급은 다음을 참조하라. G. A. Smith, *The Book of the Twelve Prophets* II (1898), pp. 502ff.

45 욘 2장의 시편은 예컨대 사 51:9ff.의 신화적 표상을 동일하게 적용한 것으로 보이는 종류의 언어를 활용하고 있음을 볼 수 있다. A. R. Johnson, "Jonah II 3-10: A Study in Cultic Phantasy," *StOTPr* (1950), pp. 82-102. 그 암시가 일종의 신화적 언어의 역사화에 관한 것이라면, 그가 시편을 포함시킨 것이라면, 후대에 그것을 첨가하고, 이 이야기를 포로라는 역사적 경험에 적용시킨 것은 바로 요나의 저자 혹은 서기관이라고 주장할 수 있다. 이 단락의 신학은 다음을 참조하라. G. M. Landes, "The Kerygma of the Book of Jonah: The Contextual Interpretation of the Jonah Psalm," *Interpretation* (1967), pp. 3-31.

46 H. H. Rowley, "The Book of Job and its meaning," *BJRL 41*(1958/9), pp. 167-207, p. 200n=*From Moses to Qumran* (London, 1963), pp. 141-83, p. 176 n. 이 견해는 다음을 참조하라. M. H. Pope, *The Book of Jonah* (Anchor Bible 15, New York, 1965), p. XXIX; S. Terrien, *Job* (Commentaire del'Ancien Testament 13, Nechâtel, 1963), pp. 23 n. 4에서 저자를 "신명기 학파의 사고를 대변하고, 그 중 예레미야는 주된 전형"이라고 간주하며, 욥의 회복에서 보이듯이 영광스러운 귀환을 기대한다고 보는 E. E. Kellett, "'Job': An Allegory," *ExpT* 51 (1939/40), pp. 250f.를 언급한다.

점에 대한 과장된 제시 때문에, 욥의 통렬한 경험의 속성에 대한 불균형적 이해를 낳게 된 것 같다. 그러나 욥의 민담의 기원이 무엇이든 간에 개인적 딜레마를 제시하는 것이 히브리 계열에서 일어났을 가능성이 있는지는 국가적 경험에 대한 어떤 상호 참조 없이도 질문할 수 있다.

일부 학자들은 부분적으로 욥기와 제2이사야의 종의 노래 구절 사이의 상호 연관성을 근거로 욥기의 연대를 포로기라고 주장한다.[47] 이런 문학적 상호 참조는 연대의 증거로 불충분하다. 6세기 저자에게 포로기 상황에 대한 보다 직접적인 암시를 기대하지만, 후대 저자에게 이런 경험은 국가의 운명에 대한 보다 일반적인 이해로 표현된다는 점에 근거하여, 다소 후대 연대인 5세기나 4세기가 더 가능성이 있는 것 같다.

욥의 순전함과 통전성에 대한 강조는 이것이 매우 분명하게 민담적 요소이기 때문에 결코 반증은 아니다. 그러나 처벌과 죄의 불균형은 포로기와 포로 후기, 특히 스가랴 1-2장과 제2이사야의 주제다.[48] 후대 저자에게 재앙의 경험은 더 이상 죄와 인과응보라는 관점이 아니라, 하나님의 전체적인 목적이라는 더 큰 관점에서 설명된다. 저자의 사고방식을 형성하는 한 가지 요소는 재앙을 하나님에게는 불명예가 되지 않지만 인간과 하나님 사이의 관계를 깊이 있게 이해하는 방식으로 받아들이는 것이 그의 백

M. Susman, *Das Buch Hiob und das Schicksal des jüdischen Volkes* (Zurich, 1946; ²1948)에서 주로 유다 백성의 후속 경험을 분석한다. D. Gonzalo Maeso, "Sentido nacional en el libro de Job" *Estudios Bíblicos* 9 (1950), pp. 67-81; J. Bright, *History* (19060), p. 329 n.에서 G. E. Mendenhall의 미출판 논문을 인용한다. Mendenhall은 "저자에게는 국가의 멸망으로 인해 제기된 문제가 전면에 부각된다"라고 제안한다. Terrien 자신은 욥 12:16-25(특히 p. 113)에서 포로 사건에 대한 직접적 암시를 찾는다. E. Dhormen, *Le Livre de Job* (Paris, ²1926), p. cxxxiii (영역, London, 1967, pp. clxvif); T. Henshaw, *The Writings: The Third Division of the Old Testament Canon* (London. 1963), p. 168에서 역시 욥 3:18ff.; 7:1; 12:6f.; 24:12에서 (722년과 597년) 대재앙에 대한 암시를 찾는다. Terrien("Job," *IB* 3 [1954], p. 897) 역시 그가 보기에는 욥기의 포로기 배경의 신학적 의의의 몇 가지 징후를 찾는다. 포로기 연대에 대한 논증은 다음을 참조하라. N. H. Tur-Sinai (H. Torczyner), *The Book of Job* (Jerusalem, 1957), pp. xxxviff.

47 S. Terrien, "Quelques remarques sur les affinités de Job avec le Deutéro-Esaïe," *VTS* 15 (1967), pp. 295-310과 이전 각주에 인용된 그의 주석을 참조.

48 예. 사 40:2.

성이 배운 사실 중 하나이며, 약간이나마 역사적 경험에서 배운 것이라는 인식일 것이다.[49]

이런 언급에 대한 추가 예시는 스가랴 8장의 모호한 구절에서 찾아볼 수 있다. 여기에서 편집자는 회복 시대를 그의 동시대인의 믿음의 예로 제시하는 것 같다.

> 만군의 여호와의 집 곧 성전을 건축하려고 그 지대를 쌓던 날에 있었던 선지자들의 입의 말을 이 날에 듣는 너희는 손을 견고히 할지어다(슥 8:9).[50]

이 절과 이어지는 절은 재적용되고 있는 스가랴의 예언 발화를 담는 듯하고(그리고 학개의 발화도 담는 듯하다),[51] 포로에서 벗어나 성전과 공동체의 삶을 재건하는 경험은 후세대에게 믿음의 사례로 제시된다. 후세대가 역대기 사가의 세대와 가깝다면, 이제 동시대 상황 속에서 하나님의 약속과 축복을 원래의 귀환한 포로민에게 현실이 될 것이라고 호소하는 것과 역대기 사가가 하나님이 마지막 때에 그들을 위해 준비한 기업을 상속하기 위해 공동체가 반드시 통과해야 할 관문으로 포로를 강조하는 것 사이의 관계가 제시된다.

이미 제안하였듯이, 이런 종류의 사고에 대한 후대의 반향은 다니엘과 다른 묵시 문학에 나타난 포로와 회복에 대한 재해석에서 찾아볼 수 있다. 이것이 신약성서에서 얼마나 멀리 떨어진 요소인지 궁금하다. 예컨대, 구원 개념과 같은 출애굽 용어가 지배적이지만, 죄에 사로잡힘이라는 주제

---

49 A. Bentzen, "Remarks on the Canoisation of the Song of Song," in *Studia Orientalia Ioanni Pedersen··· dicata* (Copenhagen, 1953), pp. 41-47에서 시(詩)와 봄과 초여름을 연결하는 것은 후에 예언적 가르침에서 합리화되고, 그 결과 이 책은 포로의 '새 출애굽'이라는 면에서 이해해야 한다고 제시한다. 이 제안을 받아들일 수 있다면, 이것은 구약성서 자료를 이해하는 데 있어 포로 경험의 또 다른 영향이라는 점을 지적하는 것이다.
50 마지막 구절은 주석이다(비교. 학 1:2). 그러나 전체 구절과 다음 구절을 일련의 주석적 암시로 보는 것이 낫다.
51 P. R. Ackroyd, *JJS 3* (1952), pp. 151-6. 앞의 pp. 213f. 참조.

역시 또 다른 함축을 지니고 있기 때문이다. 분명히 바벨론은 결국 마지막 때에 하나님에 의해 무너질 적대적 세계의 상징이 된다.[52] 그리고 바벨론 포로는 구속의 상징이 되고, 여기에서 풀려날 수 있다.[53] 이것이 바로 포로와 회복의 용어가 후대 사상에 도입되는 방식을 보여 준다.[54]

3. '회복' 사상

회복 시대의 사상을 한 곳에 모아 보려고 사용한 세 가지 주제인 포로 사상 자체와 다시 연결되는 주제들은 추가 논의를 위한 편리한 근거를 제시한다. 그러나 이 주제들을 포로 후기 사상 전체에 대한 제한적 묘사가 아니라 지침으로만 삼아야 한다는 점은 분명하다.

1) 성전

개인적이며 영적인 예레미야의 종교 개념에 영향을 받아, 포로기 이전 시대 제도 종교의 종언을 목격하게 되는 것이 예루살렘 함락 때라는 논점에 도달하게 된다고 종종 제시되거나 암시된다.[55] 빈번하게 이런 진술 다음에는 포로기 동안 옛 관행의 대체로서 새 제도(안식일, 회당, 할례)의 진화 흔적이 뒤따른다. 보다 중요하게, 제2이사야에서 더욱 전형화되는 이런

---

52 계 16:12ff.; 19; 18:2f. 참조.
53 계 18:4ff. 참조. 중세 시대의 '바벨론 포로'라는 용어의 사용과 비교하라. 우리는 헤롯과 관련하여 악마와 상응되게 발전하는 상징과 비교할 수 있다. *TWNT* 5, 420. 영역, *Wrath* (London, 1964), p. 77.
54 사 41-42장에 대해 다음을 참조하라. U. E. Simon, *A Theology of Salvation* (London, 1953), pp. 68-97.
55 이것은 최근에 종종 주장되는 사상이다. 다음을 참조하라. N. K. Gottwald, *All the Kingdoms of the Earth* (New York, 1964), p. 267. 다음과 대조하라. H. Graf Reventlow, *Liturgie und prophetisches Ich bei Jeremia* (Gütersloh, 1963).

높은 수준의 영성화 이후에 포로 후기 유대교의 건물로서 성전이라는 통탄할 만한 사고방식으로의 퇴보가 일어났다는 논점이 생겨난다. 예레미야에게 닥친 심판은 너무 비현실적이어서 동시대 종교 관행에 대한 비난의 깊은 의미를 놓치게 할 정도이다. 그러나 이를 차치하더라도, 사실상 포로기는 포로기 사상에서 자연스러운 발전을 대변한다. 즉, 하나님의 임재의 속성을 가장 강력하게 상징하는 것이 성전이라는 바른 이해의 방향으로 나아간다.[56]

필자는 이 논점을 이미 충분히 강조했기를 바란다. 성전이 예레미야가 허용한 것 이상을 보장하는 것이 아니라, 삶의 재조직과 수립을 위한 필수적인 신적 임재와 능력의 현시로서, 외부를 향한 표시라는 것이다. 협소하거나 단조로운 사고가 아니라, 인간의 종교적 경험의 가장 끊이지 않는 딜레마, 즉 가장 쉽게 활용 가능하다는 점에서 하나님과 인간 사이의 격차를 해결하기 위한 합법적 시도가 있다는 점을 분명히 하고자, 하나님의 중심성을 강조함으로써 충분히 언급하였다고 본다.

성전은 하나님이 선사하고자 선택한 임재의 상징이다. 인간의 반복적 경향성에만 전적으로 관심을 쏟아서, 상징을 보고서, 포로기 이전 예언자의 비난을 통해 그들의 동시대인을 판단하거나 예수의 극렬한 비난을 통해 바리새파를 판단하는 것이 있는 그대로의 현실(이에 대해서 초기에 많은 예시가 있다)이라고 간주하는 것은 부적절하다. 성전 사상의 본질적 근거는 신이 스스로의 의지에 따라 신적 삶과 능력을 매개한다는 점이다. 이로부터 다양한 노선이 전개된다.

성전에 대한 깊은 사랑과 시편에서 매우 풍부하게 표현된 시온을 향한 충실함이 포로 후기에 발전하는 것을 볼 수 있다. 옛 시온 시편은[57] 관련을

---

56 R. E. Clements, *God and Temple* (1965), 특히 pp. 135-140; R. de Vaux, *Ancient Israel* (영역, 1961), pp. 325ff.
57 다른 견해에 대해서는 다음을 참조하라. G. Wanke, *Die Zionstheologie der Korachiten in ihrem traditionsgeschichtlichen Zusammenhang* (BZAW 97, 1966)에서 고라 시편에서 많은 옛 모티프를 찾아볼 수 있지만, 그 형식은 포로 후기의 것으로 간주된다(저자의 논증의 요약은 pp. 106-9 참조).

맺게 되고, 공중 예배뿐만 아니라 진지한 개인적 헌신의 수단이 될 만한 자료를 제공한다.[58] 이것의 초점은 팔레스타인 밖에서나 더 먼 지역에서 성전을 갈 수 있다 하더라도 거의 방문하기 힘든 자들의 종교 생활이다.[59]

역대기 사가가 제시하는 즐거운 예배의 상은 다음과 같다. 미신적 기미가 있지만, 예수와 스데반을 반대하는 것에서 보이는 성전을 향한 명백한 열정과 사랑이다. 이는 이런 애정이 얼마나 뿌리깊이 박혀있는지를 보여 준다. 이것이 잘못된 미신처럼 되어버렸다 할지라도, 기원후 70년 성전의 최후 파괴는 유대교의 비참한 종말을 나타내는 것이 아니라는 사실을 입증해야 한다. 만약 미신적인 숭배만 있었다면, 분명히 그렇게 보였을 것이다. 유대교는 성전의 본질적 가치라는 초점을 잃지 않고 재앙을 이겨냈다.[60]

나아가 성전은 신적 처소라는 원칙을 거룩한 도성, 거룩한 땅 사상으로 확장하는 것과 관련하여, 어떻게 포로기와 그 이후의 사상이 매우 협소하게 근거한 개념의 한계와 그 견해의 풍부함 모두를 나타내는지를 살펴보았다. 유대교와 세상의 삶 모두를 위한 시온의 중심성을 볼 때, 거룩한 땅이라는 관점에서 생각하는 것이 논리적이다.[61] 예컨대, 스가랴의 마지막 장

---

[58] J. Becker, *op. cit.*, pp. 31f., 70ff.
[59] L. Rost, "Erwägungen zum Kyroserlass," in *Verbannung und Heimkehr*, ed. A. Kuschke (Tübingen, 1961), pp. 303f.
[60] B. Gärtner, *The Temple and the Community in Qumran and the New Testament* (Cambridge, 1965), pp. 17f.; H. Wenschkewitz, *Die Spiritualisierung der Kultbegriffe* (*Angelos*-Beiheft 4, Leipzig, 1932), pp. 22f.
[61] 성전에 대한 *māqōm* 용어의 사용(앞의 p. 205 n. 11 참조)은 보다 광범위한 해석을 쉽게 할 수 있게 한다(예. 학 2:9에 대해서, p. 212 참조). 시온 신학은 다음을 참조하라. G. von Rad, *Theology* II, pp. 166-79, 292-7; B. S. Childs, *Isaiah and the Assyrian Crisis* (1967). 예루살렘은 세상의 중심으로 간주된다. 이와 관련된 신화적 사상의 징후는 다음을 참조하라. N. W. Porteous, "Jerusalem-Zion: The Growth of a Symbol," in *Verbannung und Heimkehr*, ed. A. Kuschke (Tübingen, 1961), pp. 235-52, p. 242=*Living the Mystery* (1967), pp. 93-111. 특히 pp. 100f.에서 다른 문헌을 언급한다. J. Schreiner, *Sion-Jerusalem: Jahwes Königssitz. Theologie der Heiligen Stadt im AT* (StANT 7, 1963), 특히 Pt. III. R. E. Clements, *God and Temple* (1965), p. 62와 언급들 참조. S. Mowinckel, *He that Cometh* (영역, 1956), p. 148; A. Causse, "Le mythe de la nouvelle Jérulsalém du Deutéro-Esaïe à la IIIe Sibylle," *RHPhR* 18 (1938), pp. 377-414에서 특히 시편에서

에서 다수의 예배드리는 자가 방문하는 자의 필요를 제공하고자 예루살렘과 유다에서 모든 기구를 성결하게 할 필요가 있다고 말한다.[62] 이들은 마지막 살육에서 예루살렘에 맞섰던 열방의 생존자인데,[63] 이제 이들은 매년 초막절에 예배를 드리러 온다. 마지막 때라는 개념에서 천상의 새로운 예루살렘이라는 묘사가 차지하는 자리는[64] 이 발전의 또 다른 측면이다.

신약에서 이런 사상 노선은 예수 자신을 성전으로 이해하는 데서 세밀하게 나타난다. 하나님이 자신을 드러내고자 선택한 장소이며, 그 결과 그의 능력과 임재를 알리고 작동시키는 곳은 바로 예수 안에서다. 그러므로 기독교 공동체는 성전을 버린 것이 아니라, 한 사람을 이해하는 것에 집중한다. 바로 그를 통해 하나님의 영광이 드러나고, 사람들 가운데 성막이 될 수 있다.[65] 하나님이 자신을 성소에서 드러내고자 선택한 것과 동일한 방식이다. 성전의 붕괴는 예수의 죽음과 연결된다. 성전을 회복하는 것은 예수의 부활을 가져온다. 그리심이나 예루살렘은 궁극을 제공하지 못한다.

관련된 구절의 분석을 한다. 그리고 그의 다음 저술도 참조하라. *Israël et la vision de l'humanité* (1924), pp. 15-18; *Du groupe ethnique à la communauté religieuse* (1937), pp. 209ff.; K. L. Schmidt, "Jerusalem als 'Urbild und Abbild'," *Eranos-Jahrbuch* 18 (Zurich, 1950), pp. 207-48에서 사 54:10-13; 60-62; 학 2:1-9; 슥 1:12f., 16; 2:15(Schmidt는 실수로 2:1로 기록)과 그가 인용하는 제2스가랴 14:10에 나타나는 구약성서의 뿌리와 연결된 기독교와 랍비적 발전에 주된 관심을 둔다. 이 구절은 지상의 예루살렘에 관심을 두지만, 그럼에도 불구하고 천상 도성 개념을 시사한다. 비평적 논평은 다음을 참조하라. R. de Vaux, *Ancient Israel* (영역, 1961), p. 328; B. Dinaburg, "Zion and Jerusalem: their role in the historic consciousness of Israel" [히브리어], *Zion* 16 (1951), pp. 1-17, 1-11 (비교. *IZBG* 4, No. 1309).

62   슥 14:20-21; W. Eichrodt, *Theology of the Old Testament* I (영역, 1961), p. 107. 일반적 주제는 다음을 참조하라. M. Weinfeld, "Universalism and Particularism in the Period of Exile and Restoration" (히브리어와 영어 요약), *Tarbiz* 33 (1963/4), pp. 229-42, I-II.

63   J. A. Soggin, "Der Prophetische Gedanke über den heiligen Krieg, als Gericht gegen Israel," *VT* 10 (1960), pp. 79-83, p. 81에서 열방의 최후 맹공격을 언급한다. 이것은 '실체성'과는 구별되는 '방안'의 또 다른 예를 제시한다.

64   렘 3:14-18과 겔 40-48장으로부터 계 21장으로의 발전 참조. H. Wenschkewitz, *op. cit.*, pp. 45-49; "Das himmlische Heiligtum," H. Cunliffe-Jones, *The Book of Jeremiah* (TBC, 1960), p. 62의 주석에서 이 구절이 회복된 예루살렘이 아니라 그리스도 안에 나타나는 하나님의 임재의 의미에 대한 대답을 찾는 신약(요 4:20-26)에 미치는 효과를 언급한다. 뒤의 성전과 그리스도라는 인물에 대한 언급 참조.

65   요 1:14.

그러나 예수 안에서 예배를 드릴 것이다.⁶⁶ 이로부터 기독교 공동체가 스스로를 성전으로 이해하는 데로 확장된다.⁶⁷ 성전의 그리스도는 주춧돌이 된다.⁶⁸ 이것은 추가로 확장되어 공동체의 개개인에게 적용되고, 그들의 몸은 그 자체로 하나님의 성전이다.⁶⁹

2) 새 공동체와 새 시대

포로기와 회복기의 예언서에 풍부하게 표현된 바, 정치적 사건과 그의 백성에게 다시 오고자 하시는 하나님의 의지와 연결된, 새 시대가 시작되리라는 기대는 다음 세대에 대규모로 발전해 가는 사상의 한 측면이다. 이 주제에 관해서는 사상이 무척 다양하여, 어떤 요약이라도 새로운 저작은 말할 것도 없고, 옛 저작, 특히 시편과 예언 구절의 재해석에서 표현된 희망을 적절하게 보여 줄 수 없다.⁷⁰

신약 이해에 중요하다는 인식 때문에, 그리고 최근에 쿰란 문서에 나타나는 이런 종류의 사상에 대한 표현 때문에, 이것의 대부분은 매우 익숙하다. 필자는 이와 연관된 세 가지 논점을 매우 간략하게 언급하고자 한다.

첫째, 한 두 문장으로 이미 충분히 분명하게 제시될 수 있다.

이것은 새 시대가 우주적 의의를 지니고, 단지 하나님이 이스라엘을 향한 약속을 최종적으로 지키신다는 것이 아니라 세상의 삶을 완벽하게 갱신하는 것을 포함한다는 인식이다. 이것은 현재 자연의 부적절한 상황을

---

66 요 4:21; 계 21:22; R. de Vaux, *Ancient Israel* (영역, 1961), p. 330; B. Gärtner, *op. cit.*, pp. 99ff.
67 고전 3:16f. 이것에 관해서는 다음을 참조하라. E. Lohmeyer, *Lord of the Temple* (영역, London, 1961), pp. 67ff.; H. Wenschkewitz, *op. cit.*, pp. 96ff.
68 엡 2:20f.; 벧전 2:4-8.
69 고전 6:19; J. A. T. Robinson, *The Body* (SBT 5, 1952), pp. 76, 64f.; B. Gärtner, *op. cit.*, pp. 49ff.
70 D. S. Russell, *The Method and Message of Jewish Apocalyptic* (1964), ch. X, XI.

역전시키는 관점에서 표현된다.[71] 이 역전에 대한 진술은 창세기를 시작하는 장의 옛 자료에서 찾아볼 수 있다.[72] 이것은 하나님의 창조의 선하심에 대한 반복적 강조를 지닌 창세기 1장의 후대 창조 자료와 연관 지어서, 새로운 상황과 새로운 의미를 부여받은 제사장적 저작(사경)의 최종 형태로 지금 존재한다.

나아가, 이것은 자연 세계의 삶에서 인간의 최초 실패와 그 결과에 따르는 반복되는 실패와 약속으로 표현된다.[73] 궁극적으로 다시 질서를 잡는 것을 통해, 이스라엘의 중심성은 약속의 중심성이며, 모든 인간을 향한 하나님의 목적을 열방에 표현한다. 하나님이 그의 백성을 위해 행하신 바(그 자신의 선택)는 모든 열방에게 의미가 있다. 그 결과 그들이 이를 인식하게 된다는 이해를 통해, 특수주의의 협소함과 보편주의의 광활함은 결합된다.

둘째, 논점은 새 시대와 관련하여 다윗 계열의 위치에 관심을 둔다.

우리는 이것이 어떻게 다양한 예언서에서 표현되고 있는지 살펴보았다.[74] 이 자료들의 강조점은 다양하다. 비록 미래의 다윗 계열에 대한 전조를 보여 주지만, 신명기적 역사서에는 미래에 대한 실질적인 희망이 거의 나타나지 않는다. 왕족이 제사장으로 대체되는 것을 제외하고, 제사장적 저작에서는 자리가 없다.[75] 그러나 후에 역대기에서 발전의 절충 안이 발견되는데, 여기에서 다윗이 성취한 바에 대해 관심을 집중하는 것은 다윗 왕정이 더 이상 존재하지 않고 이것이 회복되리라는 희망이 사실상 남아 있지 않지만, 다윗 왕정이 대변하는 본질은 정화된 포로 후기 공동체의 삶

---

71 사 55:12f.; 65:25; 11:6-9; 롬 18:19-22; A. DeGuglielmo, "The Fertility of the Land in the Messianic Prophecies," *CBQ* 19 (1957), pp 306-11.
72 창 2-3장.
73 창 6:1-4, 5-7; 11:1-9.
74 에스겔, 제2이사야, 학개, 스가랴, 초기 예언 자료의 상술에서 옛 왕정 신탁은 광범위한 함축을 지니고 있다. pp. 93f., 155, 168f.
75 R. de Vaux, *Ancient Israel* (영역, 1961), p. 400.

속에서 성전과 예배를 통해 성취된다는 것을 뜻한다. 다윗 계열에 대한 희망은 정제되고, 역대기 사가가 어떻게 역사적 현실보다 신학적 현실로 관심을 돌리는지를 살펴보아야 한다.[76]

이와 더불어, 다른 노선의 사상이 있다. 이는 후대의 민족주의 집단이 보여 주는 보다 순수하게 정치적 유형의 다윗 계열를 향한 희망에서 절정을 이룬다.[77] 이런 사상에서 한편으로 실제 정치적 상황과 연결해서 수정된 것처럼 보인다. 에스겔이 투영하는 조직 체계에 대한 수정은 학개와 스가랴에서 묘사되는 이중 지도력에서 찾아볼 수 있고, 후대의 추가 수정은 점증하는 대제사장의 탁월한 지위에서 나오며,[78] 제사장적 저작과 다시 연결되고 있음을 보여 준다.

다른 한편, 포로기의 이상 개념은 옛 이상과 다시 연결되고, 정치적으로 덜 명백하게 연관된 사상을 배출하고자 작동한다. 새 시대와 신적 통치를 상징하고, 그 자신이 현실에 대한 보장이 되는 중심인물 사이의 연관성은 후대의 메시아 사상을 위해 상당히 중요한 사상이다.

셋째, 논점은 새 시대의 지연과 실제성에 관심을 둔다.

이것은 포로기와 회복 사상가들이 예상한 새 시대를 구체화하는 포로 후기의 역사에서 분명해진다. 그러므로 그만큼 항상 지연 요소가 있고, 동일한 논점이 신약 시대의 사상에서는 파루시아와 관련하여 언급된다. 그러나 지연된 이상이라는 관점에서만 종말론 사상의 발전을 묘사하는 것은 잘못된 것이다. 이상적 다윗 계열 통치자(기술적 의미에서 메시아)라는 개념은 단순히 포로기 이전 다윗 왕정의 실패에서 나온 것이 아니라, 의도하거나 믿는 바의 실체에 대하여 왕정을 통해 구체화한 것에서 나온 것이라고

---

[76] P. R. Ackroyd (*op. cit.*, p. 236 n. 9), pp. 512ff.
[77] S. Mowinckel, *He that Cometh* (영역, 1956), pp. 155ff.
[78] E. Bevan, *Jerusalem under the High Priest* (London, 1012), pp. 5f.; H. Gese, *Der Verfassungs-entwurf des Ezechiel* (BHT 25, 1957), p. 119.

이해해야 한다.

완전한 실패로 판단된 제도가 이상적 미래에 대한 모습을 제시할 어떤 가능성이 있을까?[79]

새 시대를 향한 희망의 미래에 대한 투사 역시 단지 현재에 대한 불만족, 희망의 지연의 결과로 생겨난 환멸의 문제가 아니다. 이미 현실로 맛보게 된 바의 충만함을 다소나마 인식한 것이다. 회복 시기의 예언자는 이상주의자이면서도 현실주의자다. 이와 같이 그들은 그다지 낙관적이지 않은 현실 속에서, 현존한다고 믿는 바에 대한 진지함, 즉 하나님의 영광이 공동체의 삶의 중심에 있는 새 시대를 볼 수 있게 된다.

우리가 보기에, 역대기 사가의 시대는 에스라의 개혁 여파 속에서, 사마리아와 분리주의라는 험악한 현실과 심각한 도전 속에서,[80] 에스라 저작에서 분명히 나타나는 높은 희망에서 볼 때는 조금 실망스러운 것처럼 보일지 모른다. 그러나 똑같이 예리한 현실감을 지닌 역대기 사가에게, 그 시대는 약속의 성취 시대였다. 신약성서가 선포하는 역사 속에서 하나님의 통치의 구체화라는 현실은 옛 현실감을 부인하는 것이 아니라 그 의미를 심화하고 확대하는 것이다. 새 시대가 아직 완전히 온 것이 아니라는 사실을 볼 때, 여기에서 지금 새 시대의 맥락에서 살 수 있다는 기독교가 확신하는 현실을 아직 완전히 바꾸지는 못하였다.

---

79 S. Mowinckel, *op. cit.*, pp. 96ff., 125ff.; A. R. Johnson, *Ssacral Kingship* (1955), pp. 133f. (^{2}1967), pp. 143f.; A. H. J. Unneweg, *VT* 10 (1960), pp. 340f.
80 비교. 앞의 p. 305 n. 12.

3) 백성의 응답[81]

실패에 비추어 볼 때, 포로기 사상가에게 문제되는 것은 미래의 백성이 실제로 신적 의지를 구체화할 수단을 찾아내는 것이었다. 신적 행위의 우선성과 새 생명이 살아가야 할 새 시대의 현실을 강조함으로써, 그들은 스스로 체제에 대한 질문에 많은 관심을 가졌다. 이 문제와 연관된 사상의 발전 역시 매우 광범위하다. 이것은 세 가지 주요 노선을 따라 간략하게 분석할 수 있다.

첫째, 경건한 응답이다.

우리는 이것과 성전 사상을 이미 연결하였다.[82] 예배의 지속, 회당의 발전,[83] 기도에 대한 뚜렷한 강조는 후대 포로 후기에 점차 분명해졌고,[84] 이 모든 것은 하나님의 축복을 적절하게 받을 수 있는 올바른 상황을 지켜 내야 할 개인과 공동체 모두의 내적 생활에 깊은 관심을 두고 있음을 보여 준다.

둘째, 이미 초기 사상에서 지배적 요소이지만, 후대[85]와 특히 성서 이후 문서[86]에서 점차 중요한 자리를 차지하는 율법의 진화는 특히 제의법 단락

---

81 O. Eissfeldt, *Geschichtliches und Übergeschichtliches im Alten Testament* (*ThStKr* 109/2. 1947), p. 16. "기원전 586년 유다 붕괴 이후 포로기를 맞게 된 것에 대한 다양한 실용적 묘사는 모두 이러한 이상에 의해 생겨났다(즉, '백성'과 '교회' 개념의 재결합). 확신을 갖고 희망하였던 새 백성은 포로 이후 다시 번성할 것이며, 그들은 자신들의 처소와 조직, 율법과 제의를 세우게 될 것이다." Eissfeldt는 학개, 스가랴, 여호수아, 스룹바벨 시대의 부흥과 느헤미야와 에스라 시대에도 다시 이것의 관련성을 강조한다.

82 비교. pp. 57ff. H. H. Rowley, *Worship in Ancient Israel* (1967), p. 245.

83 본 연구에서 간략하게나마 검토된 회당의 이유에 대해서는 앞의 p. 314 참조. 분명히, 포로 후기 발전에 관한 논의에서도 회당은 논의된다.

84 예컨대, *HDB* one-vol. ed. (rev. 1963), pp. 788f.

85 L. Rost, *op. cit.*, p. 303에서 사마리아인 역시 공동체의 회원을 표시하는 동일한 율법의 보호하에 있음을 언급한다.

86 시편과 관련한 발전에 관해서는 다음을 참조하라. B. de Pinto, "The Torah and the Psalms," *JBL*

에서 백성의 삶의 정결[87]과 삶의 모든 영역을 포함시키고자 하는 관심사와 결의법의 불가피한 발전으로 특징지어진다.[88]

그러나 이것은 내심 올바른 결의법이다. 종교의 모든 법적 발전처럼, 신적 특권이라는 현실을 부인하면서도, 하나님을 받아들이게 될 가능성을 제시한다는 면에서 쉽게 생각할 수 있지만,[89] 그럼에도 불구하고 하나님의 관심사 밖에 있는 삶의 부분은 없고, 완벽하게 적합한 공동체는 모든 삶이 통제하에 놓여 있다는 깨달음을 표현한다.

신약성서에 나타난 잘못된 율법 이해에 대한 비판 때문에 기독교 운동이 유다 공동체에 속해 있던 신적 통치라는 의미에 깊이 빚지고 있다는 사실을 결코 숨길 수 없다. 유다 공동체 속에서 초기 교회는 태어났고, 그로부터 서서히 분리되었다. 교회는 즉각적으로 이것이 본질임을 깨닫고, 종교 생활에서 율법이 차지하는 자리를 새롭게 이해하고, 옛 율법과 창시자가 강조한 근본적 원칙에 기초하여 그 자체의 윤리적 가르침을 점진적으로 발전시켜나갔다.

셋째, 포로 후기에 지혜 자료의 중요성은 커져 가고, 공동체의 적합성이라는 동일한 관심사를 증언하고 있다.[90]

삶을 바르게 자리잡도록 하는 구조의 일부로 지혜를 이해하는 것이 옳

---

86 (1967), pp. 154-74에서 다음과 같이 언급한다. "토라의 영성은 시편 전체의 틀 속으로 들어오고, 시편 해석의 최우선 지침이 된다"(p. 174).
87 P. Seidensticker, "Die Gemeinschafsform der religiösen Gruppen des Spätjudentums und der Urkirche," *Studii Biblici Franciscani Liber Annuus* 9 (1958/9), pp. 94-138, pp. 97ff.
88 비교. νόμος, *TWNT* 4 (1942), p. 1036. 영역, *Law* (London, 1962), pp. 39f.; *TDNT* 4, pp. 1043f.; E. Würthwein, "Der Sinn des Gesetzes im Alten Testament," *ZThK* 55 (1958), pp. 255-70, pp. 268ff.=*Wort und Existenz* (1970), pp. 39-54.; 비교. *Die Weisheit Ägyptens und das Alte Testament* (Marburg, 1960)=*Wort und Existenz* (1970), pp. 197-216. Würthwein은 후대의 율법과 지혜의 관계를 추적한다.
89 지나친 단순화에 대한 경고는 다음을 참조하라. W. Zimmerli, "Das Gesetz im Alten Testament," *TLZ* 85 (1960), cols. 481-98=*Gottes Offenbarung*, pp. 249-76.
90 O. Eissfeldt, *Introduction*, pp. 126f.

다면,[91] 현자의 조언은 제사장의 *tōrā*와 예언자의 말씀과 함께 적절하게 자리를 잡게 된다.[92] 그리고 지혜 스승의 분명히 평범한 관심사가 사실상 공동체와 모든 구성원의 필요한 응답의 일부가 되는 삶의 올바른 질서를 향해 있다는 점은 분명하다.[93] 이것의 결과는 아마도 구약성서와 외경 저작에서 천착하는 매우 커져가는 지혜의 영향력에서 적절하게 볼 수 있다.[94]

본 연구가 모든 것을 한 곳에 모으고, 질서정연하며 완벽하다는 인상을 남길 수 있는 결말로 마무리 짓는 것은 필자의 능력을 넘어서는 것이다. 그러나 이 모든 것이 선하다. 필자가 런던에서 행한 취임 연설에서 제시하고자 한 바처럼[95] 구약성서 연구를 통해, 필자는 점차 구약성서 사상의 풍부함과 양식의 다양함을 깨닫게 되었다. 통일성은 어떤 인위적인 체계에 놓인 것이 아니라, 하나님의 목적 안에 놓여 있다. 엄격한 양식으로 목적을 정하기 위해서, '구원의 경제'는 현실적이기보다 편리한 것이다.

필자는 중요하다고 본 사상 양식의 일부를 추적하고자 하였고, 유사점과 차이점을 더 잘 보여 주는 정확한 선을 긋지 않으려고 노력하였다. 필자는 이것이 단지 시작일 뿐이라는 점을 알고 있다. 그러나 사상의 풍부함과 위대한 시대의 중요성을 도출해 내고자 하였다. 이스라엘의 삶의 전적 실패처럼 보이는 것에서 그들이 경험한 것의 의미와 하나님이 펼치시는 목적의 개요를 보여 주고자 하는 그의 속성과 목적에 대하여 깊은 통찰을 갖게 된 자들이 그 시대에 생겨났다. 이것은 구약성서의 후대를 예언자 시

---

[91] G. von Rad, *Theology* I, pp. 418ff., 432ff.; E. Würthwein, *ZThK* 55 (1958), pp. 269f.
[92] 렘 18:18(비교. 겔 7:26 '현자'에 해당하는 '장로'가 나온다). 이 주제는 다음을 참조하라. B. Lindars, "Torah in Deuteronomy," in *Words and Meanings,* ed. P. R. Ackroyd and B. Lindars (1968), pp. 117-36, pp. 122, 134.
[93] W. Richter, *Recht und Ethos, Versuch einer Ortung des weisheitlichen Mahnspruchs* (StANT 15, 1966).
[94] 이 마지막 논점은 다음을 참조하라. H. H. Guthrie, *Wisdom and Canon* (Evanston, 1966), 특히 pp. 10-28.
[95] *Continuity. A contribution to the study of the Old Testament religious tradition* (Blackwell, Oxford, 1962).

대의 탁월성과 슬픈 대조가 되는 시대가 아니라, 삶의 의미와 질서의 문제에 깊은 관심을 갖게 되는 시대라고 보는 깊은 성찰의 중요성을 제시하는 것이다.

참고 문헌

W. A. M. BEUKEN, *Haggai-Sacharja* 1-8 (Studia Semitica Neerlandica 10, Assen, 1967). 위 p. 152 n. 58을 보라.

J. BRIGHT, *A History of Israel* (Philadelphia, 1959; OTL, London, 1960; second, revised, edition 1972).

L. E. BROWNE, *Early Judaism* (Cambridge, 1920). (본서에 나온 자료를 달리 해석하는 책)

T. CHARY, *Les prophètes et le culte à partir de l'exil* (Tournai, 1955).

R. E. CLEMENTS, *God and Temple. The Idea of the Divine Presence in ancient Israel* (Oxford, 1965).

S. A. COOK, 'The Age of Zerubbabel,' *StOTPr* (1950), pp. 19-36.

O. EISSFELDT, *Einleitung in das Alte Testament* (Tübingen, ³1964); 참조 영역본 P. R. Ackroyd, *The Old Testament : an Introduction* (Oxford, New york, 1965).

W. EICHRODT, *Theologie des Alten Testaments* I (Stuttgart, ⁶1959); II (Stuttgart, ⁵1964); 참조 영역본 John Baker, *Theology of the Old Testament* (OTL, I , 1961; II, 1967).

G. FOHRER, *Einleitung in das Alte Testament* (10th ed. of E. Sellin, *Einleitung*, Heidelberg, 1965); 영역본 D. Green, *Introduction to the Old Testament* (Nashville and New York, 1968; London, 1970).

K. GALLING, *Studien zur Geschichte Israels im persischen Zeitalter* (Tübingen, 1964). Galling의 다른 주요 저술은 각주에 실어 놓았다.

E. JANSSEN, *Juda in der Exilszeit: Ein Beitrag zur Frage der Entstehung des Judentums* (FRLANT 69, 1956).

Y. KAUFMANN, *The Babylonian Captivity and Deutero-Isaiah*, 영역본 C. W. Efroymson (New York, 1970).

E. KLAMROTH, *Die jüdischen Exulanted in Babylonien* (BWAT 10, 1912).

J. L. KOOLE, *Haggai* (Commentaar op het Oude Testament, Kampen, 1967). 풍부한 고품질의 주석으로 학개 신학에 대한 긍정적인 평가를 제시한다(see esp. pp. 18-22).

A. KUSCHKE, ed., *Verbannung und Heimkehr. Beiträge zur Geschichte und Theologie Israels*

im 6. und 5. Jahrh. v. Chr. (Festschrift W. Rudolph, Tübingen 1961).
A. LODS, *Les prophètes d'Israël et les débuts du judaïsme* (Paris, 1935); 참조 영역본 S. H. Hooke, *The Prophets and the Rise of Judaism* (London, 1937).
M. NOT, *Die Geschichte Israels* (Göttingen, ²1954; ³1956); 참조 영역개정본 P. R. Ackroyed, *The History of Israel* (London, ²1960); 'La catastrophe de Jérusalem en l'an 587 avant Jésus-Christ et sa signification pour Isräel,' *RHPhR* 33 (1953), pp. 81-110='Die Katastrophe von Jerusalem im Jahre 587 v. Chr. und ihre Bedeutung für Israel,' *Gesammelte Studien zum Alten Testament* (Munich, ²1960), pp. 346-71; 영역본 D. R. Ap-Thomas, 'The Jerusalem Catastrophe of 587 BC and its significance for Israel,' in *The Laws in the Pentateuch and Other Essays* (Edinburgh, 1966), pp. 260-80.
G. VON RAD, *Theologie des Alten Testaments* Ⅰ, Ⅱ (Munich, 1957 (²1958); *Theology* Ⅰ, Ⅱ (London, 1962, 1965). 비교. *The Message of the Prophets* (London, 1968).
D. WINTON THOMAS, 'The Sixth Century BC: a creative Epoch in the History of Israel,' *JSS* 6 (1961), pp. 33-46.
R. DE VAUX, *Les Institutions de l'Ancien Testament* Ⅰ, Ⅱ (Paris 1958, 1960); 참조 영역본 John McHugh, *Ancient Israel: Its Life and Institutions* (London, 1961).
T. C. VRIEZEN, *Hoofdlijnen der theologie van het Oude Testament* (Wageningen, 1949; latest ed. 1967); 참조 영역본 S. Neuijen, *An Outline of Old Testament Theology* (Oxford, 1958; second, revised, edition, 1970).
C. F. WHITLEY, *The Exilic Age* (London, 1957). (본서에 나온 주제에 대한 접근에서 여러 가지 측면으로 극명한 차이를 보이는 책)
W. ZIMMERLI, *Gottes Offenbarung* (ThB 19, 1963). Zimmerli의 다른 주요 저술은 각주에 제시했다.

색인

번호
6세기 122, 140, 146, 188, 285, 287, 301, 302, 307, 313, 314, 317

로마자

J
J 128, 130
JE 132, 135

한국어

ㄱ
가난한 자 49, 56
갈멜 117
감비세스 98, 188, 189, 195
거룩한 전쟁 136
계시 25, 26, 130, 134, 203, 246, 264
계약 82, 83, 84, 91, 92, 94, 108, 115, 126, 128, 130, 131, 132, 145, 152, 155, 169, 181, 279, 306
고고학 48, 51, 301, 302
고레스 44, 45, 53, 177, 178, 180, 181, 187, 188, 193, 195, 197, 217, 295
광야 107, 116, 128, 140, 150, 181
그달랴 271
그리심 62, 322
그모스 72

금식 77, 269, 273, 275, 276, 282
기도 52, 53, 54, 55, 99, 114, 327
기드온 117

ㄴ
나단 115
나보니두스 44, 65, 181, 187, 188, 290, 291
나보폴라살 42, 102
나훔 287
남은 자 213, 225, 247, 315
노아 129
느고 103
느보 180
느부갓네살 23, 42, 43, 44, 49, 65, 101, 188, 194, 311
느부사라단 83, 88
느헤미야 186, 188, 189, 192, 196, 198
니느웨 316
니딘투-벨 187, 194

ㄷ
다곤 117
다니엘 24, 65, 71, 233, 318
다리오 1세 65, 66
다윗 24, 92, 93, 186, 190, 217, 256, 306, 324
담무스 68
대제사장 216, 243, 244, 245, 249, 256, 258, 260
데마 45
두로 44, 287
디글랏빌레셀 70
땅과 백성 155
땅-백성 151
땅 분배 96

ㄹ
라기스 43, 47, 51, 122
라스 샴라 131
랍사게 117
레갑 83
레온토폴리스 62
레위인 153, 196
룻 30
리디아의 크로에수스 44

ㅁ

마르둑 44, 131, 311
마헬살랄하스바스 247
말라기 37, 40, 269, 286, 299, 303
메시아 93, 100, 216, 314, 325
모세 102, 109, 135, 171, 173, 246
모압 44, 72, 288, 289
무라슈 증거 59
묵시 128, 289, 318
므깃도 103
므낫세 51, 70, 85, 102, 112
미가 74, 111
미가야 262
미드르닷 189

ㅂ

바룩 83, 89
바벨론 58, 67, 68, 70, 71, 72, 82, 83, 86, 87, 88, 89, 99, 101, 116, 301
바알 117, 131
베냐민 90, 156, 198, 202
베로수스 312
벧엘 48, 52, 98, 188, 270, 272
보편주의 183, 324
부정 52, 206, 220, 221, 222, 315

ㅅ

사두개주의 30
사무엘 97, 107, 246
사탄 230, 241, 262
산발랏 189, 199
성결법전 121, 122, 124, 127, 136
성막 60, 132, 138, 322
성전 151, 152, 224, 304, 306, 315, 318, 319, 320, 321, 322, 325, 327
세낫살 190, 191
세스바살 56, 188, 190, 191, 192, 193, 195
속죄일 137, 271
솔로몬 53, 99, 108, 129, 138, 250, 252
스가랴 157, 163, 168, 176, 191, 192, 193, 196, 198, 200, 201, 224, 229, 285, 299
스데반 321
스룹바벨 53, 178, 185, 187, 188, 191, 192, 193, 194, 195, 196, 216, 224, 252, 314, 327
스알야숩 247
시드기야 43, 83, 93, 112, 287
시온 168, 175, 183, 235, 237, 283
시편 237, 286, 290, 291, 292, 293, 294, 295, 296, 297
신년 230
신바벨론 나보니두스의 정책 64
실로 84
십계명 110, 125
씬 45

ㅇ

아나돗 89
아다파 241, 242
아닥사스다 1세 186
아론 246, 314
아마시스 44
아멜 마르둑 44
아모스 29, 73, 78, 100, 126, 208, 209, 288, 303
아브라함 127, 129, 130, 132
아세가 47
아하스 70, 103
아히도벨 199
아히야 156
안식일 62, 63, 124, 131, 132, 136, 319
안식일 해석 63
안티오쿠스 4세 52, 70, 181
암몬 44, 64, 288, 289
압살롬 199
앗수르 43, 48, 50, 70, 72, 96, 102, 177, 189, 198, 199, 287, 288
애가 47, 56, 74, 75, 76, 77, 105, 295, 315
야웨 114, 115, 118, 125, 127, 128, 134, 141, 145, 146, 147, 148, 151, 153, 154, 158, 159, 160
에스겔 142, 143, 144, 145, 146, 147, 148, 150, 152, 154, 155, 157, 158, 159, 160
에스라 186, 188, 197, 199, 200
여호수아 192, 193, 216, 224, 226, 239, 241, 242, 245, 247, 248, 249, 252, 257, 258, 259, 261
여호야긴 43, 44, 49, 58, 86, 97, 100, 114, 115

여호야김 112, 196
역대기 23, 109, 123, 136, 138, 186, 187, 190, 191, 193, 194, 197, 199, 200, 202, 203, 210, 212, 232, 264, 269, 272, 276, 302, 305, 307, 310, 312, 313, 315, 318, 321, 324, 325, 326
연대 67, 74, 97, 121, 122, 123, 128, 155, 162, 193, 218, 286, 289, 292, 293, 296, 307, 313, 317
예레미야 67, 69, 73, 77, 80, 82, 84, 86
예루살렘 42, 43, 84, 85, 86, 87, 88, 93, 108, 121, 146, 149, 168, 181, 189, 192, 199, 200, 215, 217, 229, 233, 234, 235, 241, 257, 262, 268, 279, 280, 310, 322
예수 27, 320, 321, 322
예언자 15, 26, 27, 29, 38, 39, 40, 71, 73, 78, 80, 82, 83, 84, 86, 90, 94, 103, 104, 105, 106, 110, 111, 303, 304, 308, 320, 326, 329
오경 121, 123, 128, 200
오바댜 291
요나 30, 316
요세푸스 44, 191
요시야 42, 52, 69, 102, 109, 306, 315
요야김 196, 258
욥기 29, 230, 262, 316, 317
우상 숭배 61, 99, 125, 167, 180, 265, 267, 297, 300, 304
유다 공동체 44
유다스 마카비 313
유다 천사론 34
유대교 25, 27, 41, 320, 321
유딧 65
이름 신학 54
이사야 53, 74, 75, 76, 79, 103, 106, 111, 144, 221, 247, 248, 288, 312
이스라엘 15, 69, 79, 82, 95, 99, 102, 105, 107, 108, 109, 111, 113, 115, 116, 118, 120, 127, 128, 130, 132, 133, 136, 137, 139, 145, 149, 151, 157, 159, 160, 165, 168, 171, 173, 175, 176, 177, 180, 182, 183, 212, 262, 281, 292, 293, 297, 299, 306, 307, 323, 329

이오니아 31, 32
임시 성소 61
잇도 196, 258

ㅈ
정결 28, 125, 127, 137, 139, 156, 181, 305, 306, 328
제2이사야 26, 28, 31, 40, 65, 67, 70, 71, 72, 75, 81, 92, 99, 145, 157, 161, 162, 163, 165, 167, 169, 170, 172, 175, 178, 179, 180, 181, 182, 211, 233, 297, 298, 303, 305, 308, 317, 319
제3이사야 40, 68, 162, 163, 183, 272, 286, 293, 295, 297, 298, 299, 303
제단 51, 52, 55, 194, 196, 293
제물 220
제사장 205, 220, 222, 243, 246, 247, 257, 260, 273, 306, 324, 329
제의 27, 29, 45, 61, 69, 76, 116, 124, 133, 134, 137, 138, 150, 151, 154, 156, 287, 295
젤롯당 30
조로아스터 31, 32, 34
지리학 156
지혜 105, 111, 328, 329

ㅊ
창조 63, 128, 140, 174
천사론 34
천상 처소 55
축제 243, 273

ㅋ
쿰란 30, 323
쿰란 단편 65

ㅌ
티투스 51

ㅍ
팔레스타인 42, 56, 62, 73, 76, 98, 99, 100, 114, 127, 146, 160, 188, 192, 195, 301, 321
포로기 31, 317
포로 후기 24, 26, 36, 41, 87, 168, 176, 246, 279,

284, 290, 302, 313, 314, 317, 320, 325, 327, 328
포로 후기 공동체 298, 299, 324
포로 후기 사상 26, 319
포로 후기 예언 305
포로 후기 예언서 185
포로 후기 예언자 305
포로 후기 유다 공동체 137
포로 후기 종교 29

ㅎ
하나님의 백성 106, 110, 113, 117, 128, 140, 182, 219, 220, 222, 223, 275, 279, 281, 284, 306
하나님의 이름 38, 160, 303
하늘의 여왕 104
하늘의 여왕 숭배 69
하란 45, 243, 244
학개 202, 224, 226, 229, 232, 257, 259, 263, 272, 276, 279, 281, 285, 299
할례 62, 63, 319
호브라 43
호세아 73, 90, 105
회개 72, 76, 82, 126, 291, 303, 304
회당 59, 62, 319, 327
회복 301, 302, 303, 307, 309, 310, 313, 318, 324
회복 사상 319
후새 199
훌다 103
히스기야 109, 306, 315